MICHAEL GRIMM
OFFICE   DESIGN
BÜRO FÜR PRODUKTGESTALTUNG
BIRKENALLEE 14 C
D - 86911 DIESSEN AM AMMERSEE

Prof. Dr.-Ing. Dipl.-Wirtsch.-Ing. Dieter Lorenz

Prof. Dipl.-Ing. Hans Struhk

Fritz Schneider

Lean-Office®

Die ganzheitliche Optimierung des Büros

AKZENTE
Studiengemeinschaft

Lean-Office® ist ein eingetragenes Warenzeichen der AKZENTE Studiengemeinschaft

ISBN 3-926576-03-0

1. Auflage 1994

Copyright © 1994
Alle Rechte bei AKZENTE Studiengemeinschaft GmbH,
Kellerstraße 3, D-82418 Murnau (am Staffelsee / Oberbayern)

Umschlaggestaltung: Peter Stegmüller, München
Cartoons: Erik Liebermann, Hagen-Riegsee
Redaktion: Fritz Schneider
Satz: AKZENTE Studiengemeinschaft
Druck und Verarbeitung: Hudak-Druck, München

Printed in Germany

Inhalt

6   Die Autoren

7   Vorwort

Kapitel 1

Die Zukunft des Büros

Büro-Evolution

9   Rasante Entwicklung der Büroarbeit

12   Vielfalt des Büros

14   Gesellschaftlicher Wandel und die Bedürfnisse
des Menschen im Büro

Entwicklungspotentiale des Büros

17   Neue Trends für Organisation, Gebäude, Einrichtung, Technik

18   Revolutionäre Entwicklungen für Führung, Arbeitsplatz,
Kommunikation und Flexibilität

Kapitel 2

Das Lean-Office

21   **Neue ganzheitliche Betrachtung des Büros**

Zehn Erfolgsfaktoren im Lean-Office

24   1.   Menschen und ihre Interaktionen

27   2.   Schlanke Organisation und flexible Arbeitszeit

31   3.   Innovative Informations- und Kommunikationstechnologie

32   4.   Konzentration auf das Wesentliche

34   5.   Neuer Führungsstil und leistungsgerechte Entlohnung

36   6.   Das Bürohaus als innere und äuere Identität

39   7.   Minimierte Gebäudetechnik

40   8.   Flexible Büroräume und variable Einrichtung

43   9.   Wirtschaftlichkeit des Büros

46   10. Optimierung im Gesamtsystem

48   **Konkrete Zielsysteme für individuelle Lösungen**

Kapitel 3

Die Büroraumkonzepte im Vergleich

Klassische und weiterentwickelte Büroformen

51   Großraum, Gruppenraum

56   Zellenbüro

58   Kombi-Büro

60   **Das Lean-Office**

62   **Bewertung der verschiedenen Raumkonzepte**

Kapitel 4

Die erfolgreiche Planung eines Lean-Office

Optimierte Planungsgrundlagen

67 Richtiger Umgang mit Vorschriften und Richtlinien
68 Eindeutige Flächendefinition
70 Gezielte Typisierung der Arbeitsplätze nach Aufgaben
73 Vom Modul zum Layout

78 **Ganzheitliche Layoutgestaltung**
79 Bürolayout im Spiegel von Tätigkeiten und Anforderungen
   der Menschen
80 Fensternähe und Zugang zum Fenster
82 Kontrolle des Arbeitsbereiches
83 Die richtige Bildschirmaufstellung
84 Aktive Besprechungssituation
85 Positive Umfeldschnittstelle

86 **Flächenbelegung nach Kommunikationsstrukturen**

89 **Von innen nach außen: Mitarbeiterorientierte Planung
   eines Lean-Office**

Kapitel 5

Das Lean-Office und die Architektur

99 **Lebensraum Bürohaus**
Entwicklung der Bürohaus-Architektur (Zellenbüro, Großraumbüro,
Gruppenbüro, Kombi-Büro), Kommunikation und Konzentration,
Integration statt Dominanz, ganzheitliche Arbeitsumgebung, Arbeits-
räume als Lebensräume, erlebnisreiche Außenräume, Eingänge und
Ausgänge, Wege und Nebenwege, Treppen und Rampen, natürliche
Belichtung und Belüftung, Offenheit und Transparenz, funktionale
Möblierung, naturnahe Baumaterialien, Minimierung der Haustechnik,
intelligente Energienutzung, menschliches Wohlbefinden als Maß
der Dinge.

119 **Bürohausplanung als ganzheitlicher Prozeß**
Vernetztes Zielsystem, detaillierte Flächenplanung, gleichwertige
Arbeitsplätze

123 Flexibles Gebäudekonzept
Auseinandersetzung mit dem Ort, optimale Baukörperform und
-gestalt, kommunikative Erschließung, das richtige Achsmaß (Konstruktionsraster / Ausbauraster), minimale Gebäudetiefe, wirtschaftliche Geschoßhöhe, einfache Tragkonstruktion, integrierte Fassadengestaltung.

135 Variabler Innenausbau
Effektiver Schallschutz und Akustik, leichte flexible Trennwände,
reversibler Fußbodenaufbau, durchlässige Unterdecken.

139 Gebäudetechnik: Weniger ist mehr !
Hocheffizienter Technikeinsatz, energiewirksame Atrien, Mikroklima,
sparsame Heizung, natürliche Kühlung und Lüftung, Quellüftung und
Kühldecken, intensive Tageslichtnutzung, intelligenter Sonnen- und
Blendschutz, differenziertes Kunstlicht, Hybridbeleuchtung, baulicher
Brandschutz, automatisierte Gebäudeleittechnik.

152 Lean-Office = Ökologisches Bürohaus

158 Anhang

Kapitel 6

Das nonterritoriale Lean-Office

165 **Einsatzmöglichkeiten und Ausprägungen**

170 **Das Lean-Office als Ausdruck neuen Managements**

Erfolgreiche Fallbeispiele aus der Praxis

175 Digital Equipment Oy, Helsinki: Digital's Office of the Future
182 Digital Equipment AB, Stockholm: The Natural Office
186 Oticon Holding A/S, Kopenhagen: Innovative Arbeitsumgebung
191 Ericsson Business Networks AB, Stockholm: Ericsson Unconventional Office
194 Ericsson Radio Systems AB, Stockholm: The Changing Office
199 SOL Siivouspalvelu Oy, Helsinki: Studio der Kreativität

208 Insertionsteil: Produkte und Dienstleistung für das Lean-Office

Die Autoren

Dieter Lorenz
Prof. Dr.-Ing. Dipl.-Wirtsch.-Ing.
Jahrgang 1952

Hans Struhk
Prof. Dipl.-Ing. Architekt BDA
Jahrgang 1936

Fritz Schneider
Jahrgang 1951

Nach Studium an der Technischen Universität Karlsruhe absolvierte er ein zweijähriges Management-Trainee-Programm in einem amerikanischen Unternehmen. Anschließend war er dort für die Koordination der internationalen Fertigungsstätten und das Projektmanagement verantwortlich. Er wechselte zum Fraunhofer-Institut für Arbeitswirtschaft und Organisation (IAO), Stuttgart, und leitete die Abteilung Arbeitsgestaltung. Hier war er verantwortlich für die Ausarbeitung von Konzepten für zukunftsweisende Raumorganisation und Arbeitsplatzgestaltung. Er promovierte an der Universität Stuttgart mit Auszeichnung.

Heute ist er Professor für Arbeitswissenschaft an der Fachhochschule Gießen, Hochschule für Technik + Wirtschaft. Er ist wissenschaftlicher Berater international operierender Unternehmen und Autor von über 70 Veröffentlichungen und Fachbüchern.

Dieter Lorenz ist Autor der Kapitel 1 bis 4 sowie des ersten Beitrages in Kapitel 6.

Büro: Struhk + Partner, Architekten BDA, Braunschweig. Seit 1969 freiberuflicher Architekt. Schwerpunkte: Büro- und Industriebau, Wohnungsbau, Bauten für Sport und Freizeit. Zahlreiche Wettberwerbserfolge, Auszeichnungen, Architekturpreise. Vorträge, Gastvorlesungen, Preisrichter- und Gutachtertätigkeit.

Die Bürohausentwicklung wird von Hans Struhk durch zwei bekannt gewordene und ausgezeichnete Projekte beeinflußt:
1980 durch das Bürohaus AWK Außenwerbungskontor GmbH, Koblenz: Offene Gebäudestruktur mit gegliederten Gruppenräumen im Split-Level. Natürliche Belichtung und Belüftung. Energetisch und ökologisch orientiertes Gesamtkonzept.
1990 durch das erste deutsche Kombi-Büro-Haus der edding AG, Ahrensburg. Hier wurde das Kombi-Büro-Konzept funktional, räumlich, gebäudetechnisch und ökologisch optimiert und weiterentwickelt.

Hans Struhk ist Autor des Kapitels 5 "Das Lean-Office und die Architektur".

Journalist, Geschäftsführer und Gesellschafter der AKZENTE Studiengemeinschaft GmbH, Murnau.
Bis 1977 EDV-Leiter in einem größeren mittelständischen Industrieunternehmen. Anschließend Fachjournalist für EDV und Büroorganisation, Chefredakteur von zwei Zeitschriften. 1980 Gründung der AKZENTE Studiengemeinschaft. Freier Journalist für Management-Publikationen. Autor mehrerer Bücher.

Die AKZENTE Studiengemeinschaft ist seit 1980 Veranstalter von praxisorientierten Management-Seminaren und -Tagungen sowie Studienreisen auf den Gebieten Bürohaus- und Industriebau-Planung, Arbeitsplatzgestaltung, Büroorganisation, Management neuer I + K - Technologien, Mitarbeiterführung und Zeitmanagement. Auf diesen Gebieten werden ferner Bücher und Fachpublikationen herausgegeben bzw. verlegt.

Fritz Schneider hat die Fallbeispiele sowie den Beitrag "Lean-Office als Ausdruck neuen Managements" in Kapitel 6 verfaßt.

Vorwort

Wir leben in einer Zeit ungeheurer Veränderungen. Staatenblöcke zerfallen. Den eisernen Vorhang gibt es nicht mehr. Das sozialistische Wirtschaftssystem ist gescheitert und die betroffenen Länder sind mühsam auf dem Weg zur Marktwirtschaft. Billiglohnländer sind nicht mehr nur im fernen Osten, sondern vor der eigenen Haustür. Die Menschen unserer Gesellschaft legen alte Werte ab und sind auf der Suche nach neuen Wertesystemen. Trotz vieler Kritik, wegen ihrer Nähe zum Kapitalismus, erhält die Marktwirtschaft neuen Auftrieb. Am Markt orientiertes privatwirtschaftliches Denken erfährt eine Renaissance.

In den Produktionsbetrieben werden die Grenzen der Automatisierung bei immer kürzeren Produktlebenszyklen und zunehmender Produktvielfalt erkannt. Der Mensch als hochflexibles, intelligentes System erhält wieder Bedeutung. Die Erschließung der "human factors" durch Lean-Production (Gruppenarbeit, Reduzierung von Hierarchie, Selbstorganisation, Selbstgestaltung und Selbstverantwortung der Mitarbeiter) wird inzwischen in ihrer Bedeutung für unsere Wirtschaft gleichgesetzt mit der Einführung des Fließbandes.

Daneben scheint das Büro in einem regelrechten Dornröschenschlaf zu weilen. Als unproduktiver Verwaltungsbereich nimmt man das Büro scheinbar wie ein unabdingbares Übel hin. Trotz modernster Informations- und Kommunikationssysteme ist noch vieles beim alten. Hierarchie und Statussymbole halten sich hartnäckig. Arbeitsplatz- und Raumgrößen werden nach hierarchischer Stellung verteilt. Es gibt Vorstandsgaragen mit getrenntem Fahrstuhl direkt in die Vorstandsetage und sogar separate Vorstandsrestaurants. Sekretärinnen und Assistenten werden als "Zugangsbarrieren" aufgebaut. Privilegien allenthalben. Vom Wir-Gefühl keine Spur!

Dabei hängt der wirtschaftliche Erfolg längst nicht mehr allein von der Produktion ab. Über die Hälfte aller Beschäftigten arbeiten schon heute in Büros - die Tendenz ist steigend. Unsere Büros haben "Speck" angesetzt. Zur Steigerung ihrer "Beweglichkeit" und zur Erhaltung ihrer "Gesundheit" ist eine Abmagerungs- und Fitneßkur notwendig.

Das Lean-Office, vor zwei Jahren noch als Modeerscheinung abgetan, ist längst in aller Munde. Wissenschaft und Praxis setzen sich damit auseinander. Die Autoren dieses Buches wollen einen Beitrag zu dieser Diskussion leisten und Ihnen, dem Leser, praktische Lösungswege aufzeigen.

Häufig wird der Begriff "Lean" leider völlig falsch interpretiert im Sinne von Investitionsstop, Billigprodukten und überzogener Kostenfocusierung. Das Ergebnis dieser Sichtweise könnte man umschreiben mit: "Wir sparen - koste es, was es wolle."

Die Autoren dieses Buches verstehen unter Lean-Office die ganzheitliche Betrachtung der Ziele, Aufgaben und Ergebnisse eines Dienstleistungs- und Verwaltungsbereiches - eines Büros. Marktwirtschaftliche Lösungsstrategien und der Mensch als wesentlicher Erfolgsfaktor stehen dabei im Vordergrund der Betrachtung. So zeigen wir Ihnen auf, welche Veränderungen in einer Unternehmung stattfinden müssen, damit das Büro sich zur "Werkstatt für Innovationen" entwickeln kann. Neue Regeln der Zusammenarbeit und Aufgabenerledigung werden auf makroökonomischer Ebene erläutert. Die Unternehmung selbst wird zur leistungsfähigen Volkswirtschaft. Die Auswirkungen derartiger neuer Strukturen auf das Bürohaus stellen wir Ihnen dar.

Das Lean-Office wird zur eigenständigen Büroform, die alle bekannten Büroformen beinhalten kann und den Übergang von einer zur anderen Büroform einfach, schnell und kostengünstig ermöglicht. Wenn die Büroform die organisatorischen Bedingungen abbilden soll, dann muß sie auch ebenso flexibel und veränderungsfreudig sein wie die Organisation selbst. Dabei dürfen die wichtigen Anforderungen der Menschen im Büro nicht auf der Strecke bleiben. Im Gegenteil: die Menschen und ihre Interaktionen stehen im Mittelpunkt des Lean-Office. Zahlreiche Beispiele und architektonische Konzepte zur ganzheitlichen Betrachtung des Büros geben Ihnen Orientierung in der Zeit der Veränderung.

Das Lean-Office ist die Antwort auf die Veränderung, ständig neu und immer anders. Wo wird sich das Lean-Office hinbewegen? Verstärkte Kundennähe, zunehmende Verkehrsstaus auf dem Weg zum Büro und nach Hause, steigende Energiekosten, erhöhtes Zeit- und Freizeitbewußtsein der Menschen sowie modernste

7

Informations- und Kommunikationstechnologien werden die Büroarbeit grundlegend verändern. Die Freiheit der Wahl von Arbeitszeit und Arbeitsort machen eine ganz neue Bürowelt möglich: das nonterritoriale Büro. Das Büro wird immer mehr zur Stätte des Informationsaustausches und der Begegnung. Einzelarbeit wird zu Hause oder direkt vor Ort beim Kunden erledigt. Es gibt bereits viele Unternehmungen (große wie kleine), die diesen Weg in eine neue Bürowelt gegangen sind. Wir stellen Ihnen einige richtungweisende Lösungen als praktische Fallbeispiele vor.

Lean-Office, das ist die ganzheitliche Antwort des Bürohauses, der Räume und Arbeitsplätze auf die Veränderungen im Denken, in den Märkten, in der Organisation und in den Wertvorstellungen der Menschen.

Murnau, September 1994

Dieter Lorenz
Hans Struhk
Fritz Schneider

Kapitel 1

Die Zukunft des Büros

Büro-Evolution

Rasante Entwicklung der Büroarbeit

Ungleichgewicht zwischen Fabrik und Büro

Die Nutzung der gesellschaftlichen Entwicklungspotentiale, sozialer Friede, Sicherheit, Lebensstandard, Selbstverwirklichung und vieles mehr sind eng mit der wirtschaftlichen Leistungsfähigkeit eines Landes verbunden. Bei der Betrachtung der Wirtschaftskraft stand bisher nicht das Büro, sondern immer die Produktion im Zentrum der Aufmerksamkeit. Die Sicherung des Produktionsstandortes ist daher auch stets oberstes Bestreben der Politiker und Interessenvertreter von Arbeitgebern und Arbeitnehmern gleichermaßen. So wurden in der Vergangenheit alle Anstrengungen unternommen, die industrielle Produktion, als Motor der wirtschaftlichen Entwicklung verstanden, immer kostengünstiger und effektiver zu gestalten. Ein für jede Fragestellung optimiertes Methodeninstrumentarium wurde entwickelt. Es erstreckt sich von den tayloristischen Ansätzen, wie z.B. die in den dreißiger Jahren erarbeiteten Systeme vorbestimmter Zeiten, bei denen einzelne Handbewegungen des Werkers über Sekundenbruchteile optimiert werden, bis hin zu den modernen betriebsumfassenden Konzepten wie z.B.

Lean-Production und Kaizen. Während die einen noch auf weitere Automatisierung setzen, suchen andere schon nach einfacheren, flexibleren, mitarbeiterorientierten Lösungen. Die fraktale Fabrik ist Gegenstand der Diskussion. Das traditionelle, inzwischen äußert komplexe Methodeninstrumentarium rechnerintegrierter und rechnergesteuerter Produktionssysteme wird hinterfragt und alternative Lösungskonzepte werden aufgezeigt.

Im Vergleich zur Fabrik führte das Büro bisher eher ein Schattendasein. Vergleicht man die Zahl der Veröffentlichungen, Fachbücher und Fachzeitschriften, die sich mit der Produktion beschäftigen, mit denen des Bürobereichs, so verstärkt sich dieser Eindruck. Die jahrzehntelange intensive Auseinandersetzung mit der Produktion hat einen derart hohen Perfektionismus und Spezialisierungsgrad erreicht, daß es schwerfällt, den Überblick zu behalten. So existieren beispielsweise für den Teilbereich der Layoutplanung von Produktionssystemen eine Vielzahl von Fachbüchern und Rechnerprogrammen. Sucht man

fundierte Hilfestellung für die nicht minder wichtige Layoutplanung im Bürobereich, so wird man kein Fachbuch finden, das sich umfassend und durchgängig mit diesem Thema beschäftigt; geschweige denn umfassende Softwarepakte. Es existiert zwar vielfältige Software zur zwei- und dreidimensionalen Darstellung von Layoutplanungen, jedoch intelligente bzw. experten-

BILD 1

BILD 2: Kanzlei im Mittelalter um 1450

BILD 3: Büro um die Jahrhundertwende

BILD 4: Büro in den 50er Jahren

In der Vergangenheit gab es so gut wie keine Innovation im Büro. Büros waren "abgeschlossene Räume mit spezieller Einrichtung und geeigneten Arbeitsmitteln zur Durchführung von Verwaltungstätigkeiten allgemeinster Form". Bürotätigkeit war unproduktive Handlung, die lediglich die wertschöpfenden Tätigkeiten begleitete, um Ordnung und Überblick zu behalten.

geleitete Software zur Layoutplanung steckt noch in den Kinderschuhen. Auf der Bürofachmesse Orgatec 1992 in Köln wurde gerade einmal ein Planungsinstrument für das Einpersonenbüro vorgestellt.

Impulse durch die EDV

Betrachtet man die vergleichsweise zaghafte Belebung der Aktivitäten im Bürobereich der letzten zehn Jahre näher, so ist festzustellen, daß der Anstoß hierzu von der zunehmenden Nutzung von EDV-Systemen im Verwaltungs- und Dienstleistungsbereich ausgeht. Hieran knüpfen sich alle Erwartungen, um die Produktivität und Effektivität der Büroarbeit zu steigern. Die Information als Produktionsfaktor war erkannt. So wurde dieser schmale Bereich des Büros auch sehr rasch und recht umfassend durchdrungen.

An Forschungsergebnissen und Literatur zum Thema Informations- und Kommunikationstechnologie herrscht kein Mangel. Von der Festlegung der Aufgaben, ihrer organisatorischen Bewältigungsstrategien, der notwendigen Hard- und Software bis hin zur ergonomischen Gestaltung des Bildschirmarbeitsplatzes liegen umfassende Erkenntnisse vor. Gleichwohl: das Büro als Gesamtsystem wird noch immer stiefmütterlich behandelt.

Im Vergleich zur Produktion könnte man den Eindruck gewinnen, das Büro habe bei der Betrachtung der Wirtschaftskraft eines Landes einen völlig unbedeutenden Anteil. Diese Fehleinschätzung des Bürobereichs liegt sicherlich in dessen historischer Entwicklung begründet.

BILD 5 Das Büro 1994 (Beispiel Mehrpersonenbüro) unterscheidet sich räumlich und organisatorisch kaum von der Vergangenheit. Auslöser für Innovation ist die Informations- und Kommunikationstechnologie (I + K - Technologie).

Das unproduktive Büro

Der aus dem französischen stammende Begriff "Büro" bezeichnete ursprünglich einen groben Wollstoff, mit dem Schreib- und Arbeitstische überzogen wurden. Später wurde der Begriff auf die Tische und Räume ausgedehnt. Das Kontor und die Kanzlei des Mittelalters repräsentierten wohl erstmalig das, was auch heute noch unter einem Büro verstanden wird: abgeschlossene Räume mit spezieller Einrichtung und geeigneten Arbeitsmitteln zur Durchführung von Verwaltungstätigkeiten allgemeinster Form. Die Verwaltungstätigkeiten des Büros im Mittelalter bestanden vor allem darin, beim Übergang von der Waren- zur Geldwirtschaft die erforderlichen schriftlichen Aufzeichnungen zu führen. Die Bürotätigkeit als unproduktive Handlung, die lediglich die wertschöpfenden Aktivitäten begleitet, um Ordnung und Überblick zu behalten, war geboren.

Mit der Zunahme der Geschäftsvorfälle und den sich ausweitenden Handelsbeziehungen wurden die Kanzleien so groß, daß eine Unterteilung der Aufgaben und ihrer Bewältigung vorgenommen werden mußte. Das Tätigkeitsfeld der Büroorganisation entstand. Einhergehend mit der stärkeren Arbeitsteilung im Büro entwickelte sich auch eine ausgeprägte Hierarchie. Sie wird an unterschiedlichen Arbeitstypen und Räumen sichtbar. Die Grundlage für die noch heute bekannten Statussymbole ist geschaffen.

Die ersten Büros des Mittelalters konnten noch in den Wohnhäusern ihrer Besitzer betrieben werden. Der Anteil der Büroarbeit war noch sehr gering. Als eines der ersten eigenständigen Bürogebäude gelten die "Uffici", der Verwaltungspalast der Familie Medici in Florenz. Nach diesem, im 16. Jahrhundert erstellten Gebäude, leitet sich das englische Wort "office" ab.
Den wesentlichen Durchbruch erfährt das Büro jedoch erst mit der Zunahme der Bürokratie. Das aus dem griechischen stammende Wort "Kratos" steht für Kraft und

Macht. Das Büro entwickelte jene eigendynamische Kraft und Macht, die ihm vielfach noch heute zu eigen ist. Im allgemeinen Sprachgebrauch verband man im frühen 19. Jahrhundert mit dem Wort Büro vielfach auch die Bürokratie des Beamtentums. Wieder verbanden sich mit dem Begriff Büro unproduktive, ja häufig behindernde und unnötige Tätigkeiten.

Diese historisch begründete Einschätzung von Büro und Büroarbeit hat sich vielfach bis heute noch nicht geändert. Vielleicht auch deshalb wurde der Bürobereich als unabdingbares "Übel" ohne jeden Wertschöpfungsbeitrag angesehen. Vielleicht auch deshalb ist das Büro so konservativ im Vergleich zur Produktion. Das Festhalten an historischen Zöpfen wie der heute noch so bekannten "Kleiderordnung" (die Größe einer Bürofläche wird nach Mitarbeiter-Hierarchie festgelegt) und der immer mehr zu hinterfragenden überzogenen Büroarbeitsplatzidentität ("Das ist mein Schreibtisch, den man mir bei einer organisatorischen Änderung gefälligst hinterherzutragen hat") läßt uns Bürohäuser noch heute so bauen wie vor 100 Jahren, als wäre die Zeit stehen geblieben.

Die neue Rolle des Büros

In Wirklichkeit hat sich eine gewaltige Veränderung in der Büroarbeit vollzogen. Das Büro hat sich vom unproduktiven Bereich, der als reiner Kostenfaktor galt, immer mehr zur markt- und kundenorientierten Dienstleistungs- und Ideenwerkstatt entwickelt. Während der Anteil der in der Produktion beschäftigten Bevölkerung ständig rückläufig war, stieg die Zahl der Angestellten im

Bürobereich an. Auch wenn Produktionsstätten zunehmend in Billiglohnländer verlagert werden, bleiben die Büros bestehen, und das aus gutem Grund. Hochqualifizierte und motivierte Mitarbeiter entwickeln im Büro neue marktfähige Produkte, erarbeiten Marketing- und Vertriebskonzepte, steuern die Beschaffung, Produktion, Lagerung und Vertrieb, bereiten Kennzahlen für schnelle Unternehmensentscheidungen auf und sind ständige Ansprechpartner für die Kunden.

Dieser rasanten Entwicklung der Büroarbeit müssen Bürogebäude, die Bürofläche, die Büroeinrichtung, die Bürotechnik und vieles mehr Rechnung tragen. Das Büro ist ein hochdynamisches und vielfältiges System, dem es gilt, hohe Aufmerksamkeit zu schenken, und dies nicht nur aufgrund des in den letzten Jahren ständig zunehmenden Flächenbedarfs pro Mitarbeiter. Bereits heute arbeitet über die Hälfte aller Erwerbstätigen im Büro. Die Zahl soll bis auf zwei Drittel nach der Jahrtausendwende anwachsen. Dies macht überdeutlich, daß es höchste Zeit ist, sich intensiver mit dem Büro zu beschäftigen. Es ist eine ganzheitliche Betrachtung des Büros notwendig statt der bisherigen Focusierung auf die Themen Organisation, Informations- und Kommunikationssysteme und Ergonomie. So ist beispielsweise den wenigsten Unternehmen bekannt, welche Kosten und welchen Nutzen unterschiedliche Büroformen mit sich bringen. Dies ist um so erstaunlicher, wenn man bedenkt, daß ein Viertel bis zur Hälfte des bilanzierten Anlagevermögens grundstücks- und gebäudebezogen ist und sich bis zu 20 % in Gewinnen und Verlusten widerspiegeln kann!

Vielfalt des Büros

Die Büroarbeit hat sich seit dem Mittelalter evolutionär entwickelt. Selbst technische Neuerungen wie die Schreibmaschine, das Telefon, der Fotokopierer und die Computer haben die Büroarbeit an sich nicht wesentlich verändert. Die technischen Hilfsmittel haben zwar dramatische Auswirkungen auf die Arbeitsgeschwindigkeit, Dichte und Komplexität der zu verarbeitenden Information. Der eigentliche Arbeitsinhalt einer Produktentwicklung bleibt jedoch gleich, ob am Zeichenbrett oder an der CAD-Anlage. Im Gegenteil, teilweise ist das Zeichenbrett im Konzeptstadium das bessere Hilfsmittel als die CAD-Anlage. Neue Technik kann jedoch sehr unterschiedliche Anforderungen an das Büro stellen. So sehen sich Banken gezwungen, im Börsenhandelsbereich einen speziellen Arbeitstisch entwickeln zu lassen, der mehrere Bildschirmgeräte in einem geschlossenen Gehäuse aufnehmen kann. Mittels Wärmetauscher wird die Abwärme der Geräte über im Doppelboden verlegte Wasserrohre abgeführt. Die installierte Klimaanlage könnte aufgrund der notwendigen fünf Bildschirme pro Börsenhändler die entstandene Wärmelast nicht mehr abführen.

Informationsverarbeitung als Hauptmerkmal

So wie es nicht die Fabrik gibt, entzieht sich auch das Büro einer einheitlichen Definition. Zu unterschiedlich sind die auszuführenden Aufgaben und deren organisatorische Bewältigung. Das Spektrum erstreckt sich von repetitiven Verwaltungstätigkei-

ten über unterschiedlichste Sachbearbeitertätigkeiten bis hin zu äußerst kreativen und innovativen Tätigkeitsfeldern in der Technikentwicklung oder im Vertrieb. Hinzu kommt, daß der Bürobereich immer mehr Aufgaben übernimmt, die früher auf Produktionsebene ausgeführt wurden. Die Steuerung von Maschinen und Anlagen wird nicht mehr vor Ort wahrgenommen. Im Bürobereich erstellte Software übernimmt diese Funktion. Kundenspezifische Produktentwicklungen und -anpassungen werden an Büroarbeitsplätzen mit Rechnerunterstützung und angeschlossenen Labor/Fertigungsarbeitsplätzen ausgeführt (Bild 5). Neben den zu erfüllenden Aufgaben und der dafür gewählten Organisation unterscheiden sich Büros auch noch durch ihre Größe und Raumformen. Berücksichtigt man die bereits heute bestehenden unterschiedlichen Anforderungen, so wird deutlich, daß keine eindeutige und allgemeinverbindliche Aussage zu einem Büro getroffen werden kann. Um wieviel schwieriger wird es sein, dann auch noch der teilweise unbekannten Technikentwicklung adäquat Rechnung zu tragen. Will man dennoch den Versuch unternehmen, eine zeitgemäße Definition des Begriffs Büro zu wagen, so sollten die Gemeinsamkeiten der vielfältigen Büros im Vordergrund stehen. Wenn man eine Fabrik als eine Produktionsstätte zur Be- und Verarbeitung von Werkstoffen in größerer Stückzahl unter Einsatz spezieller Maschinen und Anlagen definieren kann (dabei bleibt noch immer ein großer Unterschied zwischen einer hochautomatisierten Chipfertigung unter Reinstraumbedingungen, einer modernen Pkw-Montage und einer Fertigung von Kleidungsstük-

BILD 6 "Das" Büro gibt es nicht mehr. Es findet zunehmend eine Integration verschiedenster Tätigkeiten statt. Hier: Büro, Entwicklung, Labor, Einzelfertigungsarbeitsplatz.

ken) so liegen die Ähnlichkeiten im Büro in der Informationsverarbeitung.

Das Büro ist damit eine Arbeitsstätte zur Verarbeitung von Information unter Einsatz spezieller technischer Systeme. In jedem Büro steht die Aufnahme, Bearbeitung, Speicherung und Übermittlung von Informationen im Zentrum der Betrachtung. Diese Informationen treten dabei in Form von Sprache, Daten, Texten und Bildern auf.

Bisher dominiert die Arbeitsteilung

Zur wirtschaftlichen Verarbeitung der Information im Büro wurden, ähnlich wie im Produktionsbereich, bisher vornehmlich die traditionellen betriebswirtschaftlichen Prinzipien der horizontalen und vertikalen Arbeitsteilung sowie der generellen und der fallweisen Regelung durchgesetzt. Die arbeitsteilige Erledigung der Büroarbeit wird an hierarchischen, aufbau- und ablauforganisatorischen Merkmalen häufig in vier grundsätzliche Aufgabenbereiche im Büro gegliedert:

Zu den Führungsaufgaben kann das Leiten und Motivieren der Mitarbeiter, die Problemlösung und Entscheidungsfindung bei Unsicherheit und Risiko, das Aufbauen von Kommunikationsbeziehungen sowie das Empfangen, Verarbeiten und Verbreiten von Information gezählt werden.

Die Fachaufgaben beinhalten die Ausführung von schlecht strukturierbaren Tätigkeiten mit hohen Anteilen an Fachwissen sowie das Empfangen, Produzieren und Dokumentieren von Information.

Zu den Sachbearbeitungsaufgaben gehört die Bearbeitung stärker strukturierter Tätigkeiten, die mit ausreichendem Fachwissen und Routine erledigt werden können. Hier wird Information überwiegend empfangen und weitergegeben.

Die Assistenzaufgaben umfassen die Unterstützung bei der Bewältigung der oben aufgeführten Aufgaben. Hierzu zählt die Speicherung, der Transport, die Dokumentation, die Be- und Verarbeitung von Information sowie deren Verteilung.

Anhand der hier nur beispielhaft dargestellten Gliederung der Büroarbeit werden von vielen Organisationsberatern Typisierungen von Arbeitsplätzen vorgenommen. Hierauf aufbauend wird dann der Flächenbedarf von Arbeitsplätzen sowie die Raum- und Funktionsprogramme für die Zukunft der Unternehmung erstellt. Durch diese Vorgehensweise ergeben sich in der Regel klassische, statische und standardisierte Büros. Derartige Büros sind jedoch aufgrund der sich in Zukunft rasch ändernden Marktverhältnisse und den sich dadurch ergebenden neuen Aufgaben und organisatorischen Veränderungen nicht mehr in der Lage, angepaßte Lösungen für die Unternehmung zu bieten.

War die bisherige Entwicklung des Büros in den letzten hundert Jahren eher konservativ evolutionär und nur von geringer Dynamik (trotz neuer Informations- und Kommunikationstechnologie), so werden wir uns in Zukunft mit hochdynamischen innovativen Entwicklungsprozessen auseinandersetzen müssen. Die Vielfalt der Büros wird sich nicht nur auf Unterschiede zwischen einzelnen Unternehmungen, sondern immer mehr auch auf die einzelne Unternehmung selbst erstrecken.

Gesellschaftlicher Wandel und die Bedürfnisse des Menschen im Büro

Das Büro als Lebensraum

Trotz erfolgter Arbeitszeitverkürzung verbringt der Mensch fast die Hälfte der Zeit, in der er wach und aktiv ist, mit seiner Arbeit. Dieser Zeitanteil nimmt bei höherer Qualifikation und zunehmendem Anforderungscharakter der Arbeit eher noch zu. Das Büro darf dabei nicht nur als Arbeitsraum verstanden werden, sondern muß auch die Qualitäten eines Lebensraumes anbieten. Arbeit ist ein fester Bestandteil unseres Lebens! Wie wichtig Arbeit ist, erkennt spätestens derjenige, der zeitweise ohne Beschäftigung sein muß. Arbeiten dient nicht nur der materiellen Absicherung. Hierfür kann man sich zumindest auf Zeit versichern. Arbeit bedeutet vor allem die sinnvolle Erfüllung persönlicher Ziele wie Entfaltung, Mitwirkung und Bedürfnisse wie beteiligt sein, gebraucht werden, einen Beitrag leisten.

Die Einheit des Menschen kann nicht aufgeteilt werden, in den Arbeits- und Freizeitbereich, ohne daß Identifikations- und Integrationsverluste hingenommen werden müssen. Die Identität und die Bedürfnisstruktur der Menschen ändern sich nicht beim Betreten eines Bürogebäudes. Das Büro muß daher ein mit Arbeit gefüllter Lebensraum sein, in dem Selbstverwirklichung, Selbstentfaltung und Kreativität bei angemessener und gerechter Entlohnung ihren Platz finden: Zum Wohle des Einzelnen, der Unternehmung und der Gesellschaft.

Arbeit kontra Freizeit

Wie aber ist die Wirklichkeit? Während mit Ertönen der Werkssirene in vielen Betrieben die Werker ihren Arbeitsplatz geradezu fluchtartig verlassen: sie rennen der Arbeit davon, findet im Bürobereich ein über gleitende Arbeitszeit entzerrter eher "geordneter Rückzug" statt. Vom Wesen her ist jedoch eine vergleichbare Geisteshaltung festzustellen. Die Arbeit dient überwiegend dem Gelderwerb und scheint mit Ausnahme dieser wichtigsten Bedeutung sinnentfremdet zu sein. Selbstverwirklichung, Selbstentfaltung und Kreativität finden häufig nur noch in der Freizeit statt. Längst suchen Soziologen nach den Gründen der immer extremer werdenden Freizeitbeschäftigungen: Bungy-Springen, Gleitschirmfliegen, Wildwasserfahren, Freiklettern im Gebirge sowie Extremurlaube jeder Art. Immer häufiger wird ein Kausalzusammenhang formuliert zwischen den auszuführenden Tätigkeiten am Arbeitsplatz und den Bedürfnissen der Menschen nach Anerkennung und Selbstbestätigung. Da diese wichtigen Bedürfnisstrukturen am Arbeitsplatz oft nicht erfüllt werden, dient der Freizeitbereich der "Bedarfsdeckung". Viele Menschen in unserer Zeit sehen in der Trennung zwischen Beruf und Freizeit keinen Anlaß zur Besorgnis und keine Notwendigkeit der Veränderung. Neue Arbeitszeitmodelle schaffen ja in Zukunft eher noch mehr Freizeit. Und schließlich ist die Freizeitindustrie ein wichtiger und wachsender Wirtschaftszweig. Dennoch erkennen immer mehr Menschen in unserer Zeit, welche wertvollen Potentiale dem Einzelnen, der Unternehmung und der Gesellschaft bei dieser identitätszermürbenden Zeit- und Lebensaufteilung verloren gehen. Hat uns der Taylorismus hier nicht auch schon längst eingeholt. Die von Taylor propagierte Trennung von planenden und ausführenden Aufgaben, die zu den Organisationsformen der meisten Unternehmen heute geführt hat, wird immer mehr in Frage gestellt. Auch die Trennung von hier "Arbeit" und dort "Leben" ist eine Fehlentwicklung, die gestoppt werden muß. Das Thema der Reintegration wird uns in den Unternehmungen und in der Gesellschaft zunehmend beschäftigen.

BILD 7

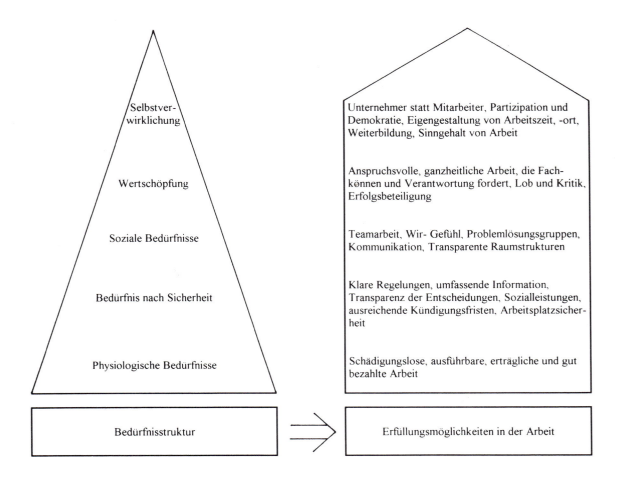

Selbstver-wirklichung	Unternehmer statt Mitarbeiter, Partizipation und Demokratie, Eigengestaltung von Arbeitszeit, -ort, Weiterbildung, Sinngehalt von Arbeit
Wertschöpfung	Anspruchsvolle, ganzheitliche Arbeit, die Fachkönnen und Verantwortung fordert, Lob und Kritik, Erfolgsbeteiligung
Soziale Bedürfnisse	Teamarbeit, Wir- Gefühl, Problemlösungsgruppen, Kommunikation, Transparente Raumstrukturen
Bedürfnis nach Sicherheit	Klare Regelungen, umfassende Information, Transparenz der Entscheidungen, Sozialleistungen, ausreichende Kündigungsfristen, Arbeitsplatzsicherheit
Physiologische Bedurfnisse	Schädigungslose, ausführbare, erträgliche und gut bezahlte Arbeit

| Bedürfnisstruktur | ⟹ | Erfüllungsmöglichkeiten in der Arbeit |

BILD 8 Die Maslow' sche Bedürfnisstruktur und ihre Erfüllungsmöglichkeiten in der Büroarbeit: Nach dem die beiden unteren Stufen weitgehend erfüllt sind, müssen die drei oberen Bedürfnisse des Menschen im Brennpunkt erfolgreicher Zukunftskonzepte stehen.

Reintegration gefordert

Grundsätzlich können zwei ganz unterschiedliche Lösungsansätze hierzu betrachtet werden. Der erste ist die Reintegration der Arbeit in den Heimbereich. Der zweite versucht, ganzheitliche Aufgabenerfüllung in Kreativität und Wohlbefinden fördernden Arbeitsräumen zu ermöglichen. Zwei Extremszenarien, die jedes für sich bereits Realität angenommen haben. Die Vor- und Nachteile und vor allem die Möglichkeiten, beide Szenarien überlappen zu lassen, werden später noch diskutiert.

Will man den Versuch unternehmen, den gesellschaftlichen Wandel und den ihrer Werte festzuhalten, kann aufgrund der ständigen Dynamik der Prozesse nur eine "Blitzlichtaufnahme" mit all ihren Verzerrungen entstehen. Orientiert an der bekannten Bedürfnispyramide von Maslow, lassen sich die eingetreten Veränderungen auf Büroarbeit wie in Bild 8 dargestellt übertragen.

Es scheint so, als hätte der gesellschaftliche Wandel längst unsere Unternehmenskulturen beeinflußt. So zeigt eine im Jahr 1991 durchgeführte Umfrage bei Vorständen und Geschäftsführern von Unternehmungen die in Bild 8 aufgeführten Elemente der Unternehmenskultur.

Obschon eine Unternehmenskultur von längerfristigem Bestand sein sollte, wird immer wieder entgegnet, diese Umfrage spiegele ganz typisch eine wirtschaftliche Hochphase wieder. Ganz nach dem Motto: Die Bedürfnisse der Mitarbeiter werden erfüllt, solange wir es uns leisten können. Noch deutlicher drückte es ein Vorstand aus, der im Nachgang zu einem Vortrag von Frau Professor Dr. Höhler zum Thema Mitarbeitermotivation äußerte, der Vortrag müsse wohl umgeschrieben werden, da die Mitarbeiter ja auf Knien um einen Arbeitsplatz betteln würden!

So zeigen viele Beispiele in der Rezession, wie kurzlebig unser verändertes Bild von Arbeit und

Bedürfniserfüllung zu sein scheint. Häufig tauchen sie gerade in schwierigen Zeiten wieder auf, die Hardliner, deren Mitarbeiterführungsqualitäten sich auf das Erzeugen von Druck und das Verbreiten von Ängsten beschränken.

Lebensqualität gefragt

Druck erzeugt Gegendruck. Auch wenn aufgrund gegebener Randbedingungen vom Mitarbeiter der Druck absorbiert werden muß, so entlädt sich der gespeicherte Druck um so stärker, bei geänderten Umfeldbedingungen. Auch in der Rezession kündigen Mitarbeiter, wenn sich die Arbeitsbedingungen nicht mit ihren Vorstellungen decken. Es sind in der Regel die Besten, die gehen. Sie sind gerade in der Rezession begehrt. Ängste zu erzeugen ist eine ebenso törichte Führungsstrategie: Verringerte Leistung, Fehler, Aggressionen und Fehltage sind die Folge.

Es muß unser aller Aufgabe sein, unsere Lebensqualität weiter zu erhöhen. Dies bedeutet nicht z.B. noch mehr Geld zu verdienen und wertvolle Ressourcen achtlos aufzubrauchen, sondern im Einklang mit der Natur zu leben, sinnvolle und interessante Aufgaben auszuführen und sich bei der Arbeit wohlzufühlen. Die Arbeit als integrativer Bestandteil unseres Lebens soll Freude nicht ausschließen. Dies ist eine wichtige Voraussetzung zur vielfältigen Gestaltung eines Lean-Office.

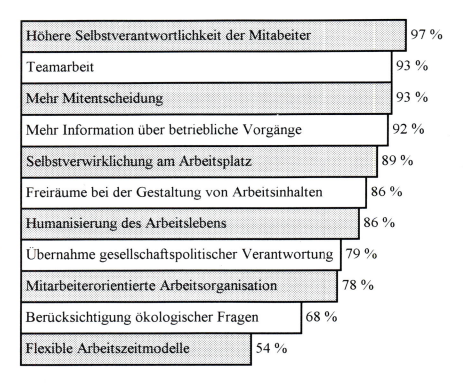

BILD 9 Die wichtigsten Elemente der Unternehmenskultur aus der Sicht der Unternehmensleitung. Unternehmen wünschen sich Mitarbeiter mit hoher Selbstverantwortlichkeit. Quelle: Institut der deutschen Wirtschaft, Köln 1990

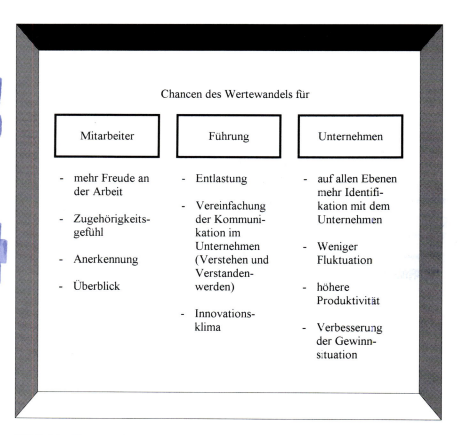

BILD 10 Chancen des Wertewandels nach Höhler: Mitarbeiter wollen sich engagieren und mit dem Unternehmen identifizieren. Quelle: Höhler 1992

Entwicklungspotentiale des Büros

Neue Trends für Organisation, Gebäude, Einrichtung, Technik

Rezession als Chance der Erneuerung

Eine stabile Wirtschaftslage mit guten Wachstumsraten ist das Ziel aller politischen und unternehmerischen Anstrengungen. Wirtschaftliches Handeln in transparenten, ruhigen Wachstumsmärkten findet immer seltener statt. Sich rasch ändernde Märkte, turbulente und völlig neue Umfeldbedingungen (z.B. die Öffnung der Märkte im Osten) bestimmen unsere Aktionen. Wirtschaftliche Rezessionen bleiben dabei nicht aus. So sehr eine Rezession befürchtet wird, so wertvoll kann sie auch für ein Unternehmen und eine Gesellschaft sein, wenn dadurch grundlegende Fehler und Schwächen offengelegt werden.

Unternehmen in der Rezession sind gezwungen, eine Neugestaltung ihrer Ziele und ihrer Identität durchzuführen. Die Aktivität und Agilität behindernden "Fettpolster" müssen abgebaut werden. Langjährig eingefahrene Arbeitsprozesse und Organisationsformen müssen analysiert und gegebenenfalls verändert werden. Die Rezession ist die Chance der Erneuerung. Wer sich der Herausforderung aktiv stellt, kann gestärkt aus ihr hervorgehen. Wer nur ständig reagiert und außer Bedauern, Jammern und Zurückfallen in die sogenannten "bewährten" Handlungsstrategien keine neuen Wege geht, wird vielleicht nicht überleben.

Neue Wege und Maßnahmen haben uns teilweise japanische Unternehmensführungskonzepte und wie so oft nordamerikanische Methoden aufgezeigt. Das englische Adjektiv "lean" scheint zur wichtigsten Vorsilbe moderner Konzepte der Unternehmensführung geworden zu sein. Während die einen die "Lean-Welle" als Modeerscheinung herabwürdigen, sehen andere hierin ein noch lange tragfähiges und ausbaufähiges Konzept, Unternehmungen erfolgreicher werden zu lassen.

Billig ist nicht "lean"

Immer wieder ist jedoch auch festzustellen, daß der Begriff falsch interpretiert wird. Sicherlich steht die Kostenreduzierung im Vordergrund der Betrachtung einer "schlanken" Unternehmung. Dies bedeutet aber keinesfalls, auf Investitionen zu verzichten, oder stets die billigste Variante zu wählen. Vermeintlich kostengünstige Entscheidungen zu billigen Lösungen können sich aufgrund häufig nicht berücksichtigter Folgekosten als äußerst unwirtschaftliche erweisen. So gilt es bei der Betrachtung von Wirtschaftlichkeit stets darauf zu achten, eine Steigerung der Leistung der Mitarbeiter, der Organisation und der Gesamtunternehmung zu erreichen und nicht nur reine Kostensenkung zu betreiben.

Veränderungen der Aufbau- und Ablauforganisation einer Unternehmung werden in der Regel aufgrund sich ändernder Aufgaben oder einer angestrebten Verbesserung der Wirtschaftlichkeit (Verkürzung von Prozeßzeiten, Ausschöpfung von Rationalisierungspotentialen) durchgeführt.

Wesentliche Anstöße für ständig zunehmende Veränderungsraten von Organisationen sind durch die notwendige Markt- und Kundenorientierung der Unternehmungen, die Verflachung von Hierarchien, die verstärkte Teamarbeit mit häufig wechselnden Teammitgliedern aus unterschiedlichen Unternehmensbereichen und die Möglichkeiten der Prozeßoptimierung durch Informations- und Kommunikations-Technologien (I + K - Technologien) gegeben.

Teamarbeit wächst

Hatte ein Mitarbeiter in der Vergangenheit einen festen Arbeitsplatz, wechselt er heute häufig aufgrund seiner Tätigkeiten in verschiedenen Teams von Arbeitsplatz zu Arbeitsplatz. Ihm mehrere Arbeitsplätze für seine ausschließlich persönliche Nutzung zuzuweisen, erscheint aus wirtschaftlichen Überlegungen nicht sinnvoll. Der ständige Wechsel zwischen Kommunikation im Team und hochkonzentrierter Einzelarbeit machen andere Büroraumstrukturen erforderlich als wir sie zur Zeit nutzen. Die Arbeitsplätze und Büroräume müssen die optimalen Voraussetzungen zur Erfüllung der jeweiligen Aufgaben bieten. Der persönliche Arbeitsplatz wird dabei eher zweitrangig.

Ortsunabhängiger durch Technik

Moderne I + K - Technologien erlauben es den Mitarbeitern, unabhängig von Arbeitsort und Arbeitszeit der Unternehmungen ihre Aufgaben umfassend zu erfüllen. Die integrierte Sachbearbeitung bietet eine wesentlich größere Autonomie des Einzelnen, als die klassische Zusammenarbeit zwischen Sachbearbeiter und Unterstützungskraft. Der Trend zur Verkleinerung von Unternehmungen geht einher mit der Dezentralisierung. Die extrem teuren Innenstadtstandorte werden zunehmend nur noch für Zentralaufgaben genutzt. Dezentrale Unternehmensbereiche erlauben eine größere Kundennähe und Flexibilität zu geringeren Standortkosten. Das Bürogebäude wird zunehmend zur Stätte der Begegnung und des Informationsaustausches.

Variable Flächen

Andererseits wachsen die Büro- und Produktionsbereiche immer stärker zusammen. Simultaneous Engineering führt zu einer Verkürzung von Entwicklungszeiten durch die frühzeitige Einbindung aller im Unternehmen betroffenen Bereiche (Entwicklung, Konstruktion, Fertigung, Qualitätssicherung, Marketing, Vertrieb, etc.). Kundenspezifische Produktentwicklung führt zu Arbeitsplätzen und -räumen, die einen hybriden Charakter von Büro, Labor und Kleinstfertigung erhalten. Das Gebäude und die Einrichtung muß diesen sich rasch ändernden Anforderungen mit größter Flexibilität gerecht werden. Monofunktionale Strukturen wie z.B. das Zellenbüro klassischer Prägung sind hierfür nicht geeignet. Das Lean-Office

muß sich mit seiner Einrichtung und flexiblen Raumgliederung schnell und kostengünstig den jeweiligen Notwendigkeiten anpassen lassen.

Revolutionäre Entwicklungen für Führung, Arbeitsplatz, Kommunikation und Flexibilität

Die größere Autonomie der Mitarbeiter in Verbindung mit der Selbstorganisation und Selbstgestaltung einzelner Unternehmensbereiche stellen die klassische Hierarchie und Führung in Frage. In den auf Zeit zusammengesetzten Teams werden die Teamchefs ebenfalls auf Zeit ernannt oder gewählt. Im Team bedeutet Führung die Koordination mehrerer gleichwertiger Teampartner auf die gemeinsam vereinbarten Ziele. Der "Primus inter Pares" erhält eher eine Moderatorenrolle und wird zum Teamsprecher und der Nahtstellenperson zu anderen Teams.

Klassische Führung stirbt

Die übergeordnete Führung erhält im Lean-Office die Aufgabe, den Prozeß der Zielfindung und Zielabstimmung zu koordinieren. Die Führungsaufgabe wird zunehmend zur Beratungs- und Unterstützungsaufgabe. Die sozialen Komponenten werden dabei wichtiger als die rein fachlichen. Bei einer regelrechten Explosion des Wissenszuwachses ist die Führungskraft ohnehin kaum in der Lage, sich fachlich in allen Teildisziplinen der Mitarbeiter am besten auszukennen.

War in der Vergangenheit eine wichtige Aufgabe der Führung, die Arbeit einzuteilen und ihre Bearbeitung zu überwachen, so

BILD 11

kann dies nicht mehr Gegenstand einer Führungsaufgabe sein, wenn Prinzipien wie Selbstorganisation, Selbstkontrolle und Zielerreichung Platz greifen. Die zunehmende Flexibilität von Arbeitszeit und Arbeitsort lassen diese klassische Führung nicht mehr zu. Die Mitarbeiter werden für die Erfüllung ihrer Aufgaben im Rahmen der vereinbarten Zielsetzung entlohnt, nicht für die Anwesenheitszeit am Arbeitsplatz im Büro. Den auf die Beschäftigungsdauer persönlich zugewiesenen Arbeitsplatz wird es ohnehin in Zukunft immer seltener geben. Die moderne I- und K-Technologie erlaubt es dem Einzelnen, zu Hause zu arbeiten, in Verkehrsmitteln, oder an einem Platz seiner Wahl: "Mein Büro ist dort, wo ich arbeite". Die Anwesenheit im Büro dient immer mehr der Kommunikation untereinander und das nicht mehr stets an 5 Tagen in der Woche.

Bürohäuser flexibler nutzen

Berechnet man die tatsächliche Nutzungszeit eines Bürogebäu-

des, so ergibt sich ausgehend von 8760 Stunden pro Jahr, die das Gebäude "zur Verfügung" steht, bereits heute eine tatsächliche Nutzung von nur ca. 1500 Stunden pro Jahr. Dies entspricht ca. 17 % Nutzungszeit. Andere Quellen kommen unter der Berücksichtigung von sozialen und organisationsbedingten Aktivitäten der einzelnen Mitarbeiter auf eine arbeitsplatzbezogene Nutzungszeit von nur ca. 5 %. Welcher verantwortlich kalkulierende Unternehmer wäre bereit, bei derartigen Nutzungsgraden teure Investitionen zu tätigen? Ein verbesserter Nutzungsgrad kann jedoch nur durch Flexibilisierung der Nutzungszeiten eines Bürogebäudes und gegebenenfalls flexiblere Nutzung einzelner Teilbereiche gewährleistet werden. Längere Nutzungszeiten des Gebäudes - die Mitarbeiter können nach individuellen Vorstellungen zu unterschiedlichen Tageszeiten ihre Arbeit erledigen - und reduzierte Anwesenheitszeiten im Gebäude werden aus wirtschaftlichen Überlegungen die persönliche Zuweisung und ausschließlich persönliche Nut-

zung von Arbeitsplätzen mit 8 bis 12 qm wie derzeit üblich, nicht länger erlauben. Konzepte wie Desksharing, Nonterritorial Office oder die Miniaturisierung des persönlichen Arbeitsplatzes werden die Organisatoren und Gestalter von Büros in Zukunft stärker beschäftigen. Das Interesse an flexibler Arbeitszeit besteht aufgrund der geforderten Markt- und Kundennähe seitens der Arbeitgeber, aber auch seitens der Arbeitnehmer. Eine Untersuchung des nordrhein-westfälischen Ministerium für Arbeit, Gesundheit und Soziales zeigt, daß die Arbeitnehmer weitere Arbeitszeitverkürzungen wünschen. Neben den durch Teilzeitarbeit größeren Freiraum der Mitarbeiter ergeben sich für die Unternehmungen Produktivitätsvorteile von ca. 20% der Personalkosten, wie eine Studie der Unternehmensberatung McKinsey zeigt.

Diese wirtschaftliche Notwendigkeit der geänderten Büroarbeit wird durch ökologische Vorteile unterstützt. Weiter entzerrte Arbeitszeiten führen zu geringeren Verkehrsstaus. Verstärkte Arbeit zu Hause und in den dezentralen Organisationseinheiten bis hin zu Telekonferenzen lassen einzelne Fahrten überflüssig werden.

Individualität und Mobilität

Dagegen steht jedoch der weiter zunehmende Trend der Individualisierung in unserer Gesellschaft. Die Menschen wollen ihre Individualität nicht nur im Heim- und Freizeitbereich sondern auch während der Arbeit entfalten. Am persönlich zugewiesenen Arbeitsplatz können die eigenen Pflanzen, Bilder und Erinnerungsstücke ihren dauerhaften

Platz finden. Jeder Arbeitsplatz erhält die persönliche Note des Nutzers, wird unterscheidbar, schafft Identität und Wohlbefinden. Eine wichtige Aufgabe der Zukunft wird es sein, diese gegenläufigen Anforderungen von Individualismus einerseits und maximaler Arbeitsplatzflexibilität andererseits zu harmonisieren. Bereits heute gibt es Büromöbelprogramme, die aus wenigen mobilen Elementen unterschiedlichste Gestaltungen zulassen. Bei gleicher Ausstattung aller Arbeitsplätze kann dadurch jeder Mitarbeiter mit wenigen Handgriffen sich seine individuelle Lösung auf Zeit selbst bauen.

Miniaturisierte persönliche Arbeitsplätze werden vermutlich noch auf längere Zeit den nonterritorialen Arbeitsplätzen vorgezogen werden. Bei der Gestaltung von Arbeitsplätzen wird die "transportable Identität" an Bedeutung gewinnen. Individuelle Arbeitsplatzmerkmale müssen bei einem Ortswechsel einfach mitgenommen werden können. Der Mitarbeiter zieht mit Rollcontainer, Stuhl und seinen überall adaptierbaren persönlichen Arbeitsplatzelementen um. So neu sind diese Konzepte nun auch wieder nicht.

Schon die Herrscher im Mittelalter nahmen aufgrund vieler Reisen und Standortwechsel eine kleine, sehr begrenzte Auswahl der ihnen wichtigsten Möbel (der Begriff kommt von mobil) mit. Tragbare Möbelstücke mit Griffen entstanden. Auch die in dieser Ausarbeitung immer wieder propagierte Multifunktionalität von Räumen und Einrichtungen ist aus dieser Zeit bekannt. Nach dem Mahl wurde die Tafel aufgehoben und damit weggetragen, um Platz für den Tanz zu schaffen.

Ziel: Freude bei der Arbeit

Trotz zunehmender Leistungsfähigkeit der I- und K-Technologien wird der ausschließliche Heimarbeitsplatz die Ausnahme bleiben. Auch der Mitarbeiter im Büro der Zukunft wird den sozialen Kontakt und die Zugehörigkeit zur Gruppe der Kollegen suchen. Die Unternehmungen werden hierauf auch nicht verzichten wollen, um wichtige Bedingungen wie das Wir-Gefühl, die gemeinsame Ausrichtung auf Unternehmensziele etc. nicht zu verlieren.

Die gemeinsame, erfolgreiche Zielerreichung - wenn auch bei weitgehend autarker Einzelbearbeitung von Aufgaben - erhält die Motivation und macht Spaß.

Wenn auch die sich aufzeigenden Möglichkeiten aus heutiger Sicht revolutionär wirken, so wird der Weg dorthin jedoch evolutionär sein.

Die Entwicklungsgeschwindigkeit und der Umsetzungsgrad wird von Unternehmung zu Unternehmung ganz unterschiedlich sein. Einzelne Unternehmungsbereiche werden aufgrund der Spezifika der Aufgaben früher den beschriebenen Weg gehen als andere. Sicher ist, daß die Flexibilitätsanforderungen an Organisation, Gebäude, Einrichtung und Menschen ständig zunehmen werden. Gerade für den Neu- oder Umbau eines Bürohauses stellen diese Bedingungen eine große Herausforderung dar. Eine Vielzahl von Varianten muß mit Invarianten in Einklang gebracht werden. Denn auch in Zukunft werden die Statik und die äußere Hülle des Bürohauses Konstanten darstellen. Innerhalb dieser Konstanten müssen die Variablen sich zu ihrer optimalen Größe,

Form und Struktur ausprägen können.

Bei der Bewertung der Vielzahl unterschiedlicher Lösungen haben die Anforderungen der arbeitenden Menschen einen sehr hohen Stellenwert. Die unbestrittene Notwendigkeit der Kostenreduzierung im Bürobereich darf sich nicht negativ auf die Leistungsentfaltung der Mitarbeiter auswirken. Nicht der Frust, sondern die Freude bei der Arbeit müssen im Vordergrund aller Bemühungen stehen, um optimale Lösungen zu schaffen. Andernfalls verlassen diejenigen die Unternehmung, die wir am dringendsten brauchen: nämlich die Besten.

Kapitel 2

Das Lean-Office

Neue ganzheitliche Betrachtung des Büros

"Schlanker" werden !

In der Wirtschaft haben seit einiger Zeit Begriffe wie Lean-Production oder Lean-Management Hochkonjunktur. Unter Lean-Production wird ein abgestimmtes Maßnahmenbündel verstanden, das die Konzentration der Produktion auf die hinsichtlich Qualität und Quantität optimal beherrschbare Kernaufgabe, teilautonome Gruppenarbeit, höhere Selbstverantwortlichkeit der Mitarbeiter, kontinuierliche Verbesserungsprozesse bis hin zu Kanban und Just-in-Time-Konzepte beinhaltet. Hingegen versteht man unter Lean-Management vor allem die Verkürzung des Informationsaustausches und der Entscheidungsprozesse sowie die Beschleunigung der Arbeitsprozesse durch die Abflachung des hierarchischen Aufbaus von Unternehmungen. Alle Maßnahmen dienen der Verbesserung der Wirtschaftlichkeit, das heißt, der Steigerung der Leistung bei reduzierten Kosten.

Was aber will Lean-Office? Sind die Analogien zwischen Produktion und Büro (sofern es welche gibt) nicht ausreichend in der Philosophie des Lean-Production beinhaltet? Natürlich zählt auch Lean-Management zum Umfang eines Lean-Office. Denn gerade hier, im Bürobereich wurden über Jahrzehnte Königreiche, Fürstentümer und Erbhöfe aufgebaut.

Lean-Office, ist die ganzheitliche Betrachtung der Ziele, Aufgaben und Ergebnisse eines Verwaltungs- und Dienstleistungsbereichs (eines Büros): in ihrer organisatorischen Bewältigungsstrategie, in der konsequenten Marktorientierung (innen wie außen), in ihrer Zuordnung auf die Mitarbeiter und deren Form der Zusammenarbeit und vor allem in ihrer Umsetzung in ein Gebäude (Neubau- und Umbaumaßnahmen).

Ein Lean-Office besteht daher aus Hardwareelementen und Softwarepaketen (siehe Bild 12).

Kleine überlebensfähige Leistungseinheiten

Lean-Office ist nicht einfach eine neue Betrachtungsweise oder Analyseform der weithin bekannten Probleme im Büro. Lean-Office ist eine Lösungsstrategie. Das Büro mit seinen vielschichtigen Aufgaben wird auf eine makroökonomische Ebene gehoben, es wird der "Volkswirtschaft" gleich. Die Aufgaben dieser "Volkswirtschaft" werden "mikroökonomisch" gelöst, von vielen kleinen Leistungseinheiten, die nicht mehr mit den klassischen Abteilungen sondern eher

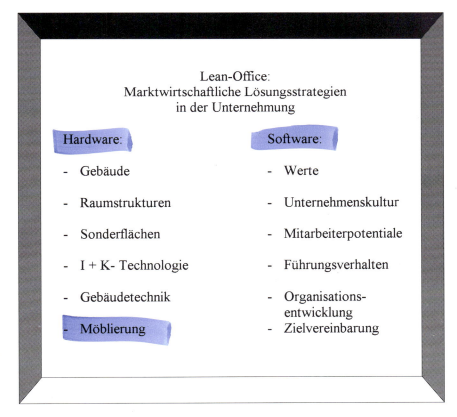

Lean-Office:
Marktwirtschaftliche Lösungsstrategien
in der Unternehmung

Hardware:

- Gebäude
- Raumstrukturen
- Sonderflächen
- I + K- Technologie
- Gebäudetechnik
- Möblierung

Software:

- Werte
- Unternehmenskultur
- Mitarbeiterpotentiale
- Führungsverhalten
- Organisations- entwicklung
- Zielvereinbarung

BILD 12 Inhaltliche Betrachtungsweise eines Lean-Office nach Hardware- und Software-Elementen.

mit flexiblen wandlungsfähigen Kleinunternehmen vergleichbar sind.

Das Unternehmen wie eine kleine Volkswirtschaft

So wie eine demokratisch gewählte Regierung die Rahmenbedingungen der Volkswirtschaft und des Zusammenlebens der Menschen über Gesetze, soziale Regelungen, wirtschaftliche Anreizsysteme etc. bestimmt, so übernimmt im Lean-Office die Unternehmensleitung diese durchaus vergleichbare Aufgabe.

Die Steuerung des Unternehmens seitens des Topmanagements "beschränkt" sich damit auf die Definition der Ziele und der Regeln zur Zielerreichung. Im Lean-Office ist nicht jedes Mittel recht, um die gesetzten Ziele zu erreichen. Auch der Weg dorthin ist von Bedeutung.
Die Ziele und Rahmenbedingungen sind allen Mitgliedern der Leistungseinheiten ("Unternehmungen der Volkswirtschaft") zu vermitteln. Die Auswirkung von Erfolg und Mißerfolg sowie die Skala des Meßsystems müssen jedermann bekannt sein. Auch die Auswirkungen von Verstößen gegen die vereinbarten Regeln (Verlassen der vereinbarten Wege) müssen transparent sein.

Die eigentliche Leistungserbringung wird nicht von der Unternehmensleitung beeinflußt. Die Regierung eines Staates kümmert sich in der Regel auch nicht darum, wie einzelne Unternehmungen ihre Aufgaben ausführen. Erst dann, wenn gegen die vereinbarten Regeln verstoßen wird, ändert sich die Situation. Zur Überwachung der vereinbarten Regeln steht die Exekutive zur Verfügung (Controlling). Die Aufgabe der Judikative fällt wiederum der Unternehmensleitung zu.

Im Lean-Office sind die operativen Ebenen weitgehend autark. Sie bestimmen selbst, wie sie ihre Aufgaben bewältigen und welche Unterstützungsleistungen sie hierzu von anderen operativen Einheiten der eigenen Unternehmung einholen oder extern einkaufen (z.B. aufgrund einer angebotenen besseren Qualität zu geringerem Preis).

Selbstähnlichkeit und Selbstorganisation

Die Leistungseinheiten ihrerseits sind in Struktur und Zusammensetzung ähnlich aufgebaut. Sie verfügen über alle notwendigen Sach- und Finanzmittel, qualifiziertes Personal und die Entscheidungskompetenz im Rahmen ihres Beitrages zur Zielerreichung. Die Leistungseinheiten können "wachsen", "mutieren", aber auch "sterben". So wie in einer Volkswirtschaft einzelne Unternehmungen aufgrund geänderter Marktbedingungen nicht weiter existieren können, so kann auch der Beitrag einer Leistungseinheit in einer Unternehmung entfallen. Die bisher in diesen Leistungseinheiten tätigen Menschen müssen sich um "Arbeit bewerben". Entweder sie werden von anderen Leistungseinheiten direkt übernommen, oder sie werden durch Qualifizierung auf neue Aufgaben vorbereitet.

Firmeninternes "Arbeitsamt"

Ähnlich wie ein Arbeitsamt oder eine Personalvermittlungsagentur in einer Volkswirtschaft werden diese Aufgaben von einer unternehmerischen Leistungseinheit "Personal" übernommen. Es ist ihre Aufgabe, im Rahmen des zur Verfügung stehenden Budgets ständig die Anforderungen aller übriger Leistungseinheiten nach Qualifikation und Bedarf des Personals zu kennen und für die rechtzeitige Bedarfsdeckung zu sorgen. In diesem Denkmodell sind - ebenso wie in einer Volkswirtschaft - auch Arbeitslose zulässig. Für sie werden Umschulungsmaßnahmen entsprechend der am "Markt" der eigenen Unternehmung benötigten Qualifikation durchgeführt. Ebenso erfolgt die Vermittlung an interessierte bzw. in Frage kommende Leistungseinheiten. Auch die Unterstützung bei der Gründung einer eigenen Unternehmung (z.B. im Rahmen von Outsourcing) zählt hierzu.

Fraktale Struktur

Das Lean-Office besteht damit aus vielen hochdynamischen Leistungseinheiten, die Fraktalen vergleichbar sind. Auf jeder Betrachtungsebene des Lean-Office wird in seiner Analogie zur sozialen Marktwirtschaft eines demokratischen Staates die fraktale Struktur deutlich.

Die Volkswirtschaft in der Volkswirtschaft, die Unternehmung in der Unternehmung, das Management im Management, bis herunter zur kleinsten Einheit, dem Mitarbeiter, den wir in der Analogie Unternehmer nennen wollen. Ein System voller Ähnlichkeiten, über Zielvereinbarungen miteinander verwoben, aus immer "gleichen" Bausteinen aufgebaut, lebensfähig solange die Umfeldbedingungen ein geeignetes Leben zulassen. Dieses Sytem ist hochwandlungsfähig in veränderten Umfeldbedingungen (Marktänderungen in- und außerhalb der Unternehmung) jedoch immer auf Überleben ausgelegt. Es hat stets die lebensbedrohenden Feinde im Fokus. Und dieser Feind steht draußen, nicht in der Unternehmung!

Damit wird auch erkennbar, aus welchen Quellen das Lean-Office schöpft: die bionische Betrachtungsweise und die Chaosforschung. Wer sich mit diesen Themen schon einmal auseinander gesetzt hat, erkennt sehr schnell die ungeheuren Chancen die darin enthalten sind. Die Notwendigkeit ist uns allen deutlich. Die bisherigen Formen der Leistungserstellung haben einen hohen Perfektionsgrad erreicht. Jedoch nur mit enormem Aufwand erzielen wir geringste Zugewinne. Das System ist ausgereizt, am Ende. Die Veränderung hat begonnen, wir sind auf dem Weg in neue Systeme.

Lean-Office heißt: Soziale Marktwirtschaft im Büro.

Erfolgsfaktoren im Lean-Office

1. Menschen und ihre Interaktionen

Im Gegensatz zu bisherigen humanzentrierten Betrachtungsweisen steht nicht das Individuum, sondern die Beziehung zwischen den Menschen im Mittelpunkt. Das Konzept des Lean-Office ist auf die Begegnung, den Informationsaustausch und die Interaktion der Menschen abgestimmt. Nicht der Einzelne, sondern gegebenenfalls häufig wechselnd zusammengesetzte Teams lösen die Aufgaben. Das "Wir-Gefühl" steht im Vordergrund. Es wird durch Organisationsformen, Gebäude und Einrichtung gestützt.

Teure Individualität

Der in unserer Gesellschaft feststellbare Trend zu immer stärkerer Individualisierung und egozentriertem Handeln darf sich in der Arbeitswelt nicht weiter verstärken, wenn wir nicht Gefahr laufen wollen, dadurch entscheidende Kosten- und Flexibilitätsnachteile zu erhalten. Selbstverständlich sollen sich die Leistungsträger in unseren Büros wohl fühlen. Hier gilt es, alle wichtigen Bedürfnisse der Menschen zu erfüllen, um eine optimale, störungsfreie Leistungsentfaltung zu ermöglichen und Wohlbefinden zu gewährleisten. Es muß unser Ziel sein, Bedingungen zu schaffen, bei denen Arbeit nicht Last und Mühsal, sondern Freude bedeutet. Es ist eine altbekannte Tatsache, daß die Menschen wesentlich mehr leisten können, die mit Freude und Wohlbehagen ihre Aufgaben erledigen. Hektik, Streß, autoritärer Führungsstil, schlechte Arbeitsumgebung, ein spannungsgeladenes soziales Umfeld (z.B. Mobbing, Arbeitsräume ohne Struktur und Qualität) machen Menschen krank und sind häufig Ursache von Fehlentscheidungen, Fehlhandlungen, geringer Produktivität und Effektivität im Büro.

Andererseits darf der in unserer Gesellschaft gezüchtete - oder schon überzüchtete - Trend zur Individualität (einige Sozialwissenschaftler behaupten, wir seien keine Gesellschaft mehr, sondern die Summe von Individuen) nicht unsere Kostenstrukturen und die gewünschte Flexibilität beeinträchtigen. So darf gefragt werden, welchen Sinn es macht, beim Wechsel eines Mitarbeiters von einem Team zu einem anderen und dem damit verbundenen Standortwechsel, ihm sämtliche Möbel hinterherzutragen. Mein Stuhl, mein Schreibtisch, mein PC, mein Telefon, mein Zimmer, meine Wand, lassen den Eindruck entstehen, als seien dies alles Gegenstände des persönlichen Eigentums. Einige Großunternehmen haben aus dieser Erkenntnis heraus Informationsschreiben an alle Mitarbeiter versandt, mit dem Hinweis, daß sowohl Räume, Einrichtungsgegenstände und Arbeitsmittel Eigentum der Unternehmung und nicht des Mitarbeiters sind. Bei der ständig zunehmenden Dynamik in unseren Büros macht es keinen Sinn, eine eigene Spedition zu betreiben (oder eine zu beauftragen), nur um den Mitar-

BILD 13

beitern "ihre" Möbel hinterherzutragen. Mit Wertschöpfung hat dies nichts zu tun! Bei Umzugsraten von 20 % bis 50 % pro Jahr entstehen Kosten, die nichts mit einem Lean-Office gemein haben. Neue identitätserhaltende kostengünstige Lösungen sind gesucht.

Sinnvolle Arbeitsinhalte anbieten

Damit wird erkennbar, daß das Konzept des Lean-Office auch Wertesysteme und das Verhalten von Mitarbeitern beeinflussen will, ja vielmehr muß, um die Bedingungen zum Überleben in einer turbulenten Wettbewerbsumwelt zu schaffen. Das Lean-Office bildet ein soziales Umfeld, in dem es Freude macht, zu arbeiten. Dem teilweisen Verlust von Individualität (der Schreibtisch wird als Werkzeug und nicht als Eigentum erkannt) werden andere höhere Werte entgegengesetzt. Das Konzept der Kompensation scheint in der Phase des Übergangs zu neuen Wertesystemen für viele Mitarbeiter, die noch zu sehr im Denken in alten Strukturen verhaftet sind, einen gewissen Anreiz zu bieten, neue Wege zu erproben. Den Verlust der Erfüllung von Ansprüchen einerseits wird die Befriedigung anderer, höherer Bedürfnisse entgegengesetzt. Wichtigstes Ziel dabei ist es, den Menschen sinnvolle Aufgaben und Arbeitsinhalte zu geben. Die Identifikation mit der Aufgabe bewirkt Motivation, nicht die Strategie des Vorgesetzten, die im letzten Seminar "Wie motiviere ich meine Mitarbeiter" gelernten Tricks anzuwenden. Die Motivationsstrategien nach dem Prinzip der "hochgehängten Karotte" wirken nur kurzfristig. Hat der Mitarbeiter die "Karotte gebissen", ist der

Von je 100 Befragten würden unter folgenden Bedingungen mehr leisten: (Mehrfachnennungen möglich)

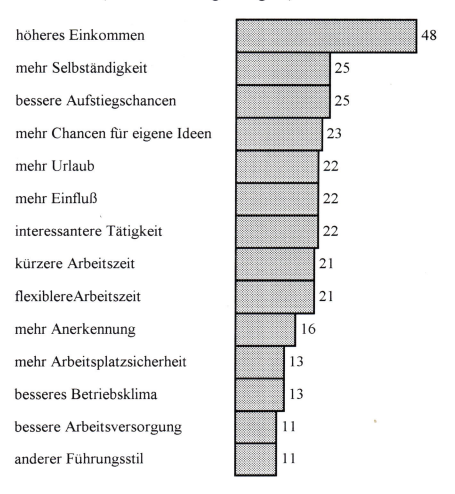

höheres Einkommen	48
mehr Selbständigkeit	25
bessere Aufstiegschancen	25
mehr Chancen für eigene Ideen	23
mehr Urlaub	22
mehr Einfluß	22
interessantere Tätigkeit	22
kürzere Arbeitszeit	21
flexiblere Arbeitszeit	21
mehr Anerkennung	16
mehr Arbeitsplatzsicherheit	13
besseres Betriebsklima	13
bessere Arbeitsversorgung	11
anderer Führungsstil	11

BILD 14 Motivationsfaktoren für Arbeitnehmer (Umfrageergebnis): Höheres Einkommen steht nach wie vor an erster Stelle. Im Mittelfeld der Rangfolge sind jedoch eindeutig die Bedürfnisse nach mehr Eigenverantwortung und höheren Arbeitsinhalten ablesbar. Hierauf müssen sich neue Führungskonzepte und Organisationsstrukturen vor allem konzentrieren. Quelle: Büge 1991

Motivationseffekt dahin. Konsequenz: Die Karotte muß rechtzeitig höher gehängt werden. Demotivation und Frustration sind das Ergebnis. Oder es muß rasch ein Karottenersatz gefunden werden: Die Wurst wird aufgehängt.

Fachliche und soziale Kompetenz fördern

Die Langzeitmotivationskarotte des hierarchischen Aufstiegs hat

ausgedient. Die Verflechtung der Hierarchieebenen und die Reduzierung der Anzahl von Führungskräften pro Hierarchieebene bieten für die Mitarbeiter keinen Anreiz mehr. Motivation darf keine Umsetzung von "Tricks" sein, die ohnehin schnell erkannt werden und dann genau das Gegenteil bewirken, sondern muß sich als Ergebnis optimaler Bedingungen einstellen. Die Aufgabe der Führungskraft ist es, diese Bedingungen in bester Weise herzustellen.

Im Lean-Office steht die Entfaltung der fachlichen und sozialen Kompetenz der Mitarbeiter im Vordergrund. Die markt- und kundenorientierte Teamarbeit kann jedoch nicht nach dem Konzept "nun mach mal" funktionieren, sondern will gelernt sein. Die Investition in Weiterbildung der Mitarbeiter ist eine notwendige und ertragssteigernde Maßnahme. Im Lean-Office gilt es, die "Intelligenz vor Ort" zu nutzen. Das unternehmerische Denken und die Kostenverantwortlichkeit jedes Einzelnen zu fördern. Über Zielvereinbarungen ist der Rahmen für Selbstorganisation und Selbstgestaltung abzustecken.

Der Zweck einer auszuführenden Arbeit ist es, sinnvolle Aufgaben zu erledigen und nicht Anwesenheit zu demonstrieren. Die Bedenken vieler Führungskräfte und Unternehmer gegenüber neuen Organisationsansätzen manifestieren sich am Mißtrauen gegenüber den eigenen Mitarbeitern: "Läßt man ihnen zu viel unbeobachteten Freiraum, hören sie auf zu arbeiten". Kann eine wirtschaftliche, produktive und effiziente Aufgabenbearbeitung wirklich nur im "eng geschnürten Führungskorsett" bewerkstelligt werden?

Ergebnisorientierte Bezahlung

Sofern wir unseren Mitarbeitern (vielleicht noch) nicht zutrauen, daß sie eigenverantwortlich auf der Basis eines festen Monatsgehaltes eine optimale Aufgabenbewältigung gewährleisten, kann im Sinne einer Kompensation eine ergebnisorientiere Bezahlung angewandt werden. Damit werden nicht länger die Anwesenheitszeiten, sondern die erreichten Ergebnisse belohnt. Verbesserungen von Arbeitsprozessen, gesteigerte Produktqualität (auch eine Dienstleistung ist ein Produkt) und vieles mehr erhöhen das Einkommen des Einzelnen, denn Geld ist auch heute noch ein wichtiger Motivationsfaktor (siehe Bild 14). Doch Vorsicht, um nicht wieder den Egoismus und Individualismus zu fördern, müssen sich derartige neue Entlohnungssysteme an größeren Einheiten orientieren; z.B. dem Team, der Leistungseinheit, der Unternehmung. Die Gemeinschaftsleistung wird gefördert, keinesfalls nur der Einzelkämpfer. Die Gruppe erkennt sehr schnell die Vorteile von sich einstellenden Synergien und den wechselweisen kompensatorischen Wirkungen von Stärken und Schwächen eines jeden Einzelnen.

Vom Mitarbeiter zum "Mitunternehmer"

Auch wenn nicht jeder Mitarbeiter als Unternehmer geeignet erscheint, so sollte doch nicht vergessen werden, daß fast jeder Mitarbeiter im Privatbereich seine eigene Unternehmung leitet. Diese Unternehmungen werden private Haushalte genannt. Jeder Haushalt hat wie eine richtige Unternehmung (teilweise schwankende) Einkünfte und muß daraus die Ausgaben bestreiten. Budgets werden vereinbart, die den Spielraum für die verschiedensten Ausgabenbereiche definieren, bis hin zu langfristigen Investitionen wie die ei-

- ○ Nicht der Mensch, sondern die Beziehungen zwischen den Menschen stehen im Mittelpunkt

- ○ Soziales Umfeld schaffen

- ○ Sinnvolle Arbeistinhalte schaffen

- ○ Motivation

- ○ Weiterbildung

- ○ Nutzung der "Intelligenz vor Ort"

- ○ Zielvereinbarung

- ○ Selbstorganisation

- ○ Selbstgestaltung

- ○ Flexibilisierung von Arbeitszeit und Bezahlung (Unternehmerdenken fördern)

BILD 15 Die wichtigsten Elemente des Erfolgsfaktors "Menschen und Ihre Interaktionen". Je eigenständiger und verantwortlicher die Arbeit gestaltet wird, desto mehr entwickeln sich Mitarbeiter zu "Mitunternehmern".

gene Wohnung oder das eigene Haus. Wenn auch vieles nicht so exakt schriftlich fixiert wird wie in einer Unternehmung, so sind die Grundstrukturen doch sehr vergleichbar. Die Förderung des unternehmerischen Denkens der Mitarbeiter in der Unternehmung ist deshalb gar nicht so schwierig. Freiräume der Selbstorganisation und Selbstgestaltung müssen dafür allerdings erst geschaffen werden. Die Ängste der Unternehmer und Vorgesetzten blockieren bisher häufig neue Wege.

Wenn es gelingt, anstelle von Mitarbeitern Mitunternehmer in der Unternehmung zu beschäftigen, werden sich rasch alle Kräfte der arbeitenden Menschen nach außen zum Markt und zum Kunden richten und nicht wie tägliche Praxis gegen den Kollegen, gegen andere Abteilungen oder gegen die eigene Unternehmung.

Der Gegner steht draußen im Markt, dort wird um den Kunden gekämpft, und nicht drinnen gegen den Kollegen !

2. Schlanke Organisation und flexible Arbeitszeit

Eine weitverbreitete Betrachtungsweise der Organisation beschränkt sich auf die hierarchische Aufbauorganisation und unternehmensspezifische Ablauforganisation. Bedeutendste Einheiten stellen dabei die Abteilungen dar. Vor allem innerhalb der Abteilungen finden die Optimierungen statt. Werden einzelne Unternehmungen näher analysiert, ist festzustellen, daß die Wahl der Organisationsform offensichtlich wesentlichen Anteil am Erfolg bzw. Mißerfolg einer Unternehmung hat (siehe Bild 16).

Konsequente Markt- und Kundenorientierung

Ein eigentlich selbstverständliches aber gerade in jüngster Zeit neu entdecktes Organisationsprinzip ist die konsequente Markt- und Kundenorientierung. Auch wenn viele Unternehmungen sich noch nicht nach diesem Prinzip ausgerichtet haben ("Wir wissen allein, was unser Kunde braucht" oder "wir wecken den Bedarf, damit der Kunde erst merkt, was ihm eigentlich noch fehlt"). Der Erfolg gibt den kundenorientierten Unternehmungen Recht. Die Kundenorientierung darf jedoch nicht nur zwischen Unternehmung und Markt erfolgen, sondern muß auch die Unternehmung selbst umfassen. Jede im Prozeß nachgelagerte Person ist potentiell als Kunde anzusehen. Die Qualität der Leistung und Kundenzufriedenheit wird zu einem wechselseitigen Motivator.

In unseren heutigen Unternehmungen finden ähnliche Prozesse durchaus schon statt. Meist sind sie jedoch auf die Abteilung beschränkt. Leistungsorientierung und Wir-Gefühl werden durch die Führungskraft besonders unterstützt. Das Ergebnis dieses po-

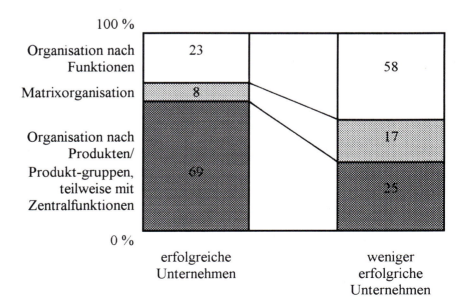

BILD 16 *Erfolgspotential verschiedener Organisationsformen (Ergebnisse einer Studie): Erfolgreiche Unternehmen sind überwiegend produktbezogen organisiert, und nicht traditionell nach Funktionen (Abteilungen). Quelle: Schulz, 1991*

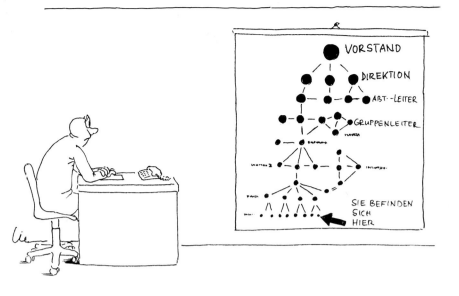

BILD 17

Selbstähnlichkeit und Selbstorganisation

Wenn wir antizipieren, daß es für unsere Organisationen nichts beständigeres als den Wandel gibt, müssen wir auch die Voraussetzungen für schnelle Reaktionen auf geänderte Umfeldsituationen schaffen. Das Patentrezept hierfür scheinen kleinere Einheiten zu sein, die nach den Prinzipien der Selbstähnlichkeit und Selbstorganisation funktionieren.

Die Voraussetzungen für das Funktionieren derartiger Konzepte sind hohe Qualifikationen und eine hohe Motivation der Mitglieder der Leistungseinheiten, marktwirtschaftliches Denken in der Organisation und die Bereitschaft zum Agieren anstel-

sitiven Ansatzes wird jedoch durch zu eng gezogene Optimierungsgrenzen (in den Abteilungen wird erfolgreich gearbeitet, abteilungsübergreifend entstehen die Verluste) und das Denken in Fürstentümern konterkariert. Ein Gesamtoptimum wird nicht erreicht. Bei dem in den vergangenen Jahren feststellbaren exponentiellen Zuwachs an verfügbarem Wissen sinkt die zentrale Planbarkeit. Der Leiter einer Abteilung von 60 bis 80 qualifizierten Mitarbeitern kann unmöglich der allwissende Fachspezialist für alle zu bearbeitenden Aufgaben sein. Seine Aufgabe wird es zunehmend sein, die Dynamik der Prozesse zu steuern, Zielrahmen innerhalb der Unternehmung und der eigenen Mitarbeiter abzustecken und abzustimmen, auf den Sinngehalt und das soziale Umfeld der Arbeit zu achten, für die Bereitstellung von Information zu sorgen und vieles mehr. Der Leiter einer Leistungseinheit ist daher nicht mehr derjenige, der Aufgaben verteilt, deren Erfüllung kontrolliert und die Mitarbeiter bewertet (Ricardo Semler vergleicht in seinem Buch "Das Semco-System" die Abtei-

lungsleiter mit den Aufsehern früherer Zeiten), sondern ein Moderator. In dieser Rolle verbleibt er teilweise sogar nur auf Zeit.

- ○ Selbstähnliche Leistungseinheiten
  - Unternehmer unter Unternehmern
  - Unternehmer im Unternehmen
  - Marktwirtschaft im Unternehmen
  - - Funktionen an der Wertschöpfung messen
  - - Komplettbearbeitung

- ○ Selbstorganisation in der Leistungseinheit
  - Gute Ideen setzen sich durch
  - Störungsfreier, selbstbestimmter Ablauf
  - Entscheidungen vor Ort ad hoc treffen
  - Kleinste Regelkreise
  - Selbstverwaltung: Vereinfachen und Ordnen

- ○ Wandel und Reaktion der Leistungseinheiten
  - Anpassung sichert Überleben
  - Innovationen fördern
  - Synergismen nutzen
  - Viele kleine Einheiten reagieren schneller als eine große
  - Leistungseinheiten bilden sich ständig um

BILD 18 Das Unternehmen wird zu einem Haus von vielen selbstähnlichen Kleinunternehmen, die sich optimal selbst organisieren und die rasch auf veränderte Bedingungen reagieren und sich erfolgreich anpassen können.

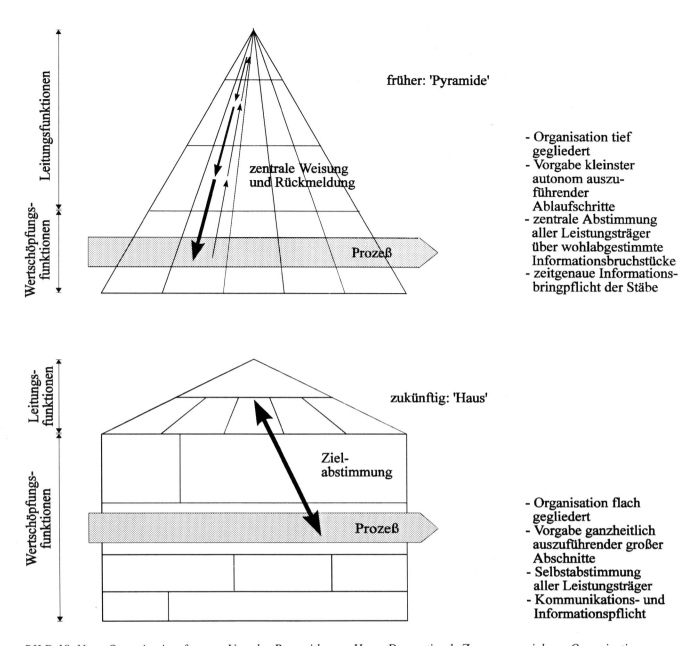

früher: 'Pyramide'

Leitungsfunktionen

Wertschöpfungs-funktionen

zentrale Weisung und Rückmeldung

Prozeß

- Organisation tief gegliedert
- Vorgabe kleinster autonom auszu-führender Ablaufschritte
- zentrale Abstimmung aller Leistungsträger über wohlabgestimmte Informationsbruchstücke
- zeitgenaue Informations-bringpflicht der Stäbe

zukünftig: 'Haus'

Leitungs-funktionen

Wertschöpfungs-funktionen

Ziel-abstimmung

Prozeß

- Organisation flach gegliedert
- Vorgabe ganzheitlich auszuführender großer Abschnitte
- Selbstabstimmung aller Leistungsträger
- Kommunikations- und Informationspflicht

BILD 19 Neue Organisationsformen: Von der Pyramide zum Haus. Das optimale Zusammenspiel von Organisation, Information und Leistungserstellung erhöht die Wertschöpfungsfunktionen und minimiert die Leistungsfunktionen. Quelle: Warnecke 1992

le des Reagierens. Während in vielen Unternehmungen die Mitarbeiter mit einer Fülle von Information regelrecht zugeschüttet und zum Reagieren gezwungen werden, erhält Information im Lean-Office den Charakter einer Holschuld. Einerseits sammeln die Mitglieder der Leistungseinheiten genau die Informationen, die sie zur Erledigung ihrer Aufgaben benötigen, andererseits wird dadurch eine veränderte Einstellung erreicht: Es wird

agiert. Der "klassische" Mitarbeiter reagiert. Fehler entstehen aufgrund "falscher" Einstellungen: "Hätten Sie mir diese Information gegeben, wäre ich anders vorgegangen, aber das konnte ich ja nicht wissen". Wer agiert, besorgt sich die dafür nötigen Daten und Handlungsgrundlagen.

Damit derartige Konzepte im Lean-Office auch funktionieren können, dürfen die Unternehmungen selbst nicht zu groß sein.

Es gibt eine kritische Minimal - und Maximalgröße. Die nach den Gesetzen der Fraktale aufgebauten selbstähnlichen Leistungseinheiten müssen sich auch kurzfristig Unterstützung (intern oder extern) "einkaufen" können, um ihren Aufgaben der Selbstorganisation und -gestaltung gerecht zu werden (z.B. Organisations- und DV-Leistungen). Und die Leistungseinheiten müssen sich umfassende Informationen über den Markt und den Prozeß besorgen

- ○ Ständiger Wandel

- ○ Schnelle Reaktion

- ○ Modulare Organisation

- ○ "Überschaubare" Unternehmensgröße

- ○ Selbstorganisation (gewolltes Chaos)

- ○ Selbstähnliche Leistungseinheiten

- ○ Marktwirtschaftliches Denken in der Organisation

- ○ Zielorientierung

- ○ Horizontaler Informationsfluß

- ○ Flexible Arbeitszeit (Jahr, Monat, Tag)

- ○ Fürstentümer und Erbhöfe auflösen

*BILD 20 Die wichtigsten Elemente des Erfolgsfaktors "Organisation":
Schlankwerden und Kräftigung der Leistungseinheiten durch "Entschlackung"
der überorganisierten bürokratischen Strukturen und Abläufe. Maßstab hierfür
ist die eindeutige Kunden- und Marktorientierung.*

Markt- und Kundenorientierung in turbulenter Wettbewerbsumwelt werden uns flexiblere und leistungsfähigere Organisationsformen bringen. Damit einhergehend werden Arbeitsort und Arbeitszeit flexibler.

können (Transparenz in der Unternehmung).
Die Organisation wird sich ändern: Nicht der Vertikale sondern der horizontale Informationsfluß steht im Vordergrund.

Flexibilisierung von Arbeitsort und Arbeitszeit

Eine wesentliche Voraussetzung zur Gewährleistung einer optimalen markt- und kundenorientierten Organisation ist die Flexibilisierung von Arbeitsort und Arbeitszeit. Die Leistungseinheiten werden gegebenenfalls in Stoßzeiten länger, auch einmal am Wochenende arbeiten müssen, wenn die "Marktsituation" es erfordert. Klassische Arbeitsorte (die Leistungserbringung findet ausschließlich am Schreibtisch im Bürohaus der Unternehmung statt) und Arbeitszeitmodelle (8-Stunden-Tag bei fester 5-Tage-Woche) werden dieser Anforderung nicht gerecht. In vielen dienstleistungsorientierten Betrieben wird ohnehin eine Verlängerung der Arbeitszeit kommen: "Wir sind von 7.00 Uhr bis 22.00 Uhr für unsere Kunden da". In Verbindung mit diesen Arbeitszeiten werden wir das Konzept des "desk-sharing" neu diskutieren müssen.

3. Innovative Informations- und Kommunikationstechnologie

Die Informations- und Kommunikations- Technologie muß im Lean-Office vernetzt, gut funktionierend und einfach sein. Sie dient der Steigerung der Arbeitsgeschwindigkeit und -genauigkeit und hilft bei der Bereitstellung von Informationen über das Umfeldgeschehen. Die I + K-Technologie ist im Lean-Office ein wichtiges Steuerungsmittel.

Allein durch die I- und K-Technologie wird keine Organisationsstruktur und kein betrieblicher Ablauf automatisch verbessert. Die Technologie kann Anpassungsprozesse sogar behindern, wenn sie nicht die notwendige Flexibilität im Sinne einer Anpassungsleistung an sich ändernde Organisationen und Mitarbeiterqualifikationen bietet.

Die zukunftsweisenden Formen der Arbeitsorganisationen werden vor allem durch Teamarbeit (personeller Integration unterschiedlicher Qualifikationen, wie Marketing, Produktentwicklung, Vertrieb, etc.) und einen hohen Autonomiegrad der Mitarbeiter in den Leistungseinheiten (Kongruenz von Aufgaben, Kompetenz und Verantwortung bei Erhöhung von Interaktionsspielräumen) gekennzeichnet. Die damit einhergehende verringerte vertikale und horizontale Arbeitsteilung führt zu einer Bündelung von planenden, steuernden, ausführenden und kontrollierenden Funktionen hin zu ganzheitlichen Arbeitsinhalten.

Information ist Holschuld

Für die Lösung derart integrierter Arbeitsaufgaben muß sich die I- und K-Technologie zu einem hochleistungsfähigen Werkzeug entwickeln. Der markt- und kundenorientierte "Sachbearbeiter" benötigt stets aktuelle Datenbanken bis hin zu unterschiedlich ausgebauten Expertensystemen. Information im Lean-Office wird nicht klassisch durch die I- und K-Technologie verteilt, mit dem Ergebnis der vollständigen unproduktiven Informationsüberflutung, sondern Information wird von jedem Mitarbeiter dann geholt, wenn er sie benötigt. Die Information muß dafür aufbereitet sein. Der zunehmende Entkopplungsgrad (räumliche Entkopplung: dort wo der Mitarbeiter ist, ist sein Arbeitsplatz; zeitliche Entkopplung: die Aufgabenerfüllung ist nicht auf feste Arbeitszeiten reglementiert) bietet der I + K-Technologie weitere Chancen, ja, macht sie unerläßlich. Dennoch: Wichtigste Regel dabei ist, dem häufig zu beobachtenden Selbstzweck der I- und K-Technologie entgegenzuwirken. Die Technologie ist Werkzeug - mehr nicht! In manchen Betrieben hat man das Gefühl, die DV-Abteilung werde von den DV-Herstellern bezahlt, so un-

- o Einfache, stabile, vernetzte Systeme

- o Systeme und Netze an den Erfordernissen, nicht am Machbaren orientieren

- o Rechner ist Werkzeug des Mitarbeiters und nicht umgekehrt

- o Software- Ergonomie (Nutzerspezifisch)

- o Hardware- Ergonomie

- o Verbesserte Reaktionszeiten bei formalisierten Abläufen

- o Umfassende Informationen anbieten, gezielte Informationen sicherstellen

- o Sinnfälligkeit, Notwendigkeit und Wirtschaftlichkeit prüfen

- o Selbstzweck der I- + K- Technologien entgegenwirken

- o Bleistift und Papier im Wettbewerb mit Tastatur und electronic processing

BILD 21 Erfolgsfaktoren der I + K-Technologie in Lean-Office. Die Systeme müssen "robust" sein: einfach, selbsterklärend, funktionssicher. Sie sollten wie ein "Lexikon des Unternehmens" umfassende Information anbieten und die einfache gezielte Auswahl und Weiterbearbeitung durch den Mitarbeiter ermöglichen. Dem Selbstzweck der EDV ist massiv entgegenzuwirken!

klar ist, in wessen Interessen die Technologie steht. Die Notwendigkeit der Wirtschaftlichkeit der EDV wird viel zu selten hinterfragt.

Einfache und funktionssichere EDV

Das Lean-Office braucht die I- und K-Technologie in guter Ausbaustufe. Die Systeme müssen folgende Merkmale aufweisen: aufgabenangemessen, leicht erlernbar, steuerbar, selbsterklärend, fehlertolerant und verläßlich. Natürlichsprachliche Ein- und Ausgabe, Großbildschirm und virtuelle Systeme werden in Zukunft eine große Bedeutung erlangen und Auswirkungen auf die Büroform haben.

Auch wenn die I- und K-Technologie ein unerläßliches Werkzeug für das Lean-Office ist, so wird neben Electronic Mail vor allem auf die persönliche Begegnung der Menschen geachtet.

4. Konzentration auf das Wesentliche

Arbeitsplatznahe Kommunikationsbereiche

In den letzten Jahren ist im Bürobereich eine ständige Zunahme an Sonderflächen feststellbar. Diese Sonderflächen dienen einerseits der Unterstützung der Arbeitsaufgabe andererseits der Regeneration, Entspannung bis hin zu sportlichen Aktivitäten der Mitarbeiter. Im Lean-Office lebt die Beziehung zwischen den Menschen. Die Teamarbeit und die Arbeitsaufgabe schaffen das Wir-Gefühl; der Fitnessraum und das Schwimmbad als Ort der Begegnung werden hier nicht mehr benötigt.

Regenerationszonen werden arbeitsplatznah als Pausen- und Kommunikationsbereiche auch

im Lean-Office bestehen bleiben. Hier werden eher mehrere kleine teamnahe bzw. den Leistungseinheiten zugeordnete Flächen zu planen sein, als wenige große. Der Kommunikationsbedarf im Lean-Office steigt. Die formalisierte Kommunikation in Besprechungszimmern wird jedoch eher zurückgehen.

Im Sinne einer flächenwirtschaftlichen Nutzung und kommunikationsfördernden Gestaltung werden einige Sonderflächen einer Mehrfachnutzung zugeführt. Nicht umsonst wird schon heute der Kopierer mit dem Dorfbrunnen früherer Zeiten verglichen: Hier findet aktueller Informationsaustausch statt. Besprechungszimmer werden zu Galerien für die Ausstellung von Kunst oder zu Begegnungsstätten bei Festen und Feten. Die häufig üppig gestalteten Eingangsbereiche werden im Lean-Office entweder deutlich kleiner (sie haben keinen Wertschöpfungsbeitrag),

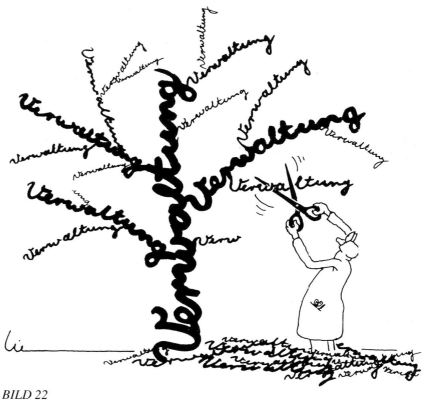

BILD 22

o   Konzentration auf die Aufgabe

o   Reduzierung von Sonderflächen

o   Mehrfachnutzung von Sonderflächen
    (Kopierer, Pausenecke, Besprechungszimmer,
    Begegnungsraum)

o   Beitrag der Sonderfläche zur Wertschöpfung über
    Kosten-Nutzen-Analyse prüfen

o   Auslagerung von Sonderflächen in kostengünstige
    Standorte

o   Mini-Sonderflächen hochflexibel den Leistungseinheiten
    zuordnen

o   Selbstorganisation reduziert Sonderflächen

o   Outsourcing "droht" jeder Funktion

o   Winner-Winner-Prinzip systematisch nutzen
    (Partnerschaft leben)

o   Sieger in meiner Klasse bringt Ertrag, Sieger aller
    Klassen ist unwirtschaftlich

o   Kampf den Fürstentümern

BILD 23 Die Erfolgsfaktoren zur Konzentration auf das Wesentliche: Alles, was keinen echten Wertschöpfungsbeitrag leistet, ist in Frage zu stellen. Sinnvolles Outsourcing von Servicefunktionen und Sonderflächen führt zur Optimierung.

oder sie übernehmen zusätzliche Funktionen, wie Lesesaal, Bibliothek, Pausenbereich, Poststelle, Telefonzentrale und vieles mehr.

Outsourcing von Sonderflächen und Servicefunktionen

Grundsätzlich wird im Lean-Office jede Sonderfläche auf ihren Beitrag zur Wertschöpfung durchleuchtet. Im Sinne eines optimalen Kosten- Nutzenverhältnisses ist zu prüfen, ob die Sonderfläche - sofern überhaupt benötigt - am teuren Bürostandort oder in preiswerteren Randstandorten untergebracht werden kann: z.B. Archivierung in einer Aussenstelle. Abgestufte Konzepte nach Zugriffshäufigkeit und Zugriffswahrscheinlichkeit sind möglich. So, wie die Auslagerung von Flächen geprüft wird, ist mit der Flächenverlagerung auch die Verlagerung der Gesamtfunktion zu prüfen. Ist es wirklich sinnvoll daß ein Großunternehmen ein eigenes Büromöbellager in eigener Regie mit eigenem Speditionspersonal betreibt? Hier ist der Spezialisierungsvorteil außenstehender Unternehmungen zu nutzen. Damit "droht" Outsourcing (Abgabe von Büro- und Verwaltungsfunktionen an spezialisierte Unternehmungen, gegebenenfalls Neugründungen durch die ehemals eigenen Mitarbeiter) grundsätzlich jeder Bürofunktion. Brauchen wir eine eigene Hausdruckerei, die in Stoßzeiten hoffnungslos überlastet ist und im Regelfall nur 70 % Auslastung aufweist? Brauchen wir ein zentrales Büromateriallager oder finden wir einen nahegelegenen Lieferanten, der auf Basis von Mengen-Rahmen-Verträgen geringe Kostenstrukturen bei höherer Variantenvielfalt anbieten kann? Ist es nicht die kostengünstigere Lösung, das Büromateriallager von einem Händler betreiben zu lassen? Anstelle der vielen kleinen Materiallager in Schränken und Rollcontainern der Mitarbeiter holt sich jeder sein notwendiges Büromaterial selbst, entweder im Selbstbedienungsladen des externen Büromaterialhändlers im eigenen Bürohaus oder über Kreditkarte beim Händler "um die Ecke". Reduzierte Personalkosten und geringere Kapitalbindungskosten bei höherer Umschlagszahl sind die Vorteile.

Zum Thema "Konzentration auf das Wesentliche" können wir sehr viel aus dem Fertigungsbereich lernen. Die Konzepte der Lean-Production werden auch zu denen des Lean-Office. Outsourcing wird derzeit auf allen Ebenen der Unterstützungsfunktionen im Bürobereich diskutiert. Sogar die Ausgliederung der Organisation und der Informationsverarbeitung wird in Erwägung gezogen. Im Lean-Office findet Selbstorganisation statt. Spezialistenwissen wird bei Bedarf zugekauft, intern oder extern. Ob man die Werkstatt zur Pflege und Anpassung von Werkzeugen im eigenen Haus braucht, ist von vielen Einflüssen abhängig. Ein Vergleich möge dies verdeutlichen. Welche Neubausiedlung (Ein- und Zweifamilienhäuser) mit 300 Einwohnern hält sich ihren eigenen "Häusermeister"? Jeder Wohnblock bei gleicher Bewohnerzahl, wohlgemerkt: mit Wohnungseigentümern belegt und nicht vermietet, hat jedoch einen Hausmeister. Der Grund hierfür liegt in dem unterschiedlichen Grad der Selbstorganisation.

Winner-Winner-Prinzip

Die Entscheidung über räumliche Auslagerungen und Outsourcing sind in jedem Einzelfall aufgrund sorgfältiger Kosten-Nutzen-Analysen zu fällen. Die "Fürsten" werden ihre "Besitztümer" nicht nur mit Zähnen und Klauen, sondern auch mit Kriegsszenarien verteidigen: Untergang der Autarkie! Totale Abhängigkeit!

Lean-Office bedeutet Partnerschaft im Büro und Partnerschaft mit den Outsources. In einer funktionierenden Marktwirtschaft wird sich Bestleistung durchsetzen. Es gibt nicht nur einen Sieger. Alle können gewinnen. Und gerade beim Outsourcing gilt das Winner-Winner-Prinzip.

Konzentriere Dich auf Deine eigene Aufgabe. Sei Weltmeister in Deiner Klasse und versuche nicht der aller Klassen zu werden. Der Aufwand hierfür ist viel zu hoch!

5. Neuer Führungsstil und leistungsgerechte Entlohnung

Wegfall von Hierarchieebenen

Lean-Management ist ein wesentliches Konzept zur Beschreibung der Führungsstruktur der Zukunft. Die Hierarchieebenen werden auf wenige reduziert, da die Notwendigkeit einer stark gegliederten hierarchischen Führung nicht mehr gegeben sind. Die klassischen Führungsaufgaben im unteren und mittleren Management waren bestimmt durch Verteilung von Aufgaben, Überwachung der Erledigung sowie Verteilung und Verdichtung von Information. Bei Negation des tayloristischen Prinzips werden Aufgaben ganzheitlich bearbeitet, deren Überwachung bei einer ergebnisorientierten Entlohnung entfällt. Die wesentliche "Machtkomponente" klassischer Führung, der Informationsvorsprung, entfällt ebenfalls, da in transparent organisierten Unternehmungen mit entsprechender I + K-Technologie Information an jedem Ort für Jedermann verfügbar ist. Im Lean-Office wird sehr stark auf die Kräfte der Selbstregulation, der Selbstähnlichkeit und Selbstorganisation gesetzt. Klassischer Führungsstil in bekannten, hierarchisch tief gegliederter Strukturen ist dabei fehl am Platz. Von den bekannten Führungsstilen wird im Lean-Office das "Management by Objectives" noch am ehesten der Aufgabe gerecht. Wenn im Idealfall jeder Mitarbeiter ein Unternehmer ist und jede Leistungseinheit ein kleines Unternehmen, wird klassische Führung ohnehin

- Situative Führung (lose bis straff)
- Führung im "Korridor"
- Schaffung eines motivierenden Umfeldes
- Management by Being Around
- Korrektur bei Fehlentwicklung
- Zielvereinbarung mit Selbstverpflichtung
- Langfristige Partnerschaften
- Sozialsystem ist wichtiger als Techniksystem

BILD 24 Erfolgsfaktor Führungsstil: Selbstregulierung mit definierten "Korridoren", klare Zielvereinbarungen und situationsbezogene Führungsmethoden kreiren leistungsstarke Partnerschaft.

sekundär. Das "Management by being around" erhält zunehmende Bedeutung. Die Führungskraft wird zum Moderator und gegebenenfalls auf Zeit bestellten Teampromotor. Dennoch, das Lean-Office kommt nicht ohne Führung aus. Zwei wesentliche Führungsaufgaben können dabei gesehen werden:

- Zielsetzung, Steuerung und

- Korrektur bei Fehlentwicklungen.

BILD 25

Selbsregulierende "Korridore" schaffen

Vielleicht läßt sich die Aufgabe der Führungskraft im Lean-Office am ehesten mit der Erziehung vergleichen. Sowohl die autoritäre als auch die antiautoritäre Erziehung sind gescheitert. Erziehung heißt, Freiräume schaffen und Orientierung geben. Kinder sollen sich entfalten lernen. Erfahrungen (Selbstregulation, Selbstorganisation) weitgehend aus sich heraus sammeln. Eltern geben die Ziele und die Orientierung vor. Erziehung (und auch Führung im Lean-Office) ist wie Fortbewegung im Korridor. Der Korridor ist ein begrenzter Raum, der selbstorganisierend Bewegungsspielraum gibt und er führt zu einem Ziel. Der Korridor ist aber auch seitlich, von oben und unten begrenzt. Der Versuch, diese Wände zu durchstoßen ist schmerzhaft und zieht Sanktionen nach sich (gegebenenfalls bis zur Kündigung des Arbeitsverhältnisses). Die Grenzen müssen jedoch bekannt und vorgegeben sein. Das ist eine Führungsaufgabe. Damit die Bewegung im Korridor nicht auf dem Fleck verweilt oder gar zurückgerichtet ist, gibt das Management Orientierung und Ziel. Unternehmensethik, Unternehmenskultur und

vieles mehr zählen mit dazu. Führung im Lean-Office bedeutet die Schaffung eines motivierenden Arbeitsumfeldes, langfristige Partnerschaften (innen und außen), Eigengestaltungs- und Mitgestaltungsspielräume und vor allem gemeinsame Zielvereinbarungen mit Selbstverpflichtung. Im Lean-Office gilt: Das Sozialsystem ist wichtiger als das Techniksystem.

Der Chef als Coach

Die Aufgabe der Führung wird es vor allem sein, das gesamte Mitarbeiterpotential zu erschließen. Nach Warnecke bringen in herkömmlichen Organisationsstrukturen nur 10% bis 20% der Mitarbeiter ihr volles Leistungspotential ein. Dies ist Führungskräften durchaus bewußt: Bei neuen Problemen werden in der Regel nur wenige, und meist immer dieselben Mitarbeiter mit der Lösung der Aufgabe betraut. Hier muß verstärkt die Motivation geweckt werden. Gemeinsam mit den anderen Mitgliedern der Leistungseinheiten integriert die Führungskraft alle Personen und richtet sie auf die Zielerreichung

aus. Allgemeine zielorientierte Flexibilität und Dynamik in den Leistungseinheiten kann von Flexibilität und Dynamik der Entlohnung begleitet werden, und zwar direkt und proportional. Der Unternehmer trägt Erfolg und Mißerfolg seines Handeln.

Die neuen Führungsstrukturen im Lean-Office haben gewaltige Barrieren zu überwinden. Schließlich haben hierarchische Systeme lange Tradition. Treten in diesen Systemen Schwierigkeiten auf, wird nicht nach der Ursache sondern nach dem Schuldigen gesucht. Nicht die Fehlerbetrachtung, sondern das Erkennen und Beseitigen der Fehlerursache sollte das Ziel sein. Auch sich selbst organisierende Leistungseinheiten werden Fehler machen, jedoch daraus lernen: sie werden gemeinsam an der Fehlersuche und Fehlerbehebung arbeiten.

Klare Zielvereinbarungen

Die Grundlage der Führung im Lean-Office ist die gemeinsame Zielvereinbarung und die Unterstützung der Leistungseinheit durch Rat, ständige Gesprächsbereitschaft, ebnen von Wegen und Herstellen von Kontakten. Bei der Zielfindung ist es hilfreich, persönliche Ziele der Mitarbeiter bei der Erreichung der Unternehmensziele einzubinden. Flexible Entlohnung und flexible Arbeitszeiten, Selbstverwirklichung und Anerkennung zählen beispielsweise hierzu. Zielkonflikte sind dabei selbstverständlich. Wir alle leben ständig damit und müssen eine Lösung finden. Neben der Zielvereinbarung gilt es jedoch auch, darauf zu achten, den "Korridor" verbindlich zu definieren. Zur Erreichung der Ziele ist keineswegs jedes Mittel erlaubt. Im Lean-Office sind nicht nur die Ziele sondern auch die Wege dorthin von größter Bedeutung.

Gemeinsame Zielvereinbarungen (zwischen Führungskraft und Mitglied der Leistungseinheit) sind zugegebenermaßen zeitintensiv. In der Regel lohnt sich die Zeit, denn auch der Bewertungsmaßstab (z.B. für flexible Entlohnung oder Arbeitszeit) wird damit offengelegt. Das Lean-Office läßt aber auch in kritischen Situationen den "klassischen" Weg der verordneten Zielvorgabe zu. Im Krisenfall ist häufig keine Zeit zur Diskussion!

Vielfalt der Methoden

Im Regelfall sollte sich das Topmanagement auf Langfristziele fokusieren. Die strategische Unternehmensausrichtung darf nicht dem Zufall überlassen bleiben. Grundsätzlich kann die Führung im Lean-Office mit einem marktwirtschaftlich geführten Staatssystem verglichen werden. So, wie eine funktionierende Legislative die Rahmenbedingungen für das Zusammenleben in der Gemeinschaft manifestiert,

die Randbedingungen der Marktwirtschaft festlegt, wie die Exekutive auf die Einhaltung der "Spielregeln" achtet und wie die Judikative z.B. die Prinzipien der Gleichbehandlung beachtet und bei Verstößen regulierend eingreift, gegebenenfalls sanktioniert: so muß auch das Management ein Lean-Office führen. Die Vielfalt der Methoden ist gefragt und nicht eine Lösung. Angepaßte Führung von lose bis straff, je nach Mitarbeiter, Leistungseinheit und aktueller Situation. Beim Skifahren reicht es schließlich auch nicht aus, nur Stemmbogen fahren zu können. Je nach Situation sind Schußfahrt, wedeln, bremsen oder springen gefordert. Der gute Manager zeichnet sich dadurch aus, daß er in der jeweiligen Situation die richtige Methode anwendet. Ein ganz wesentliches Grundprinzip der Führung im Lean-Office ist jedoch die Partizipation. Wo immer möglich werden frühzeitig die Mitarbeiter in den Entscheidungsprozeß eingebunden.

Die Führung im Lean-Office ist durch partnerschaftliche Strukturen des Lean-Management gekennzeichnet. Mitglieder der Leistungseinheiten bewerten die Leistung ihres gegebenenfalls auf Zeit gewählten Vorgesetzten und umgekehrt.

6. Das Bürohaus als innere und äußere Identität

Maximale Flexibilität und Variabilität

Der äußere Ausdruck des Lean-Office ist sein Gebäude. Dabei wird man dem Bürohaus nicht unbedingt ansehen können, daß es die Hülle für ein Lean-Office ist. Kernstück der "Hardware" des Lean-Office ist das Innenleben. Die baulichen Strukturen eines Lean-Office können bei Neubauvorhaben zwar am leichtesten umgesetzt werden, jedoch auch eine Vielzahl der bestehenden Gebäude lassen sich zu einem Lean-Office umgestalten. Wirtschaftlicher Einsatz von Fläche und Raum stehen dabei im Vordergrund, gepaart mit einem Maximum an Variabilität und Flexibilität. Schließlich muß das Gebäude über Jahrzehnte den Raum für die Dynamik und Vitalität der Leistungseinheiten bieten. Damit wird auch schon deutlich, daß das Gebäude keine monofunktionale Struktur (z.B. Zellenbauweise oder Großraumbüro) haben darf.

Welche Büroform die richtige ist, kann nur über eine sorgfältige Unternehmensanalyse festgestellt werden. Es gibt nicht die Büroform der Zukunft. Jede Büroform hat Vor- und Nachteile. Entscheidungshilfe bieten hier die aktuelle Ablauforganisation und die Bedeutung von Kommunikation und Konzentration. So können in einem Bürohaus alle Büroformen nebeneinander bestehen und ein Gesamtoptimum gewährleisten, das bei der Realisierung von nur einer Büroform nicht erreichbar wäre.

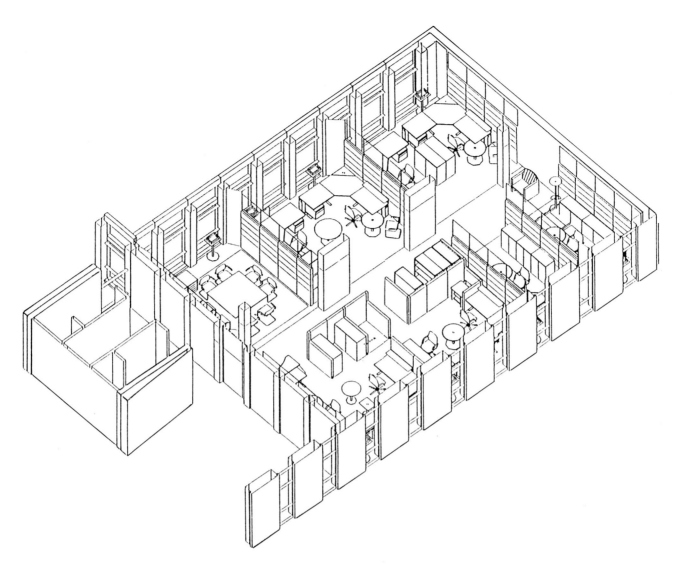

BILD 26 Beispiel eines Lean-Office als Umbau bei gegebenem Raster: Sämtliche Büroraumformen sind variabel auf ein und derselben Fläche möglich. Beliebige Veränderungen lassen sich einfach und schnell (z.B. über das Wochenende) durchführen. Quelle: Bene Consulting

Es muß an dieser Stelle auch deutlich gesagt werden, daß Büroform und Arbeitsplatz von der I + K-Technologie stark beeinflußt werden. Natürlichsprachliche Ein- und Ausgabesysteme, Wandprojektionen von Bildschirminhalten, Multimediaarbeitsplätze etc. werden unsere Büroformen mit prägen. Da niemand weiß, welche Entwicklungen uns die Zukunft bringen wird, sollten alle Optionen offen bleiben. Es müßte bei der Planung und Gestaltung die Quadratur des Kreises gelingen: Höchste Variabilität sowie Abbildung unterschiedlichster Organisations-

strukturen und Technikkonzepte über Jahrzehnte. Die Antwort hierzu kann nur das multifunktionale Büro - das "Lean-Office" - sein (siehe Bild 26). Es erlaubt in derselben äußeren Hülle vom Einpersonen-Zellenbüro bis zum Gruppenraum sämtliche derzeitigen Büroformen abzubilden. Die Anpassung der Büroformen kann dabei ohne den Einsatz spezieller Handwerker, ohne Schmutz und Arbeitsunterbrechungen z.B. über ein Wochenende erfolgen. Das optimale Raster, Gebäudetiefe, Gebäudelänge und Raumhöhe sind sorgfältig zu planen. Die Größe der Einheiten und ihre

Zuordnung kann nur über dynamische Kommunikationsanalysen ermittelt werden. Aus der Vielzahl der Anforderungen an das Gebäude sind in Bild 27 nur einige der wichtigsten Zielvorgaben zusammengestellt, damit unser Lean-Office optimal funktionieren kann. Weitere Aspekte werden unter dem Erfolgskriterium "Wirtschaftlichkeit des Büros" betrachtet.

Die Besonderheiten des Lean-Office sind in der umfassenden Flexibilität und Variabilität zu sehen. Über optimierte Gebäudeabmessungen und Raster können in

mehr nur dem Topmanagement vorbehalten, das in entsprechenden Schulungen sogar darauf trainiert wurde, Lust an der Arbeit zu entfalten.

Alle an der Leistungserbringung Beteiligten benötigen ein Bürohaus, Räume und Arbeitsplätze, die Freude an der Arbeit nicht ausschließen. Konkrete Beispiele zur Gestaltung der äußeren und inneren Identität eines Lean-Office werden in Kapitel 5 ausführlich gezeigt.

Das Lean-Office bietet neben der hohen Anpassungsflexibilität des Gebäudes dem Menschen ein hohes Maß an Geborgenheit, Wohlbefinden und Identität. Das Bürohaus wird zur innovativen Werkstatt für Kommunikation und kreative Aufgabenerfüllung.

o Multifunktionale Büroform

o Konsequente Prozeßorientierung

o Angepaßte Abbildung von Kommunikation und Konzentration

o Anpassungsflexibel an geforderte Organisationsleistungen

o Anpassungsflexibel an neueste I- + K-Technologielösungen (VR v.s. Großbildschirm)

o Anpassungsflexibel an geforderte Arbeitsplatzleistungen

o Optimiertes Raum- und Funktionsprogramm

o Flächenbewertung an dem erwarteten Beitrag zur Wertschöpfung

o Förderung des Gedankengutes Lean-Office (Integration, Dynamik, Offenheit)

BILD 27 _Die Erfolgsfaktoren der inneren und äußeren Identität eines Bürohauses: Offen und flexibel für jederzeitige rasche Umgestaltung bzw. Anpassung an neue Gegebenheiten._

ein und demselben Gebäude auf verschiedenen Etagen unterschiedliche Büroformen realisiert werden. Ja, sogar auf einem Stockwerk lassen sich mehrere Büroformen mischen. Darüber hinaus muß das Bürohaus optimale Randbedingungen für Menschen im Lean-Office bieten. Die geforderten Höchstleistungen können nur dann erbracht werden, wenn es den Menschen Freude bereitet, zu arbeiten. Auch hier muß das Bürohaus den neuen Wertvorstellungen Rechnung tragen.

Umgebung für "Freude an der Arbeit"

Das Wort "Arbeit" läßt sich in fast allen Sprachen auf Wortstämme zurückführen, die Mühsal, Last und Plage bedeuten. Arbeit war in der Vergangenheit immer mit Schweiß, Schmerzen und Erschöpfung verbunden. Leistung war geradezu ein Mittel der Kasteiung. Die Erschöpfung am Ende eines langen Arbeitstages war Zeichen maximaler Leistungsentfaltung: Ergebnis von Arbeit. Unter diesem Zeichen stand auch das gesamt Arbeitsumfeld.

Arbeit bedeutet auch heute noch Leistungsentfaltung. Jedoch vor allem soll Leistung heute auch Spaß machen.Der überwiegende Anteil von Freude bei der Arbeit und am Arbeitsplatz machen Höchstleistungen erst möglich. Das Arbeiten nach dem Lustprinzip, das auch die Wahlfreiheit für Ort und Zeit der Leistungserbringung beinhaltet, ist längst nicht

7. Minimierte Gebäudetechnik

Weniger ist mehr !

Im Zusammenhang mit dem Büro der Zukunft taucht immer wieder der Begriff des "Intelligent Building" auf. Auch hier läßt sich keine eindeutige Antwort auf die Frage geben, wie "intelligent" das Gebäude unseres Lean-Office in Bezug auf seine Technik sein soll. Viele Dienstleistungsunternehmen haben gänzlich andere Anforderungen, als wir sie beispiels- weise aus dem klassischen Verwaltungsbereich eines Industriebetriebes kennen. Und doch soll der Versuch unternommen werden, einige übergeordnete Aussagen zu treffen, die in Kapitel 5 weiter vertieft werden.

Ebenso wie bei den I + K-Technologien darf die Gebäudetechnik nicht zum Selbstzweck werden. Ein intelligentes Gebäude hat nicht alles, was derzeit möglich ist, sondern nur das, was wirklich nötig ist. Intelligente Lösungen sind immer angepaßte Lösungen. Gebäudetechnik im Lean-Office funktioniert nach den Regeln wie unsere beispielhaft schon mehrfach herangezogenen Leistungseinheiten. Selbstorganisation, Selbstbestimmung, Selbstoptimierung, Zielorientierung und Dynamik. Dem Gebäudetechniker drängt sich bei diesen Begriffen sicherlich sofort das Konzept der Automatisierung als Lösung auf. Unter Automatisierung verstehen wir in der Regel, daß ein Vorgang ohne das Zutun des Menschen abläuft. In einem übergeordneten Sinne kann Automatisierung jedoch auch als Regelkreis-System mit Selbstregulierung angesehen werden. Für das Bürogebäude des Lean-Office bedeutet Automatisierung immer, den selbstregulierenden Eingriff durch den Menschen zuzulassen.

Natürliche Resourcen nutzen

Bevor wir jedoch nach diesem Prinzip Technik im Gebäude installieren, ist, ähnlich wie bereits bei den Sonderflächen, deren Beitrag zur Wertschöpfung zu analysieren. Ist eine vollautomatisierte Klimaanlage (ohne menschliche Beeinflußbarkeit) produktivitätsförderlich? Sind Gebäude nicht so konzipierbar, daß gänzlich auf künstliche Belüftung bis hin zur Klimatisierung verzichtet werden kann? Sicher sind die Antworten standortabhängig. Ein Bürohaus in Stadtmitte oder in unmittelbarer Nähe von stark befahrenen Straßen wird immer eine künstliche Be- und Entlüftung benötigen, damit die Außenluft aufbereitet werden kann und der Außenlärm nicht durch geöffnete Fenster in die Arbeitsräume eindringt. Grundsätzlich gilt jedoch, daß die Gebäudetechnik im Lean-Office das Bestreben der heutigen Menschen unterstützt, im Einklang mit der Natur zu leben, und daß sich die Technik in den natürlichen Tages- und Lebensablauf integriert. Daraus folgt: Natürliches Klima statt künstliches Klima, Tageslicht statt Kunstlicht, Gebäudekühlung mit Nachtluft statt durch hohen Energieverbrauch eines Kühlaggregates, Nutzung von Speichermassen etc.. Die richtige Auswahl und Dimensionierung der Technik im Gebäude des Lean-Office ist eine ganz zentrale Planungsaufgabe. So sind unter anderem zur Vernetzung der I + K-Systeme lei-

---

- o So wenig wie möglich, so viel wie nötig (Betriebskosten sind wichtiger als Investitionskosten)

- o Beitrag zur Wertschöpfung beachten

- o Gebäudetechnik darf nicht zum Selbstzweck werden

- o Ökologische Lösungen, die den Energieverbrauch senken (Nachtluftkühlung, Tageslichtlenkung)

- o Hochleistungsfähige Netze

- o Angepaßte Personen-Zugangskontrollsysteme, die die Kommunikation und Begegnung im Gebäude nicht behindern

- o Ausbaufähige Lösungen

- o Individuallösungen nach Kosten-Nutzen-Relation

BILD 28 Die Erfolgsfaktoren der Gebäudetechnik im Lean-Office: Verzicht auf Überperfektionismus, intelligente Nutzung natürlicher Resourcen und konkreter Nachweis des Wertschöpfungsbeitrages sind Lösungsvorgaben für "Weniger ist mehr".

stungsfähige und flexible Datennetze im Gebäude notwendig. Die richtige Dimensionierung vermeidet teures nachträgliches "Strippenziehen". Das besondere an der Gebäudetechnik im Lean-Office ist, daß auch sie stets eine angepaßte flexible und wandelbare Lösung darstellt. Die Flexibilität und die damit in Verbindung stehende Wirtschaftlichkeit müssen dabei richtig aufeinander abgestimmt sein. Das kann häufig bedeuten, daß bestimmte technische Lösungen für den späteren Betrieb zwar bereits bauseits vorgesehen werden, aber erst dann realisiert werden, wenn die sich ändernden Umfeldbedingungen dies tatsächlich notwendig machen (z. B. Vorbereitungen zur späteren Installation eines Belüftungssystems). Jede Einzelmaßnahme im Bereich der Gebäudetechnik muß sich einer sorgfältigen Kosten-Nutzen-Analyse unterwerfen. Auch hier werden in der Betrachtung des Erfolgsfaktors Wirtschaftlichkeit des Büros weitere Aspekte beleuchtet.

<u>Lean-Office bedeutet für die Gebäudetechnik die Reduzierung auf das Wesentliche nach dem Prinzip der Natürlichkeit: Weniger ist mehr!</u>

8. Flexible Büroräume und variable Einrichtung

Arbeitsprozeß als Basis der Planung

Im Produktionsbereich würde heute niemand auf die Idee kommen, den Arbeitsprozeß erst nach der Aufstellungsplanung für die Maschinen zu untersuchen. Der Arbeitsprozeß ist die Grundlage für die Planung. Alle Entscheidungen für Investitionen werden selbstverständlich unter Berücksichtigung der zu erwartenden Ergebnisverbesserungen getroffen. Trotz des im Büro noch stärker auftretenden Veränderungsdrucks sind solche Denkvorgänge noch recht selten. Klassische, statische, standardisierte Büros sind jedoch wegen der immer komplexeren und dynamischeren Organisationen sowie den steigenden Büroinvestitionen nicht mehr zu verantworten. Spricht man mit Organisatoren, so werden schon heute Veränderungsraten der Organisation von durchschnittlich 30 % pro Jahr genannt. Das heißt, wir haben es heute in vielen Fällen eher mit sehr flexiblen, dynamischen Organismen zu tun, für die das richtige Arbeitsumfeld zu gestalten ist. Die Berücksichtigung der Anpassungskosten wird hierbei immer wichtiger. Nur eine genaue Analyse der unternehmensspezifischen Anforderungen kann zu einer bedarfsgerechten Bürolösung führen.

Wenn sich der Bauherr über seine Bedürfnisse im Klaren ist und das auch seinem Architekten vermitteln kann, wird dieser in der Lage sein, ein dem Unternehmen entsprechendes Bürohaus zu konzipieren.

Im Detail sind mit der Büroraumplanung folgende Ziele anzustreben:

- Unterstützung der Aufbau- und Ablauforganisation durch klare Gliederung der Gruppen.
- Bedarfsgerechte Bewältigung des notwendigen Spannungsfeldes zwischen Privatheit und Öffentlichkeit auf jeder Planungsebene.
- Durch individuelle Gestaltungsmöglichkeit des einzelnen Arbeitsplatzes soll die Motivation der Mitarbeiter erhöht werden.
- Durch entsprechende Arbeitsumfeldgestaltung sollte die Störeinwirkung auf die Mitarbeiter möglichst gering gehalten werden (akustische und visuelle Abschirmung).
- Realisierung einer der Unternehmensdynamik entsprechenden Flexibilität (Reversibilität im Bürosystem).
- Leichte Anpassung der Arbeitssituationen an die aktuellen Bedürfnisse des jeweiligen Mitarbeiters und der Organisation.
- Optimale Bildschirmtauglichkeit der Arbeitsplätze.
- Ausgewogenes Kosten- / Nutzen-Verhältnis für Arbeitsplatz und Arbeitsraum.

Macro- und Micro-Layout

Die Büroraumgestaltung kann in Macro- und Microlayoutgestaltung unterteilt werden. Das Macro-Layout ist die Abbildung der Organisation in einem Raum- und Funktionsprogramm und beschäftigt sich daher auf der gesamtunternehmerischen Ebene mit der Raumgestaltung. Dage-

"Er hat die Umstellung auf das neue Büro immer noch nicht ganz verkraftet."
BILD 29

ein wesentlicher Erfolgsfaktor. Da keine Organisation der anderen gleicht, im Unternehmen nichts beständiger ist als der Wandel und jedes System in seinen Teilen verschiedene Strukturtypen vereint, gibt es keine eindeutige Zuordnung von Organisationstypen und Raumkonzepten. Als Kriterien zur Auswahl der richtigen Büroform sind zu nennen:

- Aufgabentyp / Tätigkeitsmerkmal
- Technische Notwendigkeiten
- Organisationsform
- Führungsstil

gen erstreckt sich die Micro-Layoutplanung von der Gruppenplanung bis hin zur Planung des einzelnen Arbeitsplatzes, wobei der Schwerpunkt auf dem einzelnen Arbeitsplatz liegt. Bild 30 zeigt die unterschiedlichen Einflußbereiche für die Büroraumgestaltung.

Die wesentlichen Bestimmungsgrößen für die Gestaltung des Macro-Layouts sind die Aufbau- und Ablauforganisationen, das heißt, die grundlegenden Regeln des "Funktionierens" der Unternehmung. Ebenso sind Informations- und Kommunikationsfluß sowie Arbeitsinhalte und die dafür notwendigen Arbeitsmittel mit einzubeziehen. Kommunikationsanalysen, die auch informelle Kommunikationsströme aufzeigen und Flächenanalysen auf Basis der Tätigkeitsanalyse bilden die Grundlage für ein richtungsweisendes Raum- und Funktionsprogramm im Lean-Office.

Das für eine Organisation am besten geeignete Raumkonzept ist

Beim Zellenbüro wird eine höher ausgeprägte Privatheit und die damit verbundene Möglichkeit zu diskreten Gesprächen und Repräsentationen mit dem Nachteil der völligen Isolation erkauft.

Der strukturierte Gruppenraum bietet zwar das geeignete Feld für Teamarbeit, jedoch sind akustische und visuelle Störungen nicht völlig auszuschalten. Es wird deshalb sinnvoll, von der polaren Diskussion der unterschiedlichen Raumkonzepte zu "Gliederungssystemen" überzugehen, welche

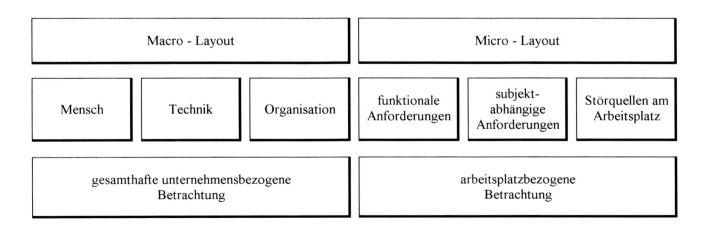

BILD 30 *Einflußbereiche für die Büroraumgestaltung: Im Macro-Layout werden die Regeln für das "Funktionieren" der Unternehmung bestimmt. Das Micro-Layout sorgt für optimale Arbeitsbedingungen der Mitarbeiter.*

Büromischformen möglich machen.

Entsprechend der festgestellten Bedürfnisse wird das Bürosystem angepaßt. Mehrere Stufen der Transparenz sind dabei ebenso denkbar, wie eine differenzierte, akustische Abschirmung. Dieses Konzept stellt allerdings große Anforderungen an alle Beteiligten.

Systemdenken gefordert

Die Bauherren müssen sich den Anforderungen an das "Büro als System" bewußt werden. Die neue Sicht des Büros als "Werkstatt für geistige Leistungen" und nicht als "Verwaltungsgebäude" muß sich, verbunden mit einem entsprechenden Kostenbewußtsein, erst durchsetzen. Weg vom Investitionskostendenken, hin zum Amortisationskostendenken.

Die Bürosystemhersteller müssen beginnen, ihre Produkte als ein nur gemeinsam nutzbringendes System zu erkennen. Gemeinsam koordinierte Entwicklung der Produkte die später gemeinsam auch verwaltet werden müssen, erscheinen unter diesem Gesichtspunkt logisch (Facility-Management).

Der gesetzliche Rahmen für diese Büros als "Bühnen für lebende Organismen" muß auch erst noch geschaffen werden. Zu oft bezieht sich der gesetzliche Rahmen von Arbeitnehmerschutz, Brandschutz, etc. auf das physische Wohlbefinden der im Büro Beschäftigten. Eine ganzheitliche Sicht müßte aber auch dort mehr auf die psychischen Bedürfnisse des Menschen eingehen. Ein erster Wandel der Betrach-

- ○ Hohe Anpassungsleistung an ständige Oranisationsveränderungen
- ○ Bedarfsgerechte Bewältigung des notwendigen Spannungsfeldes zwischen Privatheit und Öffentlichkeit
- ○ Minimale Störungen
- ○ Leichte Anpassung an die aktuellen Bedürfnisse der Leistungseinheiten
- ○ Hohe Standardisierung bei gleichzeitiger Individualisierung der Möbel
- ○ Systemmöbel der 3. oder 4. Generation
- ○ Zeitlose Grundstruktur aktualisierbar mit einfachen Mitteln
- ○ Auswahlentscheidung nach Wertschöpfungsbeitrag

BILD 31 Die Erfolgsfaktoren der Raumgestaltung im Lean-Office: Büroräume und Büroeinrichtung sollten neben Variabilität und Flexibilität ein Höchstmaß an individuellem Gestaltungsspielraum bieten. Die Auswahl erfolgt nach der Wertschöpfungsprämisse.

tungsweise ist hier in der EG-Richtlinie (90/270/EWG) "Bildschirmarbeitsplätze" zu sehen. Neben der Vermeidung physischer wird auch die Vermeidung psychischer Belastung gefordert. Der Weg in diese Richtung zum Lean-Office wird aber bereits gegangen. Das Ziel ist klar und es ist zu vermuten, daß es nur mehr eine Frage der Zeit ist, bis sich diese Notwendigkeiten im Büro flächendeckend durchsetzen.

In Abhängigkeit von dem Arbeitsinhalt des jeweiligen Arbeitsplatzes werden die Anforderungen an die Gestaltung des Micro-Layouts unterschiedlich sein und eine differenzierte Betrachtung der Arbeitsumwelt erfordern. Auch der Mensch als Funktionsträger stellt mit seinen

Bedürfnissen immer umfangreichere Anforderungen an den Arbeitsplatz, die in der Planung des Micro-Bereiches Berücksichtigung finden sollten. Aufgabenbezogene und technische Anforderungen sowie Anforderungen, welche sich aus dem Stauraum ergeben, sind ebenso zu beachten wie der Kommunikationsbedarf des betreffenden Arbeitsplatzinhabers. Die Aufgabenstellungen im Lean-Office erfordern in zunehmendem Maß die Notwendigkeit zur Kommunikation. Begegnungsqualität ist ein Schlagwort, das die Funktionstauglichkeit des heutigen Büros ausmacht. Jedoch bringen die Arbeitsinhalte für die einzelnen Mitarbeiter häufig eine Polarität zwischen Konzentration und Kommunikation.

Zusammenspiel von Kommunikation und Konzentration

Besprechungen und Schulungen als Beispiele für Bürotätigkeiten mit hohem Kommunikationsanteil werden in speziellen Räumen abgehalten (Sitzungsraum, Schulungsraum). Entsprechende Räume für Konzentrationstätigkeiten müssen in vielen Bürogebäuden erst noch geschaffen werden, z.B. Denkzellen oder mehrfach benützbare Arbeitsplätze mit höherer Abschirmung im Bereich der Leistungseinheiten. So bleibt als eine wesentliche Anforderung für den eigentlichen Arbeitsplatz, den beschriebenen Wechsel von Konzentrations- und Kommunikationstätigkeiten zu gestalten.

Wurden bei der Betrachtung der menschbezogenen Anforderungen traditionellerweise nur antropometrische (Körpermaße) und physiologische (Beleuchtung, Klima, Akustik) Bedürfnisse des Menschen berücksichtigt, so müssen in Zukunft verstärkt auch psychologische Besonderheiten (Farbgebung, Privatheit, Territorialität) des Menschen beachtet werden. Der Raum und die Möblierung müssen Störungen vermeiden oder zumindest reduzieren und darüber hinaus definierten Spielraum für individuelle Gestaltung bieten. Aber genau an dieser Stelle entstehen Spannungen durch zukünftige Büroraumnutzungskonzepte. Hier gilt es nach Lösungen zu suchen, wie Individualität, Privatheit und Territorialität im nonteritorialen Büro zumindest in Grenzen realisiert werden können.

Gerade im Lean-Office kommt der Wahl der Büromöbel eine besondere Bedeutung zu. Einerseits sollen die Möbel die individuel-len Bedürfnisse nach Unterscheidbarkeit der Arbeitsplätze, andererseits einen hohen Standardisierungsgrad bei gleichzeitiger Variabilität und Flexibilität aufweisen. Keine Quadratur des Kreises, sondern Beschaffung eines Büromöbelprogramms der Dritten (flexibel verkettbare Arbeitsplätze) oder Vierten Generation (individuell zuordbare Einzelmöbel mit hoher Funktionalität), je nachdem, welche Flexibilität (Mensch und/oder Möbel) erreicht werden soll.

Neue Generation von Büromöbeln

Im Lean-Office wird ein funktionales Möbelprogramm eingesetzt, das neben der notwendigen Ergonomie, Organisierbarkeit und Elektrifizierbarkeit keinen besonderen "Schnickschnack" aufweist. Keinesfalls wird am Stuhl gespart. Grundsätzlich wird die Möblierung nach dem Beitrag zur Wertschöpfung im Lean-Office ausgewählt. Aufgrund der hohen Variabilitäts- und Flexibilitätsanforderungen werden die raumbildenden Elemente ebenfalls mobil und Möbeln gleich. Raumsparende Lösungen werden auch beim Stauraum umgesetzt.

Die Büroräume und Einrichtungen im Lean-Office sind Ergebnis der geforderten Variabilität und Flexibilität. Räume und Möbel folgen den Anforderungen der Organisation, der Teamarbeit und des Menschen.
Bei hoher Standardisierung in der Arbeitsplatzausstattung "wandern" die Menschen im Büro zu den jeweils optimierten Plätzen. Dazu lassen sich die Möbel anpassen, sie "laufen" allerdings nur in Ausnahmefällen den Menschen hinterher.

9. Wirtschaftlichkeit des Büros

In einer freien Marktwirtschaft (und dies ist ja auch das innere Konzept des Lean-Office) stehen die Wettbewerbsfähigkeit und eng damit verbunden die Wirtschaftlichkeit stets im Brennpunkt aller Aktivitäten. Allgemein wird unter Wirtschaftlichkeit das Streben verstanden, mit einer gegebenen Menge an Produktionsfaktoren (Arbeit, Betriebsmittel, Werkstoffe) den größtmöglichen Ertrag (an Gütern und Dienstleistungen) zu erwirtschaften, oder umgekehrt: für einen gegebenen Ertrag die geringstmögliche Menge an Produktionsfaktoren einzusetzen.

Nicht quantifizierbare Einflußgrößen

Wirtschaftlichkeit kann damit auch als das Verhältnis von Leistung zu Kosten bezeichnet werden.
Die moderne Betriebswirtschaftslehre anerkennt, daß neben den klassisch monetären Größen auch nicht oder nur schwer in Geldeinheiten faßbare Einflußgrößen und -faktoren zu einer Steigerung der Leistung beitragen. Zu den nur schwer monetär quantifizierbaren Einflußgrößen zählen im Zusammenhang der Büroplanung vor allem die Organisation einer Unternehmung und deren dynamisierbare Abbildung in einem Gebäude. Und das nicht nur zum Zeitpunkt des Bezugs sondern über die gesamte Nutzungszeit.

In welchem Umfang ein Bürohaus wirtschaftlich und zukunftssicher ist, also ein Lean-Office,

wird über die Bürosystembewertung beantwortbar.

Bürosystembewertung

Die Bürosystembewertung unterscheidet sich von der konventionellen Wirtschaftlichkeits-
berechnung in einer Vielzahl von
erweiterten Betrachtungsweisen.
Wesentlichster Aspekt ist die systematische Vorgehensweise.
Ein Lean-Office wird allen Einflüssen und Auswirkungen in ihrer vernetzten Struktur gerecht.
Die Zeiten isolierter eindimen-
sionaler Wirtschaftlichkeitsrechnung sind ohnehin abgelaufen. Es
kann nicht länger zugelassen
werden, daß der für die Bauakti-
vitäten eines Unternehmens ver-
antwortliche Manager seine
Zielsetzung so beschreibt: "Es ist
mir nicht wichtig, ob die Organi-
sationsanforderungen der Zukunft im Gebäude abgebildet
werden können und ob die Mitarbeiter störungsfreie und motivierende Arbeitsbedingungen vor-
finden. Ich werde dafür bezahlt
und daran gemessen, daß ich ein
Gebäude mit geringsten Baukosten in kürzester Zeit erstelle".

Betriebskosten oft unter-
schätzt

Ein wichtiger Bestandteil der Bürosystembewertung besteht darin, den Kostenbegriff zu erweitern. Die Wirtschaftlichkeit eines
Bürohauses kann nicht ausschließlich an den Investitionskosten festgemacht werden. Zunehmende Bedeutung erhalten die
Betriebskosten (z.B. Beleuchtung, Klimatisierung, Netzwer-
ke), die Instandhaltungskosten
(z.B. Pflege und Erhaltung der
Gebäudesubstanz, Modernisie-
rungsaufwand, Reinigung, Wartung von Anlagen) und die häufig

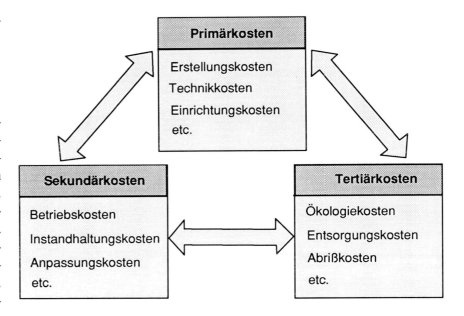

BILD 32 *Erweiterte Wirtschaftlichkeitsbetrachtung anhand der Bürosysteme-*
wertung: Die Sekundär- und Tertiärkosten finden häufig zu wenig Beachtung.
Hätte man diese z.B. bei Großraumbüros der 60er und 70er Jahre mehr ins
Kalkül gezogen, so wäre diese Büroform nicht allerorts so unkritisch übernom-
men worden.

gänzlich vergessenen Anpassungskosten (z.B. geänderte
Raumstrukturen aufgrund organisatorischer und technischer
Entwicklungen).

Die Unternehmensberatung A. T.
Kearney hat berechnet, daß für
große Gebäude (z.B. Banken,
Versicherungen) der jährliche In-
standhaltungsaufwand 1% - 6%
des Wiederbeschaffungswertes
beträgt. Bei einer 30-jährigen
Nutzungsdauer eines Bürohauses
sind die Betriebskosten fünf- bis
sieben Mal höher als die Baukosten!
Auch aufgrund geänderter Wert-
systeme in unserer Gesellschaft
darf eine Entscheidungsfindung
bei Neu- oder Umbaumaßnahmen sich nicht allein an den Investitionskosten orientieren. Beispielhaft seien hier nur die Her-
ausforderungen ökologischer
Denkweise erwähnt. Sammeln
von Regenwasser und Einspei-

sung als Brauchwasser im Gebäude bedeutet in der Regel noch
"Unwirtschaftlichkeit" in traditioneller Rechenweise. Was aber
wird Trinkwasser in 15 Jahren
kosten. Wird es überhaupt noch
in unbegrenztem Umfang zur
Verfügung stehen? Sicherlich
werden die Kosten für Trinkwasser und Energie in Zukunft steigen. Aber unabhängig hiervon ist
es unsere Pflicht, mit diesen Ressourcen schonend umzugehen.

Hohe Instandhaltungs- und
Anpassungskosten

Wird den verhältnismäßig einfach plan- und kalkulierbaren Betriebskosten zwar auch allmäh-
lich mehr Aufmerksamkeit geschenkt, so führen Instandhal-
tungs- und Anpassungskosten
innerhalb der Neubau- und Umbauplanung in der Regel ein stief-
mütterliches Dasein.

Wer achtet schon darauf, welche Instandhaltungskosten als Folge unterschiedlicher Architekturkonzepte, Baumaterialien, Bauausführungen und vieles mehr entstehen werden. Nicht einmal überschlägige Kennzahlen gibt es, die den einzelnen planbaren Einflußbereichen Rechnung tragen. Erst seit jüngerer Zeit wird im Rahmen des Facility-Managements darüber nachgedacht.

Ähnlich stellt sich die Situation bei den Anpassungskosten dar. Häufig werden mit geringsten Erstellungskosten starre Büroformen erstellt, die keine oder nur eine äußerst kostenintensive Anpassung zulassen. Haben wir nichts aus unseren Großraumbüros gelernt? Nutzer dieser Büroform kennen die hohen Anpassungskosten, um Lösungen zu realisieren, die den heutigen organisatorischen und mitarbeiterorientierten Anforderungen gerecht werden. Hätte man diese Anpassungskosten und die hohen Betriebskosten (zwangsweise Klimatisierung, dauernde Kunstlichtbeleuchtung der fensterfernen Zonen und vieles mehr) zusätzlich zu den Erstellungsko-

BILD 33

sten betrachtet, so gäbe es heute vermutlich weniger derartige Bürogebäude. Denn: Von Wirtschaftlichkeit keine Spur!

Wer kann schon von sich behaupten, die Zukunft zu kennen? Was wird uns die Technik, Triebfeder aller Innovationen im Bürobe-

reich, noch alles bescheren? Ein heute geplantes Bürogebäude muß auch in 10, 20 oder 30 Jahren noch "fit" sein, eben ein Lean-Office.

Die hier nur sehr knapp dargestellte, erweiterte Wirtschaftlichkeitsrechnung für Bürohäuser berücksichtigt neben der erwei-

Organisationsleistung	**Arbeitsplatzleistung**	**Technikleistung**	**Teamleistung**
Variabilität	Fläche pro Mitarbeiter	I + K - Konzept	Integration
Flexibilität	Störfreiheit	Verkabelung	Offenheit
Organisationsstrukturen	Individualität	Natürlichkeit	Kommunikation
Erweiterungen	Tageslicht	Sicherheit	Dynamik
etc.	etc.	etc.	etc.

BILD 34 Erweiterte Wirtschaftlichkeitsbetrachtung bei der Büroplanung: Es geht nicht darum, ein Bürohaus mit niedrigsten Kosten in schnellster Zeit zu bauen, sondern eine ganzheitliche Optimierung zu verwirklichen. Sämtliche Erfolgsfaktoren sind dabei gleichermaßen bedeutend.

terten Kostenrechnung die Einflüsse des jeweiligen Tätigkeitsfeldes eines Unternehmens, und vor allem die schwer in Geldeinheiten meßbaren Einflüsse von Organisation, Technik und Mensch.

Die Möglichkeiten zur Steigerung von Wirtschaftlichkeit nur über den Einsatz von I + K-Systemen sind begrenzt. Ebenso Maßnahmen, die ausschließlich motivatorisch und leistungssteigernd auf die Mitarbeiter wirken. Wesentliche Rationalisierungsreserven werden zukünftig im Zusammenspiel aller Faktoren freigesetzt. Sämtliche Erfolgsfaktoren sind dabei gleichermaßen bedeutend.

Die Wirtschaftlichkeit im Lean-Office wird nicht an den geringen Investitionskosten für Gebäude und Arbeitsplatz deutlich, sondern an niedrigen Betriebs- und Anpassungskosten. Die Wirtschaftlichkeit wird zunächst über die Leistungssteigerung und erst dann über die Kostensenkung erreicht!

10. Optimierung im Gesamtsystem

Neues Denken gefordert

Schon mehrfach wurde daraufhin gewiesen, das Lean-Office als System zu betrachten. Das Lean-Office ist ein hochdynamisches System, das sich jeder exakten Modellierung und Simulation entziehen wird. Und diese Tatsache dürfte die allergrößten Schwierigkeiten bereiten. Wir haben es gelernt, sind es gewohnt und haben auch nur die Fähigkeit dazu, den Einfluß von zwei, maximal drei Variablen berücksichtigen zu können. Kein Wunder daß wir immer bestrebt sind, ein möglichst einfaches Ursache-Wirkungsverhältnis herzustellen. So kümmern sich viele Manager nur um die Bereiche der Unternehmung, in denen Schwierigkeiten auftreten. Die Problembekämpfung steht im Vordergrund. So hasten sie von Problemlösung zu Problemlösung und vergessen dabei die übergeordneten Aufgaben der Unternehmensführung. Nicht das Detail, sondern die Zusammenhänge gilt es zu erkennen und zu optimieren.

Bei der hier vorgenommenen Beschreibung des Lean-Office wurde bereits bei den wenigen zu betrachtenden Faktoren deutlich,

BILD 34

46

welche wechselseitigen Abhängigkeiten bestehen. Es gibt keine klare Hierarchie zwischen diesen. Neigen wir nicht allzu gerne dazu, bei einer Vielzahl von Einflußgrößen zunächst die wichtigsten auszumachen? So werden wir schon Stück für Stück das Ganze in den Griff bekommen. Die Realität ist aber eine andere. Gerade die Chaosforschung hat uns gezeigt, daß es auch die kleinen, oft unbedeutenden Aktionen sein können, die Systeme aus dem Gleichgewicht bringen und über das Chaos zu neuem Gleichgewicht finden. Welcher der beschriebenen Erfolgsfaktoren ist wohl der wichtigste? Sie müssen alle optimiert werden, oder besser: durch Schaffung der richtigen Rahmenbedingungen müssen sie sich alle optimieren lassen. Auch die Frage nach der Vollständigkeit der Erfolgsfaktoren kann nur vom jeweiligen Betrachtungspunkt aus beantwortet werden. Das System Lean-Office wurde doch nur an einer ganz bestimmten Stelle in Elemente zerlegt. Es wurde quasi ein Systemschnitt vorgenommen. Auf einer niedrigeren Ebene wäre z.B. der Erfolgsfaktor Mitarbeiter zerlegbar in Männer und Frauen unterschiedlichsten Alters, kultureller Prägung, ethnischer Abstammung, Bildungsgrades und vieles mehr. Eine weitere Vertiefung sollte hier bewußt nicht vorgenommen werden, um den Blick für die Zusammenhänge nicht zu verlieren.

re Rechner, noch mehr Funktionalität werden gar nichts nützen, wenn die Mitarbeiter damit nicht umgehen können oder der Kunde längst andere Anforderungen gestellt hat. Die Stärken der algorithmierbaren Optimierung innerhalb der Unternehmensführung bleiben auf jeden Fall erhalten. Sie sind auf einer niedrigeren angepaßten Ebene nach wie vor hilfreich und notwendig. Jedoch, ab einem bestimmten Komplexitätsgrad helfen sie nicht weiter.

Damit wird Bürooptimierung für jedes Unternehmen zu einer eigenständigen Aufgabe. Obwohl aus den gleichen Elementen bestehend, ist doch jedes Lean-Office anders. Wie in der Natur: Aus immer gleichen Bausteinen entsteht eine ungeheure, nicht überschaubare Artenvielfalt. Doch nur diejenigen, die sich anpassen können, überleben bei geänderten Umfeldbedingungen. Unter dem Wissen der sich immer schneller ändernden Umfeldbedingungen unserer Welt wird das Lean-Office zur Überlebensvoraussetzung.

Bürooptimierung ist Gestaltung in einem System.
Nicht die Perfektion ist gefragt, sondern eine robuste überlebensfähige Lösung.

Eindimensionale Optimierungen aufgeben

Neues Denken ist gefordert. Dazu zählt es auch, eindimensionale Optimierungen, die zur Perfektion führen, aufzugeben. Noch schnellere, noch leistungsfähige-

Konkrete Zielsysteme für individuelle Lösungen

Systematische Nutzwertanalyse

Das Lean-Office stellt eine auf die Bedürfnisse der jeweiligen Unternehmung zugeschnittene Lösung dar. Dieses ganzheitliche Ergebnis setzt sich aus der Erreichung einer Vielzahl von Einzelzielen zusammen. Jedes Ziel kann dabei von unterschiedlicher Bedeutung für eine Unternehmung sein. Zur Entscheidungsfindung bei mehrdimensionaler Zielsetzung hat sich das Verfahren der Nutzwertanalyse bewährt.

Bei der Nutzwertanalyse wird nach fünf Verfahrensschritten vorgegangen:

1. Festlegung der Zielkriterien
2. Gewichtung der Zielkriterien
3. Festlegung der Bewertungsfunktionen
4. Ermittlung der Zielerfüllung
5. Berechnung des Nutzwertes

Die Zielkriterien werden aus einer Zielhierarchie abgeleitet. Ein geeignetes Zielsystem für das Lean-Office wird nachfolgend vorgestellt und im Kapitel 3 zur vergleichenden Bewertung von Büroraumformen angewandt.

Die Gewichtung der Zielkriterien dient der Darstellung der Präferenzstruktur einer Unternehmung. Das gewichtete Zielsystem ist das Ergebnis des Konsensbildungsprozesses in den abgestuften Planungsteams und richtet alle Projektbeteiligten auf das gemeinsame Ziel aus. Es bildet damit die Basis für alle weiteren Entscheidungen. So werden nicht nur die Planungsvorgaben für das Gebäude daraus abgeleitet, sondern auch alternative Planungskonzepte damit bewertet.

Durch die Bewertungsfunktionen werden die heterogenen Zielkriterien vereinheitlicht und die Bewertung vorbereitet. Häufig werden keine expliziten Bewertungsfunktionen erstellt, die eine funktionelle Zuordnung zwischen Bewertungsgröße und Zielerfüllung ermöglichen. Son-

BILD 35

dern vergleichbar einem Notensystem werden die Erfüllungsfaktoren direkt den Zielen zugeordnet. Bei einer derartig vereinfachten Vorgehensweise hat sich eine 5-stufige Skala bewährt.

Bei der Ermittlung der Zielerfüllung wird für jede Planungsalternative der entsprechende Erfüllungsfaktor (1 - 5 Punkte) zugeordnet. Wenn bei einem Zielkriterium ein Verstoß gegen gesetzliche Bestimmungen (z.B. Mindestgröße von Arbeitsplätzen) erkannt wird, muß die Planungsalternative verbessert werden oder sie scheidet aus.

Bei der Berechnung des Nutzwertes in der Planungsalternative werden die Erfüllungsfaktoren eines jeden Zieles mit dessen Zielgewicht multipliziert und anschließend summiert. Die Alternative mit dem höchsten Punktwert erfüllt in Summe am Besten die Planungsanforderungen.

Das Zielsystem zur Planung und Bewertung eines Lean-Office wird über acht Qualitätsanforderungen aufgestellt:

1. Arbeitsplatzqualität
2. Arbeitsumgebungsqualität
3. Organisatorische Qualität
4. Sozio-kulturelle Qualität
5. Gestalterische Qualität
6. Gebäudetechnische Qualität
7. Ökologisch/Energetische Qualität
8. Wirtschaftliche Qualität

Zur Arbeitsplatzqualität zählen alle Zielkriterien, die sich mit den Abmessungen des Arbeitsplatzes, dessen Gestaltungszustand, seiner Anordnung im Raum und der Berücksichtigung individueller Anforderungen befassen.

Die Arbeitsumgebungsqualität umfaßt die Beeinflußbarkeit von Umgebungseinflüssen, Raumgestaltung und Außenbezug.

Mit der organisatorischen Qualität werden die bekannten Anforderungen der Aufgabenerfüllung, insbesondere aber auch die Variabilität und Flexibilität des Gebäudes und der Räume erfaßt.

Die soziokulturelle Qualität beschreibt den Grad von Umsetzung der Unternehmenskultur und der Berücksichtigung der Mitarbeiteranforderungen durch das Gebäude.

In der gestalterischen Qualität werden die klassischen architektonischen Ziele eingebunden.

Zur gebäudetechnischen Qualität zählen alle Maßnahmen, die einfache, mitarbeiterorientierte, robuste und zukunftssichere Technikkonzepte ermöglichen.

Mit der ökologisch/energetischen Qualität wird den zunehmend wichtiger werdenden Aspekten der Langlebigkeit, Wiederverwendbarkeit und Ressourcenschonung Rechnung getragen.

Abschließend umfaßt die wirtschaftliche Qualität die an Investitions- und Betriebskosten gebundenen Zielkriterien.

1. Arbeitsplatzqualität

- Absolute Größe des Arbeitsplatzes (nutzbare Arbeitsfläche, anteiliger Stauraum, Bewegungsraum, etc.)
- Individualität (Anordnung und Ausgestaltung des Arbeitsplatzes)
- Fensternähe (Blickkontakt nach draußen)
- Versorgung mit Informations- und Kommunikationseinrichtungen
- Abschirmung gegen Außenwirkungen (akustische,

visuelle und olfaktorische Störfreiheit)
- Territorialität (Privatheit, Schutzvertraulichkeit)
- Gleichwertigkeit der Arbeitsplätze (Lage, Ausstattung, Größe)

2. Physikalische Arbeitsumgebungsqualität

- Tageslichtanteil (Sonnenschutz, Blendschutz, Rauausleuchtung)
- Kunstlichtqualität (Direkt/Indirektanteil, Lichtfarbe, Gütemerkmale)
- Akustische Qualität (Schalldämmung, Schalldämpfung)
- Klimaqualität (Heizung, Kühlung, Lüftung, Luftfeuchte)
- individuelle Regulierbarkeit von Umgebungseinflüssen (Beleuchtung, Klima, Akustik)

3. Organisatorische Qualität

- Einzelarbeit
- Kleingruppenarbeit (2 - 3 Personen)
- Teamarbeit (6 - 8 Personen)
- Konzentrationsarbeit
- Routinearbeit
- Arbeitsplatznahe Besprechungen
- Rascher Wechsel von Kommunikation und Konzentration
- Abbildung der Organisationsstrukturen
- Abbildung der Kommunikationsstrukturen
- Abgeschlossene Organisationseinheiten (keine "Durchgangsgruppen")

- Variabilität der Nutzung (im bestehenden Grundriß)

- Flexibilität des Gebäudes im Hinblick auf Nutzungsänderungen (einfache Grundrißänderungen, innere Flexibilität, Vermietung von Teilflächen)

- Flexibilität des Gebäudes im Hinblick auf Erweiterung (äußere Flexibilität)

- Kurze Wege

- Orientierung im Gebäude

- Blickkontakt (zu Kollegen)

- Arbeitsplatznahe Arbeitsmittelanordnung (Bürotechnik, Ablage, Archive)

- Sicherheitskonzept (Zugangsberechtigung)

4. Sozio-kulturelle Qualität

- Offenheit (Einblicke, Ausblicke, Durchblicke)

- Abgestufte Transparenz

- Überschaubarkeit

- Attraktivität von Pausenzonen

- Erreichbarkeit von Pausenzonen

- Innenwirkung (Förderung der Indentifikation (Wir-Gefühl), Integration (beteiligt sein), informelle Kommunikation)

- Außenwirkung (Corporate Identity)

5. Gestalterische Qualität

- Einbindung des Gebäudes in die Umgebung

- Einklang von Inhalt und Form

- Klarheit, Einprägsamkeit der architektonischen Gesamtaussage

- Maßstäblichkeit

- Angemessenheit der Gestaltungsmittel

- Übersichtlichkeit, Ordnung und Klarheit des Grundrisses

- Raumqualität

- Materialwahl, Zusammenspiel der Materialien

- Repräsentativität des Entwurfs

- Gestaltete Übergangsräume zwischen innen und außen

- Gestalteter Außenraum

6. Gebäudetechnische Qualität

- Natürliche Arbeitsumwelt

- Einfache Gebäudetechnik

- Intelligente Gebäudetechnik (Selbstregulierende und individuell beeinflußbare Techniksysteme)

- Versorgung mit Elektro- und Datenleitungen

- Ausbaufähige Techniksysteme

- Angepaßte Zugangskontrollsysteme

7. Ökologisch/energetische Qualität

- Minimierung des Energie- und Ressourcenbedarfs bei Herstellung und Nutzung des Gebäudes

- Umwelt- und energiebewußte Gebäudekonzeption und -gestalt (Lage im Gelände, Ausrichtung, Grundrißorganisation, innere Funktionszusammenhänge)

- Sparsame, umwelt- und energiebewußte haustechnische Systeme (aktive und passive Nutzung von Primärenergien, natürlicher Ressourcen, alternativer Energien, Wiederverwendung/Mehrfachverwendung verbrauchter Ressourcen)

- Schutz vor Immissionen (Berücksichtigung in Gebäudekonzeption und -gestaltung)

- Klimaausgleichende Konstruktion (Speicherung, Dämmung)

- Umhüllende Baumaßnahmen

- Multivalente Fassaden

- Vermeidung bzw. Minimierung von Wasser- und Luftverunreinigungen, Abwärme

- Ökologisch wirksame Freiraumgestaltung, Fassaden- und Dachbegrünung

8. Wirtschaftliche Qualität

- Kosten für Bauwerk

- Kosten für Betrieb (Beleuchtung, Heizung, Kühlung, Lüftung)

- Kosten für Einrichtung pro Arbeitsplatz

- Kosten für Veränderung pro Arbeitsplatz

- Bruttogrundfläche (BGF) pro Arbeitsplatz

- Bürofläche und Verkehrsfläche pro Arbeitsplatz

Kapitel 3

Die Büroraumkonzepte im Vergleich

Klassische und weiterentwickelte Büroformen

Großraum, Gruppenraum,

Aus der ursprünglichen Struktur der Fabriken um die Jahrhundertwende ist der Vorläufer des Großraumbüros, der in Nordamerika entstandene Bürosaal hervorgegangen. Die Mitarbeiter sitzen - ähnlich der Klassenzimmeranordnung früherer Zeiten - in Reih' und Glied auf den Chef ausgerichtet, der seine Untergebenen ständig im Blickkontakt hat. In Nordamerika entwickelte sich diese sehr hierarchische Besiedelungsform weiter zu den auch bei uns bekannten Ausprägungen, den Bürolandschaften und Raum- in Raum-Systemen.

Wenn Größe gut ist, muß noch mehr Größe besser sein ?

Die Anfang der sechziger Jahre in Deutschland geplanten Großraumbüros wurden mit dem Anspruch möglichst großer Variabilität und Funktionalität gebaut. Die ursprünglich als kommunikationsförderlich angesehene Struktur schlug jedoch aufgrund der Überdimensionierung íns Gegenteil um. Die zunehmende Verbreitung von I- und K-Systemen und Individualitätsforderungen der Mitarbeiter stellten die Richtigkeit dieser Büroform immer mehr in Frage. Die sicherlich teilweise unsachlich und wissenschaftlich nicht exakt

geführte Diskussion gipfelte in Pressemitteilungen: "Großraumbüros machen krank". Auch die heute noch unter dem Stichwort "Sick-Building-Syndrom" geführten Diskussionen haben ihren Betrachtungsgegenstand häufig in Großraumbüros.

Ungleichwertigkeit der Arbeitsplätze

Die Organisation, Technik und vor allem die Mitarbeiter fordern heute in der Regel andere Büro-

formen als das Großraumbüro. Als besonders problematisch wird seitens der Mitarbeiter die extreme Ungleichwertigkeit der Arbeitsplätze angesehen. Höchste Attraktivität haben fensternahe, tagesbelichtete Arbeitsplätze. In den Kernzonen möchte kaum jemand arbeiten. In Verbindung mit dem zunehmenden Ökologie- und Gesundheitsbewußtsein der Mitarbeiter werden die notwendige Vollklimatisierung und die nur bedingten Möglichkeiten der individuellen Einflußnahme bemängelt. Die Mehrzahl der in

BILD 36 Fensterloser Massenarbeitssaal der Büroarbeit Ende der 30er Jahren in Amerika.

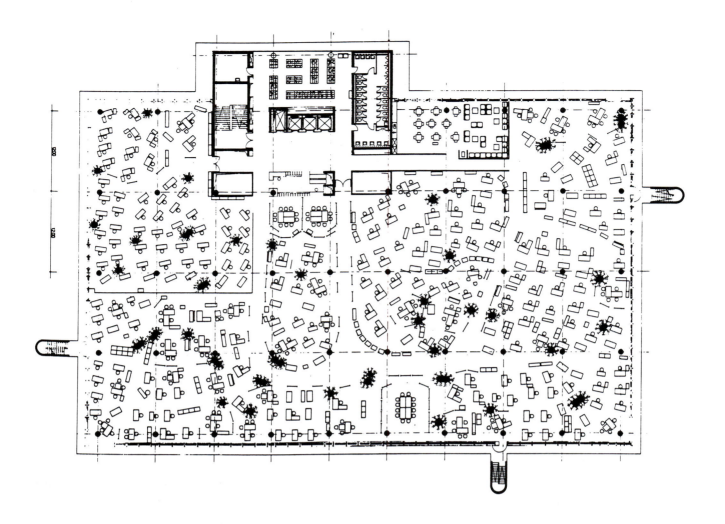

BILD 37 (oben) Grundriß eines typischen Großraumbüros bzw. Bürolandschaft der 60er Jahre
BILD 38 (unten) Beispiel Großraumbüro

Das Großraumbüro mit Raumtiefen bis 30 Meter und Belegung mit teilweise über 80 Mitarbeitern führt zu hohen Störeffekten. Die Arbeitsplätze sind ungleichwertig (Fenster : Innenzone). Individualität und Privatheit sind kaum möglich. Von den Mitarbeitern wird das Großraumbüro überwiegend abgelehnt. Die meisten Großraumbüros sind "Sanierungsfälle".

Deutschland betriebenen Großraumbüros werden daher häufig auch als Sanierungsfälle angesehen. Dennoch gibt es - wenn auch sehr wenige - Anwendungsfälle, bei denen kaum eine andere Büroform besser geeignet erscheint. Aufgrund der spontanen Totalkommunikation können z.B. Börsenhandelsarbeitsplätze sehr gut in einem Großraumbüro betrieben werden.

Veränderte Organisationsprinzipien forderten Ende der siebziger Anfang der achtziger Jahre, daß die Abteilung- oder Gruppenstruktur der Aufbauorganisation sich in eigenen Räumen wiederfinden sollten. Das Gruppenbüro war geboren: Eine deutlich verkleinerte Ausgabe des Großraumbüros. Die Besiedelung erfolgte in der Regel nur noch in zwei Zonen, mehr Arbeitsplätze

Das Großraumbüro

Ausprägungen:

* Bürosaal
- Klassenzimmeranordnung
- Hierachie

* Bürolandschaft
- vielfältige Gruppierungen
- locker angeordnete Stellwände
- Besprechungsinseln
- abgeschirmte Abteilungsleiter

* Raum-in-Raum-System
- funktionelle und architektonische Gliederung
- Wand- und Schranktrennung
- Glaselemente für Außensicht

Merkmale:

* Raumfläche $\geq$ 400 m²
* 25 bis über 80 Mitarbeiter
* Raumtiefe: 20 - 30 m
* vollklimatisiert
* ständig künstliche Beleuchtung in den Innenzonen
* hohe visuelle Störungen
* kaum Individualität und Privatheit
* überwiegend fensterferne Arbeitsplätze
* Totalkommunikation (Börsenhandel)
* "paßt immer noch einer rein"

BILD 39 Ausprägungen und Merkmale eines Großraumbüros

BILD 40 Der sogenannte "Handelsraum" einer Bank (Börsenhandelsarbeitsplätze) ist einer der wenigen Fälle, wo Großraumbüros sinnvoll sind.

konnten am Fenster untergebracht werden. Das Gebäuderaster ist bei der Besiedelung von untergeordneter Bedeutung. Die Gruppengröße kann in geringem Umfang variieren, ohne daß die räumliche Struktur aufgegeben werden muß. Die Gruppe bleibt als Einheit in ihrer gewohnten Umgebung und neue Gruppenmitglieder werden leichter integriert.

Gruppenbüro: das "kleine Großraumbüro"

Das Gruppenbüro stellt damit eine Büroform dar, die nach wie vor viele interessante Anwendungsbereiche findet, obwohl viele der Mitarbeiterforderungen auch hier nicht optimal erfüllt werden können. Vor allem treten wie in Großraumbüros Probleme bei der Aufstellung von Bildschirmen auf. Um die sich ergebenden Gefahren der Direkt- und Reflexblendung zu begrenzen, müssen Raumgliederungselemente verwendet werden.

Einer der Vorteile des Gruppenbüros ist die nicht erforderliche Vollklimatisierung. Die Gruppenräume mit 100 bis 300 qm Fläche und einer Belegung mit 15 bis 25 Arbeitsplätzen werden heute weitgehend teilklimatisiert. Hierbei handelt es sich um ein Technikkonzept von unterstützender Be- und Entlüftung mit öffenbaren Fenstern. Die Raumkonditionen lassen sich für jedes Gruppenbüro individuell steuern. Bei Öffnen der Fenster schaltet sich die Klimaanlage ab. Die Investitionskosten entsprechen denen einer Vollklimaanlage, die Betriebskosten liegen um einiges darunter.

Die technische Versorgung erfolgt zumeist aus dem Doppelboden. Neben der Allgemeinbeleuchtung findet in vielen Gruppenbüros heute auch das Konzept der zonierten arbeitsplatzbezogenen Beleuchtung Anwendung. Die nicht so großen Raumtiefen machen es einfacher, mehr Tageslicht an den Arbeitsplatz zu bringen, als beim Großraumbüro. Ein neueres organisatorisches Konzept für Gruppenbüros sieht im Erschließungsbereich (Aufzüge, Treppenhaus), der meist mehrere Gruppenbüros horizontal

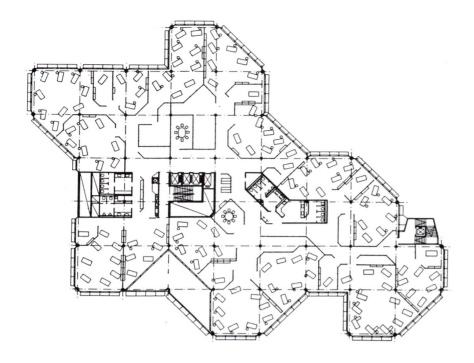

BILD 41 Grundriß eines Gruppenbüros (oben)
BILD 42 Beispiel eines Gruppenbüros

Das Gruppenbüro mit 100 - 300 qm für 8 - 20 Mitarbeiter bietet mehr Gleich-
wertigkeit der Arbeitsplätze (höherer Tageslichtanteil) und gezielte gruppenbe-
zogene Kommunikation. Gleichwohl treten auch hier noch die gleichen Nach-
teile wie beim Großraumbüro auf (Störung, mangelnde Privatheit u.a.). Des-
halb wird das Gruppenbüro häufig als "kleines Großraumbüro" erlebt.

und vertikal erschließt, auf jeder Ebene sogenannte Service-Center oder Sekretariatsdienste vor. Dort sind für ein oder mehrere Gruppenbüros zentrale Text- und Verwaltungssekretariate (Schreibdienst, Post, Kopieren, Fax etc.) verkehrsgünstig gelegen als Dienstleistungseinheit angesiedelt. Zudem fungieren diese Sekretariatsdienste als Sekretariat für Hauptabteilungslei-

ter und Abteilungsleiter. Ferner sind im Erschließungsbereich Besprechungsräume und Pausenzonen mit Kaffeeküche für die angeschlossenen Gruppenbüros angelegt.

Bei Gruppenbüros dieses neueren Typs wurden meist auch lebhafte Architekturkonzepte verwirklicht. Die Gebäude haben eine vielgliedrige Fassadenstruktur, um möglichst viel Tagesbelichtung in den Büros zu ermöglichen. Treppenhäuser wurden bei flacherer Bauweise mit 4 bis 6 Geschossen als Kommunikationsbereiche entdeckt. Aufzüge werden bewußt im Hintergrund gehalten, während interessant gestaltete einladende Treppen in begrünten Innenhöfen als kommunikationsföderndes Auf und Ab zur Benutzung animieren. Man spricht hier mittlerweilen von sogenannten "Kommunikationstreppenhäusern".

Milieubüro - das ganzheitliche Gruppenbüro

Eine weitere Ausprägung des Gruppen- bzw. Großraumbüros ist, wenn auch selten, entstanden: wir nennen es der Unterscheidung wegen "Milieubüro", da hier das gesamte Haus mit Arbeitsplätzen, Erschließungsbereichen, Verkehrswegen und Sonderflächen auf den Betrachter als Ganzheit, als Milieu, wirkt. Die Geschoßebenen sind in Split-Level-Architektur zueinander versetzt und eröffnen vielfältige Ein-, Aus- und Durchblicke. Es gibt keine abgeschlossenen Räume oder Bereiche. Und doch vermittelt jeder Bereich, jede Ecke, jeder Winkel seine eigene räumliche Geborgenheit, vernetzt mit dem Ganzen. Es gibt dort Gruppenbereiche ebenso wie Einzelnischen. Klimatechnisch gesehen bildet das ganze Haus eine einzi-

Das Gruppenbüro

Ausprägungen:

* Gruppenräume innerhalb
  einer Großraumstruktur
- Raum-in-Raum-System
- starre architektonische
  Gliederung

* abgeschlossene Gruppen-
  räume
- lebhafte Architektur-
  konzepte
- vielgliedrige Struktur

* Milieubüro
- Geschoß gleich Gruppen-
  raum
- versetzte Ebenen
- vielfältige Ein-, Aus- und
  Durchblicke
- räumliche Geborgenheit
  durch Architektur
- Arbeitsinseln

Merkmale:

* Raumfläche 100 - 300 m²
* 8 bis 20 Mitarbeiter
* Raumtiefen 15 - 18 m
* teilklimatisiert
* zeitweise künstliche
  Beleuchtung in den
  fensterfernen Bereichen
* visuelle Störungen
* geringe Individualität und
  Privatheit
* überwiegend fensternahe
  Arbeitsplätze
* steuerbare Kommunikation
  (Arbeitsinseln)
* "paßt bedingt noch einer
  rein"

BILD 43 Ausprägungen und Merkmale eines Gruppenbüros

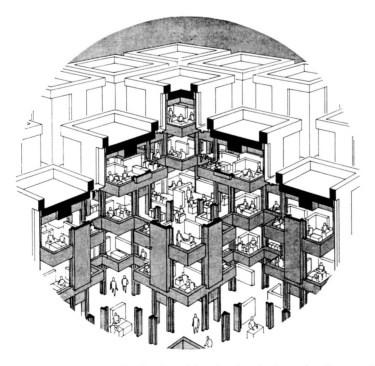

BILD 44 Das sogenannte "Milieubüro" ist eine Sonderform des Gruppenbüros mit kleinteiligen versetzten Geschoßebenen im Split-Level. Hierdurch entstehen kleinere transparente Raumeinheiten für Arbeitsgruppen mit viel Individualität. Dabei bildet das ganze Gebäude oder komplette Gebäudeteile eine Klimahülle. Beispiel: Versicherung Centraal Beheer, Apeldoorn, Holland (Arch. Herman Hertzberger).

ge Hülle. Von jedem Arbeitsplatz aus hat man Ausblick nach draußen und zugleich einen vorwitzigen Einblick in die Innensituation mehrerer Geschoßebenen und Gebäudeteile, ohne daß man sich am einzelnen Arbeitsplatz etwa beobachtet vorkommt.

Keine große Akzeptanz

Trotz der verbesserten Akzeptanz von Gruppenbüros bei den Mitarbeitern kann eine bestimmte Enttäuschung auch bei dieser Büro raumform nicht verschwiegen werden. Wenngleich der kleinere Raumzuschnitt eine deutliche Verbesserung in der Tagesbelichtung von Arbeitsplätzen gebracht hat und keine Vollklimatisierung erfordert, so sind akustische Störungen im Gruppenbüro meist stärker als im Großraumbüro, denn der sogenannte Masking-Effekt tritt im Gruppenbüro noch nicht auf. Auch wird die Problematik Raucher/ Nichtraucher nicht befriedigend gelöst.

Und nicht nur dies sind die Ursachen der nicht so berauschenden Akzeptanz. Denn die psychologischen Probleme des Großraumbüros wiederholen sich im Gruppenbüro in ähnlicher Weise. Wohl wissen die Mitarbeiter das deutlich verbesserte Umfeld (Sonderräume, Kommunikationstreppenhäuser, attraktive Außenbereiche etc.) zu schätzen, doch das Gruppenbüro wird von vielen Mitarbeitern nach wie vor als "kleines Großraumbüro" erlebt.

Am besten wird von den dargestellten Varianten das "Milieubüro" von den Mitarbeitern angenommen, da hier die Empfindung von Privatsphäre bei gleichzeitig starker Kommunikation relativ positiv erlebt wird.

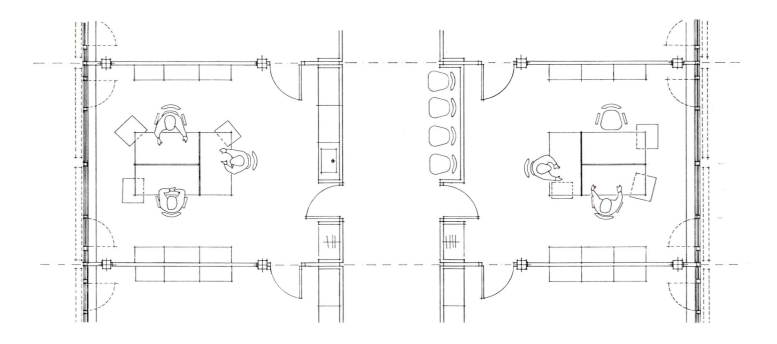

Zellenbüro

Lange Flure mit geschlossenen Zellen

BILD 45 Grundriß eines Zellenbüros (oben)
BILD 46 Beispiel eines Zellenbüros

Das Zellenbüro bietet zwar viel Individualität und Privatheit, behindert jedoch die Kommunikation. Hier spielt sich das Leben im Büro meist zu zweit hinter geschlossenen Türen ab. Diese Raumform fördert nicht die immer wichtigere informelle Kommunikation und Teamarbeit. Für die Erschließung des Innovationspotentials "zwischen den Menschen" ist das Zellenbüro wenig geeignet.

In dem Grundriß (oben) sieht man deutlich den dreifachen Verkehrsweg: den eigentlichen Flur sowie links und rechts den parallel verlaufenden Verbindungsweg zwischen den Räumen ("Beamtenlaufbahn"). Die dadurch geringfügig verbesserte Kommunikation wird mit einem hohen Flächenverbrauch erkauft.

Das Zellenbüro ist der "Klassiker" unter den Büroformen und hat die größte Verbreitung. Trotz intensiver Diskussion um transparentere und kommunikationsförderlichere Büroformen kann man beinahe von einer Renaissance des Zellenbüros sprechen. Fast könnte man sagen: "Da weiß man, was man hat!" Kommunikation in dieser Büroform soll über Technik (Telefon, Electronic Mail, etc.) erfolgen oder geplant im Besprechungsraum durchgeführt werden. Jede Zelle ist quasi autark, was Technik und Ablage betrifft. Im Standardzellenbüro sind feste Trennwände zwischen den Räumen. Im Komfortzellenbüro lassen sich die Trennwände leichter zerstören bzw. versetzen. Teils bilden raumhohe Schrankwände die Trennung zwischen den Zimmern.

Eine von Behörden bekannte Besonderheit der Zellenstruktur ist die innere Verbindungstür zwi-

Das Zellenbüro

Ausprägungen:

* Einpersonenraum

* 2-3-Personenraum
- Blockanordnung
- versetzte Strukturen
- Wandorientierung

* Mehrpersonenraum
- Kleinstgruppenraum
- Arbeitsplatzzonen
- Raumgliederung durch Möblierung

* Chefbüro

Merkmale:

* Raumfläche 10 - 50 m²
* 1 bis 6 Mitarbeiter
* Raumtiefen 4- 6 m pro Raum;
* 1- bis 2-bündige Bauweise mit Gebäudetiefen um 12 m
* natürliche Belüftung
* relativ viel Tageslicht
* fensternahe Arbeitsplätze
* gezielte Kommunikation und Konzentration realisierbar
* von maximaler bis mittlerer Individualität und Privatheit
* visuelle Störungen gestaltbar,
* höhere akustische Störungen
* Belegungsdichte ist fix (außer 2-Personenraum)

BILD 47 Ausprägungen und Merkmale eines Zellenbüros

schen den Zimmern. Durch diese innere "Beamtenlaufbahn" werden in dem Gebäude gleich drei Verkehrswege parallel zueinander angeordnet. Nämlich der eigentliche Flur plus links und rechts die parallel verlaufenden Verbindungswege. Die in den Zellenbüros an sich geringen Störpotentiale werden dadurch stark erhöht. Diese innere Verbindungsstruktur zeigt jedoch auch die Notwendigkeit, über die Zelle hinaus zu kommunizieren und beteiligt zu sein zu wollen.

Mangelnde Kommunikation

Bei einer Tischtiefe von 80 cm ergibt sich für ein Zellenbüro mit 2 Personenbesiedelung eine lichte Mindestraumbreite von 3,60 m (Raster 1,25 m). Müssen größere Tischtiefen realisiert werden (größere Bildschirmgeräte benötigen Tischtiefen von 90 bis 100

cm), oder soll hinter den Mitarbeitern noch Stauraum an der Wand angeboten werden, so ergeben sich Raumbreiten von 4,40 m (Raster bis 1,5 m) bis 4,70 m.

In Verbindung mit größeren Raumtiefen (5,50 m bis 6,00 m) entsteht der Drei-Personenraum. Bei Verbindung von Zwei- oder Dreipersonenzellenbüros entsteht ein Mehrpersonenraum für bis zu circa 6 Mitarbeitern. Der Nachteil der Zellenstruktur ist in langen Fluren und geringer Spontankommunikation zu sehen. Die zur Verbesserung der Kommunikation häufig anzutreffende Verbindungstür zwischen den Räumen erhöht die Flächenunwirtschaftlichkeit dieser Büroform.

Wesentlichster Nachteil des Zellenbüros ist und bleibt der ausgeprägte Mangel an Kommunikation und Transparenz. In der Mitte ein (oft endlos langer stupi-

der) Flur, links und rechts Türen - da kann von Kommunikation keine Rede sein. Im übrigen geht man hier zu anderen ins Büro nur, wenn es sein muß. Die Wege sind mitunter lang, und man ist nicht selten von dem Gefühl begleitet, den anderen gerade bei etwas Wichtigem zu stören - jedenfalls gucken die meisten in Zellenbüros so, wenn man zur Tür hereinkommt. In Zellenbürohäusern findet die Kommunikation überwiegend in der Kantine statt. Außerdem gestatten Zellenbüros keinen Überblick, wer überhaupt da ist (in der Abteilung), was gleichfalls kommunikationshemmend wirkt.

Im übrigen sei die Frage erlaubt, ob es Sinn macht, wenn Mitarbeiter täglich 100 Km und mehr zwischen zu Hause und Arbeitsplatz zurücklegen, um sich dort, von den anderen abgenabelt und selten gesehen im isolierten Zellenbüro zu verschanzen. Da könnte man dem Mitarbeiter ebenso gut via elektronischer Telearbeit gleich den Bildschirm zu Hause hinstellen und sich das Bürohaus größtenteils sparen.

Einer der wichtigsten Gründe für das Bürohaus ist und bleibt die Ermöglichung und Förderung des sozialen Kontaktes, das Teilnehmen- wollen am gemeinschaftlichen Leben, das Anregen kreativer Ideen durch die menschliche Begegnung und Kommunikation.

Der Mangel an Transparenz im Zellenbüro verhindert, was Büroarbeit in der Zukunft besonders ausmacht: Teamarbeit: die intensive Zusammenarbeit und Kommunikation mehrerer an einem Arbeits- und Entscheidungsprozeß Beteiligten, um optimale kundenorientierte Lösungen zu kreieren.

Kombi-Büro

Kommunikativ, transparent, mitarbeiter- und teamorientiert

Das aus Skandinavien übernommene Konzept des Kombi-Büros wurde oft als Modeerscheinung tituliert und konnten erst Ende der achtziger und Anfang der neunziger Jahre in Deutschland Fuß fassen. Diese Büroform besteht aus individuell gestaltbaren Einzelbürozellen, die um einen innenliegenden "Allraum" bzw. "Multiraum" angeordnet sind. Das Konzept ist durchaus vergleichbar mit der Struktur einer Gemeinde. Um den Marktplatz herum sind die Häuser angeordnet. Der Marktplatz ist Kommunikationstreffpunkt und dient der zentralen Versorgung (Einkauf, etc.) Die Häuser bieten schützenden Rückzug und Individualität. Im Marktplatz (Multiraum) des Kombi-Büros wird der Brunnen durch den Kopierer ersetzt und die zentrale Versorgung sind das Fax-Gerät, die Ablage und sonstige Bürotechnik. Die Vorteile des Kombi-Büros bestehen in der räumlichen Trennung von Arbeitsräumen und Multiraum. Sowohl die Konzentrations- als auch die Kommunikationsarbeit finden ideale Bedingungen. Angefeindet wird das Konzept vor allem wegen der geringen Raumgröße von 9 bis 12 qm pro Zelle. Die notwendige Glaswand zum Multiraum (Beteiligtsein, Tageslicht im Multiraum) wird noch viel zu oft mit Assoziationen wie "Schaufenster", "Zoologischer Garten" oder ähnlichem verbunden. Häufig wird dem Kombi-Büro auch eine geringe Flächenwirtschaftlichkeit nachgesagt aufgrund des ca. 6 bis 8 m tiefen Multiraums. Bei richtiger Pla-

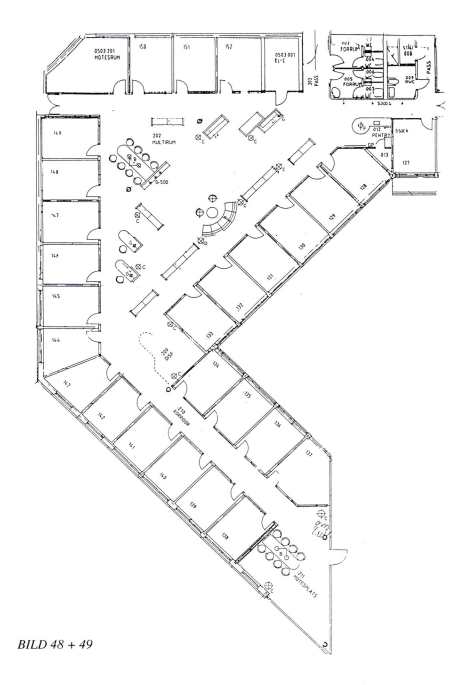

BILD 48 + 49

BILD 48 Grundriß eines Kombi-
Büros (links oben)
BILD 49 Beispiel eines Arbeits-
raumes im Kombi-Büro (links unten)
BILD 50 Beispiel eines Multiraumes
im Kombi-Büro (links)
(SAS Scandinavian Airlines, Stock-
holm, Arch. Niels Torp)

*Im Kombi-Büro vereinen sich die
Vorteile von Zellenbüro und Gruppenbüro. Transparenz, Offenheit und
vielfältige Möglichkeiten zu informel-
ler Kommunikation im Multiraum,
integriert mit einem hohen Maß an
Privatheit und Störfreiheit im persönlichen Arbeitszimmer. Der befürchte-
te "Glaskasten-Effekt" tritt aus prak-
tischer Erfahrung nicht ein, da ein
Kombi-Büro in der Regel eine geschlossene Einheit (Abteilung), also
miteinander vertraute Menschen
beherbergt. Das lebhafte "Sehen und
Gesehenwerden" unterbindet den
Beobachtungseffekt ebenso wie ein
belebter Marktplatz - Vielfalt und
Kommunikation dominiert.
Ausführlich und mit umfassenden
Planungsgrundlagen ist diese akuelle
Büroform dargestellt in der Praxis-
Dokumentation "Das Kombi-Büro"
von der AKZENTE Studiengemein-
schaft.*

Das Kombibüro

Ausprägungen:	Merkmale:
* Standard-Arbeitsraum für eine Person (2-achsig)	* Raumfläche 9-12 m² 1 bis 2 Mitarbeiter
* Zweipersonen-Arbeitsraum - Blockanordnung - Wandorientierung	* Raumtiefen um 4 m pro Raum, 3-bündige Bauweise mit großer Mittelzone (Allraum, Marktplatz)
* Chefbüro (mehr-achsig)	* natürliche Belüftung ggf. unterstützt durch Teilklima-tisierung
	* bester Tageslichtanteil in der Kombizelle, zeitweise künstliche Beleuchtung in der Mittelzone
	* doppelte Verkehrsfläche
	* maximale bis hohe Indivi-dualität und Privatheit
	* nur fensternahe Arbeitsplätze
	* keine visuellen und akustischen Störungen
	* gezielte Trennung von Kommunikation und Konzentration

BILD 51 Ausprägungen und Merkmale eines Kombi-Büros

nung übernimmt der Multiraum
vieles an Bürozusatz- und Sonderflächen. Fensternähe, individuelle Beeinflussung von Klima,
Licht und Akustik sind nur einige
der mitarbeiterorientierten Vorteile dieser Büroform.
Das Kombi-Büro erlaubt die konzentrierte Arbeit im Arbeitsraum
ebenso wie Gruppenarbeit und
Kommunikation im Multiraum.
Jeder kann sich hier in seine eigene "Bude" zurückziehen und
nimmt doch voll und ganz am
Leben der Abteilung bzw. Gruppe teil.

Während konventionelle Zellenbüros aufgereiht sind an einem
ca. 2 m breiten Flur, der außer
Verkehrsfläche keinerlei Funktion hatte, so fällt die Verkehrsfläche hier praktisch weg, denn
die Funktion Verkehr ist eingebunden in die sonstige Nutzung
des Multiraums. Die notwendige
Gebäudetiefe von 16 - 18 m läßt
bei zweiseitiger Tagesbelichtung
darüber hinaus eine Nutzung als
Gruppenraum zu für Arbeitsplätze und Funktionen, die in Arbeitsräumen des Kombi-Büros
schwierig unterzubringen sind
(z.B. CAD-Poolarbeitsplätze).

Das Lean-Office

Die zunehmende Dynamik in der Organisation, flachere Führungsstrukturen, stärkere marktwirtschaftliche Orientierung in den Unternehmungen, Teamarbeit, rasch wechselnden Kommunikations- und Konzentrationsanforderungen etc. fordern ein Maximum an Variabilität und Flexibilität von den Bürogebäuden. Mit dem Neu- oder Umbau eines Bürogebäudes konfrontiert, stellt sich rasch die Frage: "Welches ist die richtige Büroform?".

So vielschichtig wie die in einem Büro zu erledigenden Aufgaben, so vielschichtig sollten auch die Büroformen sein. Es gibt nicht die allheilbringende Büroform, die immer, überall und jeder Unternehmung das Optimum bietet. Die Frage muß daher lauten:

"Welche Anforderungen stellen wir und welche Büroform wird diesen am besten gerecht?".

Multifunktionalität erwünscht

Bei der sachgerechten Beantwortung dieser Frage wird immer mehr Unternehmungen deutlich, daß sie unterschiedliche Büroformen in einem Gebäude benötigen. Dabei entsteht der Wunsch nach einem Baukörper, der sowohl als Gruppenraum, Ein- bis Mehrpersonenraum oder Kombi-Büro ausgeführt werden kann. Damit ergibt sich ein multifunk-

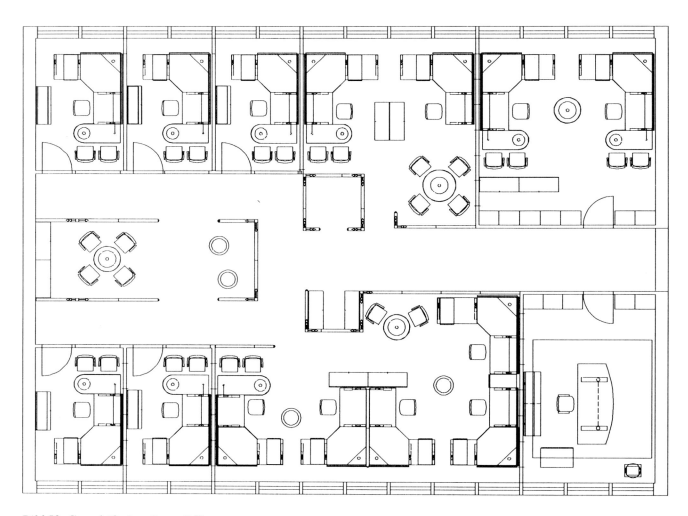

Bild 52 Grundriß eines Lean-Office

Das Lean-Office integriert sämtliche Büroraumformen mit beliebiger Multifunktionalität. Einfach und schnell können die verschiedensten Mischformen erzeugt und umgestaltet werden.

```
Das "Lean Office"

Ausprägungen:                    Merkmale:

*  Gruppenbüro                   *  beliebige, variable
                                    Raumflächen
*  Zellenbüro                    *  1 bis 20 Mitarbeiter pro Raum
                                    beliebige Raumtiefe innerhalb
*  Kombibüro                        einer Gebäudetiefe von 14 bis
                                    15 m
*  variable Mischbüroform        *  natürliche Belüftung ggf.
                                    durch bauseits vorbereitete
*  "All in One"                     Belüftung unterstützt
                                 *  variabler Tageslichtanteil
                                    abhängig von Arbeitsaufgabe
                                 *  strukturierende und multifunk-
                                    tionale Verkehrsflächen
                                 *  abgestufte Individualität und
                                    Privatheit in abgestufter
                                    Transparenz
                                 *  fensternahe Arbeitsplätze
                                 *  keine visuellen und geringe
                                    akustische Störungen
                                 *  bewußte Zonierung für
                                    Kommunikation und
                                    Konzentration
```

BILD 53 Ausprägungen und Merkmale eines Lean-Office

tionales Bürogebäude, das mit hoher Wahrscheinlichkeit den Anforderungen der Zukunft gerecht werden kann. Aufgrund der unternehmungsspezifischen Anforderungen entsteht ein Gruppenbüro im Erdgeschoß, ein Kombi-Büro im ersten Obergeschoß und eine Struktur aus Zellenbüros im zweiten Obergeschoß.

Beliebige Veränderungen möglich

Aus der Weiterentwicklung dieses Baukörpers und der Notwendigkeit, die Vorteile unterschiedlicher Büroformen auf einer Etage zu nutzen entstand das "Lean-Office".

Das Lean-Office ist damit die Büroform, die alle als notwendig und richtig erkannten Büroformen integriert. Das Lean-Office ist Gruppenraum, Mehrpersonen- und Zellenbüro sowie Kombi-Büro in einem. Je nach notwendiger Anpassungsgeschwindigkeit kann das Lean-Office von einer Ausprägungsform in eine andere kurzfristig umgestaltet werden. Die erwartete Veränderungsdynamik bestimmt dabei auch die Art des Innenausbaus. So werden hochflexible Raumgliederungs- und Trennwandsysteme dann wirtschaftlich eingesetzt, wenn häufige Anpassungen der Raumstrukturen notwendig sind. Bei selteneren Veränderungen können die bekannten flexiblen Aus-

bausysteme (z.B. Gipskarton-Ständerwände) verwendet werden. Nach vorliegenden Berechnungen sind flexible, wiederverwendbare Ausbausystem in der Regel ab der zweiten Umbaumaßnahme die kostengünstigere Alternative. Hinzu kommt, daß keine speziellen Handwerker dafür notwendig sind und die Büroarbeit nicht durch Lärm und Schmutz bei der Umgestaltung behindert wird.

Höchste Flexibilität

Flexible, wiederverwendbare Raumgliederungssysteme bieten darüberhinaus zusätzliche Gestaltungsmöglichkeiten im Lean-Office. So können horizontal segmentierte Raumgliederungssysteme unterschiedliche Grade der Strukturierung und Abschirmung verwirklichen. Vom reinen Sichtschutz im Sitzen oder Gehen bis hin zur deckenhohen Trennung werden unterschiedlich abgestufte Lösungen möglich. Schiebeelemtente gliedern einen Teamraum in Kombi-Bürozellen oder lassen Räume, je nach Bedarf, wachsen oder schrumpfen. Damit können kleine Besprechungsbereiche vergrößert (zu Lasten der Arbeitsplatzbereiche) oder verkleinert werden (sobald die Einzelarbeit wieder zunimmt). Da das Lean-Office alle bekannten Büroformen umsetzen kann, läßt es auch alle beliebigen Nutzungsformen zu. So ist auch das nonterritoriale Büro eine Nutzungsvariante des Lean-Office.

Bewertung der verschiedenen Raumkonzepte

Die Auswahl der für eine Unternehmung oder für einzelne Leistungseiheiten am besten geeigneten Büroform sollte nicht nach eindimensionalen Gesichtspunkten erfolgen. Bei der Wahl der Büroform sind vier wesentliche Einflußfaktoren entscheidend:

1. Die Unternehmung:

-Firmenpolitik
-Corporate Identity
-Strategien
-Führungsstil
-Außen- und Innendarstellung

2. Die Architektur:

-Grundstück
-Bebauungsvorschriften
-Flächennutzung
-Raumeindruck
-Natureinbindung
-Transparenz
-Repräsentativität
-Architekturtrends
-Städtebauliche Anforderungen

3. Die Organisation:

-Aufgaben / Tätigkeiten
-Ablauf / Prozeß / Team
-Vertraulichkeit
-Bürotechnik / Pools
-Sonderflächenbedarf

4. Die Mitarbeiter:

-Privatheit
-Territorialität
-Einflußnahme
-Kommunikation
-Konzentration
-Störfreiheit
-Funktionalität
-Attraktivität

Großraumbüro abgelehnt

Von besonderer Bedeutung für die Wahl der Büroform sind die Einflußfaktoren Mitarbeiter und Organisation. Eine vom Fraunhofer-Institut für Arbeitswirtschaft und Organisation (IAO) in Stuttgart Ende der achtziger Jahre durchgeführte Befragung hat eine eindeutige Ablehnung des Großraumbüros bei den in dieser Büroform arbeitenden Mitarbeitern ergeben. Lediglich 6 % der Befragten wollten auch weiterhin im Großraumbüro arbeiten. Von den 94 %, die nicht länger im Großraum arbeiten wollten, wünschten sich:

- 15 % einen Arbeitsplatz im Gruppenbüro,

- 38 % einen Arbeitsplatz im Mehrpersonenbüro,

- 25 % einen Arbeitsplatz im Zweipersonenbüro und

- 15 % einen Arbeitsplatz im Einpersonenbüro.

Auf die Frage, in welcher Büroform die Mitarbeiter am liebsten arbeiten würden, antworteten von allen Büromitarbeitern:

- 18 % Einzelbüro

- 37 % Zweipersonenbüro

- 36 % Mehrpersonenbüro
  (3 bis 6 Mitarbeiter)

- 7 % Gruppenbüro
  (bis 15 Mitarbeiter)

- 2 % Großraumbüro
  (über 16 Mitarbeiter).

Damit bevorzugen fast 3/4 aller Befragten Büroformen, die mit 2 bis 6 Personen belegt sind. Auch aus anderen Erkenntnissen werden diese "Gruppengrößen" als vorteilhaft bestätigt. So ist bekannt, daß ein Team von nicht mehr als 6 - 8 Mitgliedern besonders effizient arbeitet.
Die Büroform "Kombi-Büro" wurde nicht in die Befragung einbezogen.

Mitarbeiter möchten Teamarbeit

Auch wenn das Gruppenbüro nach diesen Ergebnissen nicht unbedingt dem Wunschbüro der Mitarbeiter entspricht, so lassen sich in ihm durch entsprechende Raumgliederungssysteme kleinere Einheiten schaffen, die quasi einem Mehrpersonen- oder Zweipersonenbüro entsprechen. Jedoch können diese viel schneller an geänderte Randbedingungen angepaßt werden, als die klassischen Zwei- und Mehrpersonenbüros.

Aus der Sicht der Organisation sollte die Büroform die optimalen Randbedingungen zur bestmöglichen Aufgabenerfüllung schaffen. Damit reicht das mögliche und notwendige Spektrum vom Einpersonenraum für hochkonzentrierte, ungestörte Konzeptionsarbeit bis zum großen Gruppenraum für verbale Totalkommunikation (z.B. im Börsenhändlerbereich von Banken).

Entscheidung durch Nutzwertanalyse

Eine allgemeingültige Aussage zur richten Büroform kann es daher nicht geben. Zu vielschichtig sind die Zielsetzungen der Unternehmungen und deren Prioritäten. In derartigen Fällen empfiehlt sich die Anwendung der Nutzwertrechnung. Das in Kapital 2 vorgestellte Zielsystem kann die Basis für eine derartige Bewertung darstellen. Nachfolgend wird es benutzt, um die Erfüllungsgrade der in diesem Kapitel kurz beschriebenen Büroformen aufzuzeigen. Verschiedene Büroformen lassen unter- schiedliche Gestaltungsmöglichkeiten zur Erreichung einzelner Ziele zu. In diesen Fällen wird die mögliche Streubreite der Erfüllungsgrade angegeben und muß anhand der jeweils geplanten Zielerreichung konkretisiert werden. Basierend auf diesen Erfüllungsgraden kann nun jede Unternehmung eine eigene Nutzwertrechnung durchführen, nachdem die Zielgewichte vergeben worden sind.

Die unterschiedliche Zielerreichung der in diesem Kapital beschriebenen Büroformen ist in den folgenden Bildern dargestellt (Bild 54 bis Bild 58).

Arbeitsplatzqualität	Büroformen				
	Großraum	Gruppen-raum	Kombi-büro	2 Personen Zellenbüro	"Lean-Office"
1. Fensternähe	•	••	••••	••••	•••
2. Individualität	•	••	••••	•••	•••
3. Territorialität	•	••	••••	•••	•••
4. Glechwertigkeit	•	••	••••	•••	•••
5. Abschirmung gegen Außenwirkungen (Störfreiheit)	•	••	••••	•••	•••

Legende: ••••   sehr gut / sehr groß
•••   gut / groß
••   mittel
•   schlecht

BILD 54 *Vergleich von Büroformen anhand der Zielkriterien "Arbeitsplatzqualität"*

Physikalische Arbeits-umgebungsqualität	Büroformen				
	Großraum	Gruppen-raum	Kombi-büro	2 Personen Zellenbüro	"Lean-Office"
1. Tageslichtanteil	•	••	•••	••••	•••
2. Kunstlichtqualität	••	•••	••••	•••	•••
3. Klimaqualität	••	•••	••••	•••	•••
4. Akustische Qualität	••	••	••••	•••	•••
5. Individuelle Regulierbarkeit	•	•	••••	•••	•••

Legende: ••••   sehr gut / sehr groß
•••   gut / groß
••   mittel
•   schlecht

BILD 55 *Vergleich von Büroformen anhand der Zielkriterien "Physikalische Arbeitsumgebungsqualität"*

Organisatorische Qualität	Büroformen				
	Großraum	Gruppen-raum	Kombi-büro	2 Personen Zellenbüro	"Lean-Office"
1. Einzelarbeit	•	•	••••	•••	••••
2. Kleingruppenarbeit (2-3 Pers.)	••	•••	•	•••	••••
3. Teamarbeit	•••	•••	•	•	••••
4. Routinearbeit	•••	•••	••	•••	••
5. Konzentrationarbeit	•	•	••••	•••	••••
6. Arbeitsplatznahe Besprechungen	•••	•••	••••	••	••••
7. Abbildung der Organisationsstruktur	••••	••••	•••	•	••••
8. Abbildung der Kommunikationsstruktur	••••	••••	•••	•	••••
9. Variabilität der Nutzung	••	•••	•••	•	••••
10. Kurze Wege	•	•••	•••	•	••••
11. Blickkontakt zu Kollegen	••••	••••	•••	•	••••
12. Arbeitsplatznahe Resourcennutzung	•••	•••	••••	•	••••
13. Rascher Wechsel von Kommunikation und Konzentration	•	•	••••	••	••••

Legende:
•••• sehr gut / sehr groß
••• gut / groß
•• mittel
• schlecht

BILD 56 Vergleich von Büroformen anhand der Zielkriterien "Organisatorische Qualität"

Soziale Qualität	Büroformen				
	Großraum	Gruppen-raum	Kombi-büro	2 Personen Zellenbüro	"Lean-Office"
1. Offenheit	••••	••••	•••	•	••••
2. Abgestufte Transparenz	••	•••	••••	•	••••
3. Überschaubarkeit	•	•••	••••	••	••••
4. Innenwirkung	••	•••	•••	•	••••

Legende:
•••• sehr gut / sehr groß
••• gut / groß
•• mittel
• schlecht

BILD 57 Vergleich von Büroformen anhand der Zielkriterien "Soziale Qualität"

Wirtschaftliche Qualität	Büroformen				
	Großraum	Gruppen-raum	Kombi-büro	2 Personen Zellenbüro	"Lean-Office"
1. Kosten für Bauwerk	●	●●	●●●	●●●●	●●●●
2. Kosten für Betrieb	●	●●	●●●	●●●●	●●●●
3. Bruttogrundfläche pro Arbeitsplatz	●	●●	●●●	●●●●	●●●●
4. Bürofläche und Verkehrsfläche pro Arbeitsplatz	●	●	●●●	●●●	●●●●

Legende: ●●●●   sehr gut / sehr groß
             ●●●   gut / groß
             ●●   mittel
             ●   schlecht

BILD 58 Vergleich von Büroformen anhand der Zielkriterien "wirtschaftliche Qualität"

Kapitel 4

Die erfolgreiche Planung eines Lean-Office

Optimierte Planungsgrundlagen

RichtigerUmgang mit Vorschriften und Richtlinien

Für die Planung und Gestaltung von Bürogebäuden gilt eine Vielzahl von Gesetzen, Verordnungen, Vorschriften und Normen. Gerade durch den EWG-Vertrag (Einheitliche Europäische Akte von 1987) Artikel 118 a (Verbesserung der Arbeitsumwelt, Mindestvorschriften) und dessen Umsetzung in nationales Recht sind neue Auflagen zu erwarten. So wird die Umsetzung der Rahmenrichtlinie (89/391/EWG) in das Arbeitsschutzrahmengesetz (ASRG) der Bundesrepublik Deutschland neue Inhalte über die Sicherheit und den Gesundheitsschutz bei der Arbeit bringen. Von besonderer Bedeutung für den Betrieb von Büroarbeitsplätzen ist die Umsetzung der 5. Einzelrichtlinie (90/270/EWG) in die deutsche Verordnung "Arbeit an Bildschirmgeräten" und die Unfallverhütungsvorschrift UVV (VBG 104) "Arbeit an Bildschirmgeräten". Dabei ist zu berücksichtigen, daß einzelne Mitgliedsstaaten der EG weitergehende Anforderungen stellen können, die über denen der Richtlinie 118 a liegen. Sofern keine Konflikte zu CEN/CENELEC-Normen entstehen, kann damit auch das Deutsche Institut für Normung (DIN) Normen erstellen, die einzelne Aspekte deutscher Gesetze, Verordnungen und Unfallverhütungsvorschriften detailliert regeln.

Interpretationsspielraum nutzen

Hier wird es notwendig sein, die neuen Inhalte der gesetzlichen Regelwerke und der Normen rechtzeitig bei der Planung eines Bürohauses oder dessen Umbau bis hin zur reinen Layoutgestaltung zu berücksichtigen. Dabei soll jedoch nicht verschwiegen werden, daß die Umsetzung dieser gesetzlichen Anforderungen teilweise auch einen Interpretationsspielraum zuläßt, der in den Verhandlungen mit den Behörden ausgeschöpft werden sollte, um ideale Bedingungen im Einzelfall zu erreichen.

Andererseits kann der Geltungsbereich einzelner Vorschriften und Normen durch organisatorische o.a. Maßnahmen aufgehoben werden. So gelten z.B. einige in der sogenannten "Flächennorm" (Entwurf DIN 4543) festgeschriebenen Planungsgrundlagen und Mindestflächen nur am persönlich zugewiesenen Arbeitsplatz. Sind bei Konzepten für Desksharing und im nonterritorialen Büro persönlich zugewiesene Arbeitsplätze anzutreffen? Wie sollen Mindestflächen für einen Arbeitsplatz definiert werden, wenn der Mitarbeiter an mehreren Plätzen und unterschiedlichen Orten seine Aufgabe erfüllt?

Im Gegensatz zur derzeitigen Situation sind jedoch gesetzliche Regelungen zu erwarten, die den Gestaltungsspielraum bei der Büroplanung einengen werden.

BILD 59 DIN-Norm kontra "Lebensraum Büro"

Verschärfung für Bildschirmarbeitsplätze

Zur Zeit wird in vielen Unternehmungen der Bildschirm im Rahmen von Mischarbeitskonzepten eingesetzt und die reine Bildschirmnutzung liegt dabei unter ca. 4 Stunden. Diese Arbeitsplätze galten bisher nicht als Bildschirmarbeitsplätze. Es ist zu erwarten, daß in der UVV (VBG 104) "Arbeiten an Bildschirmgeräten" eine derartige ausschließliche zeitliche Betrachtungskomponente nicht vorgesehen wird. Ein Bildschirmarbeitsplatz liegt vermutlich dann vor, wenn ein Versicherter zur Erfüllung seiner normalen Arbeitsaufgaben regelmäßig ein Bildschirmgerät an einem Arbeitsplatz benutzt. Eine regelmäßige Benutzung eines Bildschirmgerätes an einem Arbeitsplatz liegt dann vor, wenn wiederholt, sei es auch nur in Zeitabständen, an diesem Arbeitsplatz mit diesem Gerät gearbeitet wird. Dabei ist der Zeitanteil am Bildschirmgerät von untergeordneter Bedeutung.

Für derartige Bildschirmarbeitsplätze müssen eine Vielzahl von Gestaltungskriterien erfüllt werden, die im wesentlichen aus folgenden Regelwerken entnommen werden können:

- Sicherheitsregeln für Büroarbeitsplätze,
- Sicherheitsregeln für Bildschirmarbeitsplätze im Bürobereich,
- Arbeitsstättenverordnung mit ihren Ausführungsbestimmungen, der Arbeitsstättenrichtlinien,
- einschlägige Normen und VDI - Richtlinien,
- Verordnung "Arbeit an Bildschirmgeräten" und die Unfallverhütungsvorschrift

(UVV) "Arbeit an Bildschirmgeräten", die zukünftig die Sicherheitsregeln ersetzen werden.

Auf diese Planungsgrundlagen soll hier nicht explizit eingegangen werden. Soweit diese bereits bekannt sind (Stand Okt. 1994) oder ihre Realisierung wahrscheinlich ist, sind diese Anforderungen in den nachfolgenden Ausarbeitungen dieses Buches jedoch schon berücksichtigt.

Eindeutige Flächendefinition

Für die Planung eines Bürogebäudes ist eine eindeutige Definition der verschiedenen Flächenarten im Gebäude von größter Wichtigkeit. Einerseits sind dies Vorgaben für die Architekten. Andererseits ist eine klare Festlegung unerläßlich, um unterschiedliche Architekturkonzepte miteinander zu vergleichen.

DIN-Flächengliederung nicht praxisgerecht

Die Flächengliederung in der DIN 277 ist zwar für architektonische Betrachtungsweisen von Bedeutung, für die organisatorische Planung ist sie jedoch nur sehr bedingt anwendbar. Die in der DIN 277 vorgenommene Zergliederung der Hauptnutzfläche (HNF) in Büroarbeit mit den Elementen Büroräume, Großraumbüros, Besprechungsräume, Konstruktionsräume, Schalterräume, Bedienungsräume, Aufsichtsräume und Bürotechnikräume wird den Anforderungen der Organisationsplanung nicht gerecht. So hat sich aus organisatorischer Sicht seit längerem eine detailliertere Betrachtung der Nutzfläche durchgesetzt. Die Nutzfläche wird dabei in Büroflächen, Bürozusatzflächen, allgemeine Sonderflächen und Nebennutzflächen gegliedert.

Flächen-Wildwuchs

Betrachtet man die Entwicklung der Nutzflächen über die letzten 20 Jahre, so ist eine ständige Zunahme aller Einzelflächen feststellbar. Bedingt durch die gewachsene Verbreitung der einge-

```
         ○  Büroflächen
            -  Einzelraum
            -  Mehrpersonenraum
               Kombizelle
            -  Arbeitsplatz im Lean-Office
         ○  Bürozusatzflächen
            -  Besprechung
            -  Registratur
            -  Bürotechnik
            -  Kombibüroallraum
         ○  Allgemeine Sonderflächen
            -  Poststelle
            -  Eingangshalle
            -  Kantine
            -  Rechenzentrum
         ○  Nebennutzflächen
            -  Sanitär
            -  Garderoben
            -  Garagen
```

BILD 60 Flächengliederung aus organisatorischer Sicht: Die Flächengliederung nach DIN 277 reicht für die Organisationsplanung nicht aus. Es ist eine weitere Detaillierung notwendig, wie hier aufgeschlüsselt.

setzten I + K - Technologien und den Anforderungen der Mitarbeiter sind die Büroflächen ständig gewachsen. Der in den letzten Jahren zunehmende Bedarf an Kommunikation und Teamarbeit brachte eine weitere Zunahme der Bürozusatzflächen. Diesem Prozeß wurde von vielen Bauherren durch eine regelrechte Explosion der Sonderflächen die Krone aufgesetzt. Überzogene Formen der Selbstdarstellung einer Unternehmung führten zu überdimensionierten Eingangshallen, Galerielösungen und aufwendigen Verkehrswegen.

Verbunden mit dem ständigen Wachstumsstreben und der Integration möglichst aller anfallenden Aufgaben in der Unternehmung und am Bürostandort wur-den teure Sonderflächen für Rechenzentren, Hausdruckerei, Archive etc. erstellt. Aufgrund dieser Entwicklung beträgt in vielen Bürohäusern der Anteil der Büro- und Bürozusatzflächen weniger als 50 % der Bruttogrundfläche.

Lean-Konzepte reduzieren den Flächenverbrauch

Erst in Verbindung mit der Diskussion um "Lean-Konzepte" ist ein Stillstand dieser Entwicklung, sogar eine allmähliche Reduzierung des Flächenverbrauchs feststellbar. Lean-Production-Konzepte haben in vielen Produktionsstätten eine Flächenreduzierung bis zu 50 % bei gleichzeitigen Produktivitäts-steigerungen um ca. 10 % bewirkt. Im Vergleich hierzu liegt das Büro noch im Dornröschenschlaf. Nach Ausschöpfung aller Möglichkeiten der Kostensenkung und Produktivitätssteigerung im Produktionsbereich müssen nunmehr auch die Büroflächen und ihr Beitrag zur Wertschöpfung intensiver betrachtet werden. Auch der Gesetzgeber trägt - wenn auch vielleicht unbewußt - dieser Entwicklung Rechnung. Nach den Sicherheitsregeln für Büroarbeitsplätze der Verwaltungsberufsgenossenschaft für einen Büroraum herkömmlicher Art soll die Fläche je Arbeitsplatz (einschließlich allgemein üblicher Möblierung und anteiliger Verkehrsfläche im Raum) im Mittel nicht weniger als 8 bis 10 qm betragen (in Großraumbüros angesichts des höheren Verkehrsflächenbedarfs und der stärkeren Störeinwirkungen im Mittel nicht weniger als 12 - 15 qm). Hingegen wird der Flächenbedarf zukünftig - soweit zur Zeit absehbar - analytisch bestimmt.

Konkrete Flächenanforderungen

Nicht mehr unspezifische, die unterschiedlichen Anforderungen der Arbeitsaufgaben ignorierende, "Mittelungsflächen" werden zukünftig die Büroplanung beeinflussen, sondern sehr konkrete Flächenanforderungen. So werden im Entwurf der DIN 4543 Teil 1 genaue Aussagen über Mindestarbeitsflächen, Stellflächen, Möbelfunktionsflächen, Benutzerflächen, freie Bewegungsflächen, Verkehrswegeflächen und deren zulässige und unzulässige Flächenüberlagerungen getroffen. Die Fläche eines Büroarbeitsplatzes wird damit analytisch aus den Einzelflächenverbrauchen zusammengesetzt, bezogen auf unterschiedliche Möblierungsnotwendigkeiten, welche vor allem von den auszuführenden Aufgaben beeinflußt werden (z.B. Besprechung mit Besuchern am Arbeitsplatz, Stauraumbedarf, Technikbedarf). Diese Flächennorm wird für die Neubau- und Umbauplanung von Bürohäusern zukünftig von besonderer Bedeutung sein, wenn auf sie in der zu erwartenden UVV "Arbeit an Bildschirmgeräten" hingewiesen wird. Allgemeine Angaben zur Größe von Bildschirmarbeitsplätzen (10 qm bzw. 15 qm im Großraumbüro), wie sie derart noch in den Sicherheitsregeln zu finden sind, werden dann ihre Bedeutung verlieren.

Zwang zur Flächenwirtschaftlichkeit

Unter dem immer stärker feststellbaren Zwang zu weiterer Flächenwirtschaftlichkeit ist auch zu beachten, daß im Entwurf der DIN 4543 Teil 1 der Begriff des persönlich zugewiesenen Arbeitsplatzes eine nicht unwesentliche Bedeutung für den Flächenbedarf hat, wie bereits oben erwähnt wurde. Im nonterritorialen Büro gibt es keinen persönlich zugewiesenen Arbeitsplatz. Damit könnte hier die Arbeitsfläche auch kleiner sein, als die im Normenentwurf vorgegebenen Werte für den persönlich zugewiesenen Arbeitsplatz. So kann auch bei sitzenden Tätigkeiten die Mindesttiefe für Benutzerflächen von 1 m am persönlich zugewiesenen Arbeitsplatz auf 80 cm an sonstigen Arbeitsplätzen reduziert werden. Erhält das Außenseiterkonzept "Nonterritorial-Office" damit besonderen Auftrieb für die Zukunft?

Gezielte Typisierung der Arbeitsplätze nach Aufgaben

Der Flächenbedarf eines Bürogebäudes wird vornehmlich über die Anzahl der darin arbeitenden Menschen bestimmt. Dem Flächenverbrauch pro Mitarbeiter ist damit besondere Aufmerksamkeit zu widmen.

Hierarchische "Kleiderordnung"

Gerade in den hierarchisch strukturierten und geführten Unternehmungen - und das sind im Verwaltungs- und Dienstleistungsbereich noch immer die Mehrzahl - gibt es eine Planungsbesonderheit, die auch häufig mit dem Begriff der "Kleiderordnung" umschrieben wird. Der Flächenbedarf pro Mitarbeiter wird dabei über dessen Hierarchiezugehörigkeit festgelegt. Werden den "einfachen" Mitarbeitern beispielsweise 8 qm Bürofläche zugestanden, erhält der Gruppenleiter 12 qm, der Hauptgruppenleiter 16 qm, der Abteilungsleiter 20 qm, der Hauptabteilungsleiter 28 qm usw.

Andere Unternehmungen manifestieren die hierarchische Flächenbetrachtung nicht primär an Quadratmetern und führen die "Hierarchie-Achse" ein: 1,5 Achsen pro Mitarbeiter (realisiert als 3-Achsraum im 2-Personenzellenbüro), 2 Achsen für den Gruppenleiter, 3 Achsen für den Abteilungsleiter, usw. Unglaublicherweise führen solche Systeme dazu, daß bei Neubauten oft das im bestehenden Bürohaus vorzufindende Achsmaß übernommen wird, um jede "Ungleichheit" innerhalb der Hierarchiestufen im Alt- und Neubau zu vermeiden.

BILD 61

70

Fläche entsprechend der Funktion

Für die Ermittlung des Flächenbedarfs im Lean-Office gibt es zwei wichtige Leitgrößen: Die auszuführenden Aufgaben und die menschlichen Anforderungen. Unter Beachtung der menschlichen Bedürfnisse nach z.B. Konzentration (Störungsfreiheit, Abgeschirmtheit, etc.) und Kommunikation (Offenheit, Transparenz, Teamfähigkeit, etc.) stehen allein die funktionalen Anforderungen im Vordergrund. So ergibt sich die Größe der Arbeitsfläche eines Arbeitsplatzes nicht nach der Hierarchie des Benutzers (warum sitzen Chefs an größeren Schreibtischen als Sachbearbeiter ?), sondern einzig aus der für die Aufgabenerledigung notwendigen Fläche für konventionelle Schreibarbeiten, Bildschirmarbeit, Technikbedarf (Drucker, Fax, etc.) und Kommunikation.

Flächen-Mehrfachnutzung

Ebenso werden die Arbeitsplatzflächen ermittelt. Größere Flächen für z.B. Abteilungsleiter können dabei lediglich aufgrund eines größeren Technik-, Stauraum- und Kommunikationsbedarfs entstehen. In derartigen Fällen wird es jedoch unumgänglich sein, zu hinterfragen, ob die Technik und der Stauraum nicht besser in gemeinschaftlich nutzbaren Zonen untergebracht und die Besprechungen in einem arbeitsplatznahen Besprechungsraum ausgeführt werden können. Mehrfachnutzung und höhere Flächenwirtschaftlichkeit werden dadurch erreicht.

Arbeitsplatz-Grundmodul festlegen

Für die praktische Planung des Flächenbedarfs pro Arbeitsplatz steht damit die Typisierung von Arbeitsplätzen im Vordergrund. Aus der Vielzahl der zu erfüllenden Arbeitsaufgaben in der Un-ternehmung werden Gruppen vergleichbarer Arbeitsplätze gebildet. Je weniger Arbeitsplatztypen dabei entstehen, desto besser die Langfristflexibilität. Variabilität, Flexibilität und Gebäude-Management stehen und fallen mit der Anzahl unterschiedlicher Arbeitsplatztypen. In der Planung eines Lean-Office wird daher angestrebt, ein Basismodul zu definieren, das den gemeinsamen Mindestanforderungen aller Arbeitsplätze gerecht wird. Dies ist in der Regel ein Arbeitsplatz, der aus einem Arbeitstisch mit Flächen für konventionelle papierorientierte und Bildschirmarbeit, einem Rollcontainer, einem Stuhl und einem Sideboard für Aktenablage besteht. Diese Festlegung des Arbeitsplatzgrundtyps ist von jeder Unternehmung sorgfältig zu planen. Die Möglichkeiten der Anordnung eines Arbeitsplatzes im Raum unter den Aspekten der Bildschirmeignung (Position zum Fenster), Konzentration und Kommunikation, Mischarbeit, etc. sind dabei zu überprüfen. So

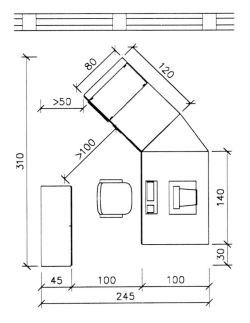

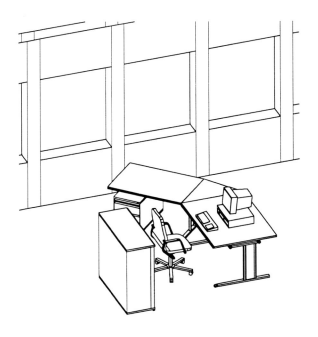

BILD 62 Bei Anordnung des Bildschirmes parallel zum Fenster und 45 Grad abgewinkelten Arbeitsflächen mit Sideboard im Rückenbereich des Mitarbeiters entsteht eine große Modulfläche von 7,54 qm.

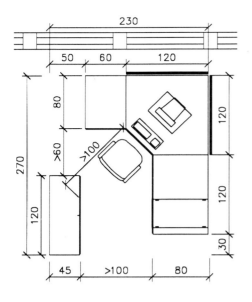

BILD 63 Der Bildschirm auf 5-Eckplatte und 2 x 45 Grad abgewinkelten Arbeitsflächen mit Sideboard im Rückenbereich des Mitarbeiters ergibt eine kleinere Modulfläche von nur 5,40 qm.

kann ein Arbeitsplatzgrundmodul aufgrund der zu erfüllenden Aufgaben und des dafür notwendigen Akten- und Kommunikationsbedarfes von Unternehmung zu Unternehmung ganz unterschiedlich ausfallen.

Bildschirmaufstellung entscheidet Modulgröße

In der einen Unternehmung wurde eine Anordnung des Bildschirmes im rechten Winkel zum Fenster als Mußkriterium vorgegeben. Diese sich ausschließlich an den physiologischen Aspekten der Bildschirmarbeit orientierende Forderung führt dabei zu einer Tischtiefe von 100 cm, da bei größeren Bildschirmgeräten und Berücksichtigung der gesetzlichen Forderungen 80 cm Tischtiefe nicht mehr ausreichen (Bildschirmgerät darf nicht über Tischplatte überstehen, Tastaturtiefe plus 5 - 10 cm Handballenauflage vor der Tastatur, Sehabstand ca. 50 cm). Bei einer aus

ergonomischer Sicht empfehlenswerten und den Arbeitsablauf bei Mischtätigkeit erleichternden Anordnung der Arbeitsflächen unter einem Winkel von 45 Grad und der Zuordnung eines Sideboardes ergibt sich im gewählten Beispiel mit 120 cm Tischplattenbreite eine Modulabmessung von 290 cm Breite x 260 cm Tiefe (7,54 qm Modulfläche), da am persönlich zugewiesenen Arbeitsplatz die Benutzerfläche eine Mindesttiefe von 100 cm aufweisen muß.

In einer anderen Unternehmung wurde der Bildschirm auf einer 5-Eckplatte vorgesehen, die zwei Arbeitsflächen verbindet. Auf dieser Eckplatte steht nun auch eine Tischtiefe von 100 cm zur Verfügung. Die Mindestabmessungen dieses Arbeitsplatzgrundmoduls ergeben unter Berücksichtigung der 5-Eckplatte und zwei beigeordneten Arbeitsflächen (80 cm + 120 cm breit) und dem Sideboard Abmessungen von 225 cm Breite x 240 cm Tiefe

(5,40 qm Modulfläche). Der Flächenmehrverbrauch der Variante mit Bildschirmanordnung parallel zum Fenster beträgt pro Modul ca. 40 %. Die nutzbare Arbeitsfläche für den Mitarbeiter steigt im flächenwirtschaftlichen Grundmodul auf 2,8 qm gegenüber 2,4 qm im Vergleichsbeispiel. Darüber hinaus bietet der flächenwirtschaftlichere Modul einen größeren Grad an Abschirmung für den Mitarbeiter. Nachteil dieser Lösung: Zur notwendigen Begrenzung der Direktblendung muß zwischen Fenster und Mitarbeiter hinter dem Bildschirm eine Blendbegrenzung vorhanden sein (z.B. Stellwand, Jalousie).

Vom Modul zum Layout

Rasteranalyse führt zum richtigen Achsmaß

Die weiteren Planungsschritte sollen beispielhaft anhand des vorgestellten flächenwirtschaftlichen Arbeitsplatzgrundmoduls dargestellt werden. Zunächst wird das optimale Achsmaß für das Grundmodul gesucht, nach dem Planungsprinzip: "von innen nach außen". Hierfür werden mögliche Vervielfältigungen des Grundmoduls durchgespielt, nach Prinzipien wie:

- Reihen,
- Blocken,
- Klappen.

Im Anschluß an die daraus getroffenen Entscheidungen wird das optimale Raster gesucht. Die in Bild 64 dargestellte Rasterstudie zeigt für den gewählten Grundmodul eine Überdeckung für die Raster 1,20 m, 1,30 m, 1,40 m und 1,50 m. Das heißt, für alle untersuchten Raster wird eine größere Fläche zur Verfügung gestellt, als tatsächlich vom Modul benötigt wird.

Werden bei gleichen Rastern verschiedene Varianten der 2-Personenbesiedelung überprüft, ergibt sich eine Unterdeckung beim Achsmaß 1,50 m.

Auch für Modernisierung geeignet

Diese für einen Neubau geeignete Vorgehensweise kann auch für die Sanierung bzw. Modernisierung bestehender Objekte eingesetzt werden. Ausgehend von bestehenden Rastern werden nun

ACHSMASS 1.20

RAUMBEDARF: 11.25m²
ÜBERDECKUNG: 0.25m²

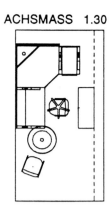

ACHSMASS 1.30

ÜBERDECKUNG: 1.25m²

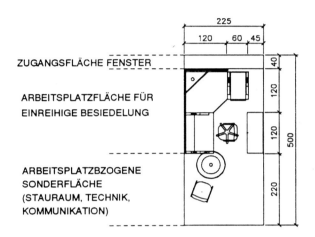

ZUGANGSFLÄCHE FENSTER

ARBEITSPLATZFLÄCHE FÜR EINREIHIGE BESIEDELUNG

ARBEITSPLATZBZOGENE SONDERFLÄCHE (STAURAUM, TECHNIK, KOMMUNIKATION)

UNTERNEHMENSSPEZIFISCHE KOMBINATION ARBEITSPLATZGRUNDMODUL

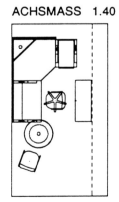

ACHSMASS 1.40

ÜBERDECKUNG: 2.25m²

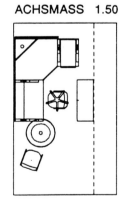

ACHSMASS 1.50

ÜBERDECKUNG: 3.25m²

BILD 64 Rasteranalyse für das ausgewählte Grundmodul: Für die Raster 1,20 m, 1,30 m, 1,40 m und 1,50 m entsteht eine Überdeckung. Das heißt, für alle untersuchten Raster wird eine größere Fläche zur Verfügung gestellt, als tatsächlich vom Modul benötigt wird.

geeignete Grundmodule entwickelt und dem Raster angepaßt. Werden die Arbeitsplätze von der Fensterfront abgerückt (ohnehin empfehlenswert), um die Stellteile an der Fensterfront (Jalousiebetätigung, Fenstergriff, Heizkörperthermostat) gut zu erreichen, so ergeben sich auch rasterfreie Lösungen für Gruppenräume. Sollen raumtrennende Wandelemente eingesetzt werden, muß gegebenenfalls auf der letzten Distanz zur Fensterfront ein diagonaler Anschluß zum Raster gewählt werden, der sinnvollerweise zur Verbesserung des Raumeindruckes als Glaselement ausgeführt wird.

Maximum an Variabilität und Flexibilität

Wie bereits erläutert und begründet, wird die hohe Änderungsdynamik in den zukünftigen Büros ein Maximum an Variabilität und Flexibilität fordern. Dies bedeutet, daß eine variable Flächennutzung erreicht werden muß. Neben dem hier beispielhaft dargestellten Grundmodul werden zur Aufgabenerfüllung noch Zusatzmodule benötigt. Dies können z.B. Archiv- und Besprechungsflächen sein. Idealerweise werden diese Flächen in gleicher Modulgröße wie das Grundmodul gewählt. Dies erlaubt es, folgende unterschiedliche Flächennutzungen zu ermöglichen:

- 4 Arbeitsplatzgrundmodule oder
- 3 Arbeitsplatzgrundmodule und 1 Archivmodul oder
- 3 Arbeitsplatzgrundmodule und 1 Besprechungsmodul oder
- 2 Arbeitsplatzgrundmodule und 1 Archivmodul und 1 Besprechungsmodul.

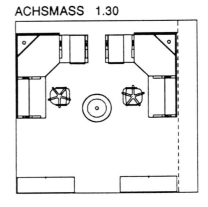

ACHSMASS 1.20

ACHSMASS 1.30

RAUMBEDARF: 22.50m²
ÜBERDECKUNG: 1.00m²

ÜBERDECKUNG: 3.00m²

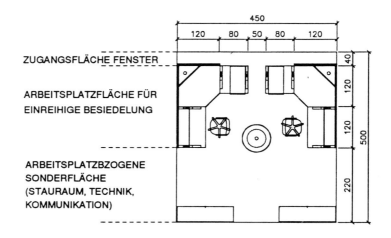

ZUGANGSFLÄCHE FENSTER

ARBEITSPLATZFLÄCHE FÜR EINREIHIGE BESIEDELUNG

ARBEITSPLATZBEZOGENE SONDERFLÄCHE (STAURAUM, TECHNIK, KOMMUNIKATION)

UNTERNEHMENSSPEZIFISCHE KOMBINATION ARBEITSPLATZGRUNDMODUL

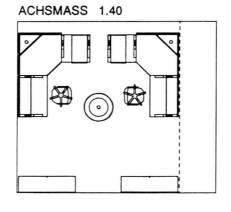

ACHSMASS 1.40

ÜBERDECKUNG: 5.00m²

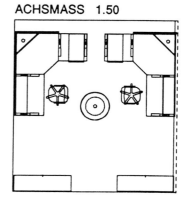

ACHSMASS 1.50

UNTERERDECKUNG: 0.50m²

BILD 65 Rasteranalyse bei 2-Personenbesiedelung im geklappten Layout: Werden bei gleichen Rastern verschiedene Varianten der 2-Personenbesiedelung überprüft, ergibt sich eine Unterdeckung beim Achsmaß 1,50 m.

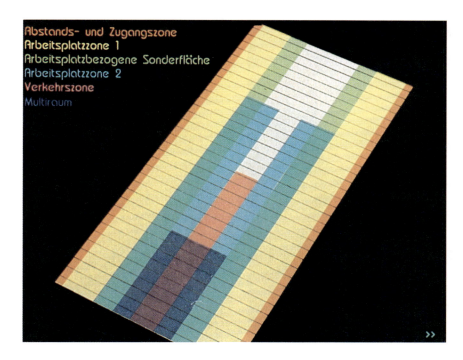

Abstands- und Zugangszone
Arbeitsplatzzone 1
Arbeitsplatzbezogene Sonderfläche
Arbeitsplatzzone 2
Verkehrszone
Multiraum

BILD 66 *Grundmuster der Planung eines Lean-Office: Die Bürofläche wird nach ihrer Nutzung aufgeschlüsselt in Abstands- und Zugangszone, Arbeitsplatzzone 1 (Fensterbereich), Arbeitsplatzzone 2 (Innenbereich, z.B. für temporär genutzte Arbeitsplätze), arbeitsplatzbezogene Sonderfläche, Verkehrszone, Multiraum.*

BILD 67 *Reversibilität im Grundriß, Schnitt A: Grundmodule und Gliederungselemente werden in Arbeitsplatzzone 1 (Fensterbereich) vervielfältigt. Diese bleibt bei jeder Nutzungsmöglichkeit konstant.*

Der gesamte Planungsprozeß beginnt also mit der Definition des Grundmoduls auf der Arbeitsplatzebene. Über Vervielfältigungsprinzipien ergeben sich dabei über unterschiedlich belegte Gruppenebenen die Grundstrukturen eines Lean-Office.

Die Flexibilität der Planung ergibt eine Bürogrundstruktur in der Lösungen wie das Kombi-Büro, der strukturierte Gruppenraum, Mehrpersonenzellenbüros und Mischformen hieraus umgesetzt werden können. Die geeignete Wahl der Raumgliederungssysteme erlaubt eine einfache Überführung von einer Layoutlösung zu einer anderen.

Grundsätzlich sind bei der Planung des Reversibilitätsgrades eines Gebäudes die Kostenauswirkungen zu betrachten. Sollen Raumstrukturen beispielsweise aus beliebigen Rasterkombinationen (2-Raster-Raum, 3-Raster-Raum, 4-Raster-Raum, 5-Raster-Raum) gebildet werden können, so hat dies höhere Kosten zur Folge, als eine Kombinationsmöglichkeit, die immer nur geradzahlige Raster (2-Raster-Raum, 4-Raster-Raum) zuläßt. Die Anschlüsse für Daten und Netzleitungen, die Installation von Heizung, Lüftung, Kühlung und Beleuchtung wird bei getrennter Ansteuerung für jedes Raster aufwendiger. Demgegenüber kann eine Flexibilität, die sich immer auf gradzahlige Rasterkombinationen begrenzt, zu einem wesentlich höheren Flächenbedarf führen. Ausgehend von einer vorgegebenen Verteilung von Einpersonen-, Zweipersonen- und Mehrpersonenräumen sind die Auswirkungen auf den Flächenbedarf einer Unternehmung bei geradzahligen und ungeradzahligen Rasterkombina-

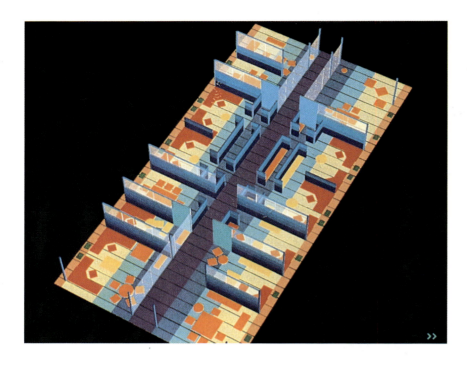

BILD 68 Reversibilität im Grundriß, Schnitt B: Ergänzung der Tiefengliede-rungselemente in Höhe und Transparenz.(Bilder 66 - 68: Bene Consulting)

tionen sowie verschiedenen Rastermaßen in Bild 69 dargestellt.

Der Umfang und Flächenbedarf für Bürozusatzflächen (Besprechung, Technik, Ablage) ergibt sich aus der sorgfältigen Analyse der Arbeitsaufgaben und deren organisatorischer Bewältigungskonzepte.

Keine Sonderflächen ohne klare Begründung !

Bei der Planung von Sonderflächen empfiehlt sich ebenfalls eine sehr restriktive Vorgehensweise. Grundsätzlich sollte eine Unternehmung als Planungsgrundlage davon ausgehen, keinerlei Sonderflächen zu be-

Büroflächensimulation

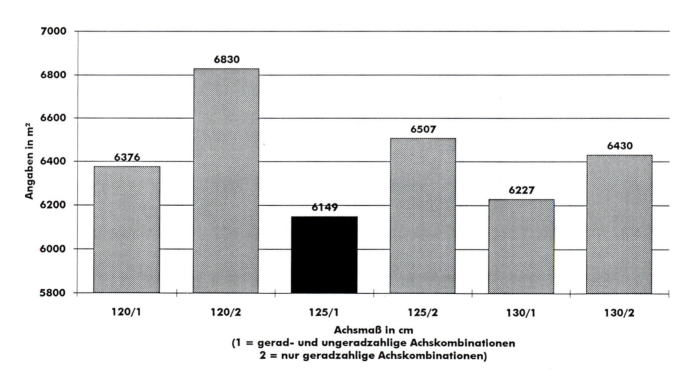

BILD 69 Büroflächensimulation: Auswirkungen von geradzahligen und ungeradzahligen Rasterkombinationen bei vorgegebenen Raumstrukturen und alternativen Rastern auf den Flächenbedarf. In diesem praktischen Beispiel (Helvetia Versicherungen) ist das Achsmaß von 1,25 m mit beliebigen Achsenkombinationen (1-Raster-, 2-Raster-, 3-Raster-, 4-Raster-, 5-Raster-Raum) die optimale Lösung. Gegenüber den übrigen Varianten werden nur 6.149 qm Bürofläche benötigt.

nötigen. Dies ist zwar zugegebenermaßen völlig unrealistisch, zwingt jedoch das Planungsteam dazu, jede benötigte Sonderfläche umfassend zu begründen. Bei jeder Sonderfläche sind Outsourcing-Konzepte zu prüfen:

- externes Outsourcing = externe Abwicklung der Aufgaben in fremden Räumen durch andere Firmen (z.B. für EDV, Druckerei, Postversand, Archive, Möbellager), oder

- internes Outsourcing = interne Abwicklung der Aufgaben in den unternehmenseigenen Räumen durch andere Firmen (z.B. für Reisebüro, Büromaterial, Druckerei, Postversand, Archive).

Im Sinne einer erweiterten Wirtschaftlichkeitsrechnung werden die alternativen Realisierungskonzepte für Sonderflächen gegenübergestellt. Dabei werden selbstverständlich nicht nur die Investitions- und Betriebskosten betrachtet, sondern auch die Auswirkungen auf nicht monetäre Größen wie z.B. Flexibilität, Schnelligkeit und Qualität. Nur die Sonderflächen mit positiver Kosten-/Nutzenrelation werden im Gebäude angeboten und von der eigenen Unternehmung oder gegebenenfalls von Partnerunternehmungen betrieben.

Ganzheitliche Layoutgestaltung

Traditionelle Blockanordnung

Die Zuordnung der einzelnen Arbeitsplätze zu einem aufgabenangemessenen Layout erfolgt in den meisten Unternehmen eher intuitiv oder erfahrungsgeleitet. Die Blockanordnung zweier Arbeitsplätze hat größte Tradition und ist auch entwicklungsgeschichtlich begründbar. Die Vis-a-vis - Aufstellung der Tische erlaubt sofortige Spontankommunikation zwischen den Mitarbeitern und die gemeinsame Nutzung von Ressourcen. So beleuchtete die in der Mitte der beiden Tische aufgestellte erste elektrische Lampe beide Arbeitsplätze. Das am Schwenkarm angebrachte Telefon konnte ebenso wie das später auf einem Schwenkarm positionierte Bildschirmgerät abwechselnd von beiden Mitarbeitern genutzt werden.

Obwohl inzwischen jedem Mitarbeiter ein Telefon und ein Bildschirmgerät zur eigenen Nutzung zur Verfügung stehen, wird immer noch an dieser traditionellen Layoutform festgehalten. Sicherlich wird die Spontankommunikation in dieser Anordnungsvariante ideal gewährleistet. Es stellt sich jedoch die Frage, ob diesem - wenn überhaupt gewünschten - Vorteil nicht größere Nachteile gegenüber stehen.

Durch die Zuordnung einer eigenen Fläche für den Bildschirm entsteht am geblockten Arbeitsplatzlayout eine dem Buchstaben T ähnliche Anordnungsform: das sogenannte T-Layout. Bei geklappter Struktur entsteht ein U-Layout. Eine vom Fraunhofer-Institut für Arbeitswirtschaft und Organisation (IAO), Stuttgart, Ende der 80er Jahre durchgeführte Befragung von 22 Experten der Büroplanung ergab eine stark gespaltene Beurteilung der beiden Layoutgrundformen. Oder anders formuliert: Lediglich noch 50 Prozent der befragten Experten halten das T-Layout für die geeignete Layoutform.

Da sich im direkten Vergleich zwischen T- und U-Layout ein Flächenvorteil für das U-Layout ergeben kann und es damit für das Lean-Office besser geeignet erscheint, sollen auch weitere Kriterien der Layoutgestaltung in diesem Vergleich von T- und U-Layout nachfolgend kurz diskutiert werden.

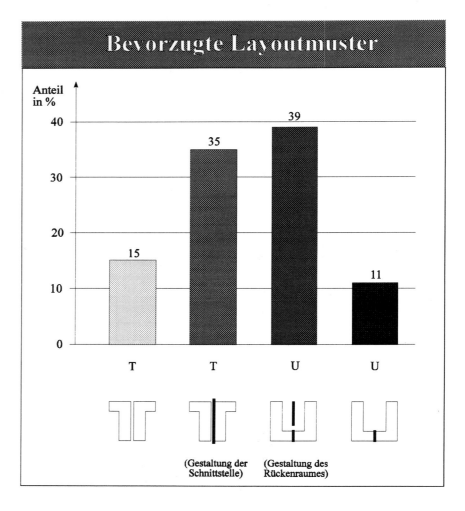

BILD 70 Unterschiedliche Layoutformen im Urteil von Experten der Büroplanung: nur noch 50 % der befragten Experten halten das T-Layout für die geeignete Layoutform. Quelle: Fraunhofer-Institut IAO

Bürolayout im Spiegel von Tätigkeiten und Anforderungen der Menschen

Kommunikation und Konzentration

Die modernen Formen der Büro-arbeit (z.B. integrierte Sachbear-beitung, Teamarbeit) zeigen einen ständigen Wechsel zwi-schen konzentrierter Einzelarbeit und Kommunikation mit einzel-nen Kollegen oder im Team. Ge-rade die Arbeit am Bildschirm, kaufmännische und technische Recherchen, Kontrollarbeiten und Verhandlungen am Telefon erfordern Konzentration und Un-gestörtheit.

Das Öffnen aller Kommunika-tionswege, so daß jeder mit jedem ungehindert Kontakt aufnehmen kann, visuell, akustisch oder ge-stisch, würde jedoch sehr stören. Alle diejenigen, die momentan gar keine Kontakte wünschen, würden von ihrer Arbeit abge-lenkt oder abgehalten werden. Sitzen sich Mitarbeiter im T-Lay-out gegenüber, so sind gegensei-tige Beeinflussungen und Stör-ungen unvermeidbar. Fast jedem Reiz, verursacht durch den Kolle-gen, folgt eine Reaktion des an-deren. Eine Vielzahl meist unbe-wußter Blickwechsel, Wahrneh-mungsakte und Arbeitsunterbre-chungen ist festzustellen.

Bessere Konzentration im U-Layout

Kommunikation kann also auch ungewollt erfolgen und dann als Störung wirken. Unerwünschte

BILD 71 *Wahrnehmungsakte, aufblicken ohne angesprochen zu werden, sind im U-Layout (unten) besser möglich als im T-Layout (oben). Fotos: Bene*

BILD 72

Kommunikation hängt daher eng zusammen mit dem Wunsch nach einer visuellen und akustischen Abschirmung des eigenen Ar-beitsbereiches vom weiteren Umfeld. Im U-Layout werden die Bewegungen des Kollegen nicht wahrgenommen und können da-her auch nicht ablenken. Akusti-sche Störungen (z.B. Telefonate) wirken sich auf grund des größe-ren Abstandes zwischen den Mit-arbeitern und der abgewandten Schallrichtung geringer aus.

Büros und Büroarbeitsplätze werden daher zunehmend von den zentralen Begriffen Privat-heit und Interaktion geprägt. Das Geschehen vollzieht sich zwi-schen einander zugeordneten Po-len wie Nähe und Distanz, Span-nung und Entspannung oder Kon-zentration und Kommunikation. Nur das Gleichgewicht solcher Pole, die Möglichkeit des selbst-bestimmten Wechsels und Rück-zugs wirkt aufbauend und positiv. Dieser Aspekt der Privatheit kann in Büroräumen und Bürolayouts gewährt oder auch verhindert werden.

Bedürfnis nach Territorium

Der Mensch als territoriales Wesen ist bestrebt, Räume zu strukturieren und sein Territorium zu markieren. Büros können auch als Territorien betrachtet werden. Innenterritorien werden durch den eigentlichen Arbeitsplatz um den Schreibtischbereich markiert. Territorialgrenzen werden über Besprechungstische vor dem Arbeitsplatz oder durch die Positionierung von Pflanzen markiert. Sicherheit, Schutz und Bewahrung des Territoriums sind Wünsche eines jeden Menschen. Man kann davon ausgehen, daß eine territoriale Enklave als angenehm empfunden wird und man dort produktiver arbeiten kann. Dies muß aber auch sofort mit dem Bedürfnis nach Ausblick, Öffnung und einer definierten Zugangsmöglichkeit verbunden werden.

Abgeschlossenheit ist aber nicht die einzige Antwort auf das, was wir in Büros benötigen. Auch Beteiligtsein ist ein wesentliches Grundbedürfnis des Menschen. Wir möchten fühlen, daß wir dazugehören, sichtbar erwünscht und anerkannt als Teil der Gemeinschaft.
Die Frage nach Abgeschlossenheit und Beteiligtsein braucht daher eine gute Antwort und sollte nicht durch die Unterdrückung eines der beiden Bedürfnisse entschieden werden. Man muß beide Wünsche logisch mäßigen und einen relativen Grad von Abgeschlossenheit und Beteiligtsein erreichen.
Die Inbesitznahme eines Raumes durch die Schaffung eines größtmöglichen Maßes an Privatheit

ist der erste Schritt, um sich im Büro wohlzufühlen. Erheblichen Einfluß auf den Grad der Privatheit und die Abgrenzung des persönlichen Territoriums hat die Anordnung von Schreibtischen und Möbeln im Büro (z.B. Barriere-Positionen), sowie die Orientierung der Mitarbeiter zueinander, zu Fenstern, Türen und Wänden.

Vor allem aber auch die Zuordnung eines Arbeitsplatzes zu einem Mitarbeiter ist eine wesentliche Voraussetzung für das Wohlbefinden. Gerade diese Situation entfällt im nonterritorialen Büro und stellt einen besonderen Problempunkt dar. Viele Konzepte sind in der Vergangenheit gerade wegen der mangelnden Identität von Mensch und Arbeitsplatz gescheitert. Bei zunehmender Flexibilität muß diese Identität jedoch aufgegeben werden. Wichtig wird es sein, äquivalenten Ersatz für den Verlust des eigenen Arbeitsplatzes zu finden.

Fensternähe und Zugang zum Fenster

Begehrte Fensterplätze

Eine hohe Priorität hat der Wunsch der Mitarbeiter, den Schreibtisch und damit die Sitzposition möglichst unmittelbar am Fenster anzuordnen. Beurteilungskriterium hierfür ist der Sitzabstand des Mitarbeiters zum Fenster. Dies läßt sich nicht nur alleine damit erklären, Blickkontakt durch das Fenster nach draußen zu haben. Oftmals sitzen Mitarbeiter auch mit dem Rücken vor dem Fenster. Die Nähe zum Fenster wird auch stark dadurch geprägt, zumindest eine "gut gesicherte Flanke" an seinem Arbeitsplatz zu besitzen, die einem von niemandem streitig gemacht werden kann und die zudem auch noch einen Sondernutzen hat, nämlich den Kontakt zur Außenwelt. Die Ergebnisse der vom Fraunhofer-Institut IAO durchgeführten Studie zeigen sehr deutlich, daß die Akzeptanz einer Arbeitsplatzanordnung und noch viel stärker die Zufriedenheit mit der Lage des Fensters, eine sehr große Abhängigkeit von der Orientierung zum Fenster aufweisen. Befindet sich das Fenster im direkten Blickfeld des Mitarbeiters, so wird dies sehr positiv beurteilt. Hingegen eine Sitzposition, bei der das Fenster nicht im Blickfeld liegt, führt zu einer hochsignifikant niedrigeren Akzeptanz und sogar zu einer Unzufriedenheit mit der Fensterlage.

Ein ebenfalls eindeutiger Zusammenhang ergibt sich hinsichtlich des Abstandes eines Arbeitsplatzes vom Fenster und der Akzeptanz bzw. der Zufriedenheit mit

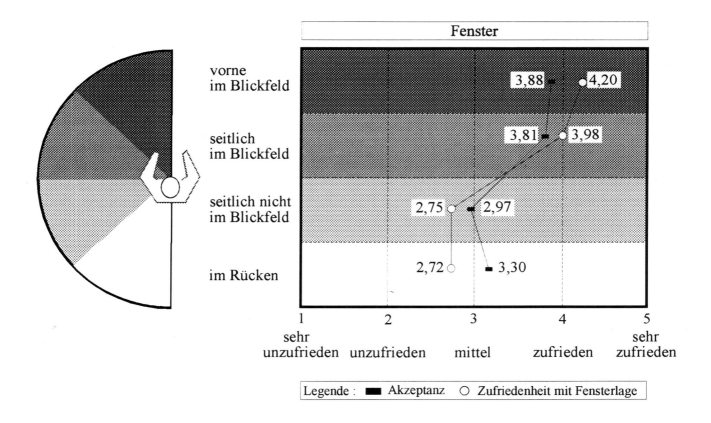

BILD 73 Akzeptanz und Zufriedenheit mit der Lage des Fensters in Abhängigkeit von der Orientierung: Das Fenster im Blickfeld schafft hohe Akzeptanz. Je mehr man mit dem Rücken zum Fenster sitzt, desto negativer das Urteil. Quelle: Fraunhofer-Institut IAO

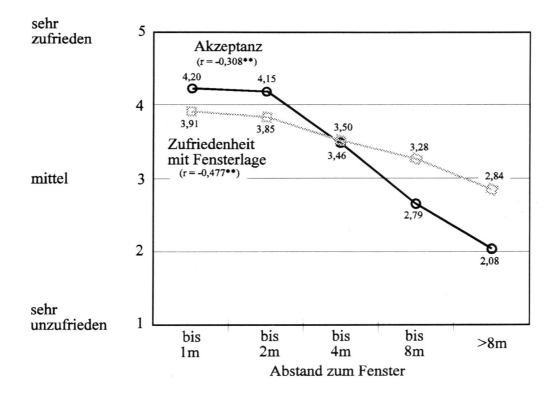

BILD 74 Akzeptanz und Zufriedenheit mit der Lage des Fensters in Abhängigkeit vom Abstand: Liegt der Arbeitsplatz nicht weiter als 2 Meter vom Fenster entfernt, so ist die Zufriedenheit hoch. Bei weiterem Abstand sinkt die Akzeptanz rapide. Quelle: Fraunhofer-Institut IAO

der Lage des Fensters. Ist der Arbeitsplatz mehr als 2 m vom Fenster entfernt, so fallen Akzeptanz und Zufriedenheit sehr stark ab.

Zweite Reihe minderwertig

Aus diesem Grund sind bei der Besiedelung von Büroräumen Arbeitsplatzanordnungen in der zweiten und vor allem in der dritten Reihe nach Möglichkeit zu vermeiden, da sie aus der Sicht der Mitarbeiter deutlich geringere Qualitäten besitzen und oftmals auch mit einer geringeren persönlichen Wertschätzung gleichgesetzt werden.

Desweiteren gilt es, die Qualität der Zugangsmöglichkeit zum Fenster zu unterscheiden. Hierbei steht der Wunsch nach Eigenregulierung des Klimas am Arbeitsplatz durch Öffnen des Fensters oder durch Betätigen von Jalousien oder Sonnenschutzeinrichtungen im Vordergrund. Die notwendigen Mindestdurchgangsmaße zum Erreichen der Stellteile werden im U-Layout nur einmal zwischen den Arbeitsplätzen benötigt. Beim T-Layout ist an beiden Seiten des Blocks dieser Zugang zu schaffen.

Kontrolle des Arbeitsbereiches

"Rückendeckung" erwünscht

Ein wichtiges Bedürfnis des Menschen ist es, den Zugang anderer zum eigenen Territorium (Arbeitsplatz) zu steuern und eine Position zu finden, die den notwendigen Rückenschutz bietet. Vor allem der ungehinderte Zutritt anderer von hinten an den eigenen Arbeitsplatz wird als äusserst unangenehm empfunden. Durch die Art der Möbelaufstellung muß der Zutritt reguliert werden können. Sitzpositionen mit dem "ungeschützten" Rücken zu Verkehrswegen im Büro sind unbedingt zu vermeiden. Die Suche nach Rückendeckung und Geborgenheit ist eine wichtige Planungsgrundlage für das Bürolayout. Der Innenbereich im U-Layout sollte daher in die Gestaltung integriert werden. Die Qualität des U-Layouts erhöht sich sehr stark, wenn der Bereich

im Rücken der Mitarbeiter, z.B. mit Hilfe von Sideboards oder einem Stehtisch, geschützt und gegeneinander abgegrenzt ist.

Das Bedürfnis nach Rückendeckung bzw. die Ableitung daraus war schon bei den Steinzeitmenschen feststellbar. Auch sie suchten in Ihren Höhlen eine Position, die den Zugang überblicken ließ. Abgeleitet auf Bürolayouts gilt es, die Zugangskontrolle über Raum und Arbeitsplatz zu gewährleisten. Der Mitarbeiter möchte erkennen, wer den Raum betritt und ggf. rasch Blickkontakt aufnehmen können.

Der ungehinderte Zutritt anderer - insbesondere von hinten - an den eigenen Arbeitsplatz wird als äußerst unangenehm empfunden. Das Ergebnis der Fraunhofer-Studie zeigt auch die Bedeutung dieses Kriteriums. Vor allem die Zugangskontrolle zum eigenen Arbeitsplatz ist den Mitarbeitern wichtig. Ob der Zugang zum Raum vom Arbeitsplatz aus eigesehen werden kann oder nicht, ist von geringerer Bedeutung.

BILD 75 Kontrolle des Zugangs zum Arbeitsplatz durch vorgesetzten Besprechungsansatz. Foto: Bene

Die richtig Bildschirmaufstellung

Hauptproblem Fensterblendung

Der Bildschirmaufstellung kommt bei der Layoutplanung große Bedeutung zu. Einerseits sollen die Leuchtdichteunterschiede zwischen Bildschirm und Hintergrund nicht zu groß werden (idealerweise nicht über 3:1, wobei die höhere Leuchtdichte am Bildschirm gegeben sein sollte). Andererseits dürfen keine Reflexblendungen auf dem Bildschirm entstehen.

Die ideale Position zur Aufstellung des Bildschirmes ist damit im rechten Winkel zum Fenster (Blickrichtung parallel zum Fenster) in fensterfernen Bereichen. Dies hat jedoch einerseits große Auswirkungen auf die Flächenwirtschaftlichkeit, wie bereits gezeigt wurde und widerspricht dem Wunsch der Mitarbeiter, fensternah zu arbeiten.

BILD 76 Variable Blendbegrenzung gegen Direktblendung am Bildschirm in fensternaher Eckaufstellung

Bei der Anordnung der Bildschirme im Eckelement der Tischflächen muß im T- und im U-Layout für eine Blendbegrenzung gegen die Direktblendung des Fensters gesorgt werden. Im T-Layout führt dies dazu, daß praktisch die gesamte Fensterfläche abgedunkelt werden muß. Im U-Layout beschränkt sich dies auf die Randzone, so daß noch ausreichend Tageslicht am Arbeitsplatz vorhanden ist.

Hohe Sehanforderungen

Aufgrund der aus arbeitswissenschaftlicher Sicht empfohlenen Mischarbeit an Bildschirmarbeitsplätzen (dies wird auch durch die neue EG-Richtlinie gestützt, die andernfalls besondere Pausen verlangt) sind zwei Sehaufgaben zu unterscheiden:

- Aufnehmen von Informationen, die auf dem Bildschirm dargeboten werden (z.B. Texte, Grafiken, Bilder, Videofilme).

- Aufnehmen von Informationen, die im übrigen Arbeitsbereich dargeboten werden (z.B. Texte und Bilder auf Papiervorlage, Erkennen von Zeichen auf Tastaturen und Bedienbildern, Anteilnahme am Raumgeschehen).

Diese verschiedenen Sehaufgaben stellen, jede für sich allein betrachtet, unterschiedliche Anforderungen an die Beleuchtung.

Bei der Arbeit an Bildschirmgeräten stellt ein zu hohes Beleuchtungsstärkeniveau (vor allem vertikale Beleuchtungsstärke) eine starke Kontrastreduzierung zwischen Bildschirm und Umgebung dar und führt damit zu einer Verschlechterung der visuellen Informationsaufnahme. Ein zu niedriges Beleuchtungsstärkeniveau verbessert zwar den Kontrast am Bildschirm, erschwert jedoch andere Sehaufgaben wie z.B. das Lesen von Papiervorlagen. Für Räume mit Bildschirmarbeitsplätzen wird daher üblicherweise, aus lichttechnischer Sicht gesehen, ein Kompromiß geschlossen.

2-K-Beleuchtung am besten geeignet

In der Regel ist für Mischarbeitsplätze eine Nennbeleuchtungsstärke von 500 Lux empfehlenswert. Bei modernen Geräten (Positivdarstellung) können jedoch auch höhere Werte zugelassen werden. Eine relativ problemlose Realisierung der unterschiedlich hohen Beleuchtungsstärken bei konventioneller Papierarbeit und bei Bildschirmarbeit läßt sich über das Konzept der Zweikomponenten-Beleuchtung realisieren. Besondere Aufmerksamkeit ist dabei jedoch der Direktbeleuchtungskomponente zu schenken. Der Direktanteil soll eine gleichmäßige Beleuchtungsstärkeverteilung auf der Arbeitsfläche erzeugen und darf keinesfalls zu einer Direktblendung oder Reflexblendung am Bildschirm führen. Eine arbeitsplatzbezogene Direktbeleuchtung, deren Beleuchtungsstärkeniveau individuell auf die Bedürfnisse des Mitarbeiters eingestellt werden kann (höherer Lichtbedarf bei älteren Mitarbeitern), in Verbindung mit einer variablen Indirektbeleuchtung, scheinen die Anforderungen des Lean-Office am einfachsten und kostengünstigsten zu realisieren.

Aktive Besprechungs-situation

Das Gespräch von Angesicht zu Angesicht ist die übliche Kommunikationsart und unvergleichlich in seiner Wahrnehmungs- und Wirkungskraft. Die Bedeutung von Konversation und Be-

sprechungen im Büro wird erst in jüngster Zei wieder erkannt.

Der Mitarbeiter sollte Zonen an seinem Arbeitsplatz haben, die eigens für die direkte Kommunikation geschaffen sind. Diese Zonen sollten durch ihre Form und Gestalt auch jedermann ihren Bedeutungscharakter offenbaren. Besprechungen am Arbeitsplatz sollten keine zu großen Störungen auf andere Mitarbeiter aus-

üben. So ist aufgrund der größeren Nähe der Mitarbeiter im T-Layout eine Besprechungssituation immer störender als im U-Layout. Idealerweise werden Besprechungsmöglichkeiten nicht nur im Sitzen sondern vor allem auch im Stehen angeboten.

Damit kann der Bewegungsarmut im Büro deutlich entgegengewirkt werden. Im U-Layout bietet der Stehtisch Besprechungsmöglichkeiten für 3 bis 4 Personen aber auch die Möglichkeit einmal alleine an ihm im Stehen zu arbeiten. Der besondere Vorteil ist darin zu sehen, daß dieser Steharbeitsplatz keine zusätzliche Fläche verzehrt.

Arbeitsplatzbezogene Besprechungsmöglichkeiten sollen einerseits der Kommunikation zwischen den Mitarbeitern (z.B. Kollegen im U-Layout) dienen und externen Personen (z.B. Kollegen aus anderen Gruppen oder Abteilungen, Kunden, Besucher). Die Kommunikation mit externen Gesprächspartnern erfolgt in der Regel am Übergang vom eigenen Territorium zu den gemeinschaftlich genutzten Flächen. Besprechungsmöglichkeiten innerhalb des eigenen Territoriums (z.B. Besprechungstisch in der Innenzone des U-Layouts) sind für die im Layout tätigen Mitarbeiter vorbehalten und dürfen nur mit gemeinsamer Zustimmung auch mit externen Gesprächspartnern genutzt werden. Trotz der im U-Layout deutlich verbesserten Gestaltung von Konzentration und Kommunikation am Arbeitsplatz ist darauf zu achten, daß längere Besprechungen in arbeitsplatzfernen Besprechungsbereichen (z.B. im Multiraum des Kombi-Büros oder in Besprechungsräumen) ausgeführt werden.

BILD 77 Besprechungssituationen im T-Layout (oben) und U-Layout (unten). Beim U-Layout ergeben sich mehr Vorteile: geringere Störung, aktive Bewegungs-Ergonomie, kein zusätzlicher Flächenverbrauch. Fotos: Bene

BILD 78

Positive Umfeld-schnittstelle

Wand vor dem Kopf ?

Entscheidend für die Qualität eines Arbeitsplatzes ist letztendlich auch seine Einbettung in das weitere Umfeld. Die ausschließliche Anordnung der Arbeitsfläche direkt vor einer Wand wird hierzulande skeptisch beurteilt. Die Akzeptanz solcher Lösungen hängt von weiteren Fragen ab. Wird dem Auge, z.B. bei einer Winkelkombination, zusätzlicher Ausblick geboten? Ist die Wandfläche nutzbar (z.B. als Pinwand, oder 3. Ablageebene)? Ist die Wandfläche attraktiv gestaltet (z.B. mit farbigen strukturierten Stoffen)? Ab welcher Höhe öffnet sich die Wand optisch durch Verglasung? Wie groß ist der Abstand von der Wand?

Eine entscheidende Auflösung des Konflikts wandorientiert zu arbeiten, ist die Verwendung von Glas ab einer Wandhöhe von ca. 1,60 m. Dadurch wird die Raumwand optisch verkleinert, sie bietet ausreichenden Sichtschutz und erlaubt im Stehen einen größeren Ausblick im Raum.

Individuelle Ausgestaltung

Richtig gestaltete Wände können aber auch als Spiegel der persönlichen Arbeitssituation betrachtet werden. Sie ermöglichen die individuelle Ausgestaltung der unmittelbaren Umgebung durch das Anbringen persönlicher Bezugsstücke wie Bilder, Fotos oder Poster. Diese Dinge liegen im U-Layout im direkten, eigenen Blickfeld. Im T-Layout befinden sie sich aufgrund des Territorialverhaltens der Mitarbeiter im

BILD 79 *Selbstbestimmtes und individuell gestaltetes Gesichtsfeld: der Arbeitsplatz zur Wand im U-Layout muß kein "Brett vor dem Kopf" sein. Der individuellen Gestaltung wird durch die "dritte Ebene" noch mehr Spielraum geboten. Foto: Bene*

Rücken und sind dort eigentlich nur für den gegenübersitzenden Kollegen sichtbar.

Stimmulationskontrolle

Bürolayouts müssen darüber hinaus ein Maß an Stimmulationskontrolle bieten, d.h. es sollte möglich sein, daß sich die Mitarbeiter äußeren Reizen nicht zwangsweise aussetzen müssen. Der ständige Anblick des Kollegen, der direkt in das Gesicht des gegenübersitzenden geblasene Zigarettenrauch, oder das auf kurze Distanz zu hörende Telefonat sind typische und ungünstige Situationen im T-Layout.

Gleichwertigkeit gewährleisten

Unabhängig von den hier beschriebenen einzelnen Anforderungen an die Layoutgestaltung ist als oberstes Gebot die Gleichwertigkeit der Arbeitsplätze zu beachten. Dabei soll deutlich zwischen Gleichheit und Gleichwertigkeit unterschieden werden. Unterschiedliche Positionen von Arbeitsplätzen im Raum können durch entsprechende Gestaltungsmaßnahmen ausgeglichen werden, so daß Gleichwertigkeit erreicht wird.

Flächenbelegung nach Kommunikationsstrukturen

Schnellerer Informationsaustausch lebensnotwendig

In der klassischen Organisationslehre wird davon ausgegangen, daß zur Erreichung der Zielsetzung einer Unternehmung eine einheitliche Führung des Betriebs notwendig ist. Dabei soll die Kombination der menschlichen Arbeitskraft mit den Arbeitsmitteln geplant, organisiert und kontrolliert werden. Diese Tätigkeit der leitenden Mitarbeiter wird als dispositiver Faktor bezeichnet und läßt sich traditionell in fünf Aufgabenblöcke zerlegen:

1. Ziele setzen,
2. planen,
3. entscheiden,
4. realisieren,
5. kontrollieren.

Diese fünf Aufgabenblöcke unterliegen einer Vielzahl von Abhängigkeiten und Rückwirkungen. Grundlegende Voraussetzung für die Ausübung aller Aufgabenblöcke ist der rasche Austausch von Information, also die Kommunikation.

Während die Kommunikation in der klassischen Betriebswirtschaftslehre von oben nach unten (Auftrag, Befehl) und von unten nach oben (Rückmeldung über Problem oder Erledigung) verlief, gewinnt zunehmend die Kommunikation innerhalb einer Ebene an Bedeutung. Gerade in unserem Lean-Office ist die Kommunikation in den Leistungseinheiten überlebensnotwendig, um rasch reagieren zu können. In Abstimmung oder nach Vorgabe mit der Unterneh-

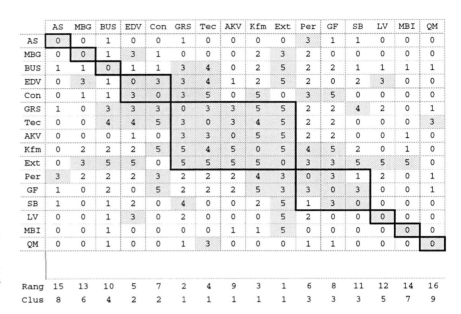

	AS	MBG	BUS	EDV	Con	GRS	Tec	AKV	Kfm	Ext	Per	GF	SB	LV	MBI	QM
AS	0	0	1	0	0	1	0	0	0	0	3	1	1	0	0	0
MBG	0	0	1	3	1	0	0	0	2	3	2	0	0	0	0	0
BUS	1	1	0	1	1	3	4	0	2	5	2	2	1	1	1	1
EDV	0	3	1	0	3	3	4	1	2	5	2	0	2	3	0	0
Con	0	1	1	3	0	3	5	0	5	0	3	5	0	0	0	0
GRS	1	0	3	3	3	0	3	3	5	5	2	2	4	2	0	1
Tec	0	0	4	4	5	3	0	3	4	5	2	2	0	0	0	3
AKV	0	0	0	1	0	3	3	0	5	5	2	2	0	0	1	0
Kfm	0	2	2	2	5	5	4	5	0	5	4	5	2	0	1	0
Ext	0	3	5	5	0	5	5	5	5	0	3	3	5	5	5	0
Per	3	2	2	2	3	2	2	2	4	3	0	3	1	2	0	1
GF	1	0	2	0	5	2	2	2	5	3	3	0	3	0	0	1
SB	1	0	1	2	0	4	0	0	2	5	1	3	0	0	0	0
LV	0	0	1	3	0	2	0	0	0	5	2	0	0	0	0	0
MBI	0	0	1	0	0	0	0	1	1	5	0	0	0	0	0	0
QM	0	0	1	0	0	1	3	0	0	0	1	1	0	0	0	0
Rang	15	13	10	5	7	2	4	9	3	1	6	8	11	12	14	16
Clus	8	6	4	2	2	1	1	1	1	1	3	3	3	5	7	9

BILD 80 Kommunikationsmatrix nach Clusteranalyse geordnet. Hier wird die Face-to-Face-Kommunikation dargestellt und bewertet, basierend auf Interviews mit Abteilungsleitern, Gruppenleitern oder Sprechern der Leistungseinheiten über Häufigkeit und Zeitdauer der Kontakte. Quelle: Bene Consulting

Kommunikationsbeziehungen

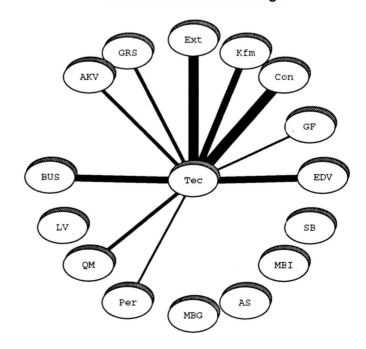

BILD 81 Sternförmige Visualisierung der Kommunikationsbeziehungen. Hier ist auf einen Blick erkennbar, mit welchen anderen Leistungseinheiten z.B. die Abteilung Technik wie häufig kommuniziert. Die Strichstärke markiert die Häufigkeiten bzw. die Intensität der Kommunikationsbeziehung. Quelle: Bene Consulting

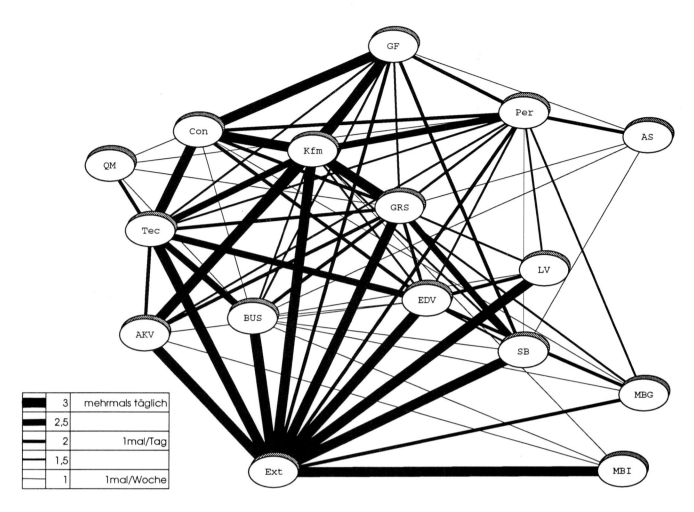

3	mehrmals täglich
2,5	
2	1mal/Tag
1,5	
1	1mal/Woche

BILD 82 Das Netzdiagramm der Kommunikationsbeziehungen zeigt ganzheitlich, wer mit wem wie oft in Verbindung steht. Die externe Kommunikation ist in diesem Beispiel von besonderer Bedeutung. Entsprechend diesen festgestellten Kommunikationsbeziehungen können konkrete Rückschlüsse für die Organisation gezogen werden, z.B. welche Abteilungen in räumlicher Nähe untergebracht sein sollten. Starke Kommunikationsbeziehungen können jedoch auch Schwächen in der Ablauforganisation bedeuten. In jedem Fall ist diese Visualisierung der Kommunikationsbeziehungen eine ausgezeichnete Planungshilfe für Neuorganisationen des Bürobereichs. Quelle: Bene Consulting

mensleitung werden in den Leistungseinheiten Ziele gesetzt, Planungen, Entscheidungen und Realisierungen in Form der Selbstorganisation durchgeführt und auch das Ergebnis wird selbst kontrolliert. Ein geschlossener Regelkreis in den Leistungseinheiten, oder in Anhang an die klassische Betriebswirtschaftslehre: das Unternehmen im Unternehmen.

Kommunikationsanalyse

Die Möblierung und räumliche Struktur im Lean-Office unterstützt die Kommunikation in den Leistungseinheiten, ohne dabei gegen die notwendigen Bedingungen der Konzentration zu verstoßen. Um die Kommunikation innerhalb größerer Leistungseinheiten oder die Kommunikation zwischen den Leistungseinheiten zu erfassen und für die Flächenbelegung nutzbar zu machen, ist eine sorgfältige Kommunikationsanalyse durchzuführen. Die Datenerfassung kann über Fragebögen, Strichlisten oder Interviews erfolgen. Bei der Fragebogentechnik erhält jeder Mitarbeiter einen Erhebungsbogen, in

dem er seine Kommuikationspartner und Kommunikationszeiten pro Tag erfaßt. Bei den Strichlisten, einer Kurzform der Fragebogentechnik, markiert jeder Mitarbeiter in einer vorgegebenen Kommunikationstabelle jede Face-to-Face-Kommunikation mit einem Kollegen. Bei der Interviewtechnik werden Abteilungsleiter, Gruppenleiter oder die Sprecher der Leistungseinheiten nach Häufigkeit und Zeitdauer der Face-to-Face-Kommunikation befragt. Die Interviewtechnik hat sich in der Praxis bestens bewährt. Sie führt sehr

Ergebnisse:	Umsetzen in:
- Art und Menge der Kommunikation	- Organisationsentwicklung
* Kontakte	
* Gespräche	- Nutzenbetrachtung
* Unterlagen	
* Technik (Telefonate, Daten, Bilder, etc.)	- arbeitswissenschaftliche Untersuchungen (Fördern, Störungen mildern)
* etc.	
- Kommunikationswege und Richtungen	- Flächenbelegung
- Kommunikationsmittel	- Kommunikationskonzept
- Medienbrüche	
- Auslastung / Notwendigkeiten	- Leistungsmerkmale für Technikeinsatz

BILD 83 Die Analyse der Kommunikation in einem Bürohaus (Stern- / Netzdiagramme) kann zu den unterschiedlichsten Ergebnissen und daraus resultierenden Schlußfolgerungen führen. Weitreichende Änderungen der Aufbau- und Ablauforganisation, Notwendigkeit anderer Büroraumkonzepte und Optimierung der Belegungsplanung sind in der Praxis häufig daraus abzuleiten.

sen Fällen sind die Fehler zu suchen und zu beheben. Zur Förderung der Kommunikation können auch derzeit nicht kommunizierende Leistungseinheiten räumlich einander zugeordnet werden. Die Wahl einer kommunikationsfördernden Büroform ist dabei besonders wichtig.

Die vielfältige praktische Anwendung der Kommunikationsanalyse hat gezeigt, daß

- weitreichende Änderungen der Aufbau- und Ablauforganisation daraus entstanden sind,

- die Änderung bestehender Büroformen hierdurch begründet werden konnte, und

- eine optimierte Belegungsplanung möglich wurde.

schnell zu abgestimmten Ergebnissen. Es empfiehlt sich dabei, die Kommunikation eines Mitarbeiters, einer Gruppe, Leistungseinheit, Abteilung etc. mit anderen zu erfassen und in eine Matrix zu übertragen (siehe Bild 80). Mittels Rechneranalysen können daraus dann Stern- oder Netzbeziehungen erstellt werden (Bilder 81, 82). Diese graphische Repräsentation der Kommunikation ist nun hervorragend geeignet, um im Team und/oder mit der Geschäftsleitung notwendige Maßnahmen zu diskutieren. Die Häufigkeit der Kommunikation ist an der Strichstärke zwischen den Kommunikationspartnern zu erkennen.

Impulse durch Visualisierung der Kommunikationsbeziehungen

Die Analyse der Kommunikationsnetze und -sterne kann zu ganz unterschiedlichen Ergebnissen führen (siehe Bild 83). Vorhandene starke Kommunikationsbeziehungen können durch die räumliche Zuordnung der Kommunikationspartner auf einem Stockwerk unterstützt werden. Starke Kommunikationsbeziehungen können jedoch auch Schwächen in der Ablauforganisation verdeutlichen. Die häufigen Kommunikationskontakte dienen der ständig neuen Abstimmung und Problemlösung. In die-

Von innen nach außen:

Mitarbeiterorientierte Planung eines Lean-Office

Selbstdisziplin des Managements

Die große Bedeutung, die der Planung und Gestaltung von Bürogebäuden zukommt, ist unbestritten. Und dies unabhängig davon, ob es sich um einen Neubau, Erweiterungsbau oder Umbau handelt. Wenn es auch nicht möglich ist, eine verallgemeinernde Aussage zum Büro für die Zukunft zu machen, so gilt doch eines sicher: Planung und Gestaltung von Bürogebäuden sind immer abhängig von der jeweiligen Unternehmung. Sie sind in jedem Einzelfall sorgfältig unter Abwägung aller in einer Unternehmung anzutreffenden Interessen und Zielsetzung durchzuführen. Den Mitarbeiteranforderungen wird in richtungweisenden Büroprojekten zunehmend mehr Aufmerksamkeit geschenkt. Schließlich sind es die Mitarbeiter, die den Erfolg des Unternehmens ausmachen. Sie werden die Büros besiedeln, in ihnen arbeiten und leben. Sie sollen dort erfolgreich für die Unternehmung tätig sein. Deshalb sind die Mitarbeiter auch frühzeitig in den Planungsprozeß einzubinden. Und zwar als gleichberechtigte Planungspartner, neben Bauherr, Organisatoren, Architekten, Fachingenieuren, usw. Dies ist eine ernste Aufgabe und bedeutet ein hohes Maß an Selbstdisziplin für ein sonst so entscheidungsfreudiges Management. Wird die Mitarbeiterbeteiligung zu einer Alibiveranstaltung oder gar zur Farce, weil sich das Management über die im Planungsteam getroffenen Entscheidungen einfach hinwegsetzt, ist mehr als nur Kapazität und Zeit verschwendet. Sehr schwer heilende Wunden können aufgerissen werden.

Wie aber sieht eine mitarbeitorientierte Planung aus? Wann sollten die Mitarbeiter eingebunden werden? Können alle Mitarbeiter überhaupt am Planungsprozeß beteiligt werden? Die nachfolgend vorgestellte Vorgehensweise will Antworten geben, wie eine mitarbeiterorientierte Planung und Realisierung von Bürogebäuden durchführbar ist. Dieser Ablauf hat sich vielfach bewährt.

Phase 1: Formulierung der Unternehmensstrategie

Die Entscheidung darüber, ob und wann eine bauliche Erweiterung des Unternehmens vorgenommen wird, ist in den seltensten Fällen das Ergebnis einer langfristigen Unternehmensplanung. In der Regel wird diese Entscheidung dann getroffen, wenn die "Packungsdichte" der Mitarbeiter so groß geworden ist, daß weiteres Wachstum nur noch mit neuen Räumen realisiert werden kann.

Gerade zu diesem Zeitpunkt sollte jedoch nicht vorschnell über einen Erweiterungs-, Neu- oder Umbau entschieden werden. Das

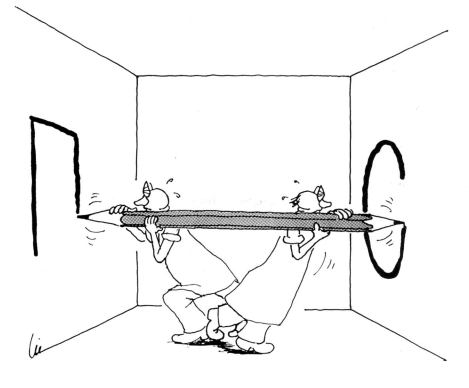

BILD 84

1. Formulierung der
Unternehmensstrategie

2. Entwicklung von
organisat. und technischen Bewältigungskonzepten

3. Entwicklung von
baulichen Bewältigungskonzepten

4. Erstellen und Gewichten des
Zielsystems

5. Aufstellen des
Funktionsprogramms

6. Ermittlung des
Raumprogramms

7. Erstellen des
Pflichtenhefts für Architekten

8. Prüfung und Bewertung der
Architekturkonzepte

9. Durchführung der
Detailplanung
für Gebäude, Einrichtung und Organisation

10. Begleitung bei der
Realisierung

11. Planung und Begleitung des
Umzugs

12. Kontinuierliche
Weiterentwicklung und Betreuung

BILD 85 Erfolgreiche Vorgehensweise zur mitarbeiterorientierten Planung und Realisierung von Bürohäusern

Gebäude darf nicht am Ist-Zustand geplant werden, sondern muß erwartbare Unternehmensentwicklungen berücksichtigen. Es soll sich den zukünftigen Anforderungen des Unternehmens anpassen können. Was aber können solche Anforderungen sein?

Strategisches Denken kann hierfür die richtigen Antworten liefern, die es ermöglichen, geeignete organisatorische und bauliche Entscheidungen zu treffen.

Die Formulierung der Unternehmensstrategie wird von vielen Unternehmen als unnötige Zeitverzögerung angesehen. Es gilt doch, so schnell wie möglich ausreichend Raum für die Belegschaft zu schaffen. Die Bedeutung dieser ersten Phase wird manchem Bauherrn erst dann deutlich, wenn das Funktions- und Raumprogramm zu entscheiden ist. Spätestens an dieser Stelle der Planungshierarchie muß bekannt sein, welche Unternehmensbereiche wachsen und welche eher schrumpfen werden. Sich ändernde Unternehmensaufgaben können direkt das Funktionsprogramm eines Gebäudes beeinflussen. Wird sich beispielsweise der direkte Kontakt zwischen Lieferant und Kunde verstärken, so kann dies bedeuten, daß die Zahl der Kundenbesuche zunimmt. Ausreichende und geeignete Besprechungsmöglichkeiten sind hierfür vorzusehen.

Vielleicht werden in Zukunft neue Produktentwicklungen mit Fachkräften der Kunden gemeinsam realisiert. Dies kann bedeuten, daß ein Teil der externen Fachkräfte im eigenen Gebäude einen Arbeitsplatz finden muß, oder Teile der eigenen Entwicklungsmannschaft nicht mehr im eigenen Gebäude, sondern direkt vor Ort beim Kunden arbeiten.

Vielleicht werden aber auch die neuen Produkte noch komplexer und lassen sich nur noch durch umfangreiche Informationsveranstaltungen im eigenen Schulungszentrum optimal vermarkten.

Dies sind nur einige Beispiele, die Auswirkungen auf das Funktions- und Raumprogramm haben können.

Eine Analyse der Wettbewerbsumwelt und des eigenen Unternehmens kann in Verbindung mit Prognoseverfahren und der Erstellung von Szenarien über mögliche Unternehmensentwicklungen die notwendigen Entscheidungsgrundlagen bereitstellen. Gemeinsam mit der Unternehmensleitung und der Führungsmannschaft wird die erwartbare Unternehmensentwicklung beschrieben. Dabei werden neben der Beschreibung sich ändernder Aufgaben, Produkte, Mitarbeiterzahlen und Flächenbedarfe gegebenenfalls auch Untersuchungen zum optimalen

Standort des Gebäudes durchgeführt. Von dieser Formulierung der Unternehmenstrategie ausgehend, werden die möglichen Bewältungskonzepte abgeleitet.

Phase 2: Entwicklung von organisatorischen und technischen Bewältigungskonzepten

Mit einem Neubau, Um- oder Erweiterungsbau soll nicht nur mehr Platz für die Mitarbeiter geschaffen werden, sondern es sind auch die Anforderungen von Organisation und Technik zu berücksichtigen. Die bestehende Aufbau- und Ablauforganisation sollte daher vor jeder baulichen Maßnahme hinterfragt werden.

Mit Hilfe von Prozeßanalysen können Schwachstellen im Arbeitsablauf erkannt und beseitigt werden. Die Anforderungen der Organisation an die Funktionalität des Gebäudes werden festgeschrieben. Parallel hierzu werden die Erweiterungskonzepte für die vorhandene und zukünftig benötigte Technik erarbeitet. Die sich daraus ableitenden Anforderungen an das Gebäude, also an Netze, Klimatisierung, Verteilersysteme, etc. werden festgelegt.

Wie in einem Lastenheft wird eine Zusammenstellung aller organisatorischen und technischen Notwendigkeiten vorgenommen. Die Möglichkeiten zur Verbesserung der Effektivität des Betriebsablaufs durch die Umsetzung dieses Maßnahmenkatalogs können nun aufgezeigt werden. Auswirkungen auf die Wirtschaftlichkeit lassen sich damit beispielsweise über eine Kosten-Nutzen-Analyse ermitteln. Eine Maßnahmenhierarchie kann somit erstellt werden.

Phase 3: Entwicklung von baulichen Bewältigungskonzepten

Auf den Ergebnissen der Phasen 1 und 2 aufbauend, ist zu prüfen, welchen Beitrag ein Umbau, Erweiterungsbau oder Neubau zur Verbesserung der räumlichen und organisatorisch-technischen Situation leisten können. Eine kurze Dokumentation der Ist-Situation wird in der Regel hilfreich sein, um das zur Verfügung stehende Raumangebot und seine Funktionalität für weitere Pla-

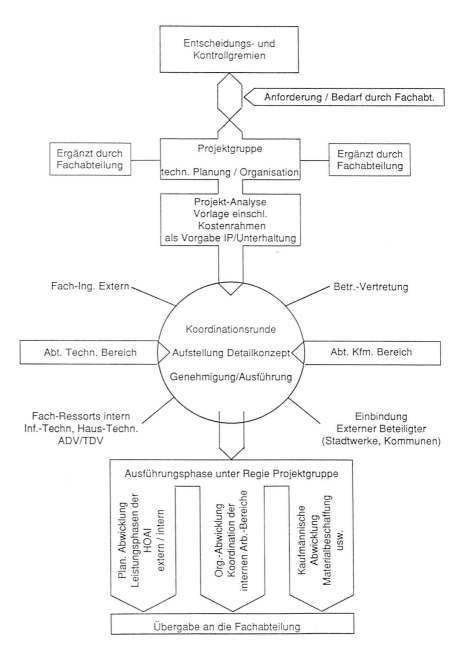

BILD 86 Beispielhafte Struktur eines Projektteams: Das Projektteam zur Planung und Überwachung der Baumaßnahmen kann sich in eine Projektgruppe und eine Koordinationsgruppe gliedern. Dies wird in der Regel notwendig, um eine effektive Teamgröße von 6 - 8 Personen nicht zu überschreiten. Der Projektgruppe obliegt die eigentliche Planung, Organisation und ständige Begleitung des Projektes. In der Koordinationsrunde sind die Mitarbeiter eingebunden. Sowohl die Projektgruppe wie auch die Koordinationsrunde ziehen fallweise externe Bereiche innerhalb und außerhalb der Unternehmung hinzu.

nungen aktuell zur Verfügung zu haben. Für alle möglichen baulichen Bewältigungskonzepte werden Szenarien erstellt. Die Nutzungsmöglichkeiten der vorhandenen Gebäude werden dabei mit eingebunden. Die Szenarien werden bewertet und miteinander verglichen. Von der Unternehmensleitung ist das zu realisierende Szenario auszuwählen. Damit ist die Entscheidung über einen Neubau, einen Erweiterungsbau, einen Umbau oder Mischformen davon getroffen. Die Büroplanung im engeren Sinne kann nunmehr beginnen.

Dies ist spätestens auch der Zeitpunkt, zu dem das Projektteam zur weiteren Planung und Orientierung der Baumaßnahmen gebildet wird. Es setzt sich aus Führungskräften der betroffenen Abteilungen, Vertretern von Fachabteilungen wie Organisation und Datenverarbeitung, ausgewählten Mitarbeitern und der Mitarbeitervertretung zusammen. Aufgabe dieses Projektteams ist es, Entscheidungen vorzubereiten und der Unternehmensleitung zu präsentieren. Eine frühzeitige Einbindung der Mitarbeiterinteressen während der Planungsphase wird dadurch gewährleistet.

Über die verstärkte Einbindung der Mitarbeiter im Projektteam kann dessen Größe jedoch rasch die Grenze eines effektiven Teams übersteigen. In derartigen Situationen empfiehlt es sich, das Gesamtprojektteam in einzelne strukturierte Teamhierarchien zu zergliedern (siehe Bild 86). Die Projektgruppe führt dabei die permanenten Projektaktivitäten durch. Es beruft fallweise in festgelegten Zeitabständen die Koordinationsrunde ein, um vorbereitete Entscheidungen treffen

zu können, Informationen aufzunehmen oder über den Planungsstand zu berichten. Bei dieser Teamhierarchie wird in festzulegenden Abständen auch die Geschäftsleitung eingebunden. Wichtige Aufgaben der Koordinationsrunde sind sowohl der Informationstransfer an die Basis der Belegschaft, als auch von dieser zur Projektgruppe. Die ausgewählten Mitarbeiter sorgen in der Regel über informelle Kommunikation für den Informations- und Meinungstransfer.

Darüberhinaus wird die Gesamtbelegschaft von der Koordinationsrunde fallweise in Form von Informationsveranstaltungen (Mitarbeiterinformationstage) und durch Informationsstände (Mitarbeiter-Informationszentren) informiert.

Phase 4: Erstellen und Gewichten des Zielsystems

Die Mitarbeiterpartizipation darf nicht nur eine schöne Idealvorstellung bleiben, sondern ist eine Grundvoraussetzung für eine erfolgreiche Planung und Realisierung. Die Einbindung der Mitarbeiter in den Planungs- und Entscheidungsprozeß ist eine notwendige aber nicht hinreichende Maßnahme. Bevor die Mitarbeiter aktiv an der Planungsarbeit mitwirken können, sind ihnen grundlegende Prinzipien der Büroplanung und Bürogestaltung zu vermitteln. Die Vor- und Nachteile verschiedener Gestaltungsprinzipien sind aufzuzeigen. Hierzu zählt es, die Besonderheiten einzelner Büroformen, unterschiedlicher Makro- und Mikrolayouts, alternativer Beleuchtungskonzepte und vieles mehr darzustellen, um notwendiges Wissen zu vermit-

teln. Die am Projektteam beteiligten Mitarbeiter sind dabei auf einen Wissensstand zu bringen, der es ihnen ermöglicht, qualifiziert im Team mitzuarbeiten und abgesicherte Entscheidugen zu treffen.

Nachdem der erforderliche Wissensstand bei den Mitarbeitern geschaffen wurde, wird vom Projektteam das mit der Baumaßnahme zu erreichende Zielsystem erstellt und gewichtet. Das Ziel, ausreichende Fläche für die Unternehmensaktivitäten bereitzustellen, sollte selbstverständlich sein. Bei einer Focussierung nur hierauf vergibt ein Unternehmen jedoch immense Chancen.

Damit das Bürogebäude den multidimensionalen Anforderungen der Organisation, der Technik, der Architektur und der Mitarbeiter gerecht werden kann, ist ein Zielsystem zu erstellen und die mit dem Neubau zu erreichenden Einzelziele sind nach ihrer Bedeutung zu gewichten (siehe Kapitel 2 "Konkrete Zielsysteme für individuelle Lösungen"). Das gewichtete Zielsystem ist Ergebnis des Konsensbildungsprozesses und richtet alle Projektbeteiligten auf das gemeinsame Ziel aus. Das Zielsystem bildet damit die Basis für alle weiteren Entscheidungen. So werden nicht nur die Planungsvorgaben für das Gebäude daraus abgeleitet, sondern es können auch alternative Planungskonzepte damit bewertet werden. Die Bewertung erfolgt dabei anhand nutzwertanalytischer Methoden. Die Erstellung und Gewichtung des Zielsystems kann im Projektteam erfahrungsgemäß an einem Tag erfolgen.

BILD 87

Phase 5: Aufstellen des Funktionsprogramms

Eine wesentliche Aufgabe der Büroplanung ist die Erstellung des Funktionsprogramms. Hier wird die Ablauforganisation, das "Funktionieren" des Unternehmens abgebildet. Neben dem Zielsystem können hier die Mitarbeiterinteressen am deutlichsten eingebracht werden.

Anhand von Kurzinterviews und Detailanalysen gilt es, gemeinsam mit der Projektgruppe typische Arbeitsplätze zu bilden und für diese die jeweils optimale Büroform zu ermitteln. Über das Mengengerüst der typischen Arbeitsplätze, der gewünschten Flexibilität und Individualität sind die Entscheidungen zur Büroform zu treffen. Dabei sollte stets ein ausgewogener Kompromiß zwischen Individualität und Flexibilität einerseits sowie Kommunikation und Konzentration andererseits angestrebt werden. Idealerweise sind die Optionen zur späteren Überführung einer Büroform in eine andere offen zu halten. Damit kann mittel- und langfristig den gegebenenfalls erfolgten Veränderungen der Aufgaben des Unternehmens durch das Gebäude Rechnung getragen werden. Dabei lassen sich durch-

aus unterschiedliche Büroformen in einem Bürohaus abbilden.

Von wesentlicher Bedeutung ist die Zuordnung der einzelnen Unternehmensbereiche bzw. der Abteilungen und Gruppen. Die Durchführung einer Kommunikationsanalyse und Darstellung der Kommunikationsbeziehungen ist hierfür empfehlenswert. Weiterhin sind die Bürozusatzfunktionen und Sonderfunktionen gemeinsam mit dem Projektteam zu optimieren und für die weiteren Arbeiten festzuschreiben.

Phase 6: Ermittlung des Raumprogramms

In dieser Phase wird über die bereits durchgeführte Ermittlung typischer Arbeitsplätze und Funktionalitäten die sich daraus ergebenden Hauptnutzfläche ermittelt. Dabei wird der Flächenbedarf anhand der Arbeitsplätze festgelegt und über das Mengengerüst aggregiert. Die Hauptnutzfläche setzt sich damit aus Büroflächen, Bürozusatzflächen und Sonderflächen zusammen. Erfahrungsgemäß wird über diese, an einzelnen Arbeitsplätzen und an deren Funktionalität orientierte, Vorgehensweise in Summe zwar

ein ähnliches Ergebnis wie bei einer kennzahlorientierten Vorgehensweise erzielt. Die Flächenwerte einzelner Arbeitsplätze können sich entsprechend ihrer Funktionalität dabei jedoch erheblich unterscheiden. Dadurch wird eine an den Aufgaben und der Funktionalität orientierte Gestaltung ermöglicht.

Diese von innen nach außen gerichtete Planung gewährleistet neben der optimalen Abbildung organisatorischer Anforderungen und der Berücksichtigung mitarbeiterorientierter Aspekte vor allem auch ein wirtschaftliches Planungsergebnis.

Hierzu tragen die flächenwirtschaftliche Büroplanung und das adäquate Bürolayout bei. Unterstützt wird die Flächenwirtschaftlichkeit über ein abgestuftes Registratur- und Ablagekonzept. Das Ablagevolumen am Arbeitsplatz wird auf den täglich benötigten Umfang reduziert. Attraktive Bürofläche wird dadurch nicht zu totem Stauraum degradiert. Selten benötigte Unterlagen werden je nach Nutzungshäufigkeit in entfernteren Ablagebereichen bzw. in der zentralen Ablage untergebracht.

Phase 7: Erstellen des Pflichtenhefts für Architekten

Die Ergebnisse der voranstehenden Planungsphasen münden in einem detaillierten Pflichtenheft. Dieses Pflichtenheft beinhaltet alle notwendigen Angaben zu Erstellung alternativer Architekturkonzepte. Hierzu zählen das Funktionsprogramm, das Raumprogramm, die gewünschten Büroraumarten, die Zuordnungsbeziehungen (z. B. Ergebnisse der Kommunikationsanalyse) sowie das gewichtete Zielsystem.

Anhand dieser Vorgaben können nun der oder die Architekten alternative Architekturkonzepte erarbeiten.

Phase 8: Prüfung und Bewertung der Architekturkonzepte

Die alternativen Architekturkonzepte werden dem Projektteam vorgestellt. Über das gewichtete Zielsystem werden im Rahmen einer Nutzwertanalyse die Architekturkonzepte bewertet und verglichen. Die geschätzten Baukosten werden den Nutzwerten gegenübergestellt. Damit kann die Unternehmensleitung mit einer erweiterten Wirtschaftlichkeitsrechnung eine Auswahlentscheidung treffen, die neben den reinen Baukosten auch den erwartbaren Nutzen des Gebäudes berücksichtigen kann. Ein Beispiel hierzu ist in Bild 88 dargestellt.

Ergebnis dieser Phase ist die Auswahl des favorisierten Architekturkonzepts. Erfahrungsgemäß werden einzelne Konzepte zunächst überarbeitet, bevor eine endgültige Entscheidung getroffen wird.

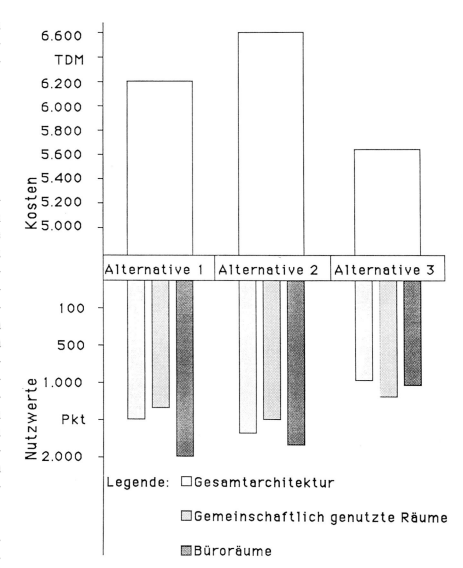

BILD 88 *Beispielhafte Gegenüberstellung von Kosten und Nutzen von drei verschiedenen Architekturkonzepten. Anhand des erstellten Zielsystems wird über die Nutzwertanalyse der Nutzen der Architekturkonzepte berechnet. Zur weiteren Detaillierung kann die Nutzwertanalyse in die Bereiche "Gesamtarchitektur", "Gemeinschaftlich genutzte Räume" und "Büroräume" gegliedert werden. Die Gegenüberstellung von Baukosten und Nutzwert erleichtert die Entscheidungsfindung. Der höchste Nutzwert wird nicht zwangsläufig von der teuersten Alternative erreicht.*

Phase 9: Durchführung der Detailplanung für Gebäude, Einrichtung und Organisation

Die detaillierte Planung für Gebäude, Einrichtung und Organisation wird in dieser Phase überwiegend von den jeweiligen Fachspezialisten durchgeführt. Der Schwerpunkt der Aufgabe des Planungsteams besteht dabei in der Erarbeitung der innenarchitektonischen Bereiche des Gebäudes. Eine enge Zusammenarbeit mit dem Architekten ist unerläßlich. Zentrale Planungsgegenstände sind das Bürolayout, die Beleuchtungskonzeption und die Auswahl der Büromöblierung.

Will man die vielfältigen Aspekte eines Bürolayouts in ihrer Gesamtheit erfassen, so hat sich, wie in allen Fällen multidimensionaler Zielsysteme, der Einsatz der Nutzwertanalyse bewährt. Die Nutzwertanalyse kann als ein zentraler Baustein für die Beurteilung von Bürolayouts im Rahmen des Gesamtsystems Büro betrachtet werden.

Um im Rahmen der Nutzwertanalyse unterschiedliche Bürolayouts miteinander vergleichen zu können, sind zunächst alle relevanten Zielkriterien zusammenzustellen. Im nächsten Schritt werden diese gewichtet und Schlüssel zu deren Bewertung festgelegt. Die unterschiedlichen Erfüllungsgrade der Kriterien werden in einer fünfstufigen Skala abgebildet. Die Multiplikation der erreichten Punktzahl eines Zielkriteriums mit der Kriteriengewichtung stellt den Gesamtnutzwert dar, über den die Alternativen miteinander verglichen werden können.

Wesentliche Zielkriterien zur Bewertung eines Layouts sind:

- Nähe und Zugänglichkeit zum Fenster,

- Kontrolle des Arbeitsbereichs,

- Aufstellung des Bildschirms,

- Qualität der Besprechungssituation am Arbeitsplatz sowie

- Art und Gestaltung der Umfeldschnittstelle.

Innerhalb dieses Arbeitsschrittes sind - wiederum an den typischen Arbeitsplätzen - die Anforderungen von Konzentration und Kommunikation zu ermitteln. Unter Berücksichtigung aufgabenspezifischer Einflüsse, Mitarbeiterinteressen und wirtschaftlicher Kenngrößen sind zunächst die Layout-Grundtypen zu erarbeiten. Hieran anschließend wird das Gesamtlayout erstellt, bewertet und gegebenenfalls überarbeitet.

In enger Verbindung mit der Wahl des Bürolayouts ist die Beleuchtungskonzeption zu sehen. Wirtschaftliche und mitarbeiterorientierte Beleuchtungskonzepte bilden immer eine Symbiose aus Tageslicht und Kunstlicht.

Unter Berücksichtigung der besonderen Anforderungen von Bildschirmarbeitsplätzen an die Beleuchtung werden unterschiedliche Konzepte einer Mehrkomponentenbeleuchtung zu überprüfen sein. Damit lassen sich die Forderungen nach optimaler Lichtfarbe, Lichtintensität und Möglichkeiten der Variation bestmöglich umsetzen.

CAD nutzen !

Über den Einsatz von CAD-Planungsverfahren kann die Planungsgeschwindigkeit und -genauigkeit erheblich gesteigert werden. Neben diesen Zeit- und Kostenvorteilen zeigt sich in der Praxis durch den Einsatz von CAD-Planungsverfahren eine wesentlich größere Planungsflexibilität.

Konventionell erstellte Layoutplanungen können nur mit erheblichem Aufwand geändert werden. Dies führt in der Regel dazu, daß eine bereits zwei- bis dreimal geänderte Planung geradezu mit "Zähnen und Klauen" vom Planer verteidigt wird. Der Planungsprozeß wird dabei häufig bereits abgeschlossen, lange noch bevor die optimale Lösung gefunden wurde.

Der CAD-Einsatz schafft hier vielfältige Planungsfreiheiten. Layoutplanungen können einfach und rasch beliebig oft verändert werden, bis das von allen Beteiligten gewünschte Optimum erreicht wurde. Die dabei möglichen perspektivischen Darstellungen (3D) unterstützen insbesondere das Vorstellungsvermögen derjenigen Teammitglieder, die es nicht gewohnt sind, technische Zeichnungen und Grundrisse zu lesen.

Im Anschluß an die Layout- und Beleuchtungsplanung ist die entsprechende Büromöblierung auszuwählen.

Erweiterte Anforderungen für Büromöbel

Bei Büromöbelprogrammen standen in der Vergangenheit funktionelle Aspekte auf der Basis organisatorischer und technischer Umfeldbedingungen im Zentrum des Interesses. Im Zuge der stärkeren Berücksichtigung von Mitarbeiterbedürfnissen wurden die Büromöbel gestellten Anforderungen zunächst um ergonomische Kriterien erweitert. Zukunftssichere Büromöbel umfassen allerdings mehr: ein attraktives, aktuelles (bzw. aktualisierbares) Design und ein Systemkonzept, das die Schaffung funktionaler und ästhetisch ansprechender Raumsituationen ermöglicht.

Bei der Auswahl der Büromöblierung sind somit neben wirtschaftlichen Apsekten wie

- Kosten,
- Investitionssicherheit,
- After-Sales-Service,
- Qualitätskriterien und
- Langzeitlieferfähigkeit,

funktionale, ergonomische, asthetische und ökologische gleichermaßen zu berücksichtigen. Zu den funktionalen Anforderungen zählen beispielsweise:

- die Verkettbarkeit,
- die Modularität,
- die Elektrifizierbarkeit,
- das Flächenangebot,
- das Stauraumangebot,
- die Flexibilität und Umrüstbarkeit,
- die Abschirmfunktion / Höhenraster und
- die Bildschirmintegration.

Die wesentlichen ergonomischen Forderungen betreffen:

- die Umsetzung anthropometrischer Daten (Berücksichtigung unterschiedlicher Körpermaße der Nutzer),

- die Berücksichtigung von Bewegungs- und Tätigkeitabläufen (Wechsel zwischen sitzender und stehender Tätigkeit),

- die Vermeidung von Streßfaktoren (Zonierung des Arbeitsplatzes und optimale Einbindung in das Umfeld),

- die Beachtung psycho-physiologischer Voraussetzungen,

- die Abbildung individuell unterschiedlicher Bedürfnisstrukturen hinsichtlich Kommunikation, Konzentraion und Privatheit.

Bei den ästhetischen Anforderungen sind neben der Berücksichtigung zeitloser, aktueller oder aktualisierbarer Gestaltungsaspekte der Möbel vor allem auch deren Möglichkeiten zur Raumakzentuierung zu berücksichtigen. Hierzu zählen beispielsweise

- Formen (z.B. für Besprechungs- und Ablageflächen),

- Dimensionen und Proportionen,

- Rastermaß.

Die Auswahl der Büromöblierung wird sich neben den Kosten vor allem an diesen aufgezählten Nutzenkriterien orientieren müssen.

Sie beschränkt sich jedoch nicht nur auf den Arbeitsplatz selbst. Darüber hinaus werden Vorschläge für die Einrichtung und Ausgestaltung der Besprechungs-, Konferenz- und Schulungsräume (audiovisuelle Systeme etc.) sowie für die gesamten Regenerationsbereiche im Projektteam diskutiert.

Phase 10: Begleitung bei der Realisierung

Die beschriebene Vorgehensweise erreicht eine verbesserte Büroplanung und -gestaltung vor allem durch die Berücksichtigung unternehmensspezifischer Anforderungen und die Einbindung der betroffenen Mitarbeiter im Projektteam. Zur Gewährleistung einer hohen Nutzerakzeptanz ist es lohnenswert, in bestimmten Abständen die gesamte Belegschaft formal über den Stand der Planung und Realisierung zu informieren. Infostände, Ausstellungen und Workshops haben sich hierfür gut bewährt. Die Vorbereitung und Betreuung dieser Informationsveranstaltungen wird dabei ebenfalls vom Projektteam übernommen. In der Realisierungsphase führt das Projektteam das permanente Monitoring der Baumaßnahmen durch. Das Team achtet dabei auf die Erreichung der Projektziele und führt fallweise Optimierungen bei Planabweichungen durch.

BILD 89

Phase 11: Planung und Begleitung des Umzugs

Häufig wird der Umzugsplanung seitens des Bauherrn nicht die notwendige Bedeutung beigemessen. Es reicht eben nicht aus, den Mitarbeitern den Auftrag zum Einpacken zu erteilen und ein Umzugsunternehmen mit dem Transport zu beauftragen. Um einen reibungslosen Umzug zu gewährleisten, ist eine umfassende Planung unerläßlich. Ein geordneter, koordinierter und gegebenenfalls abgestufter Umzug dient der Sicherstellung eines fortlaufenden normalen Betriebsablaufs.

Weiterer Bestandteil der Umzugsplanung ist neben der Möbel- und Technikinstallation am Arbeitsplatz (Elektrifizierung, Datenleitungen, Bildschirme, etc.) auch die Erstellung eines effektiven Inventarisierungssystems. Aufgrund des Inventarumfanges eines mittelgroßen Bürohauses werden konventionelle Systeme rasch überfordert und ineffektiv. Die Vorarbeit für angepaßte Inventarisierungssysteme sollten rechtzeitig durchgeführt werden, da sie in der Regel vor der schriftlichen Bedarfsanforderung abgeschlossen sein müssen.

Die Umzugsplanung beinhaltet auch die optimale Terminierung und Staffelung der Aktivitäten von Handwerkern und Einrichtern. Es darf nicht vorkommen, daß Handwerker auf den neuinstallierten Möbeln herumsteigen, um beispielsweise die letzten Arbeiten an der Beleuchtung durchzuführen.

Phase 12: Weiterentwicklung und Betreuung

Die während des beschriebenen Prozesses der Planung und Realisierung erreichten Mitarbeiterpartizipation soll auch bei späteren Anpassungen und Weiterentwicklungen des Arbeitsplatzes- und Raumkonzeptes fortgeführt werden. So wird die Projektgruppe bei jeder später notwendigen Anpassungsmaßnahme einberufen. Die notwendigen Entscheidungen werden hier vorbereitet bzw. getroffen. Wie auch schon bereits während der Planungsphase kann es im Rahmen der Weiterentwicklung notwendig sein, die gesamte Belegschaft über neue Entwicklungen zu informieren.

Anhang 1

Literaturverzeichnis zu Kapitel 1, 2, 3, 4 und 6

Büge, H.: Anforderungen der Praxis an zukünftige Entgeltsysteme. In: Institut für angewandte Arbeitswissenschaft (Hrsg.), Arbeit: Gestaltung - Organisation - Entgelt. Schriftenreihe des IfaA, Band 25. Verlag Bachem, Köln, 1991

Bullinger, H.-J. (Hrsg.): Integrationsmangement. FBO-Verlag, Baden-Baden, 1989

Fischer, G. N.: Psychologie des Arbeitsraumes. Campus-Verlag, Frankfurt, 1990

Fritz, H.-J.: Menschen in Büroarbeitsräumen. Heinz Moos Verlag, München, 1982

Hammer, M.; Champy, J.: Business Reengineering - Die Radikalkur für das Unternehmen, Campus-Verlag, Frankfurt, 1994

Höhler, G.: Spielregeln für Sieger. Econ-Verlag, Düsseldorf, 1992

Institut der deutschen Wirtschaft: Internationale Wirtschaftszahlen 1991. Dt. Institutsverlag, 1991

Kern, P.; Lorenz, D.: Von innen nach außen: Mitarbeiterorientierte Planung von wirtschaftlichen und zukunftssicheren Bürogebäuden. In: Office Management 10/1990, S. 55-63

Kelter, J.; Lorenz, D.: Ansichten und Rücksichten - Anforderungen an die Bürolayoutgestaltung. In: Büro Nr. 7, 4/1990, S. 14-18

Lorenz, D.; Baumann, M.: Nutzwertanalyse Büromöbel - Systematische Bewertung und Auswahl der optimalen Büroeinrichtung. AKZENTE Studiengemeinschaft, Murnau, 1994

Maslow, A.H.: Motivation und Persönlichkeit. Verlag Walter, Olten (Schweiz), 1978

Semler, R.: Das SEMCO-System - Management ohne Manager. Heyne-Verlag, München, 1993

Schulz, H.: Warum sind erfolgreiche Unternehmen erfolgreich? In: Werkstatt und Betrieb Nr. 124, 11/1991

Warnecke, H.-J.: Die fraktale Fabrik. Springer-Verlag, Berlin, 1992

Willenbacher, K.: Die Bedeutung des Instituts für angewandte Arbeitswissenschaft e.V. In: Inst. für angew. Arbeitswiss. (Hrsg.): Arbeit: Gesaltung - Organisation - Entgelt. Schriftenreihe des IfaA, Band 25, Verlag Bachem, Köln, 1991

Kapitel 5

Das Lean-Office und die Architektur

Lebensraum Bürohaus

Eintönige Bürohäuser

Die Bauaufgabe "Bürohaus" erscheint auf den ersten Blick durch Grundstück, Investitionsvolumen, Raumprogramm, notwendige Technik hinlänglich definiert. Vom Architekten wird erwartet, daß er ein Gehäuse schafft, bei dem Raumstruktur und Organisationsstruktur einander entsprechen. Und da das System "Verwaltung" überall auf der Welt durch ähnliche Organisationsformen reguliert wird, konnte die architektonische Antwort darauf auch nur in ähnlichen Gebäudeformen bestehen. Die Folge: Eintönigkeit und Gleichförmigkeit überall auf der Welt! Blickt man zurück, könnte man ganz grob eine Drei-Stufen-Entwicklung in der Büroorganisation und in der Bürohausarchitektur feststellen:

Zufallsbüro

Als Ergebnis zufällig gewachsener Organisationsstrukturen in zufälligen Gebäuden ergab sich das "Zufallsbüro" - mit den Nachteilen räumlicher Enge, schlechter Belichtung, Belüftung, Unübersichtlichkeit der Arbeitsabläufe etc.

Zellenbüro

Durch Rationalisierung, Mechanisierung, Übernahme industrieller Organisationsprinzipien in der Büroarbeit entstanden neue Bürogebäude, die ihre Verwandt-

BILD 90 *Ein spannungsreiches Bürohaus verbindet Schlichtheit, menschliches Wohlbefinden und Okölogie durch Planungsintelligenz. Bild: AWK Außenwerbungskontor, Koblenz (Arch. Hans Struhk).*

schaft mit Fabrikgebäuden nicht leugnen konnten. Sie enthielten Zellenbüros unterschiedlicher Größe: kleine und mittlere für leitende Büroarbeit, Mehrpersonenbüros mit Arbeitsplatzanordnung nach organisatorischen Prinzipien (Belegfluß) für untergeordnete Tätigkeiten wie Schreiben, Verwalten, Lochkarten stanzen bis hin zu den Massenarbeitssälen. Je nach Möblierung, Fensterlüftung und Belichtung haben Zellenbüros Raumtiefen zwischen 4 und 6 m.

Es ergaben sich aus ihrer Reihung einseitig oder beidseitig eines Flurs rechteckige Räume zwischen 12 bis 40 qm. Diese ein- bzw. zweibündige Bauweise

prägt das Erscheinungsbild des typischen Zellenbürohauses seit den 50er Jahren.

Großraumbüro

Die Weiterentwicklung der Organisationsstrukturen führte unter Einbeziehung arbeitsmedizinischer und arbeitspsychologischer Gesichtspunkte zur Entstehung des Großraumbüros, besiedelt mit Arbeitsgruppen, die nach häufigsten Kommunikation angeordnet waren.

Die vermeintliche Notwendigkeit totaler Kommunikation führte zu Flächengrößen von mindestens 400 bis 1000 Quadratmetern mit bis zu 80 Arbeitsplätzen auf

BILD 91 Hauptverwaltung Centraal Beheer, das Gruppenbüro als "Milieubüro" mit versetzten Geschoßebenen im Split-Level.

BILD 92 Ein Haus mit viel Offenheit und Transparenz ...

BILD 93 ... Individualität und Kommunikation (Arch. Herman Hertzberger)

einer Ebene. Mehrere solcher "klassischer" Großraumbüros mit viel Fläche bei wenig Außenwand übereinander angeordnet bilden das typische Erscheinungsbild eines Großraumgebäudes.

Durch ins Feinste ausgetüftelte optimale Lösungen der Arbeitsplatzgestaltung (gleichmäßiges Raumklima, gleichmäßige Belichtung, gleichmäßiger Geräuschpegel, ergonomisch richtige Arbeitsmöbel, technische Ausstattung der Arbeitsplätze) glaubte man, optimal den Forderungen von Gewerkschaften, Arbeitsmedizinern und Arbeitspsychologen nach "Humanisierung der Arbeitswelt" zu entsprechen.

Doch auch die Einbeziehung der wissenschaftlichen Erkenntnisse zur Arbeitsplatzgestaltung hat nicht zu den gewünschten Erfolgen geführt. Krankmeldungen wurden nicht seltener, die Menschen fühlten sich nicht wohler.

Auf der Suche nach besseren Lösungen

Jüngeren Datums sind die Einsichten, daß das Ergebnis der menschlichen Arbeit, auch der untergeordneten Büroarbeit, nicht nur von der technisch gut organisierten Arbeitsplatzgestaltung und ergonomisch richtigen Sitzmöbeln usw. abhängt, sondern wesentlich bestimmt wird vom Wohlbefinden des Menschen in seiner Arbeitsumwelt. Hinzu kommt, daß sich auch in der Büroorganisation der Zukunft Veränderungen ergeben werden. Die noch vorherrschende Subordination in der Hierarchie wird wohl durch eine Vernetzung gleichrangiger Gruppen ersetzt werden. Dadurch wird in zunehmendem Maße die Kreativität nicht nur in den Chefetagen gefordert. Immer mehr werden wiederholbare Arbeiten durch elektronische Einrichtungen übernommen. Der kreative Umgang der Mitarbeiter mit diesen Medien wird in zunehmendem Maße das Arbeitsergebnis, die Produktivität bestimmen.

Gesunde, ganzheitliche, lebendige Arbeitsumgebung

Wenn wir nun fragen, wie muß eine Arbeitsumwelt aussehen, in der der Mensch sich wohlfühlt, die ihn zu seiner vollen Leistungsfähigkeit und zur Ausschöpfung seines Kreativitätspotentials anregt, so sind Antworten hierauf nicht so leicht zu finden wie zu Zeiten der in Zahlen erfaßbaren Optimierungsmodelle. Alle Begriffe, die uns einfallen, wie Maßstäblichkeit, Räumlichkeit oder Gestalt, sind nicht meßbar, kaum definierbar. Wir können nur eine Annäherung versuchen, können Gebautes betrachten und uns fragen: Was gefällt uns daran? Warum fühlen wir uns wohl?

Auf der Suche nach den Unterschieden zwischen guten und schlechten Gebäuden, guten und schlechten Städten, fällt es schwer, objektive, allgemeingültige Kriterien zu benennen. Aber der Unterschied ist klar spürbar wie zwischen Gesundheit und Krankheit, Ganzheit und Zerrissenheit. Nur in einer Welt, die gesund, ganzheitlich und lebendig ist, können die Menschen lebendig und produktiv sein. Eine Welt, die zerrissen und selbstzerstörerisch ist, macht sie unglücklich, zerstört sie.

Ordnung des Normalen

Sucht man nach einer Entsprechung dieses Qualitätsbegriffs in der Architektur, so erkennt man, daß er etwas mit Ordnung, Geordnetheit, Anordnung, Harmonie, Struktur zu tun hat, auch mit geometrischen Maßstäben wie Maßstäblichkeit, Kontrast, örtliche Symmetrie. Gemeint ist nicht Ordnung durch Organisation, Prinzipien und abstrakte Positionen, keine Ordnung um ihrer selbst willen - sondern eine Ordnung, Geordnetheit, die von innen, vom Menschen kommt, eine Ordnung des Normalen, Bescheidenen, Angemessenen.

Die Entstehung des Gruppenbüros

Eines der ersten Bürogebäude, das mit dem bis dahin vorherrschenden Imponiergehabe der Glas-Stahl-Beton-Architektur Schluß machte und für etwa 1000 Beschäftigte eine neue innere Ordnung und Räumlichkeit anbot, war das 1973 fertiggestellte Verwaltungsgebäude der Centraal-Beheer-Versicherung in Apeldoorn, Niederlande (Arch. Herman Hertzberger).

Untersuchungen im Zusammenhang mit Großraumbüros hatten nämlich gezeigt, daß es die "totale Kommunikation" und den "totalen Belegfluß", auf denen die Ideologie dieses Büroraumtyps beruht, nicht gibt. Der Belegfluß wird weitgehend von elektronischer und technischer Datenübertragung ersetzt; Kommunikation findet verstärkt nur innerhalb abgegrenzter Arbeitsgruppen (zwischen zwei und maximal 12 Mitarbeitern), mit wesentlich geringerer Frequenz aber zwischen den Gruppen statt. Da die Arbeitsgruppen auf veränderte Anforderungen reagieren müssen, ist Flexibilität der Arbeitsflächen hinsichtlich Größe, horizontaler

Erweiterung und Verknüpfung eine Grundanforderung an den planenden Architekten.

Gruppenarbeitsplätze in begrenzter Größenanordnung waren daher die Grundlage für das bauliche Konzept von Centraal-Beheer. Arbeitsplätze mit 3 x 4 m für ein bis vier Personen bilden mit der entsprechenden Ausstattung die Bausteine des Konzepts, deren je vier, durch ein dazwischenliegendes Verkehrsflächenkreuz voneinander getrennt, eine "Arbeitsinsel" für 1 - 4 Personen formen. Aus dem "Übereinanderstapeln" von mehreren solcher "Arbeitsinseln", getrennt durch jeweils 3 m breite Luft- und Lichtschächte, verbunden durch Treppen und Brücken, ergibt sich das gezeigte differenzierte Bild von außen und von innen. Überall kann man im Inneren auf die "Arbeitsinseln" schauen. Jeder hat seinen "privaten" Arbeitsplatz mit Blickkontakt zu anderen, aber auch die Möglichkeit, sich abzuschirmen und seinen Platz individuell zu gestalten.

Daß sich diese geänderte Auffassung von Bürohausarchitektur sowohl in der Realisierung sehr großer wie auch kleiner Verwaltungsgebäude durchsetzte, läßt sich durch drei weitere Beispiele belegen.

Hauptverwaltung der Colonia-Versicherungen

(Arch. Thomas Beucker - Architekten BHLM)

Das Gelände der Colonia-Versicherungen in Köln-Holweide ließ bei einer Grundstücksfläche von etwa 100 000 qm eine relativ flache, in die Landschaft eingebundene Bebauung zu. Planungs-

erschlossenen Industriegebiet am Rande von Koblenz in der einst üppigen Rheinaue. Die Anordnung von Gruppenbüros mit einem kleinen Anteil von Einzelbüros um eine zentrale offene Halle gibt dem Baukörper eine interessant gegliederte Gestalt. Im Innern erlebt man Transparenz und räumliche Vielfalt durch versetzte Geschosse, mehrgeschossige Lufträume und ein differenziertes Raumgefüge der Arbeitsbereiche. Die massive Wand- und Tragkonstruktion gliedert die zusammenhängenden Büroflächen so, daß Gruppenräume verschiedener Größe und nahezu Einzelräume entstehen.

BILD 94 (oben) und BILD 95 (unten) Hauptverwaltung der Colonia-Versicherungen: "Unsere kleine Stadt" (Arch. Thomas Beucker, BHLM)

Hauptverwaltung Kolbus-Gruppe Rahden

(Architekten Struhk + Partner)

Die von uns entworfene Hauptverwaltung der Kolbus-Gruppe in Rahden ist ein anderes Beispiel. Der 1991 bezogenen Hauptverwaltung liegt als Organisationskonzept der Gruppenraum zugrunde, und zwar mit der relativ umfangreichen Gruppengröße von 2ß bis 25 Arbeitsplätzen. Generell wird ein Gruppenraum im dieser Größe heute als zu groß angesehen, sowohl in organisatorischer Hinsicht als im Hinblick auf das Arbeitsumfeld. Es ergeben sich zu viele optische und akustische Störungen sowie unterschiedliche Arbeitsplatzqualitäten an der Fassade und in der Innenzone. Der Bauherr und die beteiligten Mitarbeiter konnten sich aber mit kleineren Gruppenräumen nicht anfreunden, zumal das "Vorgängerbüro" ein Großraum war. Dennoch ist es gelungen, durch differenzierte Gliederung der Baumasse, An-

grundlage war auch hier die Gruppeneinheit und die Möglichkeit der horizontalen Verknüpfung dieser Einheiten miteinander. Die in der Erschließung dezentralisierte Anlage aus miteinander verbundenen Gebäudeteilen zeigt eine kleinteilige, lebendige Erscheinungsform nach außen. Die Anordnung der Gruppeneinheiten um einen von innen nach außen erlebbaren Innenhofanger läßt so etwas wie ein "Bürodorf" entstehen. Im Inneren wechseln Gruppenräume mit je 100 bis 200 qm mit Ein- und Mehrpersonenräumen ab, deren Zusammenfassung zu "Heimatbereichen" eine gruppenspezifische und individuelle Arbeitsatmosphäre entstehen läßt.

Ein anderes Beispiel ist die von mir geplante Hauptverwaltung der Gesellschaft für visuelles Marketing / AWK Außenwerbungskontor in Koblenz (siehe Bild 90). Die 1981 fertiggestellte zentrale Verwaltung mit etwa 120 Arbeitsplätzen liegt im neu

BILD 96 Bürohaus Kolbus: Drei "Häuser" mit Gruppenbüros entlang einer Kommunikationsachse. Westansicht mit vorgelagertem Wasserbecken. (Arch. Struhk + Partner)

BILD 97 Bürohaus Kolbus: Lichte freundliche, einladende zweigeschossige Eingangshalle

BILD 98 und BILD 99 Bürohaus Kolbus: Lineare Erschließung der Gruppenbüros mit Tageslicht von oben zur Belichtung der Gruppenräume im Inneren. Gleichzeitig Gewinnung passiver Sonnenenergie bzw. Nachtabkühlung durch schwerspeichernde Ziegelwand als Rückgrat.

ordnung von "Häusern" um begrünte Innenhöfe entlang einer zusätzlich von oben belichteten Kommunikationsachse die Arbeitsplätze im Innern und entlang der Fassade gleichwertig zu gestalten mit Blick in die westfälische Landschaft, mit Tageslicht und natürlicher Belüftung.

Das Kombi-Büro - eine neue Alternative

Als Weiterentwicklung der räumlichen Organisation von Büroarbeit macht das "Kombi-Büro" seit einigen Jahren von sich reden. Im Prinzip handelt es sich hier um kleine Zellenbüros bzw.

Arbeitsräume, gruppiert um einen innenliegenden Multiraum, in dem alles, was die Gruppe gemeinsam nutzt, angeordent ist: Ablagen, Kopierer, Drucker, Fachliteratur, Besprechungsplätze, Gruppenarbeitsplätze, Pausenzonen, temporäre Arbeitsplätze.

Das Kombi-Büro erlaubt den Rückzug in Ungestörtheit und die konzentrierte Arbeit. Die persönliche Gestaltung des Arbeitsplatzes - vom Foto aus dem letzten Urlaub über den Gummibaum bis zur Eigensteuerung von Lüftung, Heizung, Beleuchtung und Sonnenschutz - ist möglich. Den Wechsel von Einzelarbeit zu Gruppenarbeit erlaubt das Kombi-Büro ebenso wie die schnelle Reaktion auf geänderte organisatorische Forderungen: Ausstattung und Größe der Raumzellen sind identisch - nicht Möbel, sondern Mitarbeiter und persönliche Arbeitsmittel ziehen um, wenn sich die Aufgabe beziehungsweise die Struktur der Gruppe ändert.

Das Kombi-Büro verbindet die Vorteile des Zellenbüros mit denen des Gruppenbüros: Waren die Zellenbüros früherer Jahre aufgereiht an einem etwa 2 m breiten Flur, der außer Verkehrsfläche keinerlei Funktion hatte, so fällt die Verkehrsfläche hier praktisch weg, denn die Funktion Verkehr ist eingebunden in die sonstigen gemeinschaftlichen Nutzungen. Die größere Tiefe des Raums zwischen den Zellen mit Ausblicken, Nischenbildung, räumlichen Einschnürungen und Ausweitungen gibt dieser Zone eine ganz andere Raumqualität.

Die notwendige Gebäudetiefe von 14 - 16 m bei zweiseitiger Belichtung läßt darüber hinaus eine Nutzung als Gruppenraum zu, wie er bislang bekannt ist, und bietet daher für alle denkbaren Organisationsveränderungen genügend Spielraum. Die Anordnung der gemeinschaftlich benutzbaren Arbeitsmittel und die Gruppenarbeitsplätze im Multiraum ermöglichen eine Minimierung des Flächenbedarfs je Einzelzimmer, so daß der Flächenbedarf mit etwa 12 - 15 qm je Arbeitsplatz nicht größer ist als beim sonst bekannten Gruppenbüro.

Edding - erstes Kombi-Büro Deutschlands

"Ein Haus muß wie eine kleine Stadt sein, oder es ist kein rechtes Haus", dieser Gedanke Aldo van Eycks ist als Entwurfsidee bei der Hauptverwaltung der Edding AG in Ahrensburg prägend gewesen. Man betritt das Haus über eine sanft ansteigende Brücke, die das vorgelagerte Wasserbecken überquert, und erlebt im Eingangsbereich die lichte Weite, die das Gebäude bestimmt.

BILD 100 *Bürohaus Edding: Frontansicht mit Haupteingang. Unter Verwendung einfacher und kostengünstiger Materialien wurde ein offenes, transparentes und lichtdurchflutetes Haus in ökologischer Bauweise errichtet. (Arch. Struhk + Partner*

BILD 101 *Bürohaus Edding: Zweipersonen-Arbeitsraum im Kombi-Büro. Durch Oberlichtverglasung sowie Verglasung des Fassadenanschlusses entsteht ein großzügig wirkendes Büro mit viel Tageslicht und größerem Ausblick. Rechts sieht man die geschickte Nutzung der Türnische als Garderobe.*

Von hier aus erstreckt sich in Ost-West-Richtung die interne Haupterschließungs-"Straße" als dreigeschossiges passagenartiges Galeriegebäude. Auf beiden Seiten reihen sich die Kombi-Büros in vier zwei- bzw. dreigeschossigen "Häusern" im Wechsel mit unterschiedlich gestalteten begrünten Innenhöfen.

Kommunikationsstraße

Die interne "Straße" als kommunikatives Zentrum hat nichts gemein mit herkömmlichen Fluren: räumliche Erweiterungen zu "Plätzen", Ausblicke in die Höfe und die Multiräume der Kombi-Büros lassen abwechslungsreiche Raumerlebnisse entstehen

BILD 102 Bürohaus Edding: die "Kommunikationsstraße" als dreigeschossige passagenartige Galerie.

BILD 104 Bürohaus Edding: Die Split-Level-Bauweise führt zu versetzten Geschoßebenen. Dadurch entsteht Leichtigkeit und Transparenz mit vielfältigen Durchblicken von der Erschließungsstraße in die Kombi-Büro-Einheiten.

BILD 103 Bürohaus Edding: Ein-Personen-Arbeitsraum. Viel Individualität und Privatheit für konzentrierte störungsfreie Einzelarbeit.

BILD 105 Bürohaus Edding: Sheddach, Oberlichtverglasung in den Arbeitsräumen und die glasüberdachte "Kommunikationsstraße" bringen viel Licht in den Multiraum des Kombi-Büros. Die helle und freundliche Atmösphäre unterstützt und fördert den kommunikativen Charakter des Hauses.

und vermitteln dem Besucher einen Eindruck vom Selbstverständnis und Image des weltoffenen Unternehmens.

Von den drei Ebenen der "Straße" erreicht man die halbgeschossig versetzt angeordneten Kombi-Büroeinheiten. Diese Split-Level-Anordnung ermöglicht über offene Treppen eine intensive Zusammenarbeit und Kommunikation von Gruppe zu Gruppe, läßt Spielraum für Bildung unterschiedlich großer organisatorischer Einheiten.

Jede der neun Kombi-Büroebenen hat eine Grundrißfläche von etwa 300 Quadratmetern, unterteilt in einen zentral angeordneten Multiraum und 16 bis 18 Arbeitsräume mit 9,5 m Grundfläche.Raumzuschnitt (16 x 19 m) und Installationssysteme (Kombination aus Doppelbodentrasse und Bodenkanal) sichern Flexibilität der Nutzung (z.B. als Gruppenbüro) auch für zukünftige Änderungen der Organisation.

KOMBIBÜRO

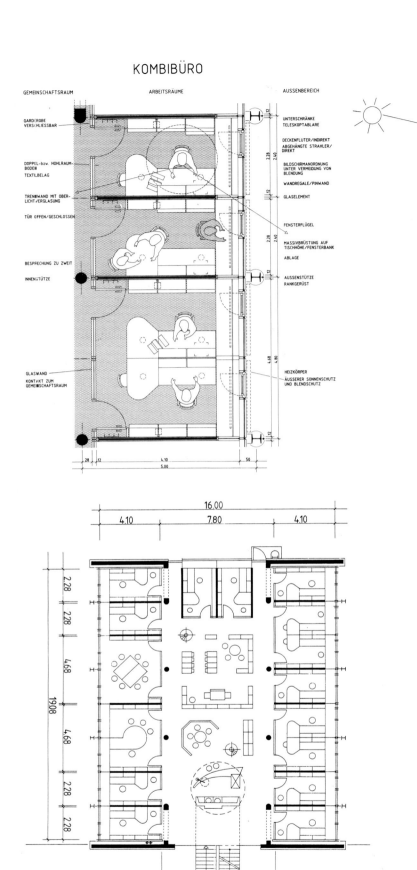

GEMEINSCHAFTSRAUM — ARBEITSRÄUME — AUSSENBEREICH

GARDEROBE VERSCHLIESSBAR

DOPPEL- bzw. HOHLRAUM-BODEN TEXTILBELAG

TRENNWAND MIT OBER-LICHT/VERGLASUNG

TÜR OFFEN/GESCHLOSSEN

BESPRECHUNG ZU ZWEIT

INNENSTÜTZE

GLASWAND KONTAKT ZUM GEMEINSCHAFTSRAUM

UNTERSCHRÄNKE TELESKOPTABLARE

DECKENFLUTER/INDIREKT ABGEHÄNGTE STRAHLER/DIREKT

BILDSCHIRMANORDNUNG UNTER VERMEIDUNG VON BLENDUNG

WANDREGALE/PINWAND

GLASELEMENT

FENSTERFLÜGEL

MASSIVBRÜSTUNG AUF TISCHHÖHE/FENSTERBANK

ABLAGE

AUSSENSTÜTZE RANKGERÜST

HEIZKÖRPER ÄUSSERER SONNENSCHUTZ UND BLENDSCHUTZ

16.00 — 4.10 — 7.80 — 4.10

BILD 106 (oben) und BILD 107 Kombi-Büro Edding: Kommunikation im Team und konzentrierte ungestörte Einzelarbeit sind optimal möglich. In den zum Multiraum (Gemeinschaftsraum) hin verglasten Arbeitsräumen sind verschiedene Raumnutzungen realisierbar (Ein-, Zweipersonenbüro, Chefbüro, Besprechungsraum). Der Multiraum in der Mitte nimmt alle gemeinsam genutzten Einrichtungen auf (Kaffeebar, Besprechung, Archiv, Kopierer, Fax etc.) und ist zugleich Erschließungs- und Kommunikationsfläche.

PROFILSTAHL-STÜTZE RANKHILFE — ALU-FASSADE HOLZFENSTER SONNEN- UND BLENDSCHUTZ HEIZKÖRPER — STAHLBETONFLACHDECKE MASSIVBRÜSTUNG DECKENUNTERSICHT SICHT-BETON — TRENNWAND (HOLZ/GLAS) PINWAND/TEXTIL-BESPANNUNG

BILD 108 Kombi-Büro Edding: Schnitt durch das Gebäude. Hier sieht man das kommunikative Zusammenspiel von Menschen und Räumen mit den individuellen Arbeitsräumen an der Fassade und in der Mitte der Multiraum bzw. Gemeinschaftsraum. Die Arbeitsräume zeigen links den zur Wand orientierten Arbeitsplatz mit Nutzung der dritten Ebene über dem Schreibtisch und rechts die Rückwand mit Ablagemöglichkeiten und der Türnische als persönliche Garderobe.

Hohes Maß an Privatheit

Die Arbeitsräume sind ausnahmslos zur Fassade orientiert mit Tageslicht, Fenstern zum Öffnen und Ausblick in einen der grünen Innenhöfe. Das Arbeitsklima bestimmt jeder Mitarbeiter selbst: Raumtemperatur, Frischluft, Direkt-/Indirektanteil am notwendigen Kunstlicht, Sonnenschutz sind individuell steuerbar. Niemand muß den Tabakdunst des Nachbarn oder sein lautstarkes Telefonieren ertragen, keine Klimaanlage verur-

Multiraum bzw. Gemeinschaftsraum   Arbeitsräume

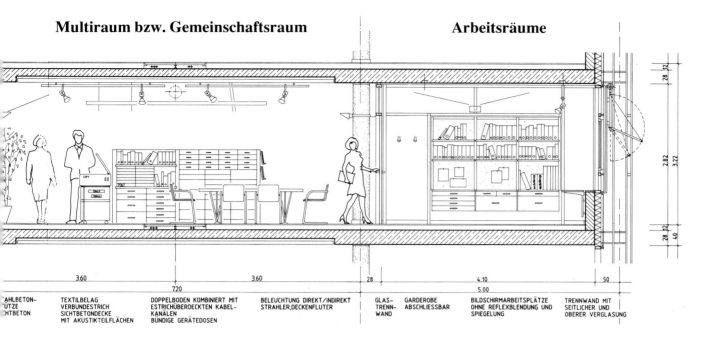

AHLBETON- ÜTZE CHTBETON	TEXTILBELAG VERBUNDESTRICH SICHTBETONDECKE MIT AKUSTIKTEILFLÄCHEN	DOPPELBODEN KOMBINIERT MIT ESTRICHÜBERDECKTEN KABEL- KANÄLEN BÜNDIGE GERÄTEDOSEN	BELEUCHTUNG DIREKT/INDIREKT STRAHLER,DECKENFLUTER	GLAS- TRENN- WAND	GARDEROBE ABSCHLIESSBAR	BILDSCHIRMARBEITSPLÄTZE OHNE REFLEXBLENDUNG UND SPIEGELUNG	TRENNWAND MIT SEITLICHER UND OBERER VERGLASUNG

sacht einen Schnupfen. Zum Multiraum hin sind die Arbeitsräume abgetrennt durch raumhoch verglaste Trennwände, die einerseits den Kontakt zur Gruppe herstellen, andererseits gegen Störungen von dort abschirmen. Die geschlossene Raumtür signalisiert dem potentiellen Störer: ich möchte im Augenblick konzentriert arbeiten!

Die Innenzonen der Kombi-Büros grenzen vor Kopf unmittelbar an die Fassade an und erhalten von dort direktes Tageslicht. Fenster zum Öffnen (Querlüftung) machen künstliche Be- und Entlüftung verzichtbar.

Funktionale Möblierung

Die Möblierung der Arbeitsräume ist weitgehend standardisiert. Mit sinnvoll angeordneten, leicht gebauten und platzsparend konstruierten Möbeln und Organisationshilfen sind sie organisatorisch und ergonomisch optimal ausgestattet. Zur Grundausstattung gehören Arbeitstisch mit Rollcontainer, kleiner Besuchertisch mit Stuhl, an den Trennwänden montierte Wandregale, Steck- und Akustikflächen, Unter- und Hängeschränke, Ablageborde in der Fensterbank und an den Trennwänden. Die Anordnung der Möbel im Aktionsradius des Bürodrehstuhls ermöglicht es, alle Aktivitäten an den verschiedenen Möbeln aus der Grundposition heraus zu handhaben.

Die Möblierung des Multiraumes ist so konzipiert, daß die Schrank- und Raumbegrenzungselemente eine Raumhöhe von 1,40 m (max. 1,60 m) nicht überschreitet, um die Transparenz des Raumes, den Tageslichteinfall und Sichtverbindungen nicht zu verhindern.

Die Abstimmung der Materialien Buchenholz, Glas, weiße Flächen der Trennwände und Decken, sanftes Blau des textilen Fußbodenbelages, der vielfältige Lichteinfall über die Fassade, Oberlichter und transparente Trennwände läßt einen sehr leichten und freundlichen Raumeindruck entstehen. Selbst bei geschlossener Raumtür entsteht kein Gefühl der Isolation, durch Blickkontakt mit den anderen Mitgliedern der Gruppe, über den Hof zum Kollegen im "Nachbarhaus" entsteht ein bereichsübergreifendes "Wir-Gefühl", eine Möglichkeit der Identifikation nach innen und außen.

Das große Interesse, das die Entwicklung des Kombi-Büros ausgelöst hat, spiegelt das Bedürfnis wider, so unterschiedliche Anforderungen wie Kommunikationsfreundlichkeit und Privatheit, Offenheit und Abgeschirmtheit miteinander zu verbinden. Daß dies beim Kombi-Büro gut gelingt, darf jedoch nicht zu dem Trugschluß führen, damit die alle Probleme lösende Büroraumform gefunden zu haben.

Die Frage nach dem richtigen Büro darf nicht lauten: "Welche Büroraumform ist die richtige?" sondern: "Welche Büroraumform wird unseren heutigen und zukünftigen Anforderungen am besten gerecht?"

Ganzheitliche Arbeitsumgebung gefordert

Die rasante Entwicklung der Informations- und Kommunikationstechnik, der Wandel in den Verfahrensabläufen und Organisationhierarchien, das Wachsen des ökologisch/energetischen Bewußtseins und der allgemeine Wertewandel in der Gesellschaft machen es nicht leicht, heute Entscheidungen zu treffen, die auch morgen noch Gültigkeit haben.

Daher kann die Frage nach der "richtigen" Büroraumform auch nur so beantwortet werden, daß die Bedingungen formuliert werden, denen ein Bürohaus heute und in Zukunft gerecht werden muß. Der Weg führt auf jeden Fall weg von den starren, unwandelbaren Büroformen hin zu multifunktionalen, variablen und dynamischen Kombinationen verschiedener Organisationsformen in ein- und demselben Gebäude. Dafür wurde von Dieter Lorenz in jüngster Zeit der Begriff "Lean-Office" eingeführt, den ich aber hier noch weiter gefaßt benutzen möchte. Für mich ist Bürohausplanung nur dann zukunftsgerecht, wenn sie im ganzheitlichen Ansatz gleichzeitig organisatorische, konstruktivtechnische, ökonomische, energetisch/ökologische und gestalterische Anforderungen und die Bedingungen einer natürlichen, menschenfreundlichen Arbeitsumgebung erfüllt, dabei offen ist für zukünftige Änderungen im Bereich der Organisation und Bürotechnologie.

Ohne Anspruch auf Vollständigkeit sind hier zu nennen:

- Eine umwelt- und energiebewußte Gebäudekonzeption und -gestalt (Lage im Gelände, Ausrichtung, Grundriß-

organisation, innere Funktionszusammenhänge)

- Eine klar gegliederte, überschaubare Grundrißordnung sowie Technikprizipien, die auch bei zukünftigen organisatorischen Änderungen Flexibilität und Variabilität der Nutzung garantieren (Konstruktionsraster, Achsmaße, Gebäudetiefe, Erschließung, Ver- und Entsorgungssysteme, Informations- und Kommunikationssysteme)

- Eine Konstruktion, die beträgt, den Einsatz gebäudetechnischer Maßnahmen zu minimieren (Nutzung der Speicherfähigkeit schwerer Bauteile, Nutzung natürlicher Energiequellen, differenzierte Fassadenausbildung je nach Witterungsschutzbedürftigkeit z.B.)

- Menschenfreundliche Arbeitsumgebungsbedingungen (Tageslicht, Frischluft, natürliche, giftfreie, haptisch angenehme Materialien und Oberflächen u.a.)

Wiederentdeckung des Menschlichen

Bereits in den zuvor gezeigten Beispielen aus den vergangenen Jahren wurde eine gewandelte Auffassung vom Arbeitsplatz Büro erkennbar. Selbst wenn man einmal unterstellt, daß auch andere Beweggründe, zum Beispiel der Wunsch nach Selbstdarstellung des Unternehmens, bei der Definition der Bauaufgabe "neues Büro" mitspielen und wir in zehn Jahren vielleicht wieder anders über unsere heutigen Lösungen denken mögen, ist eines jedoch spürbar:
Bestimmte Gestaltungsprinzipien, die in der gegenwärtigen Büroarchitektur erkennbar sind,

werden sicher nicht nur als Modeerscheinung betrachtet werden können, denn sie beziehen ihre Rechtfertigung aus der Wiederentdeckung des Menschlichen: gestalteter Außenraum, der Eingang als Einladung einzutreten, Flure, Treppen, Wege als Orte der Kommunikation, Arbeitsbereiche als Lebensraum!

Integration statt Dominanz

Jahrelang wurden die großen Verwaltungen ausschließlich an den Rand der Städte verbannt - die begrenzten Grundstücksangebote mit entsprechend hohen Preisen in den Städten, die Verkehrsbedingungen, Parkplatzmangel und anderes waren dabei ausschlaggebend. Tote Bürostädte in arbeitsfreien Zeiten, überfüllte Ausfallstraßen morgens und abends, Isolation der arbeitenden Menschen vom städtischen Leben waren die bekannten Folgen.
Heute wird versucht, die innerstädtischen Lagen zu erhalten und gegebenenfalls durch Umgestaltung attraktiver zu machen. Bürohaus-Neubauten sollen nicht mehr Einzelprunkobjekte im Stadtbild sein, sie gehen vielmehr auf die bestehende Bebauung ein. Sie wollen eine Verbindung schaffen zwischen Alt und Neu durch Einbindung in das Bestehende, durch Höhenentwicklung, Maßstäblichkeit, Gestalt, Material- und Farbwahl und künstlerische Qualität.

Auch die Freiflächen der Bürogebäude im städtischen Bereich sind anders gestaltet. Sie sind zu benutzbaren und erlebbaren Teilen des öffentlichen Raums geworden. Passagen, Durchgänge im Erdgeschoß, begrünte Innenhöfe, Cafés und Läden schaffen die Verbindung zwischen Arbeit

BILD 109 Bürohaus AWK Außenwerbungskontor, Koblenz (Arch. Hans Struhk). Das Gebäude liegt mitten in einem Industriegebiet. Es ist hier gelungen, einen Kontrast zu schaffen mit anregenden positiven Außenräumen.

unstrukturierten Flächen waren, regten sie leider auch die Architekten nicht zu besonderen Anstrengungen an, was die Aussenraumgestaltung betrifft. Wir kennen das: Die Gebäude sind gleichmäßig im Gelände verteilt, dazwischen Erschließungsstraßen, Parkplätze, und was übrig bleibt: Abstandsgrün, englischer Rasen, Blumenrabatte, ein paar willkürlich verteilte Baum- und Strauchgruppen. Solche Außenräume, die lediglich zwischen Gebäuden übrigbleiben, werden häufig nicht genutzt, sind tote Zonen.

"Positive Außenräume" können durch Zusammenfügen und Anordnen von Gebäuden und Gebäudeteilen geschaffen werden, auch durch Bäume, Baumreihen, Hecken, Arkaden, Pergolen. Außenräume sollen nicht irgendwohin auslaufen, sondern eigenständige räumliche Gebilde sein. Nur so kann Außenraum Erlebnisraum sein und damit der Entspannung und Regeneration der Kräfte dienen.

Der Mensch braucht anscheinend ein gewisses Maß an Abgeschlossenheit, hat ein ursprüngliches Bedürfnis nach räumlicher Begrenzung. Niemand überquert zum Beispiel gern einen großen freien Platz! Außenraum soll gleichzeitig geschützter Außenraum sein. Ein Außenraum ohne Begrenzung ist vage, amorph, ein Nichts; der Raum zerfließt.

und Leben in der Stadt, lassen auch in den arbeitsfreien Zeiten die Innenstädte mit ihren Bürohäusern nicht veröden. Verstecken wir die Autos in Tiefgaragen, unter Bäumen, berankten Pergolen! Schaffen wir Grün an kahlen Wänden und ersparen wir unseren Augen Trübsinn und Langeweile!

Wir alle kennen die Höfe und Plätze alter Städte. Sie sollten unsere Vorbilder sein! Bauen wir doch mit gleichem Anspruch, gleicher Qualität und Dichte! Schaffen wir uns ein Raumgefühl, das, wie zu allen Zeiten, von den Beziehungen der Wände und Dächer der Häuser zueinander, von ihrer Stellung im Straßenraum, von ihrer Dynamik lebt.

Positive erlebnisreiche Außenräume

Die andere Lösung, das Bürogebäude am Rande der Stadt, wird angesichts der begrenzten Grundstückssituation in den Städten weiterhin seine Bedeutung behalten. Wie aber der Isolation begegnen? Wie ist ein Ausgleich zu schaffen für die fehlende Urbanität?

Hier sind es zunächst einmal die Topographie und die umgebende Landschaft, die in die Gestaltung einzubeziehen sind. Ein Hanggrundstück erfordert zwingend eine andere Gebäudegestalt als ein flaches Grundstück! Da die meisten Industriegelände am Rande der Stadt solche flachen,

Zusammenwirken mit der Natur

Mit den immer weiter ausufernden Städten, Industrieanlagen, öffentlichen und privaten Straßen und Parkplätzen haben wir unsere Erde zugepflastert, mit Beton und

Asphalt "versiegelt". Folgen sind Veränderungen im Grundwasserhaushalt, in der Sauerstoffversorgung der Ballungsgebiete, Überhitzungserscheinungen in Städten und vieles andere mehr.

Eine ökologisch sinnvolle Gestaltung von Außenräumen kann versuchen, solche negativen Auswirkungen aufzufangen und auszugleichen. Der Erhalt des Regenwassers auf dem Grundstück durch Anlage eines Teichs, Verzicht auf exotische Pflanzen und Rückbesinnung auf standortspezifische Vegetation, wasserdurchlässige Beläge auf Wegen und Parkplätzen, Begrünung von Hausfassaden und Dächern können der Erde ein Stück Natur zurückgeben, das ihr der Mensch geraubt hat.

BILD 110 Bürohaus AWK: Ein Kiesweg führt über Außenräume mit standortgerechter Vegetation zum Haupteingang. Der Mitarbeiterparkplatz liegt am Grundstückszugang. Man erreicht das Gebäude ganz bewußt zu Fuß. Nur für Besucher gibt es am Gebäude einen kleinen Parkplatz.

Ein Beispiel für den "Lebensraum Büro"

Durch eine reizvoll gestaltete Parklandschaft mitten im Industriegebiet - ursprünglich ebenso platt und uninteressant wie die benachbarten Grundstücksflächen - erreicht man über eine geschwungene Wegführung den Haupteingang des Bürohauses AWK Außenwerbungskontor, Koblenz, mitten in einem Industriegebiet der üblichen Ausprägung. Die umliegenden Hallen und Werkanlagen sind seitlich abgeschirmt durch Erdwälle mit feldheckenähnlicher Bepflanzung. Innerhalb dieser Wälle ist eine Folge von Räumen gebildet worden, weite offene und bergend einschließende. Die alten Kirsch- und Apfelbäume stehen einzeln oder in Gruppen.

Eine blühende und artenreiche Wiese bedeckt die Bodenflächen und schwingt sich seitlich zu den

BILD 111 Bürohaus AWK: Die zentrale Halle empfängt den Besucher mit Offenheit und Transparenz. Sie ist einladender Ort der Begegnung und Kommunikation. Von hier aus werden alle Gebäudeteile erschlossen.

BILD 112 Bürohaus AWK: Nicht direkt, sondern geschwungen, bewußt Zeit lassend, lädt der schlichte Haupteingang zum Eintritt ein.

BILD 113 Bürohaus AWK: Versetzte Geschoßebenen in Split-Level eröffnen vielfältige Ein-, Aus- und Durchblicke.

Wällen auf. Erreicht man die Nähe des Gebäudes, sind die Außenräume feingliedriger gestaltet. Große Bäume, kleinere Sträucher, einzeln und in Gruppen, wechseln mit Bodenteppichen in großzügigen und feingliedrigen Strukturen. Die Verzahnung von Innen- und Außenraum, von Gebäudeform und Gliederung der Bepflanzung und Wege werden hier spürbar, bilden ein harmonisches Gefüge.

Im Südosten des Grundstücks ist ein Teichgewässer angelegt. Es soll helfen, Regenwasser auf dem Grundstück zu halten und den Lebensraum vielgliedriger zu gestalten, eine ökologische Nische zu schaffen in einer sonst zubetonierten Landschaft. Ein kleiner Wasserlauf und gliedernde Bepflanzung formen differenzierte Terrassen, die den Teich mit der im Erdgeschoß des Gebäudes liegenden Cafeteria verbinden.

Eingänge und Ausgänge - laden ein oder weisen ab

Ein Eingang kann den Wunsch wecken einzutreten, kann einladen. Er kann aber auch abweisen, erschrecken, verunsichern. Oder er kann indifferent sein, bedeutungslos, nicht identifizierbar. Welche Art von Eingang in das Gebäude man sich auch vorstellt, den "Haupteingang", Gruppen von Eingängen oder Nebeneingänge - der Eingang schafft einen Übergangsraum zwischen der äußeren "öffentlichen" Welt und der inneren, weniger öffentlichen "privaten" Welt.

Das Erlebnis beim Betreten des Gebäudes beeinflußt, wie man sich darin fühlt. Das gilt für den Besucher ebenso wie für den täglich dort Arbeitenden.

Aldo von Eyck 1953 zum Wesen der Tür: "Das ist die tiefere Bedeutung einer Türe, daß sie das Kommen und Gehen umrahmt. Denn dieses sind doch lebenswichtige Erfahrungen nicht nur für die, die sie vollziehen, sondern auch für die, die sich begegnen oder zurückbleiben. Eine Tür ist der Schauplatz eines Vorganges, der sich im Leben zwischen seinem ersten Eingang und seinem Ausgang millionenfach wiederholt."

Wir kennen alle die zentralen Eingänge der großen Bürogebäude, die am Morgen ein Heer von Menschen verschlucken. Fahrstühle verteilen sie wie am Fließband an die verschiedenen Arbeitsplätze in verschiedenen Geschossen. Am Abend spuckt der gleiche Mechanismus sie wieder aus!

Wie anders dagegen ein Eingang, der in eine lichte weiträumige Halle führt, von der aus offene Treppen und Flure in die oberen Geschosse führen. Er empfängt den Menschen, läßt ihm Luft zum Atmen, erdrückt ihn nicht. Die mehrgeschossige Halle als Lichthof und Verteiler im Gebäude ist uns schon aus den 30er Jahren bekannt, wurde jahrelang als Raumverschwendung diffamiert und erlebt nun - nicht zuletzt im Zuge energetischer Überlegungen - ihre Neuentdeckung als glasüberdachtes Atrium, als Glashalle zwischen freistehenden Gebäuden. Über ihre Nutzung als Eingangs- und Empfangszone hinaus bietet die Halle vielfältigen Aktivitäten Raum. Entsprechend ausgestaltet mit Pflanzen, Wasser, Kunstgegenständen ist sie Repräsentationsort, Ruhe- und Wartezone, ist Licht- und Luftspeicher im Inneren, ermöglicht Begegnung und Bewegung.

Die Halle als kommunikativer Mittelpunkt

Die zentrale Halle im Beispiel AWK Außenwerbungskontor mit einer großzügigen Oberlichtverglasung und einer muldenartigen Absenkung ist optischer und funktionaler Mittelpunkt des Gebäudes. Hier ist der zentrale Empfang, von hier aus erreicht man über offene Treppen und Wege die Büroebenen und ein Galeriegeschoß, von hier wird die kleine Cafeteria erschlossen und einige weitere Sonderflächen. Durch die Erschließung des gesamten Gebäudes von der zentralen Halle aus, die gliedernd und gleichzeitig zusammenfassend wirkt, wird eine leichte Orientierung und Überschaubarkeit erreicht, die den räumlichen Reiz unterstützt.

Die Öffnung der versetzten Büroebenen zur Halle hin führt nicht nur den Arbeitsplätzen der Innenzonen das notwendige Tageslicht zu, sie ermöglicht den Mitarbeitern Sichtverbindung zwischen unten und oben, gibt räumliches Zusammengehörigkeitsgefühl. Zusammen mit dem angrenzenden kleinen Restaurant bietet die Halle vielfältige außerbetriebliche Nutzungsmöglichkeiten: Für die Präsentation der vorhandenen Sammlung zeitgenössischer Kunst wird sie ebenso genutzt wie für Seminare, Ausstellungen, Musikdarbietungen, Einladungen und Feste.

Wege und Nebenwege - verbinden Menschen und Räume

Ein Weg kann das Band sein, das die Räume eines Gebäudes - im Inneren und Äußeren - miteinander verbindet. Wege dienen der Bewegung durch den Raum, sie beeinflussen durch ihre Führung

BILD 114 *Bürohaus AWK: Hohe Arbeitsplatzqualität mit guter Abschirmung. Die zum Raumgefüge hin offenen Nischen bieten viel Privatheit und individuelle Atmosphäre.*

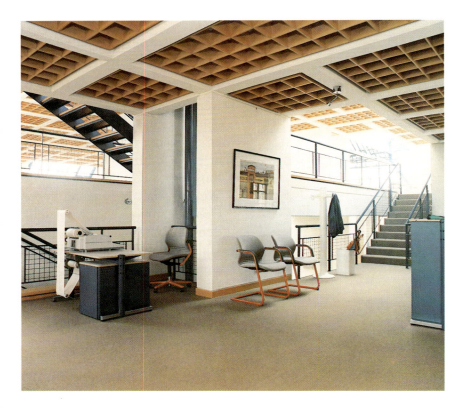

BILD 115 *Bürohaus AWK: Versetzte Geschoßebenen im Split-Level bewirken ein differenziertes Raumerlebnis. Der Weg zum Arbeitsplatz ist abwechslungsreich, dem Menschen entsprechend.*

das Erlebnis von Form und Raum des Gebäudes.

Über die Annäherung an das Gebäude, den Eintritt ins Innere, die Wegführung im Gebäude, die Beziehung zwischen Weg und Raum und die Form der Verkehrswege erschließt sich uns das Gebäude als Ganzes.

Eine Wegführung, die frontal auf das Gebäude zuführt, kennzeichnet klar und eindeutig das Ziel des Weges, die Fassade, den Eingang. Eine gewundene Führung des Weges verlängert die Dauer der Annäherung, läßt die dreidimensionale Gestalt des Gebäudes erkennen. Der Eingang kann bis zuletzt verborgen oder nur zeitweilig sichtbar sein.

BILD 116 Bürohaus AWK: Gruppenraumbereiche, zur Halle hin offen.

Lebendige Wege im Inneren

Im Inneren des Gebäudes setzen Wege die Verknüpfung von Räumen fort: Je nach Länge und Führung des Weges bleibt die Eigenständigkeit eines Raumes erhalten, kann ein Raum in Zonen für Ruhe und Aktivitäten geteilt werden, wird ein Raum in seiner Bedeutung festgelegt.

Verkehrswege und -räume sind wesentlicher Bestandteil eines jeden Gebäudes. Betrachtet man sie als bloß funktionale Verbindungselemente, reicht es, sie als Flure auszubilden. Da auf ihnen aber Menschen gehen, pausieren, sich ausruhen, sollten Form und Maßstab der Erschließungswege den Bewegungen des Menschen entsprechen.

Verkehrswege können unterschiedliche Formen haben:

- nach Art ihrer Begrenzungen,
- entsprechend der Art der Beziehungen zur Form der Räume, die sie verbinden,
- in Abhängigkeit von Maßstab, Proportionen, von Belichtung und Ausblick,
- nach Lage der Ein- und Ausgänge in ihnen,
- je nach Art der Treppen und Rampen, mit denen Niveauunterschiede überwunden werden.

Wenn Verkehrsräume umschlossen sind, bilden sie Korridore und verbinden die angrenzenden Räume durch Öffnungen in den begrenzenden Wänden. Sind sie offen auf einer Seite, dann schaffen sie optisch und räumlich fließende Übergänge zu den anliegenden Räumen. Räume, die offen sind nach zwei Seiten, erweitern den Raum, den sie durchlaufen. Aus üblichen Fluren werden auf diese Weise "Gassen" und "Plätze".

Erweitert sich der Weg zur Halle, teilweise über mehrere Geschosse, begrenzt nur durch Glas nach oben oder seitlich, so erfährt das Gebäude eine räumlich attraktive Bereicherung. Ein Hallenraum mit Glasdach als vertikale und horizontale Verbindung und zugleich Lichtquelle für die innersten Zonen des Gebäudes kann der privilegierte Ort sein für visuelle und materielle Kommunikation. Mit Treppen und Rampen zu verschiedenen Ebenen wird eine horizontale und vertikale Durchdringung von Erschließungs- und Funktionsflächen erreicht.

Treppen und Rampen stimulieren

Treppensteigen stellt einen sinnhaft besonders erlebbaren Gehvorgang dar. Treppen in die Höhe oder in die Tiefe lösen unterschiedliche Gefühle aus. Die positive und negative Symbolik einer Treppe ist bekannt (Himmelsleiter, Treppe in den Orkus).

Treppen gehören in den Bereich des Übergangs (Innentreppen, Außentreppen). Ihre Gefühlsskala ist breit: von repräsentativen Treppen über Sitztreppen bis zu sparsamsten Fluchttreppen. Die Gestaltungsmöglichkeiten sind breit gefächert. Es gibt viele überzeugende Beispiele, wo Bewegungsablauf in sinnhaft emotional erlebbare Gestaltformen umgesetzt wurde. Rampen können Treppen ersetzen. Sie haben aber eine andere Gestaltqualität als Treppen. Leider sind sie platzaufwendig und werden im allgemeinen nur zur Überwindung geringer Höhendifferenzen geplant. Interessante architektonisch-räumliche Lösungen von Treppen und Rampen finden wir u. a. in neueren Museumsbauten in der Bundesrepublik Deutschland.

Treffpunkte erlebnisreich gestalten

Warum sehen Mitarbeiterkantinen bisher aus wie Schnell-Imbiß-Gaststätten, die Kasinos der Geschäftsleitung dagegen wie Herrenclubs? Die künftige Büroarbeit verlangt hochqualifizierte engagierte Mitarbeiter. Eine starke geistige Anspannung gehört mehr und mehr zum Alltag. Entsprechende Ruhe- und Erholungsphasen sind nicht mehr wegzudenken. Neben den "Wegen und Nebenwegen" als Orte der Begegnung und kurzfristige Entspannung sind es gerade die Pausenzonen und der Restaurantbereich, die diesem Bedürfnis Rechnung tragen. Ein Mitarbeiterrestaurant, das räumlich gegliedert ist, dessen Materialwahl, Farbgebung, Möblierung dem Bedürfnis der Menschen nach heiterer, vielleicht gemütlicher Atmosphäre entspricht, bietet Raum für Identifikation und läßt auch Zugehörigkeitsgefühl entstehen. Eine Verzahnung des Restaurantbereichs mit den Kommunikationszonen im Inneren und mit dem Außenraum durch Einbeziehung von Terrassen und Freiflächen ergibt zusätzliches Raumerlebnis.

Auch für Konferenzräume, Besprechungszonen, Schulungsräume gilt gleiches: Der technisch aufwendige Ausrüstungsstandard allein sichert noch nicht ihr gutes Funktionieren. Die Auswahl der Materialien, Licht und Beleuchtung, Farbwahl für Flächen und Möbel geben diesen Raumzonen erst die Atmosphäre, die den Benutzer entspannt und ihn dem Geschehen öffnet.

Arbeitsräume sind Lebensräume

Wenn man bedenkt, daß wir Menschen mehr als die Hälfte der wachen Tageszeit am Arbeitsplatz verbringen, ist die auf das Kürzel "Arbeitsraum = Lebensraum" gebrachte Zielvorstellung ohne weitere Erläuterung zu verstehen. Hinzu kommt die selbstverständliche Forderung nach Gleichwertigkeit der Arbeitsplätze: Es soll keine ruhigen und lauten, hellen und dunklen, keine zugigen und stickigen Arbeitsplätze mehr geben. Dem Bedürfnis des arbeitenden Menschen nach Luft und Licht, Ausblick und Geborgenheit, nach Kommunikation und Ungestörtheit am Arbeitsplatz sollte auf allen Ebenen der Hierarchie Rechnung getragen werden.

Licht und Luft auf natürliche Weise

Kopf- und Augenschmerzen in den Großräumen wurden nicht zuletzt ausgelöst durch die Gleichmäßigkeit des künstlich erzeugten Lichtmilieus, das angeblich dem Tageslicht entspre-

Bewußte Materialwahl und Gestaltung mit der Natur schafft Lebensräume

Bürohaus AWK

BILD 117 (oben): Ein Weg um das Bürohaus.
BILD 118 (mitte): Terrasse vor dem Betriebsrestaurant.
BILD 119 (unten): So kann eine Energiezentrale "eingekleidet" sein.

chen sollte. Tageslicht ist aber gerade dadurch gekennzeichnet, daß es nicht gleichmäßig ist. Licht und Schatten, bedeckter und unbedeckter Himmel, Lichtwinkel, Lichtfarbe usw. sind ständig wechselnd. Eine Raumtiefe von 7 m bei einseitiger und etwa 15 m bei zweiseitiger Belichtung ermöglicht es dem Planer, alle Arbeitsplätze so anzuordnen, daß sie direktes Tageslicht erhalten.

Durch Anordnung der Fenster an zwei Seiten oder über Eck erhält der Raum eine lebhafte und reizvolle Atmosphäre. Aus verschiedenen Himmelsrichtungen fällt Licht mit unterschiedlicher Intensität und Lebendigkeit in die Räume, was für das Auge nur wohltuend sein kann. Das Licht, das durch ein Fenster fällt, belichtet u. a. auch die Wand mit dem anderen Fenster. So wird der Kontrast zwischem dem Licht dieser Innenwände und dem Himmel stark gemildert. Das Auge reagiert auf diese wechselnden Beleuchtungsstärken und Leuchtdichten durch Adaption (Hell-Dunkel-Anpassung), die keinesfalls ermüdend oder schädlich wirkt. Im Gegenteil: Das Auge braucht Impulse und Reize, um zu funktionieren.

Die Beschränkung auf eine Raumtiefe von 7 beziehungsweise 15 m hat neben der natürlichen Belichtung einen großen Vorteil: Die Arbeitsplätze können durch geöffnete Fenster belüftet werden! Auf eine Klimaanlage mit den bekannten Nachteilen kann verzichtet werden. Nicht zu vergessen der psychologische Aspekt: Ein Fenster, das geöffnet werden kann, dient nicht nur der notwendigen Belüftung des Raumes. Man kann an das geöffnete Fenster herantreten, hinaus-

schauen, vielleicht sprechen, teilnehmen am Leben draußen.

Offenheit und Transparenz

Dieses Bedürfnis des Menschen nach Kommunikation, optischer Teilnahme am Leben der anderen, drinnen wie draußen, ist in die Planungsüberlegungen zum Büro ebenso einzubeziehen wie das nach räumlicher Begrenzung und Abgeschlossenheit. Ausblicke nach draußen oder in einen freundlichen Innenhof lenken nicht ab, wie man meinen könnte. Der Blick nach draußen auf einen Baum, auf Himmel oder Landschaft im Wechsel der Tages- oder Jahreszeiten gibt dem Menschen das Gefühl des Eingebundenseins in die Natur, läßt Isolationsgefühl und Ängste des Eingeschlossenseins gar nicht erst aufkommen.

Auch im Inneren verhindert eine begrenzte Offenheit das Gefühl der Isolation. Durch geschickte räumliche Gliederung, nicht-rechtwinklige Raumzuschnitte, Anordnung von Wandscheiben, Nischen, Säulen bei gleichzeitiger durchgängiger Transparenz der Flächen kann eine begrenzt offene Raumwirkung erzielt werden, die aber gleichzeitig dem Bedürfnis des Menschen nach Abgegrenztheit Rechnung trägt.

Individualität am Arbeitsplatz fördern

Um sich wohlzufühlen, braucht der Mensch ein gewisses Maß an persönlicher Gestaltungsfreiheit, auch an seinem Arbeitsplatz! Steckflächen, Wandflächen für Poster, Bilder, Kalender sollten ebenso selbstverständlich sein wie die Möglichkeit, die Anordnung der Tische selbst zu bestim-

men, die Intensität der Beleuchtung und Heizung selbst regeln zu können.

An die Unterbringung der Handtasche sollten wir Architekten ebenso denken wie an die Möglichkeit, ein Foto, einen Blumenstrauß oder sonstiges Persönliches an seinem Arbeitsplatz aufzustellen. Auch der vielgeschmähte Gummibaum wird einem Raum, der im bisher dargestellten Sinne gestaltet ist, keinen Schaden antun.

Die Gleichwertigkeit der Arbeitsplätze, wie sie in allen neuen Bürogebäuden angestrebt wird, darf nicht verwechselt werden mit Gleichheit. Die künstlich verordnete Ästhetik, uns allen bekannt aus den Zeiten der Großraumeuphorie mit ihren Bürolandschaften und Raumgliederungssystemen der Büromöbelindustrie, hat mit menschenfreundlicher Gestaltung ebensowenig zu tun wie die künstliche, normierte Beleuchtung und Klimatisierung.

Naturnahe Materialien wählen

Dem Aspekt der richtigen Materialwahl ist in der Diskussion um das "menschenfreundliche Büro" bisher nur am Rande Beachtung geschenkt worden. Das betrifft Baumaterialien, Innenausbau und auch Möblierung.

Die Diskussion über Chemikalien wie Formaldehyd, PVC, über Asbest und PCB und ihre vermuteten gesundheitlichen Schäden hat aber zu einer stärkeren Aufgeschlossenheit diesem Thema gegenüber geführt. So werden heute hoffentlich keine Materialien mehr verwendet, von denen die

Gefahr der Gesundheitsgefährdung ausgehen könnte: giftige Imprägnierungen, An- striche und Kleber, Spanplatten, die Formaldehyd abgeben, elektrostatisch aufladbare Möbel und Teppiche.

Menschenfreundliche Materialwahl bedeutet nach meiner Auffassung aber mehr als Vermeidung von gesundheitlicher Beeinträchtigung. "Nicht das Gehirn denkt, sondern der mit Hand und Gliedern erlebende Mensch. Nicht das Auge sieht, sondern der Mensch!" Dieser Satz von Kükelhaus verdeutlicht am besten, worauf es ankommt: Schaffung einer Arbeitsumgebung, die dem Menschen als ganzheitliches Wesen gerecht wird und damit seine Wahrnehmungsfähigkeit als Ganzes anspricht.

Die Künstlichkeit der Materialoberflächen unserer Plastikwelt wirkt kalt und abstoßend. Angenehm warm, haptisch, akustisch und optisch sympathisch sind hingegen besonders naturnahe Stoffe wie Ziegel, Holz, Kork, Naturfaser.

Haustechnik: so viel wie nötig, so wenig wie möglich

High-Tech-Architektur schwirrt als Schlagwort durch so manchen (Architektur)-Kopf! Das Spiel mit der Technik ist für den Architekten gewiß reizvoll. Doch vergessen wir nicht: Gebäude für Menschen sind keine technischen Kunstobjekte! Technik sollte meiner Ansicht nach in der Architektur nicht mehr beanspruchen als eine dienende Funktion.

Im Bürohaus ist die Technik selbstverständlich nicht wegzudenken im Zusammenhang mit der Ver- und Entsorgung des Ge-

BILD 120 Bürohaus AWK: Spannungsreiche Gliederung nicht nur innen, sondern auch der äußere Baukörper inspiriert das Auge.

bäudes, seinen Sicherheitseinrichtungen und der technischen Ausstattung der Arbeitsplätze. Doppelböden zur Aufnahme von Verkabelung, Kabelkanäle, Anordnung der Kabelauslässe, Blendfreiheit und Reflexfreiheit der Beleuchtung zum Beispiel, stellen Anforderungen an die Konstruktion des Gebäudes.

Von Technik und ihrer weitgehenden Reduzierung soll hier in einem anderen Sinne die Rede sein. Ein Bürohaus kann ein im höchsten Maße ein technisiertes Gebäude sein: Vollklimatisierung, vollautomatische Steuerung von Belichtung und Beleuchtung, Mensch- und Materialtransporte automatisiert über Aufzüge, Rolltreppen und Beförderungsanlagen. Andererseits zeigen Erfahrungen, daß sich diese technischen Einrichtungen erheblich reduzieren lassen und das Gebäude wirtschaftlicher betrieben werden kann.

Immer wieder lieferte insbesondere die Frage nach der Klimaanlage gründlichen Diskussionsstoff. Seit der 1985 vorgestellten Studie des Mediziners Peter Kröling zu "Gesundheitsstörungen in klimatisierten Räumen" ist die Diskussion einigermaßen versachlicht. Zwar konnte er einen unmittelbaren Zusammenhang zwischen aufgetretenen Befindlichkeitsstörungen und Klimaanlagen nicht nachweisen, doch hat er 35 Beschwerdebilder isoliert und sie zehn möglichen Ursachen zugeordnet. Ohne weiter auf die Studie eingehen zu wollen, scheint mir daraus der Schluß zwingend: Klimatisierung nur dort, wo eine bestimmte Luftreinheit erforderlich ist, wo eine bestimmte Konstanz der Lufttemperatur (z.B. EDV-Räume) zwingend ist, wo Fenster ganz fehlen oder eine große Raumtiefe die natürliche Belüftung nicht zuläßt. In allen übrigen Fällen genügt eine unterstützende Be- und Entlüftung.

Intelligente Energienutzung

Mit dem Ziel der Schaffung einer natürlichen Arbeitsumwelt, einfacher Handhabung der gebäudetechnischen Einrichtungen und individueller Regelung der Arbeitsplatzumgebung (Licht, Luft, Wärme) läßt sich durch gezielten Einsatz sogenannter passiver planerischer Maßnahmen eine Minimierung der Investitions- und Folgekosten, des Energieverbrauchs und seiner Kosten erreichen.

Generationen haben verstanden, solche "passiven" Maßnahmen ganz selbstverständlich in die Planung einzubeziehen: Organisation des Grundrisses, Gebäudegestalt, Konstruktion, Dämmung und Speicherung in Anpassung an die klimatischen und thermischen Bedingungen des Standorts, umhüllende Baumaßnahmen, Fassaden- und Dachbegrünung. Erst in den letzten Jahren besinnen wir uns wieder dieser planerischen Möglichkeiten. In einer Zeit des langsameren Wachstums und der Energieverknappung entdeckten wir an alten Bauten, daß sich im Laufe mehrerer Jahrhunderte aus den Erfahrungen mit Witterung, Klima- und Unweltbedingungen jedes einzelne Detail sinnvoll entwikkelt hat.

Die Fülle von Erfahrungswerten aus diesen Bauten sollten wir verarbeiten und auf unsere heutigen Planungen transponieren. Dabei können uns durchaus "aktive" technische Maßnahmen nützlich sein. Die Nutzung von Abwärme, Solartechnik, Wärme-Kraft-Koppelung zum Beispiel: Bei der herkömmlichen Stromerzeugung wird nur etwa ein Drittel der Primärenergie tatsächlich genutzt. Der Rest geht als Abwärme verloren. Die Wärme-Kraft-Koppelung versucht deshalb, beide Energieanteile (Strom und Wärme) zu nutzen. Der Gesamtwirkungsgrad erhöht sich dabei auf über 80 Prozent.

Die Architektur sollte solche ökologisch und energetisch wirksamen Techniken nutzen, sich aber nicht von ihnen bestimmen lassen.

Leider gibt es wenige ausgeführte Projekte beziehungsweise keine zusammenhängenden Stadtstrukturen mit Bürohäusern, die ökologisch wirksame Grundsätze beachten. Denn erst in größeren räumlichen Zusammenhängen ist ein ökologischer und sozialer Verbund zwischen Menschen, Bauten, Infrastruktur und Natur herstellbar.

BILD 121 Bürohaus AWK: Südansicht mit Teich.

Ganzheitliche Planung kann nicht am Haupteingang des Gebäudes haltmachen. Die umgebenden Freianlagen sind gestalterisch und ökologisch mit dem Gebäude als Ganzes zu sehen. Außenraum kann Entspannungs- und Erlebnisraum sein, geschützt und gleichzeitig offen.

Menschliches Wohlbefinden als Maß der Dinge

Die hier aufgezeigten Tendenzen zum menschengerechten Büro müssen ohne Zweifel im Zusammenhang gesehen werden mit einem Unbehagen und einer Unsicherheit gegenüber der Gültigkeit unseres Wertesystems, unserer ökonomischen Zielsetzung. "Lebensstandard" wird nicht länger mehr nur am quantitativen jährlichen Sozialprodukt gemessen. Gesucht wird nach einem Modell, das ein Maximum an menschlichem Wohlbefinden mit einem optimalen Konsum- und Produktionsmodell verbindet.

Seit Mitte der 70er Jahre beschäftigen sich Menschen unterschiedlichster gesellschaftlicher Herkunft mit diesem Thema des Wertewandels: "Small ist beautiful". (Schumacher: "Die Rückkehr zum menschlichen Maß", Ehrlich: "Humanökologie" - der Mensch im Zentrum einer neuen

Wissenschaft!") So betrachtet, erhält das Wort vom "Mensch als Maß aller Dinge" eine neue Dimension.

Mit dem Philosophen Frederic Vester bin in der festen Überzeugung, "daß alle Bemühungen unserer Industriegesellschaft, eine stärkere Humanisierung des Lebens auf dem bisherigen technokratischen Wege - und das heißt gegen die Natur - zu erreichen, zum Scheitern verurteilt sind. Aber ebenso bin ich auch sicher, daß uns für unsere anstehenden Probleme niemals auf dem Wege einer abstrakten Verakademisierung - und damit gegen die Natur des Menschen - die richtigen Lösungen einfallen werden. Auch in seinen geistigen Prozessen ist und bleibt der Mensch ein Teil der lebenden Natur. Wenn er nicht nach ihren Gesetzen denkt und damit auch seine Umwelt nicht in Einklang mit ihr gestaltet, wird er sich selbst als Erstem die Lebensgrundlage entziehen."

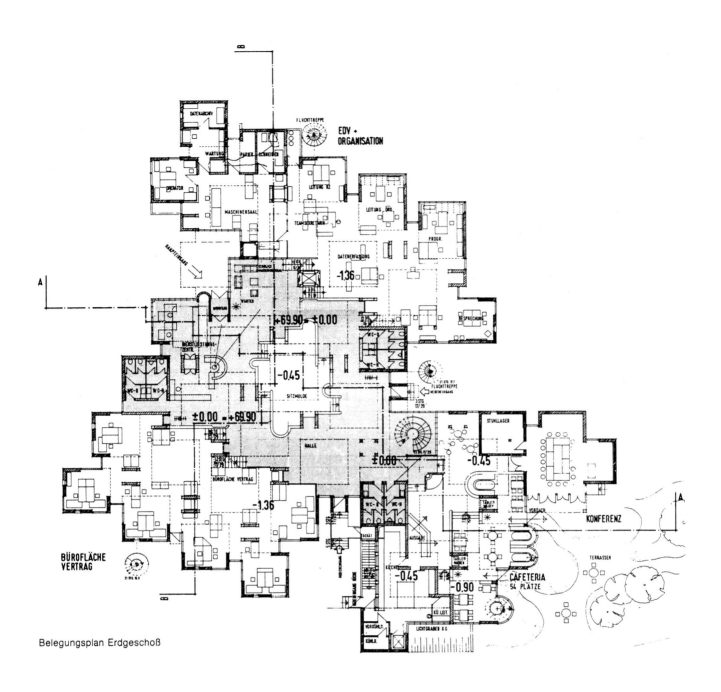

Belegungsplan Erdgeschoß

BILD 121a Bürohaus AWK Außenwerbungskontor, Koblenz (Arch. Hans Struhk). Grundriß und Belegungsplan Erdgeschoß. Die versetzten Geschoßebenen im Split-Level mit der differenzierten Baukörperstruktur erzeugen einen spannungsreichen "Lebensraum Büro" mit einem Maximum an Privatheit und Kommunikation zugleich. Dabei ist das ganze Bürohaus eigentlich ein mehrgeschossiger großer Raum im Sinne einer gemeinsamen Klimahülle. Natürliche Belichtung und Belüftung sowie ein intensiver Außenbezug zu den vielfältig gestalteten Außenbereichen sorgen für Wohlbefinden und kreative Arbeitsatmosphäre. Die Räume sind in hohem Maße flexibel für variable Nutzungen. Das Gebäude ist so konzipiert, daß in verschiedener Weise beliebige Erweiterungen möglich sind. Das 1981 fertiggestellte Bürohaus AWK wurde ganzheitlich geplant mit einem energetisch und ökologisch orientierten Gesamtkonzept. Dieses mehrfach ausgezeichnete Gebäude hat sich in seiner Nutzungszeit optimal bewährt und bewahrt auch heute weiterhin seinen Charakter als menschengerechter und zukunftsorientierter "Lebensraum Büro".

Bürohausplanung als ganzheitlicher Prozeß

Komplexe Anforderungen

Im Kapitel 2 heißt es zur Definition des Lean-Office: das ist die ganzheitliche Betrachtung der Ziele, Aufgaben und Ergebnisse eines Verwaltungs- und Dienstleistungsbereichs (allgemein: Büro) in ihrer organisatorischen Bewältigungsstrategie, der konsequenten Marktorientierung (innen wie außen), in ihrer Zuordnung auf die Mitarbeiter und deren Form der Zusammenarbeit und vor allem in ihrer Umsetzung in ein Gebäude.

Die ganzheitliche Umsetzung des Lean-Office in gebaute Architektur ist Inhalt dieses Kapitels. Herkömmliche Planung geht davon aus, daß das vom Bauherrn (ggf. zusammen mit einem Organisationsberater) aufgestellte Raumprogramm vom Architekten in einen architektonischen Entwurf umgesetzt wird. Der Tragwerksplaner legt für den Entwurf die Dimensionierung des Tragwerks fest, und der Fachingenieur für Gebäudetechnik arbeitet die Anforderungen aus seinem Fachbereich ein. Dieser herkömmliche Planungsablauf kann aber - auch bei Einschaltung hochqualifizierter Fachleute - nur bedingt zu einem optimalen Gesamtkonzept führen, denn z.B. die Bedingungen aus Tragwerksplanung und Haustechnik wirken ihrerseits auf den architektonischen Entwurf zurück.

Die Anforderungen an ein modernes Bürogebäude sind so komplex geworden, daß nur ihre ganzheitliche Beachtung von der ersten Konzeptfindung bis zur Realisierung ein zufriedenstellendes Ergebnis garantiert. Pla-

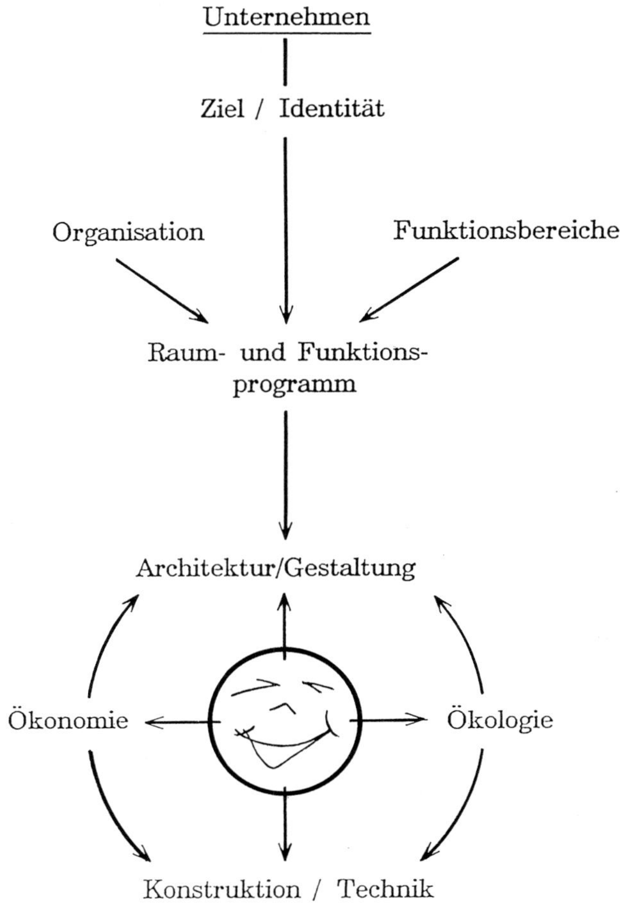

BILD 122 Schema der Einflußfaktoren: Die ganzheitliche Planung eines Bürohauses berücksichtigt außer den Unternehmenszielen sowie den funktionalen und organisatorischen Anforderungen auch die Konstruktion + Technik, Wirtschaftlichkeit und okologische Zielsetzungen.

nen als ganzheitlicher Prozeß berücksichtigt gleichzeitig neben den Bedingungen des Raumprogramms, in welches neben den funktionalen und organisatorischen Anforderungen auch die allgemeinen Unternehmensziele eingeflossen sind, die Konstruktion und Technik, Wirtschaftlichkeit und ökologische Zielsetzungen. Im Mittelpunkt steht als zentrales Ziel die Schaffung einer menschenfreundlichen Arbeitsumwelt, der "Lebensraum Büro".

Ein so stark vernetztes Zielsystem läßt sich durch lineare Planungsabläufe nicht bewältigen. Bild 123 zeigt, wie im Vergleich zum linearen Planungsablauf die vielfältigen Wechselbeziehungen in einem iterativen Planungsprozeß ganzheitlich ihren Niederschlag finden.

In einem Runderlaß des Niedersächsischen Wirtschaftsministeriums "Öffentliches Auftragswesen, Berücksichtigung des

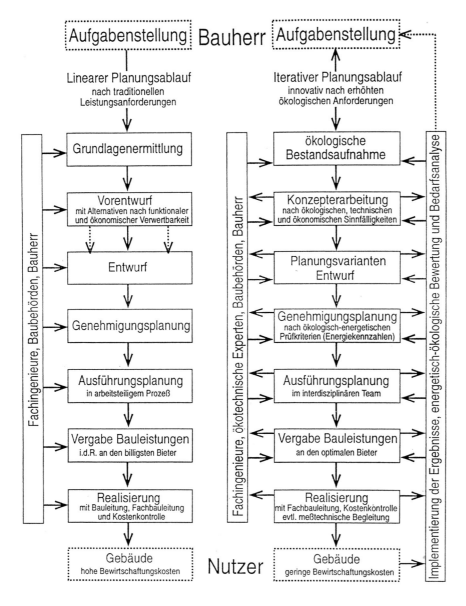

Aufgabenstellung Bauherr **Aufgabenstellung**

Linearer Planungsablauf
nach traditionellen
Leistungsanforderungen

Iterativer Planungsablauf
innovativ nach erhöhten
ökologischen Anforderungen

Fachingenieure, Baubehörden, Bauherr

Grundlagenermittlung

Vorentwurf
mit Alternativen nach funktionaler
und ökonomischer Verwertbarkeit

Entwurf

Genehmigungsplanung

Ausführungsplanung
in arbeitsteiligem Prozeß

Vergabe Bauleistungen
i.d.R. an den billigsten Bieter

Realisierung
mit Bauleitung, Fachbauleitung
und Kostenkontrolle

Gebäude
hohe Bewirtschaftungskosten

Fachingenieure, ökotechnische Experten, Baubehörden, Bauherr

ökologische
Bestandsaufnahme

Konzepterarbeitung
nach ökologischen, technischen
und ökonomischen Sinnfälligkeiten

Planungsvarianten
Entwurf

Genehmigungsplanung
nach ökologisch-energetischen
Prüfkriterien (Energiekennzahlen)

Ausführungsplanung
im interdisziplinären Team

Vergabe Bauleistungen
an den optimalen Bieter

Realisierung
mit Fachbauleitung, Kostenkontrolle
evtl. meßtechnische Begleitung

Gebäude
geringe Bewirtschaftungskosten

Implementierung der Ergebnisse, energetisch-ökologische Bewertung und Bedarfsanalyse

Nutzer

BILD 123 Lineare / Iterative Planung: Im Vergleich zum linearen Planungsablauf finden in einem iterativen Planungsprozeß die vielfältigen Wechselbeziehungen des vernetzten Zielsystems (BILD 122) ganzheitlich ihren Niederschlag. Quelle: solidar Löhnert & Ludewig

Umweltschutzes" heißt es wörtlich: "In Hochbauten sind Planung und Ausführung von Baukörpern und technischen Anlagen mit dem Ziel eines sparsamen Energieverbrauchs unter Berücksichtigung des Bedarfs der Nutzer und der Notwendigkeit eines humanen Umfeldes am Arbeitsplatz durchzuführen." Ökologische Ziele stehen in enger Wechselbeziehung mit den anderen Zielsetzungen und sind nicht nur aus gesellschaftlicher Verant-

wortung, sondern ganz konkret auch aus langfristigen wirtschaftlichen Überlegungen ein wesentliches Planungskriterium.
Für das "Lean-Office" heißt dies: Darstellung der Bedingungen und Zusammenhänge zur Planung eines Bürohauses, das den Anforderungen aus Konstruktion und Technik, Ökonomie und Ökologie, Architektur und Gestaltung bei gleichzeitiger Beachtung künftiger organisatorischer Veränderungen gerecht wird.

Detaillierte Flächenplanung

Vom Bauherrn sind in einem Pflichtenheft die auf die konkrete Aufgabe bezogenen Zielvorstellungen, das detaillierte Raum- und Funktionsprogramm, die gewünschten Büroraumarten, Zuordnungsbeziehungen und wirtschaflichen Rahmenbedingungen für die Planung vorzugeben. Die Vorgehensweise bei der Formulierung des individuellen Zielsystems wurde in Kapitel 4 bereits ausführlich beschrieben.

Das detaillierte Raum- und Funktionsprogramm mit Zuordnungsbeziehungen ist quantitative Grundlage für die Planung. Die übliche Gliederung der Flächenarten in Hauptnutzfläche, Nebennutzfläche, Funktionsfläche und Konstruktionsfläche gemäß DIN 277 ist für organisatorische Zwecke wenig hilfreich, da sich bei den unterschiedlichen Büroraumarten zum Teil die Flächenarten überschneiden. So enthält z.B. die Gemeinschaftszone des Kombi-Büros sowohl Verkehrsflächen-, Haupt- und Nebennutzflächenanteile. In der nachfolgenden Zusammenstellung wird versucht, die organisatorische Flächengliederung nach Büroflächen, Bürozusatzflächen und Sonderflächen mit der Gliederung der DIN 277 in Übereinstimmung zu bringen:

Flächenbedarf

Der Gesamtflächenbedarf setzt sich zusammen aus:

1. Büroflächen
+ 2. Bürozusatzflächen
(dezentrale Sonderflächen)
+ 3. Allgemeine Sonderflächen
Summe =
Hauptnutzflächen (HNF)

+ 4. Nebennutzflächen (NNF)
Summe =
Nutzflächen (NF)

+ 5. Funktionsflächen (FF)
+ 6. Verkehrsflächen (VF)
Summe =
Nettogrundflächen (NGF)

+ 7. Konstruktionsflächen (KF)
Gesamtsumme =
Bruttogrundfläche (BGF)

Ohne Anspruch auf Vollständigkeit sind in der folgenden Zusammenstellung die für die Positionen 1. bis 7. infragekommenden Nutzungsarten zusammengestellt, für die Flächenwerte vorzugeben bzw. zu planen sind:

1. **Reine Büroflächen**
(Ergebnis der organisatorischen Vorplanung)

2. **Bürozusatzflächen**
(dezentrale Sonderflächen)

2.1 **Abteilungsbezogene Sonderflächen:**
- Besprechungsräume
- Registratur, Archiv
- Bibliothek
- Materiallager
- Hochleistungskopierer, Zentraler Drucker, Fax
- Pausenräume, Teeküche (evtl. je Stockwerk)
- Abteilungspoststation
- Sonderarbeitsplätze (z.B. CAD, Mikrofilm)
- Muster-/Demonstrationsräume

2.2 **Stockwerksbezogene Sonderflächen**
- Büroservice
- Bürotechnik
- Pausenräume, Teeküche, Raum für Getränkeautomaten (evtl. je Abteilung)
- Akten-/Behälterförderanlagen

3. **Allgemeine Sonderflächen**

3.1 **Geschäftsführung**
- Büroräume der Geschäftsführung

- Sekretariat
- Repräsentationsbereich
- Wartebereich für Besucher
- Gästebewirtung (Teeküche, Vorbereitung)
- Besprechungsräume
- (WC, Umkleiden, Duschen, siehe Nebennutzflächen)

3.2 **Zentrale Sonderflächen**
- Eingangshalle, Empfang
- Wartebereich für Besucher
- Konferenz
- Schulung
- Ausstellung, Demonstration
- Zentrale Poststelle
- Telefonzentrale
- Gebäudesicherungszentale
- (WC, Garderobe für Empfangsbereich, siehe Nebennutzflächen)

3.3 **Sozialflächen**
- Kantine, Cafeteria
- Küche mit Nebenräumen
- zentrale Pausenräume
- allgemeine Bibliothek
- Betriebsrat
- Erste Hilfe, Betriebsarzt
- Ruheräume
- Freizeiteinrichtungen

3.4 **Zentrale EDV**
- bedientes Rechenzentrum
- unbedientes Rechenzentrum
- EDV-Archiv (Software)
- EDV-Lager (Hardware, Kabel, Betriebsmaterial etc.)
- Papierlager

4. **Nebennutzflächen**

4.1 **Sanitärräume**
- für allgemeine Büroräume
- für Geschäftsführungsbereich
- für Empfangsbereich
- für sonstige Flächen (Hausdienste, Küchenpersonal etc.)

4.2 **Garderoben**
- für allgemene Büroräume
- für Geschäftsführung
- für Empfangsbereich
- für sonstige Flächen (Hausdienste, Küchenpersonal etc.)

4.3 **Umkleiden, Duschen**
- für Küchenpersonal
- für Reinigungspersonal
- für allgemeine Dienste, Werkstatt

4.4 **Allgemeine Dienste**
- Hauswerkstatt
- Fahrdienste
- Räume für Fremdfirmen
- Putzmittelräume

4.5 **Archiv**
- Zentralarchiv
- Altakten

4.6 **Lagerräume**
- Papierlager
- Sonstiges Material
- Lager für Hausdienste
- Küchenlager
- Lager für Putzmittel

4.7 **Tresor**
- Tresor-Vorraum
- Tresor

4.8 **Anlieferung**
(Gebäudeversorgung)
- Allgemeines Material
- Post, Pakete
- Papier (EDV)
- Technik (EDV, Haustechnik)
- Küche

4.9 **Abtransport**
(Gebäudeentsorgung)
- Müllsammelräume getrennt nach: kompostierbar, Papier, Glas, Kunststoff, Leichtmetall, Verbundstoffe, Sonstiges, Sondermüll
- Fläche für Müllabfuhr

5. **Funktionsflächen**

5.1 **Heizung** (Medium: Öl, Gas, Fernwärme)
- Heizungsraum
- Übergabestation Fernwärme
- Technikraum
- Verteilung
- Blockheizkraftwerk (Wärme-/Kraftkoppelung)

5.2 **Klima- und lüftungstechnische Anlagen**
- Klimaanlage
- Lüftungsanlage
- Kälteanlage

5.3 Sanitäranlagen
- Frischwasserversorgung
- Warmwasserbereitung
- Wasseraufbereitung (Regen-, Grauwasser)
- Abwasserhebeanlage
- Vertikalschächte für Sanitärinstallation

5.4 Feuerlöscheinrichtung
- Brandmeldezentrale
- Rauch-/Wärmeabzugsanlage
- Sprinkleranlage
- Wassertanks für Feuerlöscheinrichtungen

5.5 Starkstromanlagen
- Stromversorgung
- Mittelspannungsversorgung
- Niederspannungsversorgung
- Netzersatzanlage
- Vertikalschächte für ELT-Verteilung

5.6 Schwachstromanlagen
- Telefon, Telefax, Telex
- Datenübermittlung
- Gegen- und Wechselsprechanlagen
- Personenrufanlagen
- Uhrenanlagen
- Lautsprecheranlagen
- Überwachungsanlagen (Einbruch, Zugangskontrolle, Feuer, Arbeitszeiterfassung, Zentrale Leittechnik)

5.7 Aufzuganlagen
- Personen
- Material / Lasten
- Küchenmaterial
- Akten-/Behälterförderanlagen
- Rohrpost

6. Verkehrsflächen
- Treppen
- Flure
- Rampen
- Galerien
- Grundfläche Aufzüge je Ebene

Aus der strukturierenden Analyse des Raum- und Funktionsprogramms ergeben sich die Flächenwerte für die verschiedenen Nutzungsarten. Die Planung von innen nach außen geht aus von den quantitativen und qualitativen Anforderungen an die verschiedenen Nutzungsarten (Büroarbeitsplätze, Sondernutzungsbereiche) und unterschiedlichen Büroraumformen mit ihren Belegungsvarianten, über Konstruktion und Technik, Fassade, Gebäudegestalt zu den Außenbezügen, immer unter gleichzeitiger Beachtung des auf die konkrete Planungssituation bezogene Zielsystems.

Gleichwertige Arbeitsplätze

Die Anforderungen an Arbeitsräume aus der Sicht des Organisators und des Vorschriften- und Verordnungsgebers sind an mehreren Stellen beschrieben worden. Die derzeit gültigen Anforderungen, die der Gesetzgeber an den Arbeitsplatz Büro stellt und die damit im Zusammenhang stehenden Normen und Richtlinien sind in Anhang 1 zu diesem Kapitel zusammengestellt. In nächster Zukunft ist allerdings mit einer grundsätzlichen Überarbeitung und Systematisierung im Zusammenhang mit der Anpassung an die Richtlinien der EG zu rechnen.

Aus dem Blickwinkel des Architekten sollen hier vor der eigentlichen Gebäudeplanung die wesentlichen Kriterien für die Gestaltung des Arbeitsplatzes Büro zusammengefaßt werden. Übergeordnetes Ziel muß die Gleichwertigkeit der Arbeitsplätze sein. Dieses Kriterium ergibt sich im Hinblick auf die im Lean-Management angestrebte Verflachung der Hierarchie sich wie von selbst. Es muß vor allem im Hinblick auf das Prinzip der Gleichwertigkeit menschlicher Arbeitskraft und menschlicher Bedürfnisse gesehen werden.

Arbeitsraum als Lebensraum

In Arbeitsräumen verbringt der Mensch mehr als die Hälfte seiner wachen Zeit. Arbeitsraum ist Lebensraum! Der Lebensraum Büro muß daher die physiologischen, emotionalen und sozialen Bedürfnisse des Menschen in Rechnung stellen und zu ihrer Befriedigung beitragen. In den Arbeitsschutzvorschriften werden Mindestanforderungen an die Erfüllung der physiologischen Bedürfnisse formuliert. Ob sich jemand am Arbeitsplatz wohlfühlt, hängt aber nicht primär von der Einhaltung bestimmter Mindestabstände, Lux- oder Dezibel-Zahlen ab.

Neben dem sozialen Klima des Gesamtorganismus Unternehmen ist es der Ort Büro, die Bürokultur, die sein physiologisches Wohlbefinden und seine emotionalen Empfindungen mitbestimmt. Bürokultur meint den gestalterischen Freiraum sowohl im materiellen wie im immateriellen Bereich. Der Architekt kann durch die Gestaltung des Lebensraums Büro die materiellen Voraussetzungen schaffen, daß die immateriellen Bedürfnisse wie Identifikation und Integration (Wir-Gefühl, Beteiligtsein), Zufriedenheit, Behaglichkeit, Abwechslungsreichtum, Wahrnehmung von Zeit, Raum und Umwelt bewußt oder unbewußt Erfüllung finden. Konkret heißt dies: Schaffung von Arbeitsräumen mit individueller Gestaltungsmöglichkeit der natürlichen Umgebung (Licht, Luft, Wärme, Schallschutz, Sonnen- und Blendschutz), mit Offenheit und Transparenz, anregender Vielfalt, Ausblick ins Freie und Blickkontakt nach innen, Erleichterung der Kommunikation, Ermöglichung von Konzentration, Auswahl und Zusammenspiel von Materialien, die haptisch und optisch angenehm und gesundheitlich unbedenklich sind, Schaffung von Raumqualitäten innen und außen, von Orten der Begegnung und Bewegung, zur Stimulation, Entspannung und informellen Kommunikation.

Flexibles Gebäudekonzept

Das Raum- und Funktionsprogramm unter Berücksichtigung des individuellen Zielsystems ist Grundlage für die Entwicklung einer architektonischen Konzeption, die alle weiteren Anforderungen bereits im Ansatz enthält. Die Erfüllung des vorgegebenen Raum- und Funktionsprogramms darf aber nicht statisch gesehen werden. Die erkennbare Veränderungsdynamik der Büroarbeit erfordert es zwingend, daß für zukünftige organisatorische Veränderung die architektonischen, konstruktiven und technischen Voraussetzungen bereits heute geschaffen werden.

Gezielte Auseinandersetzung mit dem Ort

Lage, Größe und Topographie des Grundstücks sowie die klimatischen Bedingungen sind für Gebäudegestalt, Grundriß und Fassadengestaltung wesentliche Gestaltungsbedingungen. So fordern innerstädtische Lagen hauptsächlich aus Gründen der Flächenwirtschaftlichkeit und des Immissionsschutzes (belastete Luft, Lärm) andere Gebäudekonzeptionen als Standorte im Randbereich der Städte.

Beispielhaft sind nachfolgend einige Zusammenhänge dargestellt, die sich aus der Auseinandersetzung mit dem Ort ergeben können:

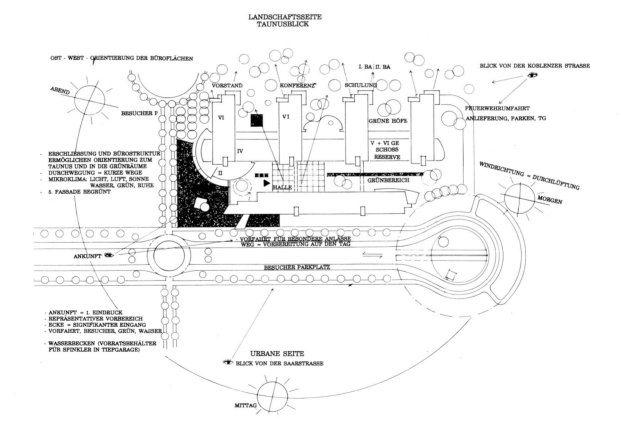

BILD 124 Konzepterläuterung - Auseinandersetzung mit dem Ort
Allgemeine Kreditversicherung AG, Mainz Wettbewerbsentwurf 1. Preis
Architekten BDA Struhk + Partner, Braunschweig

- Grundstücks- und Gebäudenutzungsziffern beeinflussen die mögliche Flächenausdehnung, Höhenentwicklung und Geometrie, und damit auch die Transmissionsflächen eines Gebäudes mit den daraus folgenden Wärmeschutzmaßnahmen.

- Die Orientierung des Gebäudes auf dem Gelände in der Himmelsrichtung beeinflußt die Sonneneinstrahlung und Thermik mit Auswirkungen auf Zugerscheinungen, Rauminnentemperaturen, Blendung, Reflexion, Speicherung.

- Angrenzende Bebauung beeinflußt Tageslichteinfall, Orientierung zur Sonne, Beschattung und damit die Raumtiefe, Anordnung der Arbeitsplätze, Notwendigkeit von tageslichtergänzender Beleuchtung, Tageslichtumlenkmaßnahmen, Lichthöfen usw.

- Standorte mit hohen Immissionen (Verkehrslärm, Staub, Abgas, Dampf, Gerüche) erfordern entsprechende Fassadenausbildung (Lärmschutz) und gebäudetechnische Ausrüstung (Lüftungsmaßnahmen).

- Gebäudeform, Höhenentwicklung, Staffelung von Geschossen und Ebenen beeinflussen Licht- und Sonneneinfall, Windanfall / Thermik

- Fassadenausbildung, Vorsprünge, relativer Anteil von transparenten und opaken Flächen beeinflussen Lichtführung und Wärmeverhalten mit ihren Auswirkungen auf notwendige Wärmedämm-, Sonnen- und Blendschutzmaßnahmen.

Optimale Baukörperform und -gestalt

Die Bedingungen des Grundstücks (Zuschnitt, Grundstückstopographie, umgebende Bebauung, Erschließbarkeit, Nutzungsziffern, Bauordnungsrecht usw.) sind Ausgangspunkt für die Entwicklung möglicher Baukörperformen unter Zugrundelegung der Flächenwerte des Raumprogramms.

Lineare Baukörperformen entstehen aus horizontaler oder vertikaler Aneinanderreihung von Büroraum-Modulen zum Zeilenbau bzw. Hochhaus .

Die Zeilenbauweise mit ihrer horizontalen Aneinanderreihung von Büroraum-Modulen entlang einer Flurzone bietet sich an bei langgestrecktem Grundstückszuschnitt. Sie hat folgende Vorteile:

- übersichtliche Erschließung und leichte Orientierung,

- im Falle des Zweibunds natürliche Belüftung und Belichtung der Büroräume,

- hohe Flächenwirtschaftlichkeit.

Gleichzeitig bestehen jedoch die Nachteile

- großer Weglängen im Gebäude,

- Einschränkungen in den möglichen Büroorganisationsformen,

- Unvermeidbarkeit von Durchgangsgruppen.

Das Hochhaus als vertikale Aneinanderreihung von Büroraum-Modulen ist eine typische Bürohausform für innerstädtische begrenzte Grundstückssituationen bei entsprechend hohen Nutzungskennziffern.

Die Vorteile des Hochhauses liegen

- im relativ geringen Grundflächenbedarf,

- je nach Grundrißstruktur in der Flexibiltät in Bezug auf die Büroraumorganisation,

- in der Möglichkeit natürlicher Belichtung der Büroräume bei entsprechender Gebäudetiefe.

Nachteilig sind jedoch

- trotz einfacher Struktur hoher technischer und flächenmäßiger Aufwand für die Haupterschließung (dadurch relativ schlechtes Verhältnis von Nutzfläche zu Verkehrsfläche),

- natürliche Belüftung der Büroräume nur eingeschränkt möglich (z.B. zweischalige Fassade),

- hoher Aufwand für gebäudetechnische Ausrüstung (Klimatisierung, Sicherheitseinrichtungen),

- hoher Aufwand für Tragkonstruktion, Fassadenausbildung,

- hoher Aufwand für Brandschutzeinrichtungen.

Unabhängig von den wesentlich höheren Herstellungskosten sind wegen der vielen energierelevanten Nachteile die laufenden Energiekosten für ein Hochhaus um ein Vielfaches höher als für andere mehrgeschossige Bürohäuser. Der Flächengewinn durch das Streben in die Höhe steht in keinem vernünftigen Verhältnis zum volkswirtschaftlichen Aufwand.

Flächige Bäukörper entstehen durch Reihung von Büroräumen in mehreren horizontalen Richtungen. Wegen der dadurch entstehenden großen Raumtiefen sind sie typisch für Großraumbüros, für flexible Organisationsstrukturen jedoch ungeeignet.

Strukturierte Baukörper als Verbindung von mehreren linearen Gebäudeteilen, gegebenenfalls in Kombination mit flächig oder vertikal angeordneten Elementen, können bei einem guten architektonischen Konzept die Vorteile der vorgenannten Gebäudeformen vereinen und ihre Nachteile minimieren:

- Flexible Grundrißgeometrie ermöglicht flexible Büroorganisationsstrukturen.

- Anpassung an die Grundstücksform und -nutzungsziffern ermöglicht Flächenwirtschaftlichkeit

- Natürliche Belüftung und Belichtung vermindert die Notwendigkeit des Einsatzes raumlufttechnischer Maßnahmen.

- Äußere und innere Erschließung folgt der Ordnungsstruktur und den Nutzungsanforderungen und ermöglicht Überschaubarkeit im Inneren und Äußeren.

Strukturierte Baukörper können als Kamm-, Netz-, Finger-, Kreuz-, Winkel-, Ring-, U-förmige oder Atriumstrukturen auftreten. Bei einem gut durchdachten architektonischen Konzept können diese Gebäudeformen die Anforderungen an das Lean-Office in besonderer Weise erfüllen.

Die Gebäudegestalt, ihre Kompaktheit und Oberflächengliederung bestimmt maßgeblich die Transmissionswärmeverluste. Je kompakter ein Baukörper gestaltet ist und je geringer seine Windangriffsfläche ist, um so geringer sind die Wärmeverluste durch

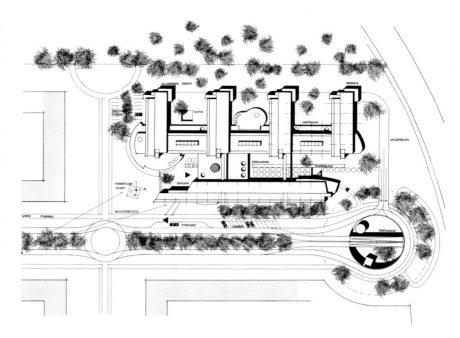

BILD 125 Baukörpergliederung als Kammstruktur: Allgemeine Kreditversicherung AG, Mainz. Wettbewerbsentwurf 1. Preis, Arch. BDA Struhk + Partner

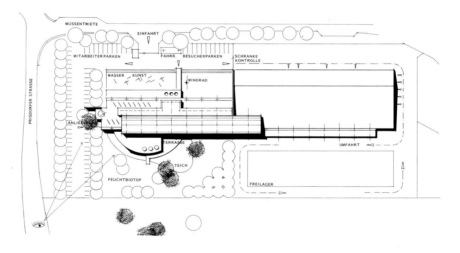

BILD 126 Lineare Baukörperform: Stadtwerke Pinneberg. Wettbewerbsentwurf Sonderpreis, Arch. BDA Struhk + Partner

Transmission. Andererseits haben gegliederte Baukörper ein schlechteres Verhältnis von Aussenwandflächen zu Gebäudevolumen und damit einen relativ größeren Transmissionswärmeverlust, jedoch geringere Angriffsflächen für Wind und größere Flächen, auf die die Solarstrahlung (passive Energienutzung) auftrifft.

Kommunikative Erschließung

Die äußere Erschließung mit Vorfahrten und Zugängen, Anlieferung und Versorgungsleitungen wird beeinflußt von der Infrastruktur des Grundstücks. Ihre Anordnung und Lage richtet sich primär nach den funktionalen Anforderungen. Der Haupt-

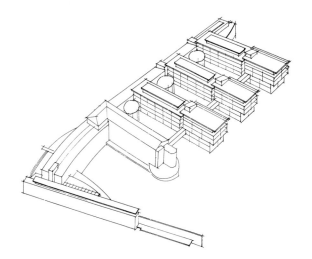

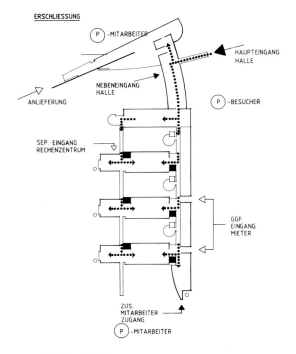

ERSCHLIESSUNG

ERSCHLIESSUNG

- SCHAFFUNG EINES REPRÄSENTATIVEN HAUPTEIN-GANGS MIT GROSSZÜGIGEM VORFELD UNTER BEIBE-HALTUNG DER BEKANNTEN UND MIT DER TRADITION VERBUNDENEN EINGANGSSITUATION (ZEICHENKRAFT)

- GRUNDSTÜCKSERSCHLIESSUNG FÜR FAHR- UND FUSS-GÄNGERVERKEHR GETRENNT

- ZENTRALE SICHERHEITSKONTROLLE DURCH EIN-GANGSHALLE MIT EMPFANG (HAUPTEINGANG UND WESTLICHER NEBENEINGANG)

- VON HIER AUS IN SÜDLICHER RICHTUNG ÜBERSICHT-LICHE INNERE HAUPTERSCHLIESSUNG IM VORHANDE-NEN NORD-SÜD-RIEGEL, IN NÖRDLICHER RICHTUNG DIREKTE ANBINDUNG DER SONDERNUTZUNGSBEREI-CHE KANTINE, KONFERENZ, GESCHÄFTSLEITUNG

- FÜR EVENTUELLE VERMIETUNG DEZENTRALE ER-SCHLIESSUNG EINZELNER "HÄUSER" MÖGLICH

- VERTIKALERSCHLIESSUNG DER VIER "BÜROHÄUSER" JEWEILS IM KREUZUNGSPUNKT MIT DEM NORD-SÜD-RIEGEL

- EBENERDIGES PARKEN (GERINGE KOSTEN) IM NOR-DEN UND SÜDEN MIT GÄSTEPARKPLÄTZEN AM HAUPTEINGANG - PARKPLÄTZE DER GESCHÄFTSLEI-TUNG IM UG. MIT DIREKTER ANBINDUNG (TREPPE UND AUFZUG) AN DEN ARBEITSBEREICH

- SPLIT-LEVEL-ANORDNUNG DER BÜROBEREICHE, TREPPEN UND AUFZÜGE SOWIE HORIZONTALE VERBINDUNGSSTEGE ZWISCHEN DEN "HÄUSERN" BILDEN EINE VERNETZTE BÜRORAUMSTRUKTUR DER KURZEN WEGE OHNE DURCHGANGSBÜROS

- MATERIALTRANSPORT ÜBER ANLIEFERUNG VON WESTEN INS UG. - ÜBERSCHAUBARE INNERE TRANS-PORTSTRASSE IM UG. DES NORD-SÜD-RIEGELS

GEBAUDE-ORGANISATION UND REVERSIBILITÄT

- DEZENTRALE TREPPENHÄUSER UND AUFZUGSANLA-GEN ERSCHLIESSEN DIE BÜROEBENEN MIT FLEXIBLER GRUNDRISSGESTALTUNG

- DADURCH HORIZONTALE UND VERTIKALE ABTRENN-BARKEIT ORGANISATORISCHER EINHEITEN

- JEDE BÜROEINHEIT DIREKT ERSCHLOSSEN - KEINE DURCHGANGSBÜROS

- DIE KONSTRUKTIONSSTRUKTUR UND DIE GEBÄUDE-TIEFE VON 15,00 m OPTIMIEREN DIE VARIABILITÄT UND FLEXIBILTÄT DER GRUNDRISSE - WAHLWEISE KLEINRAUM-, GRUPPEN- UND KOMBIBÜROS (S. SKIZZE) FLÄCHENWIRTSCHAFTLICHKEIT!

- FLIESSENDE GRENZEN ZWISCHEN DEN GRUPPEN (FREI WÄHLBARE ABTRENNUNG VON BÜROEINHEITEN MIT UNTERSCHIEDLICHEN GRUPPENGRÖSSEN ZWI-SCHEN DEN DEZENTRALEN ERSCHLIESSUNGSPUNK-TEN)

- VERTIKALE ORGANISATION UND KOMMUNIKATION ZWISCHEN DEN GRUPPEN ZUSÄTZLICH ÜBER OFFENE TREPPEN (SPLIT-LEVEL) UND LUFTRÄUME (ANGEBOT)

- GERINGE GESCHOSSZAHL ERMÖGLICHT WEITGEHEND FUSSLÄUFIGE VERTIKALBEWEGUNGEN (GGF. VER-ZICHT AUF DIE VORGESCHLAGENEN AUFZÜGE INNERHALB DER "HÄUSER")

- ERSCHLIESSUNGSRÄUME ERÖFFNEN VIELE VISUELLE NUTZUNGSMÖGLICHKEITEN (Z.B. BILDERGALERIEN, ÜBERSICHTEN AUS DEN ANGEBOTEN DER JOURNALE)

GEBÄUDEORGANISATION
EINHEITLICHE GEBÄUDETIEFE VON 15.00 METER

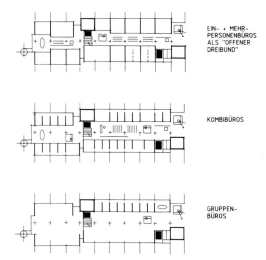

EIN- + MEHR-PERSONENBÜROS ALS "OFFENER DREIBUND"

KOMBIBÜROS

GRUPPEN-BÜROS

BILD 127 Erschließungssystem Vogel-Verlagszentrum 2000, Würzburg. Wettbewerbsentwurf 1. Preis, Architekten Struhk + Partner. Haupteingang, Mietereingang, zusätzlicher Mitarbeitereingang, Separater Eingang Rechenzentrum

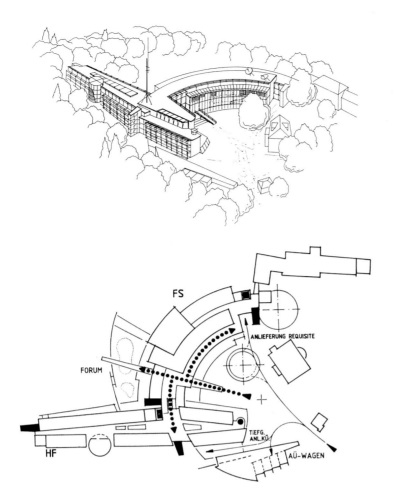

BILD 128 Erschließungssystem NDR Landesfunkhaus Mecklenburg-Vorpommern, Schwerin. Wettbewerbsentwurf. 1. Preis, Architekten Struhk + Partner

Schaffung eines transparenten, einladenden Haupteingangs mit großzügigem Vorfeld unter Beibehaltung der bestehenden Grundstückserschliessung.

Die zentrale Eingangshalle mit Empfangsbereich bildet ein Forum für vielfältige Nutzungen mit Einblick in die angrenzenden Hörfunk- und Fernsehbereiche mit News-Raum und Workstation-Raum.

Übersichtliche horizontale und vertikale Erschließung der beiden Bereiche mit vielfältigen Einblicken in Produktion und Sendung für Mitarbeiter und Besucher.

Gemeinschaftliche Einrichtungen liegen im Gebäudezentrum in direkter Beziehung zum Eingang.

eingang soll klar erkennbar als Empfangsseite des Gebäudes gestaltet sein und eine einfache und klare Orientierung von außen ermöglichen. Es sollten aber zukünftige Veränderungen und Erweiterungen so vorausbedacht werden, daß sie ohne große Eingriffe in die Gebäudesubstanz möglich sind. Auch die Möglichkeit einer Fremdvermietung von Teilflächen ist in der Planung sowohl der äußeren wie der inneren Erschließung zu berücksichtigen (Mietereingang und -foyer, innere Vertikal- und Horizontalerschließung getrennt vom Hauptnutzer, getrennte Steuerung der Techniksysteme, Sicherheitsanforderungen).

Die innere Erschließung umfaßt alle horizontalen und vertikalen Verkehrselemente eines Gebäudes. Hallen, Foyers und Wartezonen dienen als Orientierungs- und Verteilungsflächen. Treppen, Rampen, Aufzüge, Rolltreppen übernehmen die Vertikalerschließung. Flure, Gänge, Galerien realisieren die Horizontalerschließung in den jeweiligen Ebenen. Innere Erschließung meint aber auch die vertikale und horizonale Verteilung von gebäudetechnischen Installationen (Vertikalschächte, Horizontalverteilung in Fußbodenkanälen, Doppel- und Hohlraumböden, Unterdecken).

Die Vertikalerschließung mit Treppen und Aufzügen wird sinnvollerweise zusammen mit Installationsschächten, Sanitär- und Serviceräumen im Gebäudekern zusammengefaßt, der sowohl ein konstruktives als auch funktionales Hauptelement des Gebäudes, sozusagen sein Rückgrat darstellt.

Lage und Anzahl von Erschliessungskernen, die abhängig sind von der Gebäudeform und Vorschriften über Fluchtweglängen und Brandschutz, bestimmen wesentlich die Funktionalität und Wirtschaftlichkeit eines Gebäudes. Kurze Wege innerhalb der einzelnen Ebenen, zwischen den Ebenen und Gebäudeteilen sind ein Hauptkriterium für Funktionalität (Kommunikationsqualität) und Wirtschaftlichkeit.
In den abgebildeten Prinzipskizzen (Bild 129 und 130) gliedern sich an die Kerne jeweils Nutzungseinheiten von ca. 300 m - 450 m, ohne daß unerwünschte Durchgangsräume entstehen. Die Größe von max. 450 m (b = 15 m, l = 30 m) erlaubt flexible Gruppengrößen von 25 - 30 Arbeitsplätzen. Die Kommunikationswege liegen unter der kritischen Grenze von 30 m und Anforde-

rungen an Fluchtweglängen (35 m) und Brandschutz sind problemlos zu erfüllen.

Das richtige Achsmaß

Die Wahl eines günstigen Achsmaßes und einer optimalen Gebäudetiefe sind Grundbedingungen für die Unterbringung von verschiedenen Büroorganisationsformen im selben Gebäude, wie es idealerweise das Lean-Office erfordert. Wenn in einem Geschoß aus organisatorischen Gründen eine Kleinraumstruktur mit Ein- und Mehrpersonenbüros, im nächsten vielleicht ein Kombi-Büro und darüber eine Kleingruppenlösung oder Mischformen angestrebt wird, dann müssen Achsmaße und Gebäudetiefe so gewählt werden, daß die Untergliederung der Büroflächen in diese Nutzungsarten durch unterschiedliche Trennwandstellungen bei gleichzeitiger Berücksichtigung der Bedingungen an die Tageslichtführung, Kunstlichtqualität, natürliche und künstliche Lüftung, Heizung, Elektroversorgung, Versorgung mit Informations- und Kommunikationsleitungen usw. möglich ist.

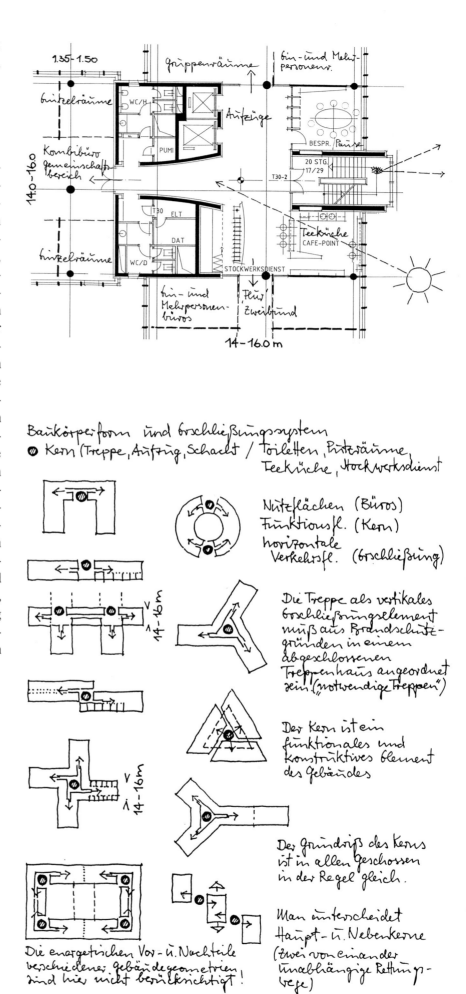

BILD 129 (oben) Vertikaler Erschließungskern Allgemeine Kreditversicherung AG, Mainz, mit Treppe, Aufzügen, Installationsschächten, Toiletten, Putzräumen, Stockwerksdienst, Teeküchen / Cafépoint.

BILD 130 (unten) Baukörperform und Erschließungssystem: Die Kerne enthalten Treppe, Aufzug, Installations- schächte, Toiletten, Putzräume usw.

Das Konstruktionsraster als primäres Raster bestimmt die Ausbildung der Tragstruktur, im Verwaltungsbau also in erster Linie die Stützenachsen. Das Ausbauraster (Sekundärraster) bestimmt die raumbildenden Elemente, d.h. Außen- und Innenwände, Unterdecken und die Systeme des technischen Ausbaus. Es kann sich für die Flexibilität der Grundrißgestaltung als sinnvoll erweisen, Konstruktionsraster und Ausbauraster zu trennen, da Konstruktion und Ausbau teilweise unterschiedlichen Bedingungen gehorchen. Die Anordnung einer Tiefgarage in den Untergeschossen kann beispielsweise zu anderen Konstruktionsachsmaßen führen als das für die Büroraumform optimale Maß.

Die Wahl des Ausbaurasters beeinflußt die Wirtschaftlichkeit der Flächennutzung. Es gibt eine Vielzahl von Untersuchungen zum Problem des wirtschaftlichsten Achsmaßes, die jedoch alle davon ausgehen, daß nur eine einzige Büroorganisationsform in einem Gebäude realisiert wird. Für das Zellenbüro hat sich beispielsweise als wirtschaftlichstes Achsmaß 1,20 m herausgestellt. Für andere Büroraumformen ist das Achsmaß von 1,20 m jedoch höchst unwirtschaftlich. Überlegungen im Hinblick auf die Verwirklichung unterschiedlicher Büroraumformen in der gleichen Nutzungseinheit führen dazu, daß ein Achsmaß zwischen 1,30 m und 1,50 m als optimal anzusehen ist.

Minimale Gebäudetiefe

Ähnliches wie für das Achsmaß gilt auch für die Gebäudetiefe. Das herkömmliche Zellenbüro in

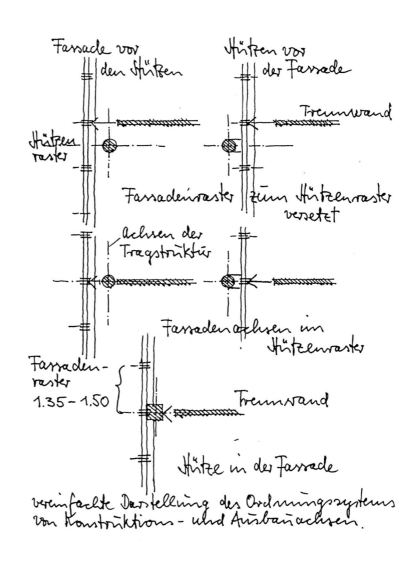

BILD 131 Prinzipskizze: *Verschiedene Anordnungen von Konstruktions- und Ausbauraster.*

zweibündiger Bauweise hat z.B. als wirtschaftlichste Gebäudetiefe ein Maß von 12 m. Dieses Maß resultiert aus der Grundannahme von 2 x 5 m Büroraumtiefe plus 2 m Flur (jeweils inklusive Wandkonstruktion). Diese Gebäudetiefe ist jedoch nur für diese eine Büroraumform günstig. Andere Büroraumformen sind organisatorisch und flächenwirtschaftlich nicht zu vertreten.

Um bei den unterschiedlichen Büroraumformen auch für die innenliegende Arbeitsplätze eine gute Tagesbelichtung zu erreichen, ist als Richtwert für die Gebäudetiefe von folgender Faust-

regel auszugehen: Raumtiefe bei einseitiger Belichtung = das 2,5-fache der Raumhöhe, bei zweiseitiger Belichtung das 5-fache der Raumhöhe. Bei einer geforderten lichten Raumhöhe von 3 m ergibt sich damit bei zweiseitiger Belichtung eine Gebäudetiefe von 5 x 3 m = 15 m. Dieses Maß garantiert, daß bei jeder Belegungsart kein Arbeitsplatz weiter als 7 m vom Tageslicht entfernt ist. Bei entsprechender Fassadenkonstruktion (z.B. sturzlose Verglasung) kann dadurch auch bei den innenliegenden Arbeitsplätzen der notwendige Einsatz von Kunstlicht wesentlich reduziert werden (siehe Bild 132 + 133).

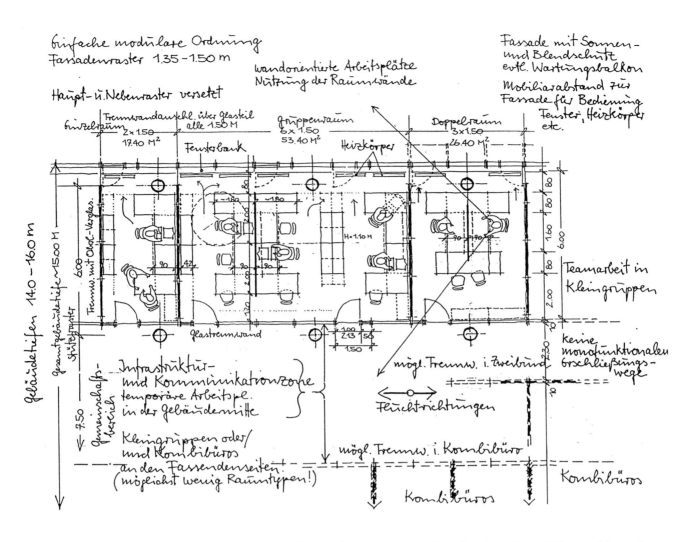

BILD 132 Einfache modulare Ordnung mit einem Konstruktionsraster von 6 m x 6 m bzw. 6 m x 7,50 m und Fassaden-/Ausbauraster von 1,50 m. Konstruktions- und Fassadenraster sind versetzt angeordnet. Vorteil: gleiche Trennwandanschlußbedingungen in jeder Fassadenachse.

Wirtschaftliche Geschoßhöhe

Eng im Zusammenhang mit der Gebäudetiefe ist die lichte Raumhöhe zu sehen. Die lichten Höhenmaße werden bestimmt durch Mindestanforderungen der Landesbauordnungen und der Arbeitsstättenverordnung.

Für Arbeitsräume werden nach bestimmten Flächengrößen Mindestraumhöhen als lichte Höhen vorgeschrieben. Raumhygienische Anforderungen wie Beleuchtung mit Tageslicht, Beziehung zur Außenwelt, Raumklima bedingen ihrerseits installationsrelevante zusätzliche Konstruk-

tionshöhen für Unterdecken. So müssen z.B. Gebäude mit Raumflächen zwischen 100 und 2.000 qm Nutzfläche eine Mindestraumhöhe von 3 m im Lichten ausweisen. Zusammen mit den je nach Installationsabhängigkeit und Akustik erforderlichen Unterdecken ergibt sich bei solchen Raumflächen eine Geschoßhöhe von 3,60 bis 4,00 m.

Eine Gebäudekonzeption mit kleineren Nutzungseinheiten, die die Anordnung der Arbeitsplätze in Fassadennähe mit Tageslicht und natürlicher Belüftung ermöglichen, erlaubt es, weitgehend auf lüftungstechnische Maßnahmen

zu verzichten. Dies hat nicht nur den Effekt der Einsparung lüftungstechnischer Anlagen sondern auch der Verminderung des umbauten Raumes durch den Wegfall der abgehängten Decken zur Installationsführung und die dadurch mögliche geringere Geschoßhöhe. Daß der Verzicht auf geschlossene Unterdecken noch weitere energierelevante Vorteile hat, wird später noch beschrieben.

Dieses Beispiel zeigt, daß nutzungsspezifische, konstruktive, raumhygienische, gebäudetechnische und energetische Bedin-

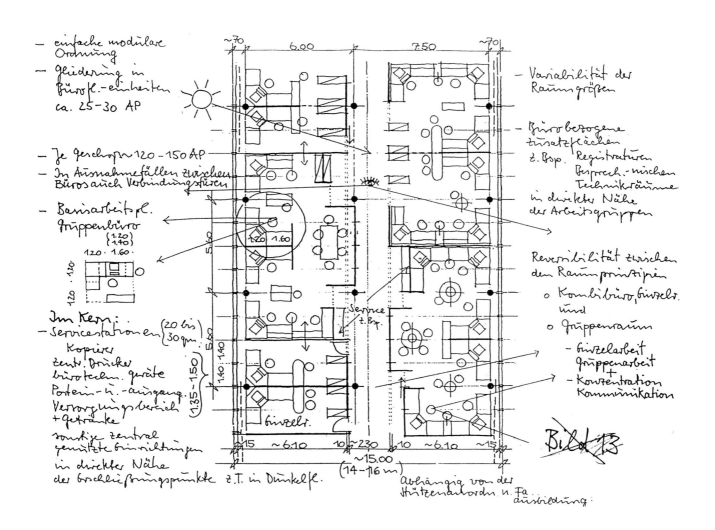

BILD 133 Reversibilität zwischen den Raumprinzipien Kombi-Büro, Zellenbüro und Gruppenraum auf einer Geschoß-ebene. Kein Arbeitsplatz ist weiter als 7 m vom Tageslicht bzw. vom Fenster entfernt.

gungen nur in ganzheitlichem Zusammenhang gesehen werden können und bereits in der Phase der Erarbeitung des Architekturkonzepts berücksichtigt werden müssen (siehe Bild 134).

Einfache Tragkonstruktion

Die Tragkonstruktion ist ein wesentlicher Teil der Gebäudestruktur, die definiert ist als die Ordnung von primären (tragenden) und komplementären (trennenden) Bauteilen. Für Bürohäuser sind Skelett-Tragwerke mit den Elementen Stützen, Träger und Decken charakteristisch.

Im konventionellen Bürohausbau im Zweibund mit einer Gebäudetiefe von 12 m wurden generell Stützenabstände von 5 - 7 m verwendet, und zwar mit ein oder zwei Innenstützen. Überlegungen zur Stützenstellung für das angestrebte flexible Bürohaus führen zu einer Konstruktion mit möglichst nur einer Innenstütze, und zwar asymmetrisch angeordnet, um im Falle eines Mittelganges einen stützenfreien Verkehrsweg zu erhalten.

Für die Gebäudetiefe von 14 bis 16 m einschließlich Fassade ist ein Stützenraster von 6,00 x 6,00 und 6,00 x 7,50 m vorteilhaft, weil sich ohne Beeinträchtigung durch im Wege stehende Stützen alle Büroraumformen mit unterschiedlichen Möblierungslayouts realisieren lassen.

Tragsysteme können in Stahlbeton-, Stahl- und Verbundkonstruktionen ausgeführt werden. Die heute vorherrschenden Konstruktionen sind Stahlbetonskelette, deren Vorteil in den größen Massen schwerer Bauteile mit entsprechender Speicherfähigkeit und der problemlosen Erfüllung der Brandschutzanforderungen liegt.

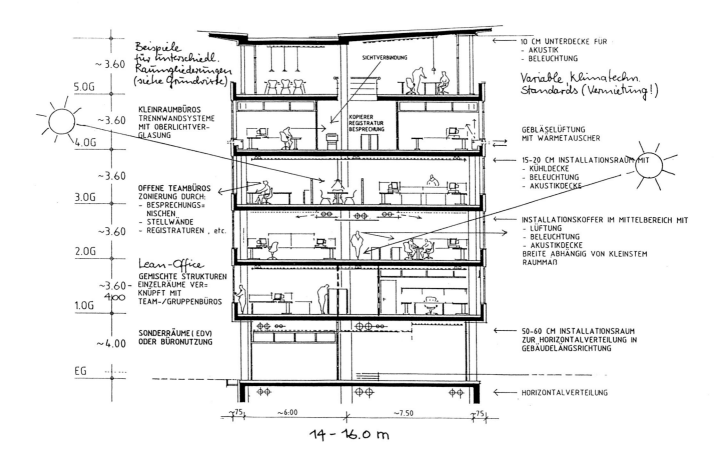

BILD 134 Unterschiedliche Raumgliederungen in den verschiedenen Geschossen mit variablen klimatechnischen Standards. Es können unterschiedliche Büroraumkonzepte realisiert werden.

Stahlkonstruktionen haben u.a. den Vorteil großer Stützweiten, kleiner Stützenquerschnitte, geringen Gewichts des Tragwerks, einfacher Installationsführung, kurzer Bauzeiten wegen Vorfertigung und Montage der Elemente, enger Toleranzen und paßgenauer Montage an Ausbauelementen, lauter Vorteile, die sie für das flexible Büro als ideal erscheinen lassen. Selbst nachträgliche Änderungen des Tragwerks, z. B. durch das Aufstocken von Geschossen, Verstärken des Tragwerks, Vergrößern von Stützweiten zur Änderung bzw. Vergrößerung von Bauteilen sind generell möglich. Nachteilig sind

die brandschutztechnischen Vorschriften, die Stahlkonstruktionen bei mehr als zwei Geschossen ohne zusätzliche Ummantelung nur in sehr eng begrenzten Ausnahmefällen zulassen.

Vorteilhafte Stahlbauweise

Um die Vorteile der Stahlbauweise nutzbar zu machen, werden in jüngster Zeit Verbundkonstruktionen häufiger ausgeführt. Es handelt sich dabei um ausbetonierte Stahlprofile (Doppel-T-Profile, Rohr- und Hohlprofile, Kreuzstützen und Sonderformen), bei denen, vereinfacht dargestellt, der Stahl die Zugkräfte und der Beton die Druckkräfte aufnimmt. Allen Verbundkonstruktionen gemeinsam ist die hohe Tragfähigkeit bei geringen Querschnittabmessungen sowie das gute Brandverhalten.

Als Deckenkonstruktion kommen Unterzugskonstruktionen oder Flachdecken in Frage. Unterzugskonstruktionen benötigen zwar geringere Stahlmengen, weil sie mir niedrigeren Deckenquerschnitten auskommen, haben aber für die Flexibilität des Ausbaus erhebliche Nachteile (Anschluß von Trennwänden, Installationsführung, usw.) Die

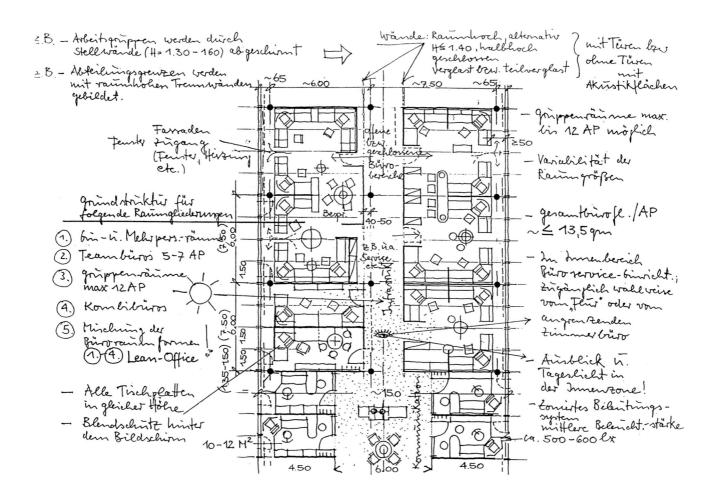

BILD 135 Grundriß mit Gebäudetiefe von 14 - 16 m zeigt variable Raumgliederungen: Ein- und Mehrpersonenräume, Kleingruppenräume mit 5-7 Arbeitsplätzen, Gruppenräume mit maximal 12 Arbeitsplätzen und Kombi-Büros. Konstruktions- und Ausbauraster sind überlagert. Die Stützen sind in einer Richtung aus dem Fassadenraster nach innen versetzt.

Vorteile der Speicherfähigkeit der Rohdecke zum Temperaturausgleich muß bei allen Konstruktionen im Vordergrund stehen, um zusätzliche lüftungstechnische Maßnahmen zu minimieren.Eine unterzugslose Konstruktion der Decke (Flachdecke) ist für die Flexibiltät der Trennwandstellung und Installationsführung anzustreben. Unterzuglose Konstruktionen im Fassadenbereich verbessern wesentlich den Tageslichteinfall in den Raum.

Integrierte Fassadengestaltung

Die Fassade als Nahtstelle zwischen Innen- und Außenraum hat im wesentlichen die Aufgabe, den Fluß von Wärme/Kälte, Sicht (nach innen und außen), Schall (erwünscht, unerwünscht), Licht (Tageslicht, Besonnung), Luft (Wind, Belüftung) und Wasser (Regen, Feuchtigkeit, Kondensation) zwischen innen und außen zu regeln. Die gewachsenen Ansprüche an die Behaglichkeit des Innenraumes in unterschiedlichen Jahreszeiten und eine sinnvolle Reduzierung des Energieverbrauchs sind Auslöser einer

Entwicklung zur Integration von Fassade und Haustechnik. Insbesondere zum Thema energetisch wirksamer Fassadengestaltung gibt es eine Fülle von Spezialliteratur. An dieser Stelle kann nur auf die Notwendigkeit einer ganzheitlich integrierten Planung verwiesen werden, deren Grundgedanken anhand des Fassadenschnittes in Bild 136 (Seite 134) aufgezeigt werden.

Bereits in frühen Planungsphasen können durch Gebäudesimulation die maßgeblichen Parameter wie z.B. Fensterflächenanteil, Verglasung, Sonnenschutz, Wärmedämmung, Speicherwirkung

liche Abkühlung wegen der guten Wärmedämmung nicht wirksam werden kann (Thermoskanneneffekt). Winterlicher und sommerlicher Wärmeschutz müssen daher insgesamt energetisch optimiert werden, wobei das Ergebnis durchaus dazu führen kann, daß durch einen geringeren winterlichen Wärmeschutz im Bereich der Verglasung auf die zusätzliche Installation einer raumlufttechnischen Anlage mit Kühlung bzw. einer Kühldecke verzichtet werden kann. Sowohl wirtschaftlich als auch energetisch/ökologisch ist das die bessere Lösung!

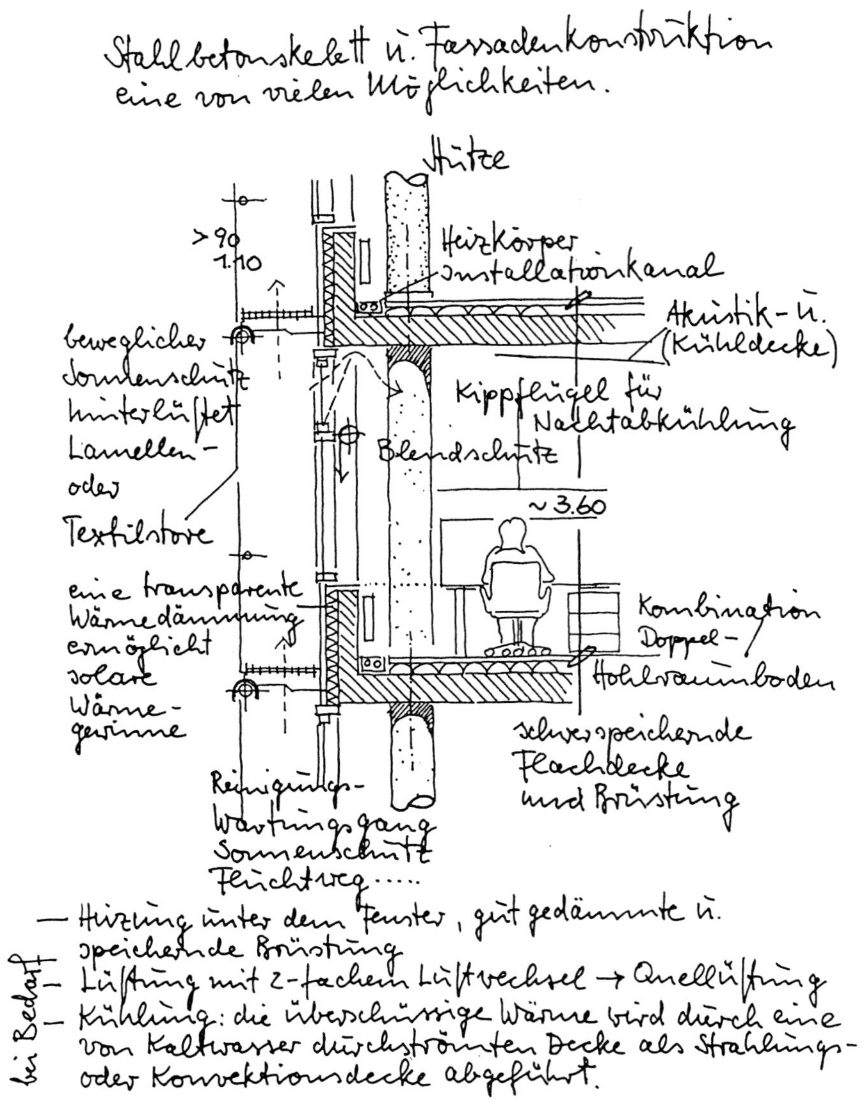

Stahlbetonskelett u. Fassadenkonstruktion eine von vielen Möglichkeiten.

Hitze
>90
1.10
Heizkörper
Installationkanal
bewegliches
Sonnenschutz
hinterlüftet
Lamellen-
oder
Textilstore
Akustik- u.
(Kühldecke)
Kippflügel für
Nachtabkühlung
Blendschutz
~3.60
eine transparente
Wärmedämmung
ermöglicht
solare
Wärme-
gewinne
Kombination
Doppel-/
Hohlraumboden
schwerspeichernde
Flachdecke
und Brüstung
Reinigungs-
Wartungsgang
Sonnenschutz
Feuchtweg....

bei Bedarf
— Heizung unter dem Fenster, gut gedämmte u. speichernde Brüstung
— Lüftung mit 2-fachem Luftwechsel → Quellüftung
— Kühlung: die überschüssige Wärme wird durch eine von Kaltwasser durchströmten Decke als Strahlungs- oder Konvektionsdecke abgeführt.

BILD 136 Fassadenschnitt mit außenliegendem Sonnenschutz und zusätzlichem inneren Blendschutz, Wartungsbalkon und natürlicher Be und Entlüftung (Fensterlüftung)

der Baukonstruktion, Sommernachtskühlung alternativ in ihrem Einfluß untersucht werden.

Optimierung durch Gebäudesimulation

Dabei ist eine ganzheitliche Betrachtung unter Einbeziehung gestalterischer Aspekte, der Tageslichttechnik, Raumakustik und der erforderlichen technischen Installationen im Raum unabdingbar.

Generell muß bedacht werden, daß der thermische Komfort von den Raumkonditionen sowohl im Winter wie im Sommer abhängt. Der durch gesetzliche Vorschriften (Wärmeschutzverordnung) ständig verbesserte Wärmeschutz im Winter kann insbesondere im Bürohausbau mit hohen inneren Wärmelasten (Beleuchtung, Abwärme elektrisch betriebener Geräte) dazu führen, daß für den Sommer eine mechanische Kühlung installiert werden muß, weil die erwünschte nächt-

Variabler Innen-ausbau

Effektiver Schallschutz

Dem Schallschutz und der Raumakustik ist beim Innenausbau besondere Aufmerksamkeit zu widmen. Schallschutz meint die Schallübertragung von Raum zu Raum. Die Anforderungen an die Schalldämmung zwischen zwei Räumen werden insbesondere von der gewünschten Vertraulichkeit und dem Grundgeräuschpegel im Raum bestimmt. Die Schallübertragung wird von den Einzelschalldämmaßnahmen an den direkt an der Schallübertra-gung beteiligten Bauelementen wie Trennwänden und Türen bestimmt sowie von den Schallne-benübertragungswegen über die flankierenden Bauteile wie Fassaden- und Flurwandanschluß, Decke, Installationsboden. Mindestanforderungen und Vorschläge für einen erhöhten Schallschutz sind in DIN 4109, Schallschutz im Hochbau, geregelt.

Akustischer Komfort

Außer der Schallübertragung von Raum zu Raum wird der akustische Komfort eines Raumes bestimmt von dem Maß der Lärmbelästigung im Raum selbst. Als Hauptstörfaktor ist das menschliche Gespräch ein dauerndes Ärgernis im Büro. Störend sind Gespräche erstens, wenn sie zwangsläufig mitgehört werden müssen. Zum zweiten können andere die eigenen Gespräche uneingeschränkt mithören.

Das Kombi-Büro verdankt seine zunehmende Beliebtheit dem Umstand, daß dieser Störfaktor "menschliches Gespräch" weitgehend ausgeschaltet wird. In allen übrigen Büroraumformen mit mehr als einem Arbeitsplatz im Raum kann nur durch schalldämpfende Maßnahmen bei Ausbaudetails und der Materialwahl ein zufriedenstellender akustischer Komfort erreicht werden.

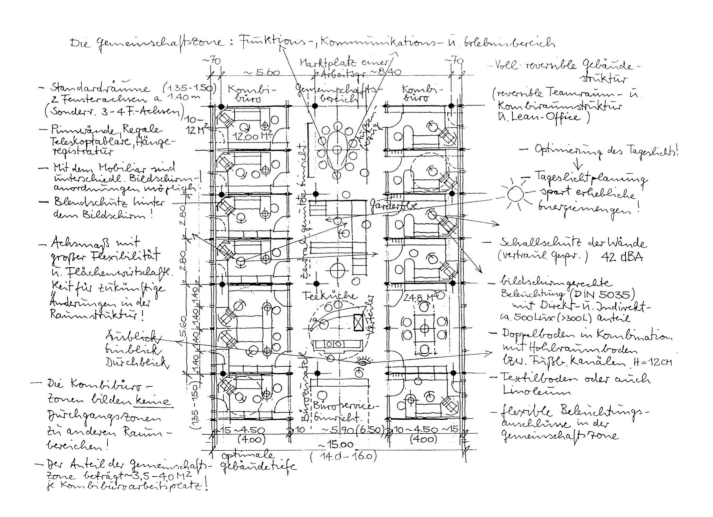

BILD 137 Innenausbau eines Kombi-Büros. In der Mitte der Multiraum (Gemeinschaftszone) als Funktions-, Kommunikations- und Erlebnisbereich. An der Fassade liegen die Arbeitsräume mit unterschiedlicher Ausprägung. Die vollreversible Gebäudestruktur erlaubt auch den Ausbau als Gruppenbüro und Lean-Office.

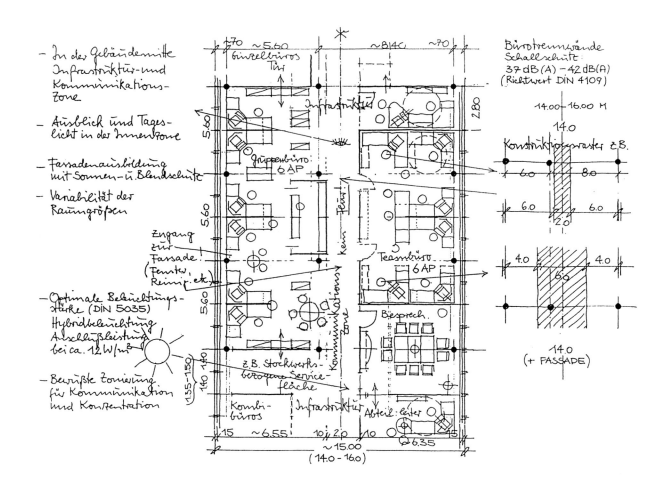

BILD 138 Innenausbau eines Zweibundes mit teilweise offenen Arbeitsbereichen. Es handelt sich hierbei um dieselbe vollreversible Gebäudestruktur wie in BILD 137. So lassen sich, je nach funktionaler Anforderung, Zellenbüro, Gruppen- büro, Teambüro und Kombi-Büro beliebig auf ein und derselben Fläche bilden Damit ist die Voraussetzung für die räum- liche Verwirklichung das Lean-Office geschaffen.

Die Lautstärke, mit der ein Stör- geräusch im Büroraum (Gesprä- che der anderen im Raum befindlichen Personen, Maschi- nengeräusche o.ä.) andere Mitar- beiter erreicht, hängt ab vom Volumen des Raumes und der Menge der reflektierenden Flä- chen im Raum sowie von der Distanz zur Schallquelle. Zu Er- reichung des gewünschten aku- stischen Komforts bietet sich die Verwendung schallabsorbieren- der Materialen an den raumbe- grenzenden Flächen (Decke, Wände, Fußböden) an. Velour- teppiche haben z.B. eine höhere schalldämpfende Wirkung als harte Bodenbeläge. Textil- oder Holzwandbeläge haben einen hö- heren Schallabsorptionsgrad als Gipskarton. Auf die hohe Schall- dämpfung einer guten Akustik- decke soll hier besonders hinge- wiesen werden. In raumakusti- schen Untersuchungen wurde außerdem nachgewiesen, daß Möblierung und Einrichtung ei- nen erheblichen Anteil an der Schallabsorption haben. Dieser Aspekt wird häufig bei der Mobi- liarwahl außer Acht gelassen.

Leichte flexible Trennwände

Es wurde bereits der Zusammen- hang von Konstruktions- und Ausbauraster dargestellt. Die Wahl eines günstigen Ausbaura- sters ist Grundvoraussetzung für die Realisierung unterschiedli- cher Büroraumformen. Davon hängen die Möglichkeiten zur Ausbildung der Trennwände, Unterdecken, Fußbodenaufbau- ten, Montage statischer Heizflä- chen, Verlegung von Installa- tionskanälen usw. ab. Um die Flexibilität der Nutzung zu gewährleisten, müssen zur Aufstellung von Trennwänden zwischen den Büroräumen und zu den Gemeinschaftsflächen die planerischen Vorkehrungen so gewählt werden, daß ohne Ein- griffe in die sonstigen Konstruktionen (Fußbodenkonstruktion, Deckenkonstruktion) und Installationen (Heizungs- Lüftungs-, Elektro-, Datenleitungen) eine Veränderung ihrer Stellung möglich ist. Trennwände sind daher leichte Konstruktionen (z.B. Gipskarton-Ständerbauweise, Kombinationen aus Holz und Gipskarton, Metallbauweise, jeweils geschlossen oder in Kombination mit Glas), die auf dem fertig installierten Boden aufgestellt werden. Sie müssen den raum- und schallakustischen Anforderungen der DIN und Arbeitsstättenverordnung genügen und können je nach Büroraumkonzept geschlossen, teilweise verglast, oder als Ganzglastrennwände raumhoch oder ohne Anschluß an die Decke ausgebildet sein.

Reversibler Fußbodenaufbau

Ebenfalls unter dem Erfordernis der Variabilität und Flexibilität der Nutzung ist der Fußbodenaufbau zu sehen. Die vorausschauende Anordnung der Installationsleitungen für Heizung, Kühlung, Lüftung, Elektro, Informations- und Datenverarbeitung und ihre Anschlußbedingungen sind Grundvoraussetzung für Veränderbarkeit der Bürostruktur.

Als einfachste, jedoch nur bedingt flexible, Lösung der Installationsführung kommt der estrichüberdeckte Kabelkanal mit Bodenauslässen in Frage. Seine Nutzungsmöglichkeiten werden allerdings eingeschränkt durch die begrenzte Kapazität und die fixierte Trassenführung.

In Doppelböden, einem mit Hilfe einer verstellbaren Ständerkonstruktion auf der Rohdecke aufgeständerten Boden, lassen sich

auch Kabel und Rohrsysteme mit größeren Querschnitten und entsprechend großen Biegeradien unterbringen. Durch Austausch einzelner Bodenplatten können auch nachträglich zusätzliche Auslässe geschaffen werden. Die Konstruktionen sind relativ auf-

wendig und Raumakustik sowie Wärmeverhalten des Raumes werden ungünstig beeinflußt. Andererseits sind in Doppelböden Heizungs-, Lüftungs- und Kühlleitungen und die Installationen für Quellüftung problemlos zu installieren, und Nach-

Doppel- und Hohlraumboden im systematischen Vergleich

	Doppelboden	Hohlraumboden
Einsatzbereiche	Büros, Flurbereiche, mit grundsätzlich hoher Installationsdichte, Computerräume, Labors, Werkstätten, Industriebauten	Verwaltungen, Besucherzonen, (z.B. Banken), Schulen, Hochschulen, Kliniken, Wohnungsbau, Altbauten aller historischen Konstruktionen
Haustechnische Installationen	alle Verkabelungen von Starkstrom bis Datentechnik; Doppelbodenhohlraum als Druckraum der Klimatisierung oder zu ihrer Führung durch Schläuche; Infolge der Möglichkeit großer Bauhöhen und Durchgangsbreiten zwischen den Stützen Installationen aller Ver- und Entsor-gungsleitungen in Schaltwarten, Labors und Fertigungsräumen	alle Verkabelungen von Starkstrom bis Datentechnik; Klima / Lüftung, Kühlung, Heizung
Flächengrößen	von kleinsten bis zu den größten	durch Art der Herstellung erst ab etwa 150 m² wirtschaftlich, sonst bis zu größten Flächen
Montage	absoluter Trockenbau, nach Verlegung der Platten (vollflächig, zumindest schachbrettartig) sofort begehbar	je nach System: tiefgezogene PVC-Folien in Bahnen zu einer Wanne verklebt oder fertig ausgehärtete Formplatten ausgelegt; anschließend Einbringung von Fließestrich. Trocknungszeiten: - begehbar nach 48 Stunden - Weitermontage nach 5 Tagen - Endfestigkeit nach 28 Tagen
Oberbeläge	1. in Abhängigkeit vom Normraster 600 x 600 mm und der Möglichkeit zur Aufbringung auf die Einzelplatten 2. spätere Belagserneuerung möglich	1. alle (hart, elastisch, textil) uneingeschränkt 2. jede Belagssanierung möglich
Belastungswerte	je nach Typ von 3.000 N Punktlast bis 30.000 N / m² Flächenlast	von 4.000 N Punktlast bis 40.000 N / m² Flächenlast
Brandschutz	Baustoffklassen B und A, Konstruktionen F 30 oder F 60	Baustoffklasse A, Konstruktion F 60 bis F 120, Revisionsöffnungen: F 90
Schallschutz	etwa halbes Eigengewicht vom Hohlraumboden; Schall-Längsdämmung R 52 dB, Verbesserungen durch einfache Maßnahmen möglich	Eigengewicht etwa doppelt so hoch wie Doppelboden; Schall-Längsdämmung R 54 dB, Verbesserungen möglich
Kosten	viele Komponenten des jeweiligen technischen Konzepts beeinflussen den Preis. So gibt es keine generelle Aussage außer einem Vergleich: grob gesagt ist die qualifizierte Doppelbodenanlage 20,- bis 30,- DM / m² teurer als Hohlraumboden.	Hohlraumboden ist dann etwa mit Kanalestrich preisgleich, wenn man bei diesem die Auslegung eines etwa gleichwertigen Leistungspotentials zugrunde legt.

BILD 139 Vergleich Doppelboden / Hohlraumboden: Der Hohlraumboden ist eine erfolgreiche Lösung zwischen Kabelkanal und Doppelboden.

installationen aufgrund von Veränderung der Nutzung sind jederzeit möglich.

Eine Lösung sozusagen zwischen Kabelkanal und Doppelboden, der Hohlraumboden, hat sich im Bürohausbau in den letzten Jahren als wirtschaftlich und praktikabel durchgesetzt. Eine verlorene Kunststoffschalung ist versehen mit Aussparungen (ähnlich einem Eierkarton), in welche die Kabel und Leitungen unterschiedlichen Querschnitts eingezogen werden können. Auf diese Formplatte wird der Estrich aufgebracht und schließlich der Oberbodenbelag. Die lichte Höhe dieses Bodens liegt unter der des Doppelbodens. Nachträglich benötigte Bodenauslässe sind problemlos zu bohren. Ein Kabeleinzugsgerät erleichtert nachträgliche Verkabelung. Statische, schallschutz- und brandtechnische Anforderungen werden gut erfüllt. Durch die Überdeckung mit Estrich kommt als positiv energetisch wirksamer Effekt die Wärmespeicherfähigkeit dieser Konstruktion hinzu.

Für die Flexibilität der Installationsführung und damit der Variabilität der Nutzung hat sich eine Kombination aus Hohlraumboden und Doppelboden als vorteilhaft erwiesen. Die Hauptführung erfolgt in einer in der mittleren Längsachse der Nutzungseinheit verlegten Doppelbodentrasse. Die Verteilung in die seitlichen Nutzungsbereiche geschieht über den angeschlossenen Hohlraumboden. Diese Kombination hat den Vorteil einfacher Nachinstallation und einer guten Zugänglichkeit der Hohlraumbodenverteilung.

Durchlässige Unterdecken

Unterdecken sind unter die tragende Deckenkonstruktion ganz oder teilweise abgehängte leichte Konstruktionen aus Gipskarton, Metall, Holz oder Kombinationen dieser Materialien. Sie können verschiedene Funktionen übernehmen: Schallabsorbtion, Schalldiffusion, Aufnahme der Allgemeinbeleuchtung, Reflexionsfläche für indirekte Beleuchtung, Aufnahme von Abluftöffnungen, Luftauslässen, Brandmeldern und Sprinklerköpfen, Trennwandanschlüssen, Kaschierung von Installationsleitungen für Lüftung, Elektro, Kühlung. Und die Unterdecke kann als Strahlungs- oder Konvektionsdecke auch Kühlfunktionen übernehmen. Im Fluchtbereich haben die Unterdecken brandschutztechnische Anforderungen zu erfüllen.

Die herkömmliche geschlossene Unterdecke ist ebenso wie die üblicherweise damit in Verbindung stehende Rastereinbauleuchte und Klimaanlage bereits seit Jahren als überholt anzusehen. Der seitliche Anschluß der Unterdecke an die aufsteigenden Bauteile verhindert den Wärmeaustausch zwischen Raumluft und Betonrohdecke. Damit ist die Nutzung der Speicherfähigkeit der schweren Bauteile für die sommerliche Abkühlung durch Nachtlüftung ausgeschlossen. Vorwiegend aus akustischen Gründen und zur teilweisen Abdeckung der Installationsleitungen sowie als Reflexionsfläche für indirekte Raumbeleuchtung kann jedoch in einem modernen Bürogebäude auf Unterdecken nicht völlig verzichtet werden. Als "Akustiksegel", frei unter der Decke angebracht, lassen sie viel gestalterischen Spielraum, ohne daß der Wärmetausch

zwischen Raumluft und Rohdecke behindert wird. Um die Flexibilität der Raumaufteilung bzw. ihren Umbau nicht zu behindern, soll die Unterdecke möglichst wenig sonstige Installationen aufnehmen. Auf die Sonderform einer abgehängten Decke, die Kühldecke, wird im Zusammenhang mit folgenden Abschnitt "Gebäudetechnik" näher eingegangen.

Gebäudetechnik: Weniger ist mehr!

Hocheffizienter Technikeinsatz

In den Fachdiskussionen über den Grad der Ausstattung eines Gebäudes mit technischen Anlagen gibt es seit einigen Jahren zwei scheinbar widersprüchliche Tendenzen: zum einen die Maxime "so viel Technik wie nötig, so wenig wie möglich"; zum anderen das "intelligente Bürohaus" mit selbstregulierenden Systemen der Klimatechnik, Lichttechnik, Gebäudeleittechnik, Informations- und Kommunikationstechnik.

Hinter der Forderung nach "so wenig Technik wie möglich" steht der Wunsch einer möglichst natürlichen und zugleich komfortablen und nach individuellen Bedürfnissen regelbaren Arbeitsumwelt. Andererseits kann die Intelligenz der gebäudetechnischen Systeme nur darin bestehen, daß sie intelligent auf Umgebungsbedingungen und individuelle Nutzerbedürfnisse reagieren und dabei sparsamst mit unseren Ressourcen umgehen. Diese vermeintlich gegenläufigen Trends münden in einem gemeinsamen "Weniger ist mehr".

"Weniger ist mehr" zielt darauf ab, bei höherer Qualität einzelner technischer und baulicher Maßnahmen und möglichst umfassender Synergieeffekte bei einzelnen Gebäudeteilen möglichst wenig Primärenergie zu verbrauchen sowie natürliche Ressourcen zu nutzen. Das heißt, die Gebäudetechnik soll hocheffizient in möglichst geringem Umfang eingesetzt werden.

Voraussetzung hierfür sind konzeptionelle Maßnahmen in der Gebäudeplanung wie sie in dem vorangegangenen Abschnitt bereits angedeutet worden sind. Neben der Grundriß- und Baukörpergestaltung (Baukörperform und -gestalt, Fassade usw.) ist es vor allem die Wahl der Bauweise, welche das Klimaverhalten eines Gebäudes bestimmt.

Speichermassen nutzen

Schwere Bauweise dämpft durch eine phasenverschobene Abgabe der gespeicherten Wärme/Kälte die inneren Temperaturschwankungen und baut den Einfluß von Extremwerten ab. Dadurch reduziert sie die notwendige Heizleistung und äußere Kühllast. Gebäude, die am Tage einen Kühlbedarf aufweisen, können durch nächtliche Lüftung gekühlt werden. Umgekehrt kann die Speicherfähigkeit der schweren Bauteile zum Wärmegewinn genutzt werden (passive Solarenergienutzung, transparente Wärmedämmung). Leichte Bauweise dagegen schafft ein instabiles Raumklima, weil sie die äußeren Schwankungen des Klimas im Inneren schneller wirksam werden läßt. Thermische Behaglichkeit ist gegenüber der schweren Bauweise nur mit einem wesentlich größeren heizungs- und lüftungstechnischen Aufwand und entsprechend höheren Investitions- und Betriebskosten erreichbar.

Energiewirksame Atrien

Ebenso temperaturausgleichend und energiegewinnend wirksam sind glasgedeckte Atrien, Lichthöfe, Passagen etc., also Pufferzonen vor oder zwischen Gebäudeteilen, deren zusätzliche Luftschicht bei entsprechend aus-

geführter Konstruktion (äußerer Sonnenschutz, Abluftöffnungen, Nutzung Thermikturmprinzp usw.) den effektiven Gesamtwärmeübergang eines Gebäudes wesentlich verbessern kann. Ausserdem kann die Lüftung der angrenzenden Räume über diese Zone mit vorgewärmter/vorgekühlter Luft erfolgen, wodurch der Energieaufwand zur thermischen Aufbereitung der Zuluft wesentlich verringert wird. Es muß jedoch darauf hingewiesen werden, daß energetisch ungenügend optimierte Atrium-Konstruktionen auch den gegenteiligen Effekt bewirken können: die Überhitzung während einiger Sommertage erfordert dann eine aufwendige Kühlung, ggf. auch der angrenzenden Arbeitsräume.

Besseres Klima durch Innenbegrünung ?

In einem Forschungsprojekt an der ETH Zürich wird zur Zeit untersucht, inwieweit die Einhaltung komfortabler Raumtemperaturen und -feuchten sowie der Abbau von Schadstoffen durch Innenbegrünung von Gebäuden ohne Einsatz technischer Hilfsmittel zu erreichen ist. Hierbei sollen die Verdunstung durch Pflanzen und die damit zusammenhängende Verdunstungskühlung, die Produktion von Sauerstoff und der Abbau von Schadstoffen untersucht werden.

Mikroklima schaffen

Im Bereich der Außenanlagen kann durch Rankgerüste, Pergolen mit laubabwerfender Begrünung (im Sommer Beschattung, im Winter Besonnung der dahinterliegenden Bauteile) eine temperaturausgleichende Wirkung

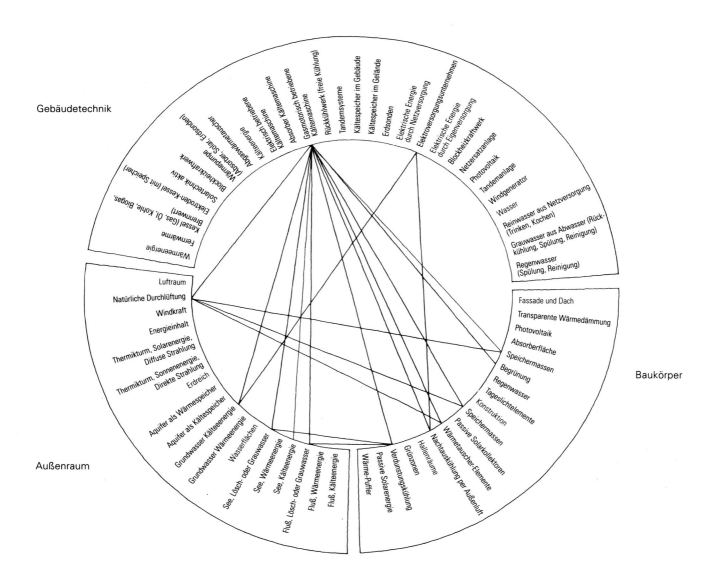

BILD 140 Der Ökologische Kreis bei Gebäuden und Gebäudetechnik zeigt, daß es eine Vielzahl von Möglichkeiten gibt, sowohl technische Investitionskosten als auch Betriebskosten unter Umständen unter gleichzeitiger Verminderung der Baukosten einzusparen. Dazu ist es wichtig, daß einzelne Aspekt nicht wie in der Vergangenheit häufig auf ein fertiges

erreicht werden. Die Anordnung von Teichgewässern in Fassadennähe, die gleichzeitig als Regenrückhaltebecken oder Löschteich nutzbar sind, verbessert das Mikroklima und mindert wesentlich die äußeren Wärmelasten.

Die genannten Beispiele sollen deutlich machen, wie wichtig eine frühzeitige und ganzheitliche Einbindung aller Planungsbeteiligten (insbesondere Architekt, Tragwerksplaner, Gebäudetechniker) für die optimale Gebäudeplanung ist. Die ganzheitlichen Zusammenhänge im einzelnen zwischen Baukörper, Gebäudetechnik und Außenraum werden in Bild 140 "Ökologischer Kreis" verdeutlicht.

Sparsame Heizung

Die notwendige Wärmeversorgung richtet sich in erster Linie nach der Wärmeschutzverordnung, deren Überarbeitung seit langem im Entwurf vorliegt (siehe Bild 141). Es empfiehlt sich, bereits jetzt nach der neuen Aus-gabe zu arbeiten, die einerseits einen höheren Wärmeschutz vorschreibt, andererseits aber Wärmegewinne in einem Gebäude durch entsprechende konstruktive Maßnahmen und im Gebäude befindliche Wärmequellen berücksichtigt.

Die Minimierung des Wärmebedarfs sollte sich auf eine Gesamtlösung stützen, bei der für den Betrieb während der Übergangszeit und im Sommer keine Überdämmung entsteht. Die Wärmedämmung sollte variabel gestal-

Außenraum	Gebäudetechnik	Baukörper

Außenraum

Luftraum
Freier Luftraum
    Natürliche Durchlüftung
    Windkraft
    Energieinhalt
Thermikturm
    Solarenergie, Diffuse Strahlung
    Sonnenergie, Direkte Strahlung

Erdreich
Aquifer
    Wärmespeicher
    Kältespeicher
Grundwasser
    Kälteenergie
    Wärmeenergie

Wasserflächen
See
    Lösch- oder Grauwasser
    Wärmeenergie
    Kälteenergie
Fluß
    Lösch- oder Grauwasser
    Wärmeenergie
    Kälteenergie

Gebäudetechnik

Wärmeenergie
Direkt
    Fernwärme
    Kessel (Gas, Öl, Kohle, Biogas, Brennwert)
    Elektroden-Kessel (mit Speicher)
Indirekt
    Solartechnik aktiv
    Blockheizkraftwerk
    Wärmepumpe (Absorber, Solar, Erdsonden)
    Abgaswärmetauscher

Kälteenergie
Direkt
    Elektrisch betriebene Kältemaschine
    Absorber Kältemaschine
    Gasmotorisch betriebene Kältemaschine
    Rückkühlwerk (freie Kühlung)
    Tandemsysteme
Indirekt
    Kältespeicher im Gebäude
    Kältespeicher im Gelände
    Erdsonden

Elektrische Energie
Netzversorgung
    Elektroversorgungsunternehmen
Eigenversorgung
    Blockheizkraftwerk
    Netzersatzanlage
    Photovoltaik
    Tandemanlage
    Windgenerator

Wasser
Reinwasser
    Netzversorgung (Trinken, Kochen)
Grauwasser
    Abwasser (Rückkühlung, Spülung, Reinigung)
Regenwasser
    Spülung, Reinigung

Baukörper

Fassade und Dach
Transparente Wärmedämmung
Photovoltaik
Absorberfläche
Speichermassen
Begrünung
Regenwasser
Tageslichtelemente

Konstruktion
Speichermassen
Passive Solarkollektoren
Wärmetauscher-Elemente
Nachtauskühlung per Außenluft

Hallenräume
Grünzonen
Verdunstungskühlung
Passive Solarenergie
Wärme-Puffer

Gebäudekonzept aufgesetzt werden, sondern in diesem wirklich integriert sind. Jeder der Einzelaspekte wie Luftraum, Erdreich, Wasserflächen, Hallenräume, Konstruktion, Fassaden und Dächer und die diversen gebäudetechnischen Anlagen sind gleichgewichtig zu behandeln. Sie sind ganzheitlich in die Planung einzubringen. Quelle: HL-Technik

tet werden, um Wärmegewinne im Gebäude zu halten, wenn dies notwendig ist, bzw. diese abfließen lassen, wenn ein Wärmeüberschuß im Gebäude eintritt.

Dies bedeutet konkret eine Fassadenausbildung, bei der der Wärmedurchgangskoeffizient je nach Bedarf veränderbar ist (z.B. zweischalige Fassade, temporärer Wärmeschutz) und mögliche Wärmegewinne durch entsprechende konstruktive Maßnahmen gezielt nutzbar sind (z.B. Transparente Wärmedämmung vor massiven Brüstungen).

Wenn die skizzierten Gesamtzusammenhänge bei der Planung beachtet werden, kann der Anteil der Wärmeversorgung am Gesamtenergiebedarf eines Hauses erheblich gesenkt werden (Nullenergiehaus!).

Für die verbleibende Restwärmeversorgung kommen Niedertemperaturheizungen unter Nutzung fossiler Energieträger mit möglichst geringem Schadstoffausstoß infrage. Die Kombination mit einer Abgaswärmepumpe bzw. einem Blockheizkraftwerk erhöht die Effizienz.

Die angestrebte thermische Behaglichkeit wird am besten erreicht durch statische Heizflächen (Strahlungsheizkörper mit zusätzlicher Konvektorwirkung), die jeweils einer Fensterachse zugeordnet und individuell regulierbar sind. Die Zuordnung der Heizkörper zur Fensterachse und die Führung der Rohrleitungen im Doppel- bzw. Hohlraumboden oder in eigens dafür vorgese-

Beispiel: Zweifachverglasung aus Wärmeschutzglas	Wärmeschutzkoeffizient kF bzw. keq,F (W/m²K) (ohne temporären Wärmeschutz)		
		Referentenentwurf WSCHVO 1992 äquivalenter Wärmedurchgangskoeffizient k eq,F	
Orientierung	gült. WSCHVO kF	einschalige Fassade	doppelschalige Fassade Außenfassade einfach verglast
S		0,50 - 0,70	0,35 - 0,49
O = W = Flachdach bis 15° geneigte Dachflächen	1,8 - 2,0	0,89 - 1,09	0,62 - 0,76
N		1,15 - 1,35	0,81 - 0,95
Vorraussetzungen			Fassadenzwischenraum während Heizperiode nicht hinterlüftet
		Glasflächenanteil am Fenster > 50%	

BILD 141 Der Referentenentwurf "Wärmeschutzverordnung" (WSCHVO) unterscheidet z.B. einschalige und zweischalige Fassade. Es wird einerseits ein höherer Wärmeschutz vorgeschrieben. Andererseits werden die Wärmegewinne durch entsprechende konstruktive Maßnahmen und im Gebäude befindliche Wärmequellen berücksichtig.

henen Fußbodenkanälen ist Voraussetzung für eine freie Raumaufteilung nach unterschiedlichen Nutzungsanforderungen. Die Möblierung ist so anzuordnen, daß die aufsteigende Warmluft die Fensterflächen erreichen und somit dem Kaltluftabfall entgegenwirken kann (siehe Bild 142).

Natürliche Kühlung und Lüftung

Das Ziel, die Arbeitsumgebungsbedingungen so natürlich wie möglich und individuell regelbar zu gestalten sowie die Einsparung von Energie, Betriebs- und Investitionskosten verlangen, ein Bürohaus soweit als möglich natürlich zu belüften. Erst wenn die thermische und hygienische Behaglichkeit massiv beeinträchtigt wird, sollte eine unterstützende Be- und Entlüftung hinzukommen. Bei nicht ausreichender Abkühlung durch passive Maß-

nahmen (Nachtkühlung der speichernden Bauteile, Nutzung von Luv- und Leesituationen zur natürlichen Um- und Durchströmung eines Gebäudes infolge Über- und Unterdrucks, Thermikturm) kann zusätzlich noch Kühlung durch kältetechnische Maßnahmen erfolgen.

Natürliche Lüftung erfolgt einmal ganz herkömmlich durch Fenster, die individuell von jedem Arbeitsplatz aus zur kurzfristigen Stoßlüftung oder dosierten Feinlüftung geöffnet werden können. Die Feinlüftung kann von Hand oder motorgesteuert erfolgen. Eine außentemperaturgesteuerte Öffnung der Lüftungsflügel kann gleichzeitig zur Nachtkühlung der schweren Bauteile herangezogen werden.

Ist wegen äußerer Bedingungen (Hochhaus, Luftbelastung durch Staub, Geruch, Lärm usw.) keine Fensterlüftung möglich, so stehen verschiedene lüftungstechnische Maßnahmen zur Verfügung,

die hier nicht im Einzelnen erörtert werden können.

Quellüftung und Kühldecken

Nur auf die Quellüftung, einem seit einigen Jahren verstärkt eingesetzten Prinzip einer zugfreien Lüftung, soll hier eingegangen werden. Man versteht darunter eine über dem Fußbodenbereich angeordnete impulsarme Frischluftzuführung mit geringer Untertemperatur. Die kühle Luft steigt durch den natürlichen thermischen Auftrieb an Wärmequellen (elektrische Geräte, Beleuchtungskörper, im Raum befindliche Personen) nach oben und bewirkt so direkt an der Wärmequelle selbst eine Kühlung. Die aufgestiegene erwärmte Luft wird im Deckenbereich abgesaugt. Der Vorteil dieses Lüftungskonzepts liegt in der turbulenzfreien und absolut zugfreien Lüftung, ihrer hohen Lüftungseffizienz und der Reduktion des Energieverbrauchs für eine even-

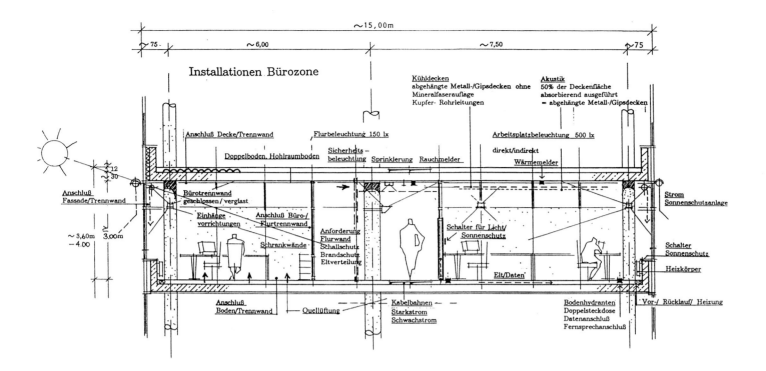

Installationen Bürozone

~15,00m
~75 · ~6,00 · ~7,50 · 75

Kühldecken
abgehängte Metall-/Gipsdecken ohne
Mineralfaserauflage
Kupfer- Rohrleitungen

Akustik
50% der Deckenfläche
absorbierend ausgeführt
= abgehängte Metall-/Gipsdecken

Anschluß Decke/Trennwand

Flurbeleuchtung 150 lx

Arbeitsplatzbeleuchtung 500 lx

Doppelboden, Hohlraumboden

Sicherheits-
beleuchtung Sprinklerung Rauchmelder

direkt/indirekt
Wärmemelder

Anschluß
Fassade/Trennwand

~3,60m 3,00m
—4.00

+12
+30

Bürotrennwand
geschlossen/verglast

Einhänge-
vorrichtungen

Anschluß Büro-/
Flurtrennwand

Schrankwände

Anforderung
Flurwand
Schallschutz
Brandschutz
Eltverteilung

Schalter für Licht/
Sonnenschutz

Elt/Daten

Strom
Sonnenschutzanlage

Schalter
Sonnenschutz

Heizkörper

Anschluß
Boden/Trennwand

Quellüftung

Kabelbahnen
Starkstrom
Schwachstrom

Bodenhydranten
Doppelsteckdose
Datenanschluß
Fernsprechanschluß

Vor-/ Rücklauf/ Heizung

NATÜRLICHE BELÜFTUNG

- Die Erschließungsstraße in Gebäudelängsrichtung dient vor allem im Sommer mit ihrem Luftvolumen als "Kältepuffer",

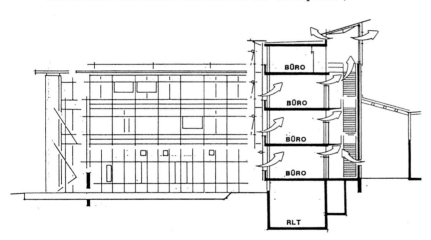

- dadurch gute, natürliche Luftzirkulation im Gebäude

- kein Wärmestau in dem nach Süden orientierten Büro- und Laborräumen (Behaglichkeit, Energieeinsparung!)

- auch die Oberlichter in den Labortrakten sorgen neben der Belichtung der Flurzonen für eine natürliche Querlüftung zur Verbesserung des Raumklimas.

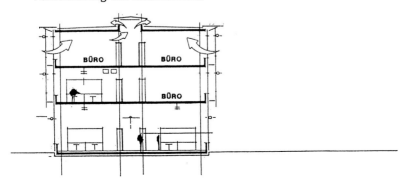

BILD 142 (oben) Schnitt durch ein typisches Bürogeschoß mit technischem Ausbau.

BILD 143 (links) Natürliche Belüftung über die Erschließungsstraße. Institutsgebäude Gesamthochschule Kassel, Wettbewerbsentwurf 3. Preis, Architekten BDA Struhk + Partner, Braunschweig

tuelle Kühlung, da die Kühllast direkt an der Wärmequelle abgeführt wird.

Ergänzend zur Quellüftung, oder auch ohne diese, kommen stille Kühlsysteme zum Einsatz. Darunter versteht man die Kälteabgabe in den Raum durch Strahlung oder freie Strömung ohne erzwungene Luftbewegung. Kühldecken arbeiten z.B. nach diesem Prinzip: um die Raumwärme abzuführen, zirkuliert Wasser in Rohren, die im Bereich der Decke verlegt sind. Kühldecken haben den Vorteil einfacher Abführung der Kühllasten, geringer Luftbewegungen und Erhöhung der Speicherfähigkeit der schweren

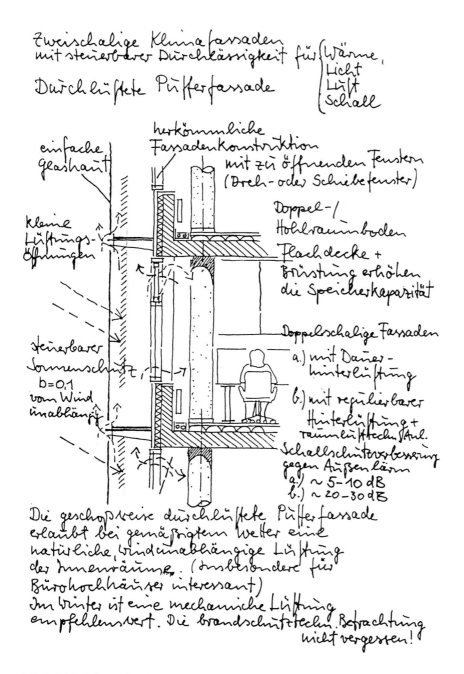

Zweischalige Klimafassaden mit steuerbarer Durchlässigkeit für {Wärme, Licht, Luft, Schall}

Durchlüftete Pufferfassade

einfache glashaut

herkömmliche Fassadenkonstruktion mit zu öffnenden Fenstern (Dreh- oder Schiebefenster)

kleine Lüftungs-Öffnungen

Doppel-/ Hohlraumboden Flachdecke + Brüstung erhöhen die Speicherkapazität

steuerbarer Sonnenschutz b=0,1 vom Wind unabhängig

Doppelschalige Fassaden
a.) mit Dauer-hinterlüftung
b.) mit regulierbarer Hinterlüftung + raumlufttechn. Anl.
Schallschutzverbesserung gegen Außenlärm
a.) ~ 5-10 dB
b.) ~ 20-30 dB

Die geschoßweise durchlüftete Pufferfassade erlaubt bei gemäßigtem Wetter eine natürliche, windunabhängige Lüftung der Innenräume. (insbesondere für Bürohochhäuser interessant) Im Winter ist eine mechanische Lüftung empfehlenswert. Die brandschutztechn. Betrachtung nicht vergessen!

BILD 144 Schnitt durch eine zweischalige Klimafassade mit steuerbarer Durchlässigkeit für Wärme, Licht, Luft, Schall.

Bauteile. Allerdings ist die Kühlleistung insofern eingeschränkt, als bei zu großen Temperaturdifferenzen die Gefahr von Kondenswasserbildung besteht.

Zweischalige Fassade für hohe Häuser

Soll auch bei hohen Häusern nicht auf natürliche Belüftung verzichtet werden, bieten sich die Möglichkeiten einer zweischaligen Fassade an, bei der Winddruck bzw. Unterdruck dosiert für eine natürliche Durchlüftung des Gebäudes sorgt. Durch eine vor die innere Fassade vorgesetzte zweite Fassadenebene wird der Winddruck im Fassadenbereich so abgebaut bzw. umgelenkt, daß der Staudruck auf die innere Fassade nicht voll wirksam wird und

das Gebäude ohne Zugerscheinungen und Luftgeräusche durchlüftet werden kann. Solche Konstruktionen bieten den Vorteil eines zusätzlichen Lärmschutzes und je nach Ausbildung die Möglichkeit, im Winter die zweite Haut so abzuschliessen, daß ein zusätzlicher Luftpuffer entsteht, mit dessen Hilfe die Wärmeenergie am Gebäude gehalten wird. Die Einsatzmöglichkeiten zweischaliger Fassaden bleiben jedoch auf sehr spezielle Fälle begrenzt, da im Allgemeinen die extrem hohen Mehrkosten gegenüber einer einschaligen Fassade über Betriebskosteneinsparungen nicht wettzumachen sind. Auch die brandschutztechnischen Auflagen sind nicht unproblematisch.

Intensive Tageslichtnutzung

Wie in den anderen gebäudetechnischen Disziplinen ist auch in der Lichtplanung in den letzten Jahrzehnten eine Entwicklung zur Nutzung von Synergieeffekten eingetreten. Lichtplanung war früher nur reine Beleuchtungs- bzw. Kunstlichtplanung. Unter dem Diktat wirtschaflicher Energieverwendung und erhöhter Ansprüche an Lichtqualität und Lichtgestaltung, visuellen Komfort und Gesundheit der Nutzer wurden und werden integrierte Konzepte der Tages- und Kunstlichtnutzung entwickelt, die maximale energetische Effizienz mit hohen Nutzerkomfort vereinen.

Unter dem Gesichtspunkt möglichst natürlicher Arbeitsumgebungsbedingungen und unter Berücksichtigung energetischer Aspekte muß die natürliche Belichtung der Arbeitsplätze Priorität haben, so daß am Tage nur bei

extrem ungünstigen Himmels-
lichtverhältnissen Kunstlicht unterstützend eingesetzt werden
muß. Auf Anordnung, Größe und
konstruktive Ausbildung der
Fenster ist daher das Hauptau-
genmerk zu richten. Über die
Fenster dringt nicht nur Tageslicht in das Innere. Durch Fenster
stehen die Menschen im Sicht-
kontakt mit der Umwelt, erleben
sie die Tages- und Jahreszeiten,
das Klima. Aus lichttechnischer
Sicht müssen Fenster reagieren
auf die Eigenschaften des Tages-
lichtes, d.h. Intensität, Spektral-
verteilung und Farbtemperatur
des Tageslichts, Eigenhelligkeit
des Himmels, Leuchtdichtever-
teilung im Außenbereich u.a.

Fenster sollen jedoch auch Anforderungen aus klimatechnischer Sicht erfüllen: in der
Heizperiode sollen sie tagsüber
durch ihre Transparenz für kurz-
wellige Strahlung die Sonnenenergie passiv nutzen und lang-
wellige Wärmestrahlung in die
Innenräume reflektieren. In Win-
ternächten sollen sie die Innenräume für Wärmeverluste ab-
schließen. An Sommertagen sollen Fenster Sonnen- und Blendschutz bieten, um ein Aufheizen
der Innenräume zu vermeiden
und blendfreie Nutzungsbedingungen zu schaffen. In Sommer-
nächten sind durch Fenster
Wärme abzuleiten und kühle Luft
einzuleiten, um dadurch erwünschte Abkühlung im Innern
zu schaffen.

Die Anforderungen sind höchst
komplex und erfordern ganzheitliches Zusammenwirken aller
Planer (Architekt, Tragwerksplaner, Gebäudetechniker, Lichtpla-
ner) vom ersten Konzeptentwurf
an. Auf die Möglichkeiten einer
Gebäudesimulation zur Prüfung
unterschiedlicher Konzepte wurde bereits hingewiesen.

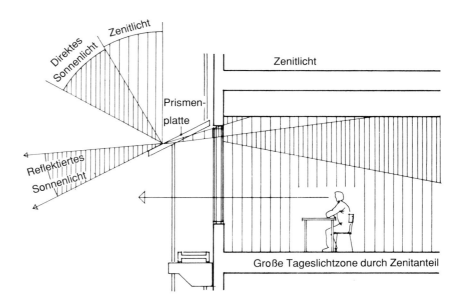

BILD 145 *Das Prinzip der Tageslichtlenkung mit Prismensystemen. Das direk-*
te Sonnenlicht wird zurückreflektiert. Das diffuse blendungsfreie Zenitlicht
wird über die Prismenplatte in den Raum gelenkt. Dadurch sind bis zu 70% ge-
ringere Anschaltzeiten der künstlichen Beleuchtung zu erreichen. Quelle: Licht-
planung Bartenbach

Auf einige konstruktiven Bedingungen zur optimalen Tageslichtnutzung soll hier nur beispielhaft hingewiesen werden:

- Beschränkung auf eine Gebäudetiefe von max. 15 m
  (kein Arbeitsplatz weiter als
  7m von der Fassade entfernt).

- Großzügige, sturzlose verglaste Fassade mit niedrigen
  Brüstungen, die das Tageslicht tief in den Raum drin-
  gen läßt und aus dem Innenbereich des Raumes den Ausblick im Sitzen ermöglicht.

- Helle Decken- und Wand-
  oberflächen erhöhen den Re-
  flexionsgrad und verbessern
  die gleichmäßige Raumaus-
  leuchtung.

- Trenn- und Stellwände möglichst mit großem Anteil
  transparenter Flächen .

- Berücksichtigung des Refle-
  xionswertes bei der Deckenkonstruktion (Farbwahl,
  Neigung, Strukturierung der
  Oberfläche).

Aus klimatechnischer und tages-
lichttechnischer Sicht ist eine
Vielzahl von Fensterkombina-
tionen einsetzbar, deren Verwendung im einzelnen je nach Anforderungen im Gesamtzusammenhang zu prüfen ist: klare Iso-
liergläser mit Außen- und/oder
Innenjalousien, Reflexionsgläser
mit Innenjalousien, Absorptions-
scheiben mit Innenjalousien. Die
technische Entwicklung läßt mit
weiteren Innovationen in diesem
Bereich rechnen.

Unterstützend sind Tageslichtsysteme einsetzbar (z.B. Kunst-
stoffprismen zur Lichtlenkung
oder zum Sonnenschutz, lichtlen-
kende Hologramme für Ausblendung der direkten Sonnenstrahlung und/oder Ausblendung des
Infrarotspektrums der Sonne,
Spiegelraster-Lichtlenk- und
Sonnenschutzsysteme, elektro-
chrome Verglasungen mit steuerbarer Veränderung des Transmis-
sionsgrades, Scheiben mit tempe-
raturabhängiger Lichtdurchläs-

sigkeit u.a.) Diese Tageslichtsysteme haben die Aufgabe der gezielten Tageslichtlenkung von außen nach innen und der Belichtung des Innenraumes. Sie nutzen optische Gesetzmäßigkeiten wie Reflexion, Brechung, Transmission, um direkte Sonnenstrahlung auszublenden und diffuses Tageslicht gezielt ins Gebäudeinnere zu lenken. Ihr Einsatz kann insbesondere auch in Fällen größerer Gebäudetiefen (Umbau und Sanierung alter Gebäudesubstanz) von großer Wirksamkeit sein.

Intelligenter Sonnen- und Blendschutz

Im engen Zusammenhang mit der Tageslichtnutzung stehen Sonnen- und Blendschutz.
Der Sonnenschutz dient dazu, die direkte Sonneneinstrahlung mit ihrer Wärmestrahlung, den Helligkeitskontrasten und Blendwirkung zu verhindern. Man unterscheidet nach ihrer Anordnung außenliegenden und innenliegenden Sonnenschutz. Nach den Prinzipien ihrer Wirkungsweise gibt es Verschattungs-, Teilreflexions- und Totalreflexionssysteme, die sich hinsichtlich Lichtdurchlässigkeit, klimatischer Werte, Wartungsfreundlichkeit und Akzeptanz unterscheiden.

Außenliegender Sonnenschutz funkioniert nach dem Prinzp der Verschattung. Starre Sonnenschutzelemente werden gern als architektonisches Gestaltungselement eingesetzt, haben jedoch den Nachteil, daß sie ständig den Außenbezug beeinträchtigen und in der Regel keine Anpassung an den sich verändernden Sonnenstand erlauben. Bewegliche außenliegende Sonnenschutzelemente (Lamellenjalousien, Markisen, Markisoletten) lassen

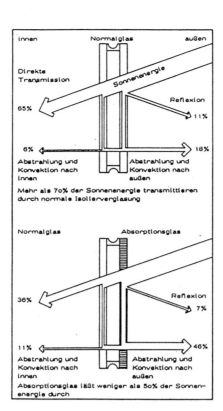

BILD 146 *Vergleich zwischen normalem Isolierglas und Absorptionsglas. Quelle: Klimagerechte und energiesparende Architektur*

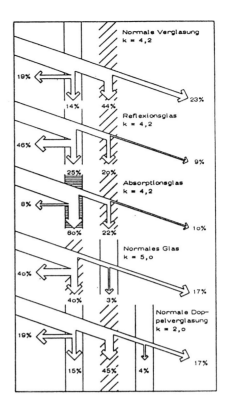

BILD 147 *Verglasungsarten und Lage des beweglichen Sonnenschutzes bestimmen die Durchlässigkeit des Sonnenlichts.*

sich entsprechend den Schattenbedürfnissen steuern. Um die Flexibilität der Nutzung zu gewährleisten, sind die äußeren Sonnenschutzelemente jeweils auf eine Fensterachse zu beziehen und mit einer entsprechenden Einzelsteuerung (mechanisch oder elektronisch) zu versehen. Die Steuerung sollte sowohl zentral als auch zusätzlich individuell von jedem Arbeitsplatz aus beeinflußbar sein. Nachteilig an solchen außenliegenden Verschattungssystemen ist, daß sie bei Wind oft unerwünscht in die sichere Ruhestellung fahren und dann ein Sonnenschutz nicht mehr gewährleistet ist. Auch Wartungs- und Reinigungsanfälligkeit müssen bedacht werden.

Alle Sonnenschutzsysteme, die nach dem Prinzp der Verschat-

tung funktionieren, haben den Nachteil, daß mit der Verhinderung der Sonneneinstrahlung gleichzeitig der Eintritt des Himmelslichts verhindert wird und das Rauminnere unter Umständen kein ausreichendes Tageslicht erhält. Es tritt nicht selten die Absurdität ein, daß an schönen Sonnentagen die Aussicht verhindert und der Raum so verdunkelt wird, daß zusätzlich Kunstlicht nötig ist. Für Bildschirmarbeitsplätze müssen im Allgemeinen noch zusätzliche Blendschutzmaßnahmen vorgesehen werden, weil auch an sonnenfreien Tagen (äußerer Sonnenschutz ist nicht aktiv), die Intensität des Himmelslichts im Rauminneren Blendungen verursacht.
Sonnenschutzsysteme nach dem Prinzip der Teilreflexion lassen je

nach Art der Glasbeschichtung nur 40-50 % der Sonne durch, gleichzeitig geht aber auch bei bedecktem Himmel 50-60 % des Tageslichts verloren. Es muß, um einen ausreichenden Sonnenschutz zu gewährleisten, ein zusätzlicher innenliegender Sonnenschutz ergänzt werden.

Aus der Widersprüchlichkeit der Wirkungsweise ist ersichtlich, daß eine Optimierung der Sonnenschutzwirkung einerseits und des verminderten Lichteinfalls andererseits nur bedingt möglich ist.

Neue Entwicklungen von innenliegendem Sonnenschutz basieren auf dem Prinzip der Totalreflexion. Beim Prismensonnenschutz wird die direkte Sonnen- und Wärmestrahlung von Prismen direkt wieder zurückreflektiert, und der Zenitlicht-Anteil gelangt zu ca. 70 % in den Raum. Je nach gewünschtem Wärmedurchgang können die Systeme außenliegend, zwischen oder hinter der Verglasung ausgeführt werden. Das Prinzip der Totalreflexion hat zur Voraussetzung, daß nur klare, prismatische oder hochglanzverspiegelte Gläser verwendet werden, jedoch keine Reflexionsscheiben. Die innenliegende Montage hat den Vorteil geringen Wartungs- und Reinigungsaufwands.

Blendschutzeinrichtungen dienen dazu, die Helligkeit (Blendung) der Tageslichtöffnungen zu vermeiden bzw. zu reduzieren. Insbesondere für Bildschirmarbeitsplätze sind hohe Anforderungen an den Blendschutz zu stellen. Blendschutz folgt den Prinzipien Lichtvernichtung oder Lichtumlenkung.

Da auch bei bedecktem Himmel die Himmelsleuchtdichte um ein Vielfaches über der für Büroarbeitsplätze empfohlenen Fensterleuchtdichte liegt, muß bis zu 90 % der Helligkeit vernichtet werden. Blendschutzeinrichtungen, die nach dem Prinzip der Lichtvernichtung arbeiten, haben den Nachteil, daß bei bedecktem Himmel Kunstlicht benötigt wird.

Blendschutz nach dem Prinzip der Lichtumlenkung reflektiert das gesamte zur Verfügung stehende Tageslicht unter einem Winkel von 20-40 an die Decke des Raumes. Das gesamte auftreffende Licht wird durch eine Umlenkdecke gerichtet in den Raum verteilt. Diese Konstruktion hat den Vorteil, daß die Leuchtdichte des Fensters auf das erforderliche Maß reduziert werden kann und der Raum dennoch tagesbelichtet ist. Der Energieaufwand für Kunstlicht kann mittels Tageslichtumlenkung um ca. 20 % reduziert werden.

Differenziertes Kunstlicht

Optimale Funktion, höchste Flexibilität und Benutzer-Individualität sind die wichtigsten Kriterien einer zukunftorientierten Arbeitsplatzbeleuchtung im Büro. Da der Mensch die meisten Informationen über das Auge aufnimmt, wird störungsfreies Sehen zum wichtigsten Arbeitsfaktor. Die Beleuchtung für Büroraum und Arbeitsplatz muß allerhöchste visuelle Ansprüche erfüllen:

• Blendfreiheit, das heißt keine Direktblendung von Leuchten, keine Reflexblendung auf dem Bildschirm und auf Unterlagen.

BILD 148 Übersicht Beleuchtungssysteme. Die sogenannte HYBRIDBELEUCHTUNG, eine Kombination aus indirekt strahlenden Stehleuchten und hochwertiger direkter Arbeitsplatzleuchte (siehe auch Bild 149) erfüllt die künftigen Anforderungen an die Bürobeleuchtung am optimalsten.

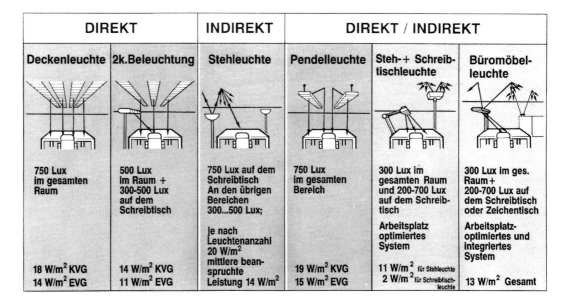

DIREKT		INDIREKT	DIREKT / INDIREKT			
Deckenleuchte	**2k.Beleuchtung**	**Stehleuchte**	**Pendelleuchte**	**Steh-+ Schreibtischleuchte**	**Büromöbelleuchte**	
750 Lux im gesamten Raum	500 Lux im Raum + 300-500 Lux auf dem Schreibtisch	750 Lux auf dem Schreibtisch An den übrigen Bereichen 300...500 Lux; je nach Leuchtenanzahl 20 W/m² mittlere beanspruchte Leistung 14 W/m²	750 Lux im gesamten Bereich	300 Lux im gesamten Raum und 200-700 Lux auf dem Schreibtisch Arbeitsplatz optimiertes System	300 Lux im ges. Raum + 200-700 Lux auf dem Schreibtisch oder Zeichentisch Arbeitsplatzoptimiertes und integriertes System	
18 W/m² KVG 14 W/m² EVG	14 W/m² KVG 11 W/m² EVG		19 W/m² KVG 15 W/m² EVG	11 W/m² für Stehleuchte 2 W/m² für Schreibtischleuchte	13 W/m² Gesamt	

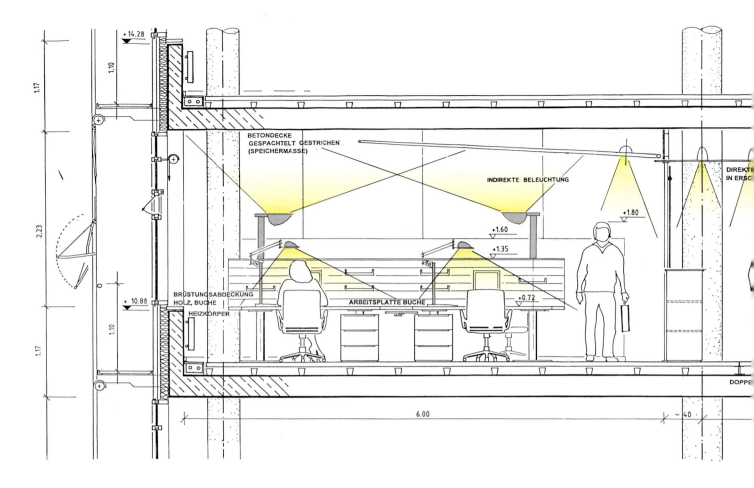

*BILD 149 Bei der HYBRIDBELEUCHTUNG wird der Büroraum nicht mehr gleichmäßig und monoton mit 500 Lux aus-
geleuchtet (wie z.B. bei der reinen Direktbeleuchtung von der Decke). Stattdessen erhält der Raum eine reduzierte energiesparende Allgemeinbeleuchtung von 150 - 250 Lux Beleuchtungsstärke durch indirekt strahlende Leuchten, ergänzt
durch hochwertige direkt strahlende Arbeitsplatzleuchten. Durch Trennung von allgemeiner Raumbeleuchtung*

- Flexibilität, d.h. beliebige, blendungsfreie Aufstellung bei Veränderung von Arbeitsplätzen.

- Abgestimmt differenzierte Leuchtdichteverhältnisse zwischen Infeld (Arbeitsplatz) und Umfeld (Raum) für stabile optische Wahrnehmung. Der Arbeitsplatz muß hell und blendungsfrei ausgeleuchtet sein, der Raum sollte leicht zurücktreten.

- Individuelle Regulierung der Beleuchtungsstärke am Arbeitsplatz für altersbedingten und aufgabenbezogenen Lichtbedarf.

- Unterschiedliche Beleuchtungsstärken am Arbeitsplatz für Bildschirmarbeit und Papierarbeit.

Herkömmliche Beleuchtungskonzepte (Direktbeleuchtung, Direktbeleuchtung kombiniert mit direkt strahlender Arbeitsplatzleuchte, Indirekte Beleuchtung, Direkt-/Indirektbeleuchtung) können diese Anforderungen in der Regel nicht erfüllen.

Die DIN verlangt für die Beleuchtung normaler Büros lediglich 300 bis 500 Lux. Das heißt, der "Neuwert" der Beleuchtungsstärke muß im gesamten Arbeits-

raum nach gültiger Norm 625 Lux betragen. In der zukünftigen Europanorm wird nach derzeitigem Kenntnisstand jedoch nur die "Maintained Illuminance" von 500 Lux festgeschrieben. Der Neuwert im Einzelnen ist zwischen Planer und Nutzer zu vereinbaren. Er kann vom Mindestwert 500 Lux bis zu jedem beliebig höheren Wert reichen.

Wesentlich ist, daß in der zukünftigen Europanorm der Mittelwert der Beleuchtungsstärke nicht im gesamten Raum gefordert wird sondern nur für den speziellen Arbeitsplatz eine "Task Illuminance" von z.B. 500 Lux

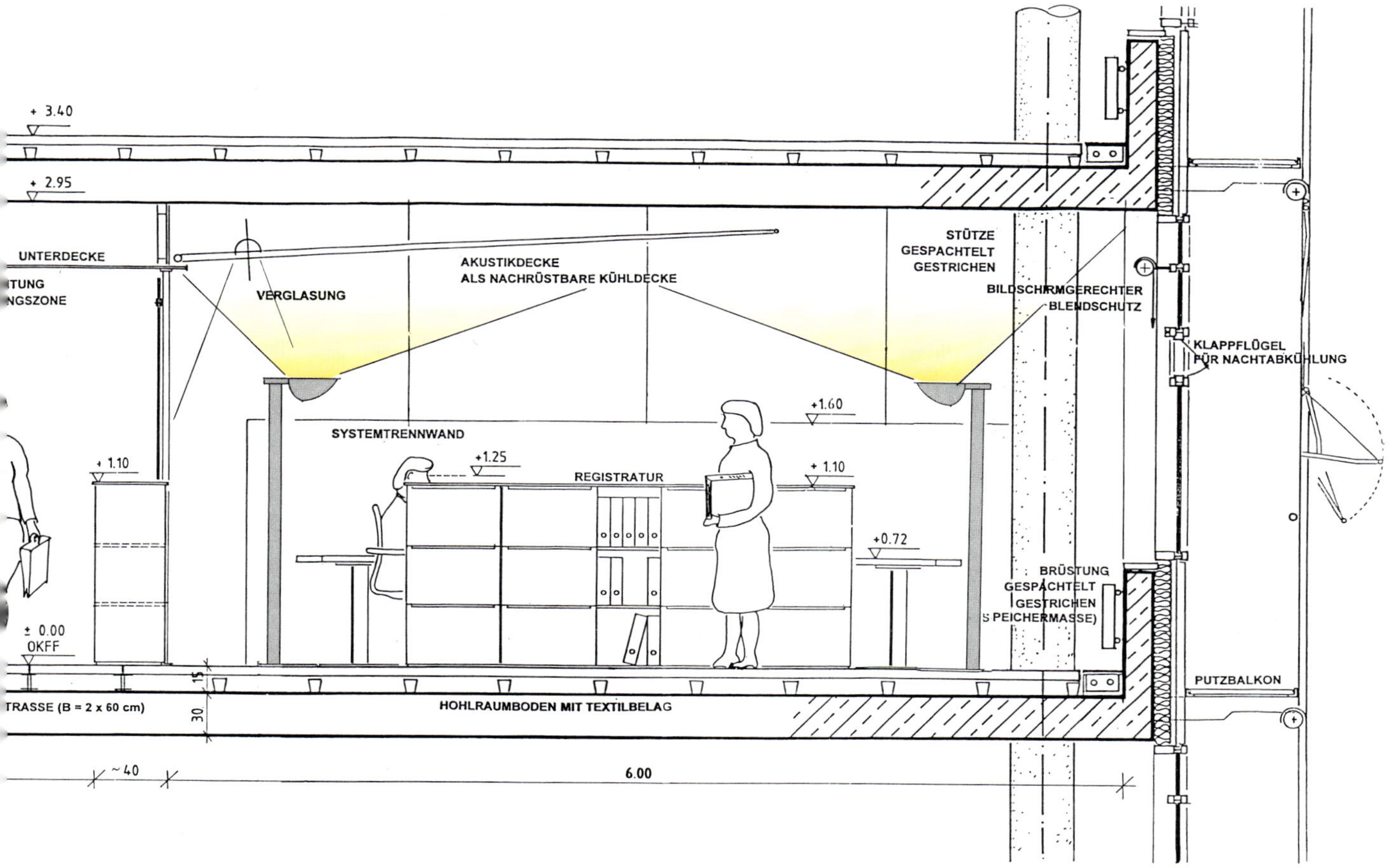
+ 3.40
+ 2.95
UNTERDECKE
VERGLASUNG
AKUSTIKDECKE
ALS NACHRÜSTBARE KÜHLDECKE
STÜTZE
GESPACHTELT
GESTRICHEN
BILDSCHIRMGERECHTER
BLENDSCHUTZ
KLAPPFLÜGEL
FÜR NACHTABKÜHLUNG
+1.60
SYSTEMTRENNWAND
+1.25
REGISTRATUR
+ 1.10
+ 1.10
+0.72
BRÜSTUNG
GESPACHTELT
GESTRICHEN
± 0.00
OKFF
PUTZBALKON
HOHLRAUMBODEN MIT TEXTILBELAG
15
30
~40
6.00

und individueller Arbeitsplatzbeleuchtung erzielt die HYBRIDBELEUCHTUNG die höchste Flexibilität für jegliche Änderungen der Raumnutzung und Möblierung, unter Beibehaltung eines abgestimmten wahrnehmungsgerechten Licht- und Raummilieus. Der Büroraum (Umfeld) tritt mit geringeren Leuchtdichten und reduzierter Beleuchtungsstärke gegenüber dem voll und blendungsfrei ausgeleuchteten Arbeitsplatz (Infeld) leicht zurück. Quelle: SCHNEIDERLICHT

nachzuweisen ist, während in den übrigen Raumbereichen Beleuchtungsstärken von 300 Lux zulässig sind.

Innovation HYBRID-BELEUCHTUNG

Das Konzept der HYBRIDBELEUCHTUNG, einer Sonderform bzw. Weiterentwicklung der schon seit Jahren bekannten 2-Komponenten-Beleuchtung, wird den vorgenannten Bedingungen weitestgehend gerecht. Es handelt sich dabei um eine blendfrei und individuell regulierbare Arbeitsplatzleuchte mit gleichmäßiger Verteilung der Beleuchtungsstärke auf dem gesamten Arbeitstisch in Verbindung mit einer variablen Indirektbeleuchtung (Steh-, Wand-, Pendelleuchte).

Die HYBRIDBELEUCHTUNG schafft ein abgestuftes Beleuchtungsniveau, in dem die Sehaufgabe stärker ausgeleuchtet wird als die Arbeitsumgebung. Die Arbeitsplatzleuchte muß blendfrei sein, eine geeignete Lichtfarbe aufweisen und eine gute Farbwiedergabe gewährleisten. Die individuelle Steuerbarkeit der erzielbaren Beleuchtungsstärke auf der Tischfläche erlaubt es dem Mitarbeiter, sich alters- und anforderungsgerechte Bedingungen herzustellen. Auch die Lichtrichtung und die Schattigkeit kann beeinflußt werden. Zur besseren Lesbarkeit von Bildschirmdarstellungen kann eine geringere Beleuchtungsstärke der allgemeinen Indirektbeleuchtung eingestellt und zur Ausleuchtung der Sehaufgabe auf der Papieroberfläche an der direkten Arbeitsplatzleuchte eine höhere Beleuchtungsstärke gewählt werden.

Unter wirtschaftlichen Aspekten kann die HYBRIDBELEUCHTUNG zu einer deutlichen Reduzierung des Energieverbrauchs beitragen. Die Indirektbeleuchtung muß nicht die geforderten 500 Lux am Arbeitsplatz allein erzeugen. Zur Beleuchtung des Raumes reichen niedrigere Beleuchtungsstärken aus. Die Differenz zur geforderten Beleuchtungsstärke wird von der Arbeitsplatzleuchte zur Verfügung gestellt. Die Mitarbeiter können dann ihre Arbeitsplatzleuchte zuschalten, wenn es die individuellen Anforderungen erforderlich machen. Für nicht benutzte Arbeitsplätze wird keine zusätzliche Beleuchtung eingeschaltet.

Gerade im Hinblick auf das hochdynamische Lean-Office und die häufig notwendigen Änderungen der Arbeitsplatz- und Raumlayouts ist die HYBRIDBELEUCHTUNG die einzig flexible Antwort. Die variablen Komponenten indirekte Stehleuchte und direkte Arbeitsplatzleuchte erlauben, jede Veränderung nachzuvollziehen. Bei den Mitarbeitern besteht eine hohe Akzeptanz, wie Studien des Berliner Ergonomic Instituts gezeigt haben.

Die Beleuchtung der übrigen Raumbereiche (Verkehrsflächen, Sondernutzungsbereiche, Ruhe-/Regenerationsbereiche usw.) sollte den jeweiligen Nutzungsanforderungen angepaßt "zoniert" werden, um durch abwechslungsreiche Beleuchtung die Architektur des Raumes zu unterstützen, um Lichtqualität, Atmosphäre und Ambiente zu erreichen (z.B. CI-Konzept, repräsentative Räume wie Foyer, Besprechungsräume, Casino).

Baulicher Brandschutz

Anforderungen zum vorbeugenden Brandschutz werden insbesondere in den Landesbauge-

setzen und den ergänzenden Durchführungsbestimmungen, Vorschriften, Richtlinien und Erlassen geregelt. Weitere Anforderungen sind auch in der Gewerbeordnung, den Unfallverhütungsvorschriften der Berufsgenossenschaften und den DIN-Vorschriften enthalten. § 17 der Musterbauordnung faßt die wesentlichen Anforderungen des baulichen Brandschutzes zusammen.

Speziell für das flexible Büro gibt es keine eigenen Sicherheitsregelungen. Es gelten die gleichen Anforderungen wie für jedes andere Bürogebäude. Der Gesetzgeber stellt dabei auf die Nutzungseinheit ab: Jede Nutzungseinheit mit Aufenthaltsräumen muß in jedem Geschoß über mindestens zwei voneinander unabhängige Rettungswege erreichbar sein. Für die brandschutztechnische Beurteilung einer Büroform ist ein Hauptkriterium, daß innerhalb der Nutzungseinheit jeder Beschäftigte an jeder Stelle einen Brandausbruch unmittelbar sehen, hören oder riechen kann. Dies bedeutet: je offener, übersichtlicher und transparenter die Raumaufteilung gewählt ist, je niedriger die Möblierung, um so unbedenklicher ist die jeweilige Büroraumform in brandschutztechnischer Hinsicht.

Brandschutz für Kombi-Büro (und Lean-Office)

Vom Leitenden Branddirektor der Branddirektion München, Dipl.-Ing. Kurt Klingsohr, sind in einem Gutachten für das Kombi-Büro eine Anzahl von Maßnahmen definiert worden, die sicherstellen, daß die Branderkennung, die Alarmierung des Personals und die Räumung der Büros so schnell wie möglich erfolgen.

Das Kombi-Büro wird darin als Einzelfall im Sinne des § 51 MBO behandelt und in den Anforderungen einem Großraum oder vergleichbarer Nutzungseinheit gleichgestellt. In dem Gutachten heißt es wörtlich:

"1. Zur Branderkennung und Alarmierung:

- Beschränkung der Höhe raumbildender Strukturen bzw. Möblierungen in der Gruppenzone auf ca. 1,50 m Höhe.

- Ausführung der Trennwand zwischen den Einzelbüros und der Gruppenzone durchsichtig in voller Höhe und Breite und aus nichtbrennbarem Material (mit Ausnahme der Türblätter).

- Überschaubarer Grundriß (Blickverbindung von jeder Bürozelle zur Gemeinschaftszone und umgekehrt).

- Brandmelde- und (akustische) Alarmanlage; alternativ eine nur halbhohe oder türhohe Ausführung aller Glastrennwände (Hör- und Riechverbindung).

2. Zur "inneren" Fluchtwegführung:

- Gänge, die entlang aller außenliegenden Aufenthaltsräume und zu den Ausgängen aus der Kombi-Büro-Einheit führen.

- Diese Gänge müssen mindestens 1,10 m an jeder Stelle breit sein und von jeder Möblierung freigehalten werden.

- In höchsten 35 m Lauflänge muß von jedem Punkt der Kombi-Büro-Einheit aus ein Treppenraum über die Gänge erreicht werden können.

- Die Kombi-Büro-Einheit muß zwei Ausgänge haben,

die möglichst entgegenge-
setzt zueinander liegen sollen. Die Ausgänge müssen in
Treppenhäuser, Flure oder
ins Freie führen. (Ein Ausgang darf auch in einen anderen Brandabschnitt führen.)
Für kleinere Kombi-Büro-
Einheiten reicht ein Ausgang,
wenn von jedem Punkt der
Einheit der Treppenraum in
25 m Lauflänge über die o.g.
Gänge erreichbar ist."

Diese Forderungen müssen sinn-
gemäß für die anderen offenen
Büroraumstrukturen ebenso zu-
grundegelegt werden. Zur früh-
zeitigen Absicherung der Geneh-
migungsfähigkeit sollte die Planung von Fall zu Fall mit sach-
kundigen Fachleuten bzw. den
Brandschutzbehörden diskutiert
und festgelegt werden.

Insgesamt sind alle Maßnahmen
zur Herstellung von Sicherheit
zusammenhängend zu betrachten:

- Berücksichtigung des Brand-
  verhaltens von Baustoffen
  und Bauteilen.

- Rettungswege, Fluchtbalko-
  ne, Fluchleitern.

- Rauch- und Brandabschnitte.

- Rauch- und Brandmelder.

- Rauch- und Wärmeabzugsan-
  lagen.

- Gefahrenbekämpfungsein-
  richtungen.

- Sprinkleranlagen, Handfeuer-
  löscher, Gasfeuerlöschanla-
  gen.

- Nasse und trockene Steiglei-
  tungen für Löschwasser.

- Maßnahmen zur Erleichterung des Feuerwehreinsatzes
  (Feuewehrumfahr, -anfahrt).

- Anleiterbarkeit, Löschwasser-
  versorgung).

Vorschriften zum baulichen
Brandschutz können erhebliche
Einschränkungen der flexiblen
Nutzung mit sich bringen und
sind daher rechtzeitig im Gesamt-
konzept zu berücksichtigen.

Automatisierte Gebäude-
leittechnik

Die bisher beschriebenen Wech-
selwirkungen und Verflechtun-
gen der haustechnischen Anlagen
sowie der Sicherheitseinrichtungen eines Gebäudes bringen einen extremen Steuerungsbedarf
mit sich, der mit herkömmlichen
Mitteln nur ungenügend zu erfüllen ist. Mit Hilfe von mikropro-
zessorgesteuerten Regelungs-
und Steuerungssystemen kann
der integrierte Betriebsablauf eines Gebäudes mit möglichst hoher Transparenz sowie die optimale Nutzung der haustechnischen Systeme bei minimalen
Betriebskosten sichergestllt werden; solche Systeme der Gebäu-
deautomation werden zentrale
Gebäudeleittechnik genannt.

Je nach den Funktionszusam-
menhängen, die ein solches System steuert, werden unterschieden:

Gebäudeautomationssysteme
sind vollautomatisch arbeitende,
rein technische Steuerungssyste-
me für die Systemüberwachung,
Protokollierung und Betriebsfüh-
rung der raumlufttechnischen
Anlagen und deren Sicherung sowie der Brandschutzeinrichtungen.

Gebäudemanagementsysteme
sind elektonisch gesteuerte Systeme zur Überwachung und
Steuerung des gesamten Gebäu-
debetriebs. Das heißt, zur Überwachung und Steuerung der

haustechnischen Systeme kommen die Güter- und Personenför-
dersysteme, die Sicherheitseinrichtungen, Zutrittsberechtigun-
gen, Personaleinsatz, Arbeitsmit-
teleinsatz, Wartung und Instand-
setzung hinzu.

Energiemanagementsyteme können einzeln oder als Teil der beiden vorstehenden Systeme eingesetzt werden. Sie steuern den
Bedarf an Primärenergieträgern
und deren Vorratshaltung nach
ökonomischen und ökologischen
Kriterien sowie Wartung, Betrieb, Fehlersuche und -diagnose.

Beispiele für Funktionen der Gebäudeleittechnik sind:

- Steuerung der Zuluftöffnun-
  gen für nächtliche Vorküh-
  lung des Gebäudes.

- Optimierung der Kühl- bzw.
  Beleuchtungsenergie und der
  Solarenergiegewinne durch
  Steuerung der Sonnenschutz-
  anlagen und Tageslichttech-
  niksysteme.

- Steuerung des Temperatur-
  ausgleichs zwischen Zonen
  unterschiedlichen Wärme-
  bzw. Kühlungsbedarfs.

- Optimierung der Nacht- und
  Wochenendabsenkungen.

- Steuerung der Beleuchtungs-
  anlage nach Helligkeits-
  zonen, Anwesenheit der
  Benutzer.

Unter Berücksichtigung der Forderung nach individueller Einflußnahme auf die Umgebungs-
einflüsse am Arbeitsplatz ist jedoch im Falle der zentralen
Steuerung des Arbeitsplatzkom-
forts (Wärme, Kühlung, Lüftung,
Sonnen- und Blendschutz, Beleuchtung) immer auf eine zusätzliche individuelle Regulierbarkeit am jeweiligen Arbeitsplatz zu achten.

Lean-Office = Ökologisches Bürohaus

Ökologie mit den Wortstämmen "oikos" = Haus, Haushalten und "logos" = Wissenschaft befaßt sich mit den Beziehungen zwischen Lebewesen und ihrer natürlichen Umwelt. Ökologisch bauen heißt bauen im Einklang mit der Natur!

Umweltschonend und resourcensparend bauen

Häuser bauen bedeutet immer einen Eingriff in die Natur, angefangen mit dem Verlust an Mutterboden über die Versiegelung der Oberflächen, die kein Regenwasser mehr versickern lassen, dem Verbrauch von Rohstoffen, den Energiebedarf bei ihrer Verarbeitung und beim Einbau der Baustoffe usw. Ökologisch bauen kann dann nur bedeuten: umweltschonend und ressourcensparend bauen! Gesundes Bauen als Teilaspekt bedeutet in diesem Zusammenhang: bauen unter Beachtung der biologischen Bedürfnisse des Menschen und Schaffung einer Umgebung, die dem Menschen als ganzheitlichem Wesen gerecht wird und seiner Wahrnehmungsfähigkeit als Ganzes entspricht.

Bis vor einigen Jahren ist das Thema ökologisches Bauen noch als Experimentierfeld einiger Utopisten belächelt worden. Mittlerweile ist aber angesichts der wachsenden Umweltbelastungen mit einem breiten Konsens zu rechnen, wenn nicht nur gesundes, sondern auch umweltverträgliches, ressourcenschonendes Bauen auch für Bürohäuser eingefordert wird. Das Konzept Lean-Office als flächensparendes, auf unterschiedliche Anforderungen flexibel reagierendes, Bürohaus ist die logische Folge einer solchen Forderung. Ein Bürohaus muß organisatorische und technische Evolutionsprozesse zulassen, sonst ist es in kürzester Zeit wirtschaftlich überholt oder nicht mehr nutzbar. Wir kennen eine Vielzahl von Gebäuden, die nach relativ kurzer Nutzungsdauer entweder mit hohem Aufwand an veränderte Nutzungsbedingungen angepaßt oder abgerissen werden mußten. Das ist ökonomisch wie ökolgisch ein sinnloser Ressourcenverbrauch!

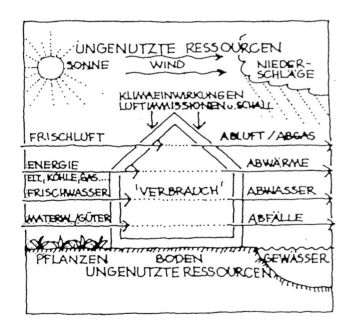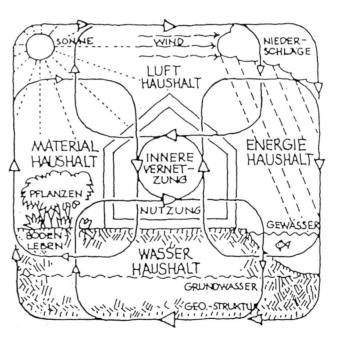

BILD 150 Das "normale" Haus (links) nutzt die Umweltressourcen nicht, sondern verbraucht Energie und Materie und erzeugt Abfallstoffe. Es ist ein Abbild unserer linearen Verbrauchswirtschaft. Solche Häuser verursachen durch die notwendigen Ver- und Entsorgungseinrichtungen Kosten und Umweltprobleme.

Ein ökologisches Haus (rechts) ist vollständig in den Naturhaushalt eingebunden und nutzt diesen, ohne Schaden zu verursachen. Vereinfachend kann man die klassischen vier Elemente Erde, Wasser, Feuer, Luft als Hauptkreislaufsystem der Natur betrachten, die auch für Haus und Siedlung gelten. Sie sind vielfach miteinander verknüpft und voneinander abhängig. Quelle: Krusche u.a., Ökologisches Bauen

Der ökonomische Zwang führt manchen Bauwilligen wie von selbst zu ökologisch sinnvollem Handeln: Der Wunsch nach Senkung der Energiekosten führt zu Überlegungen für ein sinnvolles Energiekonzept (Niedrigenergiestandard). Die steigenden Kosten für Abfallentsorgung insbesondere problematischer Baustoffe führt dazu, daß bereits bei der Herstellung des Gebäudes der Einsatz solcher Stoffe vermieden wird und Alternativkonstruktionen zur Anwendung kommen. Hier zeigt sich erneut der eingangs dargestellte vernetzte Zusammenhang zwischen Konstruktion, Technik, Gestaltung, Ökonomie und Ökologie.

Ökologisch orientiertes Bauen ist charakterisiert durch folgende Handlungsgrundsätze:

- Schonender Umgang mit Landschaft und Boden, Erhalt der Tier- und Pflanzenwelt.
- Leben und Arbeiten in gesunder und menschengerechter Umgebung.
- Minimierung des Ressourcenverbrauchs bei Herstellung, Nutzung und Beseitigung des Gebäudes.
- Nutzung natürlicher, regenerativer Ressourcen und Energieträger.
- Vermeidung bzw. Minimierung von Wasser- und Luftverunreinigungen, Abwärme, Abfällen, Abwässern, Versiegelung von Flächen

Es gibt eine Vielzahl von Literatur, die sich mit dem Thema ökologischen Bauens auseinandersetzt. Bei der Lektüre zeigt sich, daß es kein klar definiertes, feststehendes Konzept gibt, das sich beliebig auf jedes Bauvorhaben anwenden ließe. Ökologisches Bauen findet seinen Niederschlag in einer Vielzahl von einzelnen Handlungsfeldern, die teilweise in vorangegangenen Abschnitten bereits im Gesamtzusammenhang behandelt wurden:

Standortwahl

Stehen alternative Standorte zur Auswahl, so kommen neben der wirtschaftlichen Beurteilung die Kriterien Luftqualität/Schadstoffbelastung der Außenluft, Bodenbelastung der zur Wahl stehenden Flächen (Altlasten!), Anbindung an öffentliche Verkehrsmittel, Flächenverbrauch u.a. als Auswahlgesichtspunkte in Frage.

Baukörperform und Grundrißorganisation

Die Zusammenhänge wurden bereits weiter vorn dargelegt: Anzustreben ist eine flächensparende, strömungsgünstige Gebäudegestalt, deren Fassadenausbildung die Lichtführung und das Wärmeverhalten des Gebäudes positiv beeinflussen. Durch Staffelung von Geschossen wird der Licht- und Sonneneinfall und damit die Thermik beeinflußt. Der mit Licht- und Sonneneinfall im Zusammenhang stehende Komplex von Tageslicht, Tageslichttechnik, Sonnen- und Blendschutz, Thermik und natürlicher Lüftung, Wärmespeicherung und -leitung wurde schon dargestellt.

Konstruktion und Technik, Energiekonzept

Auch die energetischen Zusammenhänge zwischen Gebäudekonstruktion und Wärme- und Kühlungsbedarf, Belichtung und Beleuchtung sowie Sonnen- und Blendschutz sind schon besprochen und können anhand von Bild 151 nochmals verkürzt vergegenwärtigt werden.

Ganzheitliche Planung

Wie gezeigt wurde, kann durch eine ganzheitliche Planung konstruktiver und technischer Maßnahmen der Energieverbrauch wesentlich gesenkt werden. Zusätzliche aktive Maßnahmen wie Einsatz von Solar- oder Photovoltaik-Technik oder transparenten Wärmedämmelementen können den Energieverbrauch weiter senken. Unabhängig von den zur Zeit noch relativ hohen Investitionskosten ist jedoch in jedem Fall abzuwägen, ob die dabei verwendeten Materialien im Falle des Abbruchs problemlos entsorgt bzw. recycelt werden können. Abgaswärmepumpen oder Blockheizkraftwerke sind unbedingt positiv zu beurteilen, da sie den Wirkungsgrad der verbrauchten fossilen Energieträger wesentlich erhöhen.

Zur Senkung des Trinkwasserverbrauchs ist die Sammlung, Aufbereitung und Nutzung von Regenwasser für Toilettenspülung, als Löschwasserreservoir und zur Bewässerung der Grünanlagen zu empfehlen. Beim Einsatz von Regenwasser zu Spülzwecken sollte grundsätzlich nur das Regenwasser von Dächern genutzt werden, da nur so gesichert ist, daß keine stark verunreinigenden Stoffe in den Regenwasserkreislauf geraten. Der Regenwasserspeicher ist zusätzlich als künstlicher Aquiferspeicher zum Beheizen oder Kühlen nutzbar. Falls es das Gelände zuläßt, sollte die Installation einer Pflanzenklär- oder Schilfbinsenanlage zur Abwasserbehandlung geprüft werden.

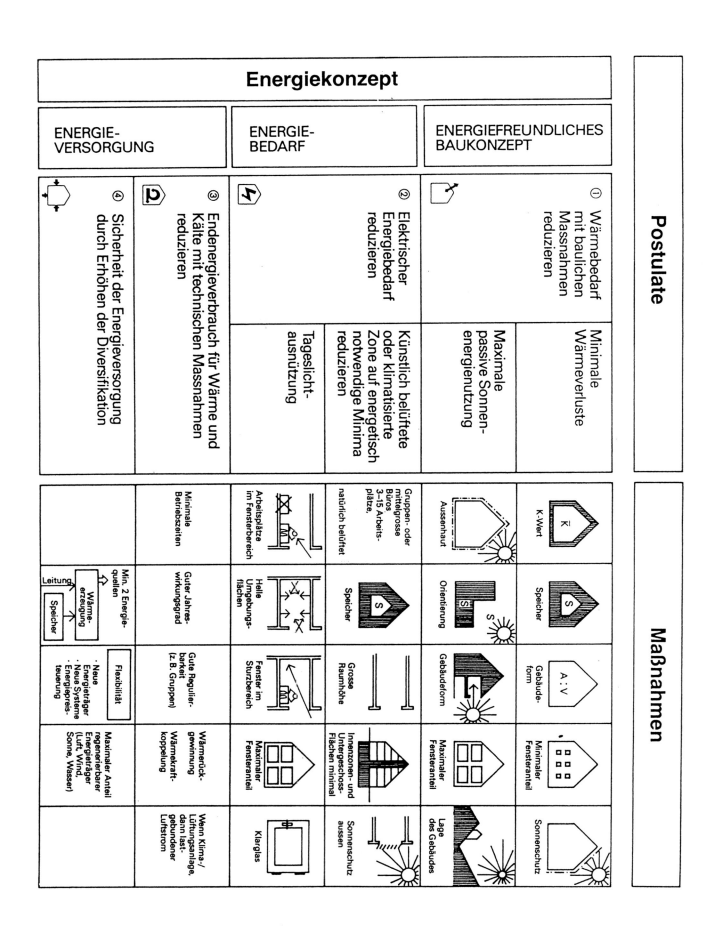

BILD 151 Energiekonzept für ein Bürohaus. Quelle Andreas Zachmann, Energieplanung bei Bürobauten db 9/83

Weitsichtige Materialwahl

Seit den Diskussionen um das Sick-Building-Syndrom ist die Forderung nach der "richtigen" Baumaterialwahl nicht wieder verstummt. Damit sind zunächst einmal Materialien gemeint, die eine positive Wirkung auf Gesundheit und Wohlbefinden der Menschen haben. Besonders im Innenbereich wurden schon immer natürliche, haptisch und optisch angenehme Materialien bevorzugt, die unabhängig von ihrer gesundheitlichen Unbedenklichkeit ein freundliches Raumklima schaffen. Ein gesundes Arbeitsklima setzt aber mehr voraus. Nämlich die bewußte Anwendung schadstofffreier Baustoffe mit guten thermischen und akustischen Eigenschaften, Wasserdampf-Aufnahmefähigkeit und Atmungsaktivität. Weiter sind zu berücksichtigen die elektrischen Eigenschaften und die Radioaktivität. Über die Gesundheitsverträglichkeit hinaus ist die Auswahl ökologisch "richtiger" Baustoffe und -materialien an folgenden Kriterien zu orientieren:

- geringer Energiebedarf bei Gewinnung, Verarbeitung und beim Einbau,
- Vermeidung von Schadstoffanfall bzw. -belastung bei der Gewinnung, Herstellung,
- Wiederverwendbarkeit und problemlose Beseitigung,
- heimische Verfügbarkeit,
- dezentrale Herstellung und Anwendung,
- Regenerierbarkeit (nachwachsende Rohstoffe),
- Langlebigkeit.

Trotz Verbesserung der Methoden zum Aufspüren von etwaigen Schadstoffen ist wegen der unüberschaubaren Fülle von Materialien und Materialkombinationen eine absolute Sicherheit bei der Vermeidung von Schadstoffen kaum zu erreichen. Ebensowenig ist es heute überschaubar, was zukünftig beispielsweise die Entsorgung von Teppichboden aus Kunststoffasern kosten wird, oder welche Materialien nur noch als teure Sonderabfälle eingestuft werden. Daher kann die Auswahl und Bewertung von Baustoffen nur nach Näherungsmethoden erfolgen, wobei sich zwei Methoden als hilfreich erwiesen haben (siehe Anhang 3, Seite 160ff):

- 1. Ein Positiv-/Negativ-Katalog, in dem Baustoffe, ihre Systemkomponenten und die darin enthaltenen Gefahrenstoffe und Empfehlungen zur Anwendung bzw. Vermeidung enthalten sind.

- 2. Die Produktlinienanalyse zielt besonders auf die nach ökologischen Maßstäben verantwortungsbewußte Auswahl von Baustoffen. Sie verfolgt den Weg eines Baustoffs von der Gewinnung, über die Verarbeitung, den Einbau und die Nutzung bis zum Abbruch und der Wiederverwendung bzw. Entsorgung. Dabei werden u.a. Energiebedarf und Schadstoffanfall in jeder "Lebensphase" berücksichtigt.

Leider hat die ökologische Bewertung von Baustoffen und -materialien längst nicht Eingang gefunden in die Ausschreibungspraxis für Bauleistungen. Noch immer fehlen Hinweise auf Umweltbelange und Gesundheitsverträglichkeit. Und bei Produktempfehlungen wird weiterhin auf vermeintlich bewährte Materialien zurückgegriffen, ohne ihre Ökobilanz auch nur ansatzweise geprüft zu haben.

Für den ökologisch verantwortungsbewußten Bauwilligen wird in einem Aufsatz über ökologische Anforderungen an ein Bürohaus in der Zeitschrift "Office Design" 2/1994 von A. Schlote ein erweitertes Checklistverfahren empfohlen, in dem vergleichbar mit dem Bewertungsschema der "Stiftung Warentest" ökologisch relevante Baubereiche in folgende Bewertungsgruppen aufgeteilt werden:

1. Gesamtkonzept: Standortwahl, Flächenverbrauch, Anbindung an den Öffentlichen Nahverkehr, usw.

2. Konstruktion: Gebäudetyp, Tragwerkskonstruktion, Fassadenart, usw.

3. Innenbereiche: Trennwände, Bodenbeläge, usw.

4. Außenbereich: Gartengestaltung, Parkplätze, usw.

5. Hautechnik: Wärme- und Kälterzeugung, Verkabelungssysteme, usw.

6. Hausbewirtschaftung und Logistik: Kantinenkonzeption, Abfallbehandlung, administrative Dienste, usw.

7. Organisationsmittel: Mobiliar, Papier, usw.

Die Bewertung erfolgt für jede Bewertungsgruppe getrennt, ist gut nachvollziehbar und bezieht alle Beteiligten vom Architekten über die Fachingenieure bis zum Nutzer mit ein.

Außenanlagen ökologisch gestalten

Ganzheitliche Planung kann selbstverständlich nicht am Haupteingang des Gebäudes haltmachen. Die umgebenden Freianlagen sind gestalterisch

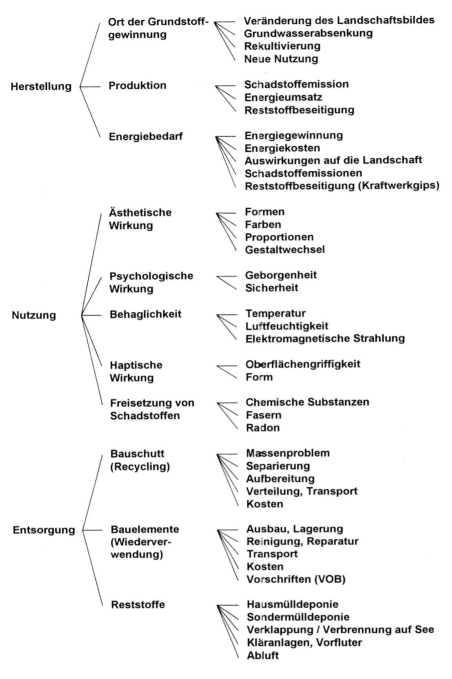

Der Weg der Baustoffe

Herstellung	Ort der Grundstoffgewinnung	Veränderung des Landschaftsbildes Grundwasserabsenkung Rekultivierung Neue Nutzung
	Produktion	Schadstoffemission Energieumsatz Reststoffbeseitigung
	Energiebedarf	Energiegewinnung Energiekosten Auswirkungen auf die Landschaft Schadstoffemissionen Reststoffbeseitigung (Kraftwerkgips)
Nutzung	Ästhetische Wirkung	Formen Farben Proportionen Gestaltwechsel
	Psychologische Wirkung	Geborgenheit Sicherheit
	Behaglichkeit	Temperatur Luftfeuchtigkeit Elektromagnetische Strahlung
	Haptische Wirkung	Oberflächengriffigkeit Form
	Freisetzung von Schadstoffen	Chemische Substanzen Fasern Radon
Entsorgung	Bauschutt (Recycling)	Massenproblem Separierung Aufbereitung Verteilung, Transport Kosten
	Bauelemente (Wiederverwendung)	Ausbau, Lagerung Reinigung, Reparatur Transport Kosten Vorschriften (VOB)
	Reststoffe	Hausmülldeponie Sondermülldeponie Verklappung / Verbrennung auf See Kläranlagen, Vorfluter Abluft

BILD 152 Der Weg der Baustoffe. Es ist sinnvoll, die ökologische Bewertung von Baustoffen und -materialien in die Ausschreibungen von Bauleistungen aufzunehmen. Quelle: Arwed Tomm, Ökologisch Planen und Bauen

und ökologisch mit dem Gebäude als Ganzes zu sehen. Schon bei der Konzeptfindung ist eines der Kriterien die Einbindung in die Umgebung, sei es im städtischen Raum durch Berücksichtigung der umgebenden Bebauung in Höhenentwicklung, Maßstäblichkeit, Farbgebung, Material etc., im Stadtrandbereich durch Einbindung in die Topographie und den Landschaftsraum. Durch Zusammenfügen und Anordnen von Gebäuden und Gebäudetei-

len, durch Hecken, Baumreihen, Arkaden, Pergolen kann der Aussenraum in lebendige Beziehung zum Gebäude treten. Außenraum ist Übergangsraum zwischen öffentlichem Raum und dem "privaten" Innenraum. Der Außenraum kann Entspannungs- und Erlebnisraum sein, geschützt und gleichzeit offen.

Der Grundstücksmangel in den Ballungsgebieten hat zu extrem verteuerten Grundstückspreisen geführt und damit zwangsläufig zu einer Trennung von Leben und Arbeiten. Gleichzeitig entstanden tote Bürostädte in den arbeitsfreien Zeiten, dagegen überfüllte Ausfallstraßen morgens und abends. Diesen Zustand kann man mit Ausbau des öffentlichen Nahverkehrs zwar verbessern, jedoch nicht beseitigen. Wenn wir etwas beitragen wollen zur Wiederbelebung unserer Städte, müssen die Außenräume städtischer Bürohäuser zu benutzbaren und erlebbaren Teilen des öffentlichen Raumes werden. Passagen, Durchgänge im Erdgeschoß, begrünte Innenhöfe, Cafés und Läden schaffen Verbindung zwischen Arbeit und Leben in der Stadt und tragen dazu bei, daß auch in den arbeitsfreien Zeiten die Innenstädte mit ihren Bürohäusern nicht veröden.

Mit den immer weiter ausufernden Städten, Industrieanlagen, öffentlichen und privaten Straßen und Parkplätzen haben wir unsere Erde zugepflastert, mit Beton und Asphalt versiegelt. Folgen sind Veränderungen im Grundwasserhaushalt, in der Sauerstoffversorgung der Ballungsgebiete, Überhitzungserscheinungen in den Städten usw. Durch ökologisch sinnvolle Außenanlagengestaltung kann man versuchen, diese negativen Auswirkungen aufzufangen und auszugleichen. Als Einzelmaßnahmen kommen infrage:

- Begrünung von Höfen, Fassaden, Dächern zur Verbesserung des Mikroklimas und des Klimaverhaltens des Gebäudes.

- Sammlung von Regenwasser auf dem Grundstück zur Verbesserung des Mikroklimas in Gebäudenähe (Auswirkung auf das Klimaverhalten des Gebäudes), Nutzung des Regenwasserteichs als künstlicher Aquiferspeicher zur Kühlung bzw. Wärmung, als Löschwasserspeicher, zur Bewässerung der Grünanlagen.

- Erhalt der Wasserdurchlässigkeit des Bodens durch Verzicht auf versiegelte Flächen. Wasserdurchlässige Beläge auf Grundstückswegen und Parkplätzen führen das Regenwasser direkt dem Grundwasser zu.

- Begrünung von Flachdächern, Terrassen, Dachgärten. Im Sommer vermindern Erdreich und Pflanzen die Aufheizung des Gebäudes, im Winter bieten sie Wärmeschutz.

- Begrünung von Wänden, Rankgerüsten, Pergolen. Sie bieten dem Gebäude Schutz vor Wind, Regen, verbessert das Klimaverhalten des Hauses (laubabwerfende Begrünung im Sommer beschattet die Wände und verdunstet Wasser, im Winter läßt sie die Sonnenenergie ungehindert auf die schweren Bauteile einwirken. Immergrüne Pflanzen schützen die Fassade vor Wärmeverlust an den Nordseiten).

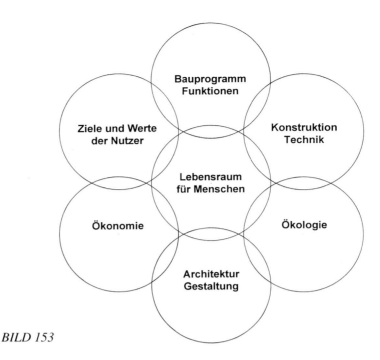

BILD 153

Schlußbemerkung des Architekten

Einige Schlußbemerkungen seien dem an diesem Buch beteiligten Architekten erlaubt: Es soll kein Lehrbuch für angehende Bürohausarchitekten werden. Dazu ist es zu allgemein und deutet die Probleme nur an der Oberfläche an. Zu allen angesprochenen Bereichen gibt es eine Fülle von Spezialliteratur, die jedoch nur die jeweilige Einzelthematik, nicht den Gesamtzusammenhang berücksichtigt. Wer das Buch, insbesondere das Kapitel 5, eingehend gelesen hat, wird die eingangs aufgestellte Behauptung nun verstehen können, daß eine Addition von lauter Maxima kein Optimum ergeben kann. Um ein allen Anforderungen optimal genügendes Gebäude zu entwerfen, reicht es nicht aus, daß jede beteiligte Fachdisziplin ihr jeweils Bestes und Neuestes dazu beiträgt. Weil wie in der Natur alles mit allem zusammenhängt, kann das Gesamtsystem Büro, zu dem auch die in ihm arbeitenden und

lebenden Menschen gehören, nicht an einer Stelle geändert werden, wenn wir nicht alle Systemzusammenhänge neu überdenken und weiterentwickeln. "Lean" heißt dann, das Gebäude so offen, so variabel zu gestalten, daß in seinem Lebenszyklus durch Änderungen der Nutzungsanforderungen möglichst wenig substantielle Eingriffe notwendig sind. "Lean" heißt ferner die Anpassung des Bürohauses an die sinnlich-emotionalen Bedürfnisse des Menschen nach gestalteter Umwelt.

Ein Zitat von Otl Aicher soll den Kreis schließen zum Eingangsplädoyer für ein menschenfreundlich gestaltetes Bürohaus: "Ich denke schon, daß die Architektur auf ihre Weise dazu beitragen kann, die Malaisen der Zeit zu heilen. Sie brauch statt Trennungen Transparenz, statt Isolierung Kollegialität. Die Architektur muß aber auch das Undifferenzierte gliedern, die Einheitsorganisation strukturieren. In der Architektur wird Bewußtsein konkret. Der Zustand der Zeit zeigt sich in der gebauten Form."

Anhang 1

Normen, VDI-Regeln, gesetzliche Grundlagen

Beleuchtung

- Arbeitsstättenverordnung § 7
- Arbeitsstättenrichtlinie 7/3
- Sicherheitsregeln für Büroarbeitsplätze (ZH1/535)
- Sicherheitsregeln für Bildschirm-Arbeitsplätze (ZH1/618)
- DIN 5034 Innenraumbeleuchtung mit Tageslicht
  Teil 1: Allgem. Anforderungen
  Teil 2: Grundlagen
- DIN 5035 Innenraumbeleuchtung mit künstlichem Licht
  Teil 1: Begriffe und allgemeine Anforderungen
  Teil 2: Richtwerte für Arbeitsstätten
  Teil 6: Meßverfahren
  Teil 7: Beleuchtung von Räumen mit Bildschirmarbeitsplätzen und mit Arbeitsplätzen mit Bildschirmunterstützung
- DIN 5040 Leuchten für Beleuchtungszwecke
  Teil 1: Lichttechnische Merkmale und Einteilung
  Teil 2: Innenleuchten
- DIN 66 234 Bildschirmarbeitsplätze, Teil 7: Beleuchtung und Anordnung

Klimatisierung

- Arbeitsstättenverordnung §§ 5, 6, 9, 16 Abs. 4,5
- Arbeitsstättenrichtlinie ASR 5 - Lüftung
- Arbeitsstättenrichtlinie ASR 6 - Raumlufttemperaturen
- Sicherheitsregeln für Büro-Arbeitsplätze (ZH1/535)

- Sicherheitsregeln für Bildschirm-Arbeitsplätze (ZH1/618)
- DIN 1946 Lüftungstechnische Anlagen
  Blatt 1 - Grundregeln
  Teil 2 - Gesundheitstechnische Anforderungen
- DIN 4701 Regeln für die Berechnung des Wärmebedarfs von Gebäuden
  Teil 1: Grundlagen für die Berechnung
  Teil 2: Tabellen, Bilder, Algorithmen
- VDI 2078 Berechnung der Kühllast klimatisierter Räume
- VDI 2079 Abnahmeprüfung an raumlufttechnischen Anlagen
- VDI 2081 Lärmminderung bei raumlufttechnischen Anlagen
- VDI 3801 Betreiben von raumlufttechnischen Anlagen
- DIN 33 403 Klima am Arbeitsplatz und in der Arbeitsumgebung
  Teil 1: Grundlagen zur Klimaermittlung (Entwurf)
  Teil 2: Einfluß des Klimas auf den Menschen (Entwurf)
  Teil 3: Beurteilung des Klimas im Erträglichkeitsbereich

Geräusche, Lärm

- Arbeitsstättenverordnung § 15
- Sicherheitsregeln für Büroarbeitsplätze
- DIN 33 410 Sprachverständigung in Arbeitsstätten
- DIN 1318 Lautstärlepegel, Begriffe, Meßverfahren

- DIN 18 041 Hörsamkeit in kleinen bis mittelgroßen Räumen
- DIN 45 630 Grundlagen der Schallmessung
- DIN 45 632 Geräuschemessung an Maschinen
  Teil 1: Rahmen-Meßvorschrift
  Teil 19: Büromaschinen
- DIN 45 641 Mittelungspegel und Beurteilungspegel zeitlich schwankender Schallvorgänge
- VDI 2058 Blatt 3 Beurteilung von Lärm am Arbeitsplatz unter Berücksichtigung unterschiedlicher Tätigkeiten
- VDI 2569 Schallschutz und akustische Gestaltung im Büro
- VDI 3729 Emissionskennwerte technischer Schallquellen, Büromaschinen

Flächenbedarf

- Arbeitsstättenverordnung §§ 23, 24, 29
- Sicherheitsregeln für Büroarbeitsplätze (ZH1/535)
- Sicherheitsregeln für Bildschirmarbeitsplätze (ZH1/618)
- DIN 33 412 Ergonomische Gestaltung von Büroarbeitsplätzen
  Begriffe, Flächenermittlung
- RBBau (für den öffentlichen Dienst)

Anhang 2

Arbeitsschutz für Büroarbeitsplätze - Vorschriften, Richtlinien, Verordnungen

Gewerbeordnung (GewO)

- Betriebssicherheit: § 120 a
- Sitte und Anstand im Betrieb; Umkleide-, Wasch- und Toilettenräume: § 120 b
- Gewerbeaufsicht: § 139 b

Arbeitsstättenverordnung (ArbStättV)

z. B.:

- Lüftung, Raumtemperaturen, Beleuchtung: § 5, 6, und 7
- Fußböden, Wände usw.: § 8
- Fenster und Türen: § 9 und 10
- Verkehrswege: § 17
- Raumabmessungen und Bewegungsfläche am Arbeitsplatz: § 23 und 24
- Ausstattung: § 25

Arbeitsstätten-Richtlinien (ASR)

z. B.:

- Raumtemperaturen ASR 6/1,3
- Künstliche Beleuchtung ASR 7/3
- Fußböden ASR 8/1
- Türen, Tore ASR 10/1
- Verkehrswege ASR 17/1,2
- Sitzgelegenheiten ASR 25/1

Reichsversicherungssordnung (RVO)

- Erlaß von Unfallverhütungsvorschriften (UVVen): § 708
- Überwachung TAB: § 712

Unfallverhütungsvorschriften (UVVen) der Unfallversicherungsträger

z. B.:

- Allgemeine Vorschriften (VBG 1/GUV 0.1)
- Elektrische Anlagen und Betriebsmittel (VBG 4/GUV 2.10)
- Kraftbetriebene Arbeitsmittel (VBG 5/UVG 3.0)
- Leitern und Tritte (VBG74 /GUV 6.4)
- Erste Hilfe (VBG 109 /GUV 0.3)
- Sicherheitskennzeichnung am Arbeitsplatz (VBG 125 /GUV 0.7)

Richtlinien und Sicherheitsregeln der Unfallversicherungsträger

z. B.:

- Richtlinien für Lagereinrichtungen und -geräte (ZH 1/428 / GUV 16.8)
- Sicherheitsregeln für Büroarbeitsplätze (ZH 1/535 /GUV 17.7)
- Sicherheitsregeln für Bildschirmarbeitsplätze im Bürobereich (ZH 1/618/GUV 17.8)

Ökologische Gesichtspunkte Baustoffe und -materialien	Primärenergiebedarf kWh/m³	Schadstoffe bei Herstellung	Regenerierbarkeit	Wiederverwendbarkeit	Heimische Verfügbarkeit	Möglichkeiten dezentraler Herstellung und Anwendung	Auswirkungen auf Gesundhe und Wohlbefinden
Wandbaustoff							
Holz	60	+	+	+	+	+	+
Leichtziegel	150	o	-	o	+	+	+
Gasbeton	225	-	-	o	o	-	o
Leichtlehm	30	+	-	+	+	+	+
Leichtbeton	70	o	-	+	+	o	o
Ziegel 1,2	130	o	-	o	+	+	+
Ziegel 1,4	140	o	-	o	+	+	+
Strohlehm	30	+	-	+	+	+	+
Kalksandstein 1,4	85	o	-	o	+	+	o
Ziegel 1,8	125	o	-	o	+	+	+
Kalksandstein 1,8	80	o	-	o	+	+	o
Beton (unbewehrt)	45	o	-	o	+	o	o
Stahlbeton (Fertigteil)	105	-	-	o	-	-	-
Granit	10	o	-	+	o	+	-
Dachhaut							
Stroh, Rohr	2 bis 4	+	+	+	+	+	+
Holzschindeln	5	+	+	+	+	+	+
Seegras	2 bis 4	+	+	+	o	+	+
Schiefer	5 bis 10	+	-	+	o	+	+
Betondachstein	25	o	-	o	+	o	o
Ziegel	30	o	-	o	+	+	+
Verzinktes Stahlblech	70	-	-	o	-	-	o
Kupfer	100	-	-	o	-	-	o
Blei	250	-	-	o	-	-	-
Aluminium	350	-	-	o	-	-	o
Dichtung							
Kraftpapier	0,5 bis 1	o	+	+	+	+	o
Bituminierte Pappe	1 bis 3	o	o	-	-	-	o
Folie (PVC, PE)	2 bis 5	-	-	o	-	-	o
Fensterrahmen							
Holz	8	+	+	+	+	+	o
Kunststoff	250	-	-	+	-	-	o
Aluminium	800	-	-	+	-	-	o
Innenbereich							
Dach- und Deckentragkonstruktion							

nach ökologischen Gesichtspunkten

Baustoffe und -materialien	Primärenergiebedarf kWh/m³	Schadstoffe bei Herstellung	Regenerierbarkeit	Wiederverwendbarkeit	Heimische Verfügbarkeit	Möglichkeiten dezentraler Herstellung und Anwendung	Auswirkungen auf Gesundhe und Wohlbefinden
Holz	20 bis 30	+	+	+	+	+	+
Ziegelgewölbe	60 bis 120	o	-	o	+	+	+
Stahlbeton	50 bis 20	-	-	o	-	-	o
Träger und Stürze							
Holz (12/20)	8	+	+	+	+	+	+
Stahl (IPB 220)	550	-	-	o	-	-	o
Außenhaut							
Wetterschutz							
Holz	5	+	+	+	+	+	o
Schiefer	5 bis 10	+	-	o	o	+	o
Vormauerziegel	40 bis 100	o	-	o	o	+	o
Glas (einfach)	60	-	-	o	o	o	o
Kunststoff	20 bis 15	-	-	o	-	-	o
Aluminium	350	-	-	o	-	-	o
Dämmung							
Stroh	5	+	+	+	+	+	+
Seegras	7	+	+	+	o	+	+
Holzwolle	13	+	+	+	+	+	+
Kokos, Sisal	13	+	+	+	-	-	+
Bläh-, Preßßkork	18	+	+	+	-	-	+
Schlackenwolle	23	-	-	o	o	o	o
Glaswolle	26	-	-	o	o	o	+
Blähperlite	28	o	-	o	o	o	+
Preßstroh	30	p	+	+	+	+	+
Schaumglas	32	-	-	o	o	o	o
Holzwolleleichtbauplatten	35	o	+	+	+	+	+
Polystyrolschaum	65	-	-	o	-	-	-
Füll- und Dämmstoffe							
Sand	0 bis 5	+	-	+	+	+	o
Lehm	0 bis 5	+	-	+	+	+	o
Schlacke	0 bis 5	o	-	+	+	+	o
Ziegelsplitt	5 bis 20	o	-	+	+	+	o
Filz		+	-	+	+	+	+
Fußböden							
Lehm	0 bis 5	+	-	+	+	+	o
Holz	3 bis 10	+	+	+	+	+	+

Vergleich üblicher Baustoffe und Materialgruppen nach ökologischen Gesichtspunkten

Baustoffe und -materialien	Primärenergiebedarf kWh/m³	Schadstoffe bei Herstellung	Regenerierbarkeit	Wiederverwendbarkeit	Heimische Verfügbarkeit	Möglichkeiten dezentraler Herstellung und Anwendung	Auswirkungen auf Gesundhe und Wohlbefinden
Stein	5 bis 10	+	-	+	+	+	o
Linoleum	3 bis 5	+	+	+	+	+	+
Kunststoff	20 bis 40	-	-	o	-	-	-
Teppich							
Wolle, Flachs	2 bis 4	+	+	+	+	+	+
Kokos, Baumwolle	4 bis 6	+	+	+	-	-	+
Kunststoff	20 bis 35	-	-	o	-	-	-
Putz und Bekleidung							
Gipsputz 20 mm	5	o	-	-	+	o	+
Kalkputz 20 mm	5	o	-	-	+	o	+
Zementputz 20 mm	8	o	-	-	+	o	-
Fliesen	8 bis 16	o	-	o	+	+	o
Gipskarton 15 mm	12	o	-	-	+	o	-
Spanplatte 13 mm	13	o	+	o	+	+	o
desgl. kunststoffbeschichtet	25	-	-	-	-	-	-
Papiertapete	0,5	o	+	+	+	+	+
Kork	1 bis 2	+	+	+	-	-	+
Leinen, Bast	0,5 bis 1	+	+	+	+	+	+
Kunststofftapete	10 bis 25	-	-	-	-	-	-
Holz		+	+	+	+	+	+
Anstriche und Farben							
Natürliche Anstriche	0,5 bis 2	+	o	+	+	+	+
auf Kunststoffbasis	20	-	-	-	-	-	-
Wasser- und Heizungsrohre DN 20							
verzinkter Stahl	5	-	-	o	-	-	o
Kupfer	8	-	-	o	-	-	o
Kunststoff	2	-	-	o	-	-	-
Abwasserrohre DN 100							
Steinzeug	18	o	-	o	+	+	+
PVC	30	-	-	o	-	-	-
Gußeisen	55	-	-	o	-	-	o

Quelle: "Ökologisches Bauen", herausgegeben vom Umweltbundesamt, Berlin

Literaturverzeichnis zu Kapitel 5

Bartenbach, Dieter; Freudenfeld, Klaus: Sonnenschutz und Tagesbelichtung. Der Architekt 4/93

Daniels, Klaus: Haustechnische Anlagen. Düsseldorf 1976

Gässel, J.: Städtische Sonnenräume, Konzepte für klimagerechtes Bauen in nördlichen Breiten. Karlsruhe 1985

Gottschalk, Ottomar; Latuska, Sabine; Segelken, Sabine: Arbeit im Büro. Ergebnisse des Forschungsprojektes "Arbeitsstätte Büro". Berlin 1992 (Hrsg. HDK Berlin)

Hahn, Hermann u.a.: Das moderne Bürogebäude. Ehningen 1991

Hillmann, G.; Nagel, J.; Schreck, H.: Klimagerechte und energiesparende Architektur. Karlsruhe 1982

Kiraly, J.: Architektur mit der Sonne. Karlsruhe 1982

Klingele, Martina: Architektur und Energie. Planungsgrundlagen für Büro- und Verwaltungsbauten. Heidelberg 1994

Klingsohr, Kurt: Kombi-Büro - Wie sicher sind die Beschäftigten im Brandfall? Brandschutz / Deutsche Feuerwehr-Zeitung 1991

Krusche, Per u. Maria; Althaus, Dirk; Gabriel, Ingo: Ökologisches Bauen. Hrsg. Umweltbundesamt, Wiesbaden / Berlin 1982

Lorenz, Dieter: Die richtige Beleuchtung an Büroarbeitsplätzen mit und ohne Bildschirm. AKZENTE Studiengemeinschaft, Murnau 1993

Minke, Gernot: Ökologisches versus industrialisiertes Bauen. Werk, Bauen + Wohnen 9/1982

Pfeiffer, Martin: Kybernetische Sanierung - Ökologische Neugestaltung und Sanierung von Bürogebäuden. das Bauzentrum 3/94

Pfeiffer, Martin: Ökologiekonzepte für Kombi-Bürogebäude. das Bauzentrum 4/94

Schlote, Andreas: Ökologische Anforderungen an ein Bürogebäude. Office Design 1994

Schneider, Fritz; Struhk, Hans: Das Kombi-Büro - Büroraumkonzept mit Zukunft. AKZENTE Studiengemeinschaft, Murnau 1991

Schwarz, Jutta: Ökologie im Bau. Bern + Stuttgart 1991

Tomm, Arwed: Ökologisch Planen und Bauen. Braunschweig / Wiesbaden 1992

Zachmann, Andreas: Energieplanung bei Bürobauten. Deutsche Bauzeitung 1983

BINE Projekt Info-Service: Transparente Wärmedämmung. Bonn, März + April 1990

Der Bundesminister für Forschung und Technologie: Bauen und Energiesparen. Bonn 1979

Bundesministerium für Raumordnung, Bauwesen u. Städtebau: Gesundes Bauen und Wohnen

Congena, Hrsg.: Kombi-Büro Baden-Baden 1990. Überarbeitete Neuauflage 1994

HL-Technik: Werkbericht 12 München 1994

HL-Technik: Grundlagen bei der Planung von Bürogebäuden. Vorabzug aus: Das Bürohaus - Arbeitsplätze mit Zukunft - Räume für Menschen

Institut für Bauökologie: Planen Bauen Sanieren. Köln 1992

König + Neurath: Im Mittelpunkt der Mensch, Für mehr Gesundheit am Bildschirm-Arbeitsplatz, Richtlinien - Empfehlungen - Lösungen. Karben 1994

NATUR (Zeitschrift): Sonderheft Bauen + Wohnen

Nieders. Sozialminister (Hrsg.): Humanisierung im Städtebau, Entsiegelung von Flächen. Hannover 1986

Das Sick Building Syndrom. Eine Symposiums-Reihe der Heinrich Nickel GmbH

Kapitel 6

Das nonterritoriale Lean-Office

Einsatzmöglichkeiten und Ausprägungen

Geringe Nutzungszeit des Büros

In Zeiten erhöhten Kostendrucks, hochdynamischer Organisationsveränderungen und weiter fortschreitender Flexibilisierung von Arbeitszeit und Arbeitsort wird immer häufiger hinterfragt, ob es sinnvoll ist, jedem Mitarbeiter einen persönlichen Arbeitsplatz permanent zuzuweisen. Eine im Jahr 1992 von der Londoner Unternehmensberatung DEGW erstellte Studie über die Nutzungsintensität von Büroflächen ergibt eine relevante Nutzungsdauer von lediglich 5 % (siehe Bild 154). Auch wenn dieser sehr niedrige Wert nicht für alle Unternehmungen zutreffen wird, liegen die durchschnittlichen Nutzungszeiten im Büro- und Verwaltungsbereich sicherlich unter 20 % der maximal zur Verfügung stehenden Nutzungszeit. Aus ökologischer Sicht und Verantwortlichkeit muß man sich schon fragen, ob es bei diesen geringen Nutzungszeiten und dem feststellbarem Flächenzuwachs im Bürobereich vernünftig ist, ständig neue Bodenflächen mit Gebäuden zu versiegeln und der ohnehin kaum noch intakten Natur zu entreißen.

Zuviele Arbeitsplätze pro Mitarbeiter

Die Motivation einer Unternehmung, ein nonterritoriales Büro einzurichten, entspringt jedoch nicht vordergründig ökologischen Interessen. Der Kostendruck und die notwendigen Organisationsleistungen im klassischen territorialen Büro nehmen ständig zu. Das Hauptproblem liegt weniger darin, ob einem Mitarbeiter pro Arbeitsplatz 9 oder 10 qm Büro zugestanden werden, sondern in der Explosion der Arbeitsplätze pro Mitarbeiter. Dynamische Organisationen und Teamarbeit (Simultanes Engineering, Kaizen-Teams, Projektarbeit, etc.) führen in der Praxis dazu, daß ein Mitarbeiter, über die Zeit wechselnd, nicht nur an einem sondern an zwei, drei oder mehreren Arbeitsplätzen tätig ist. Neben dem persönlich zugewiesenen Arbeitsplatz werden Arbeitsplätze in Technikpools (CAD-Stationen, Multimedia-Arbeitsplätze, etc.), Kundenzentren, Schulungszentren, Bespre-

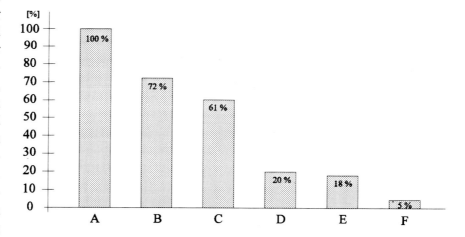

Legende: A = Maximal mögliche Nutzungskapazität eines Bürogebäudes
(365 Tage x 24 Stunden = 8760 Std. pro Jahr)

B = Nutzungszeit bei 5-Tage-Woche (6264 Std. pro Jahr)

C = Nutzungszeit nach Abzug von Urlaub und Feiertagen
(5328 Std. pro Jahr)

D = Nutzungszeit bei 8-Stunden-Tag (1776 Std. pro Jahr)

E = Nutzungszeit nach Abzug von Krankheit, Pausen, etc.
(1600 Std. pro Jahr)

F = Nutzungszeit nach Abzug sozialer und organisationsbedingter Aktivitäten (438 Std. pro Jahr)

BILD 154 Nutzungsintensität von Büroflächen: Nur zu 5 % werden Büros nach dieser Studie genutzt. Jedoch selbst wenn man einen Wert von bis zu 20 Prozent zugrunde legt, ist die Büronutzung erschreckend gering. Muß wirklich für jeden Mitarbeiter permanent ein fester Arbeitsplatz reserviert sein? Quelle: DEGW

chungszimmern und speziellen Teambüros genutzt. Ist die Zunahme der Fläche pro Arbeitsplatz ein erstes Warnsignal, so ist die Zunahme der Arbeitsplätze pro Mitarbeiter für viele Unternehmungen Anlaß, über neue Wege nachzudenken.

Anspruch auf Privatheit ?

Die ersten Lösungen zu nonterritorialen Arbeitsplätzen stammen aus dem Vertriebsbereich. Es ist argumentativ leicht nachvollziehbar, einem Mitarbeiter keinen persönlichen Arbeitsplatz von ca. 12 qm ständig zur Verfügung zu stellen, wenn er durchschnittlich nur 1,5 Arbeitstage pro Woche im Bürohaus ist.

Dennoch: Einzelne Versuche, den im Außendienst tätigen Mitarbeitern Arbeitsplätze zur wechselseitigen Nutzung anzubieten, scheiterten in der Vergangenheit all zu oft. Das menschliche Territorialverhalten und egoistisches Statusdenken verhinderten bisher Konzepte des nonterritorialen Büros.
So war seitens der betroffenen Mitarbeiter im Außendienst nicht selten der Kommentar zu hören: "Ich bringe diesem Unternehmen einen jährlichen Umsatz von einer halben Million Mark. Wenn mir dafür nicht einmal ein eigener Arbeitsplatz zugestanden wird, bin ich wohl in der falschen Firma!"

Bei allen Überlegungen zur Einrichtung eines nonterritorialen Büros sind vor allem zwei wesentliche Einflußgrößen zu beachten:

- der Anspruch der Mitarbeiter nach Privatheit auch im Büro,
- die tatsächlichen Kostenauswirkungen.

Ungebrochener Trend zur Individualität

Der Wunsch der Mitarbeiter nach einem eigenen Arbeitsplatz ist sehr groß. In ihm drückt sich nicht zuletzt die Individualität des Mitarbeiters aus. In einer größeren Einheit, dem Bürohaus, einen eigenen Bereich "sein Eigen" nennen zu können, ist Ausdruck eines Urbedürfnisses nach Territorialität und des in unserer Gesellschaft besonders geförderten Kulturbedürfnisses nach Individualität und Privatheit. Der Trend nach noch mehr Individualität ist auch in Zukunft ungebrochen.

Teure Umzüge

Die Mitarbeiter sprechen von ihrem Büro, ihrem Stuhl, ihrem Schreibtisch und ihrem Schrank. Mit dem Ergebnis, daß bei notwendigen Arbeitsplatzwechseln eines Mitarbeiters gleich das ganze Mobiliar mit umgezogen wird. Dies ist keine wertschöpfende Aktivität.

Sind bei einem derartigen Umzug dann auch noch Statusaspekte zu berücksichtigen (z.B. ein Abteilungsleiter hat Anspruch auf ein größeres Büro), so können organisatorische Lawinen ausgelöst werden. Ein autentisches Beispiel: in einer Unternehmung mußten aufgrund des Arbeitsplatzwechsels eines Abteilungsleiters, dem laut "Kleiderordnung" ein 4-Achsraum zustand, weitere 38 Mitarbeiter umziehen, um den Abteilungsleiterraum schaffen zu können! Dies ist doch eine sehr fragwürdige, nicht wertschöpfende und kostenintensive Aktion, damit ein "Fürst" nach seinen und den Vorstellungen der Unternehmung "adäquat" untergebracht werden kann.

Kosten nicht transparent

In vielen Unternehmungen sind die Kosten derartiger Umzüge gar nicht bekannt. Im Sammelbecken der allgemeinen Verwaltungskosten werden sie nicht transparent. Im Vergleich zu den Gesamtkosten einer Unternehmung sind diese Umzugskosten sicherlich relativ gering. Nach wie vor stehen im Büro- und Verwaltungsbereich die Personalkosten an erster Stelle mit ca. 80 %. Die anteiligen Gebäudekosten pro Mitarbeiter betragen nur etwa 8 %. Und doch gilt es in Zukunft, mit allen Aufwendungen kostenbewußt umzugehen. Bei aller kostenbewußter Unternehmensführung gilt es, darauf zu achten, nicht am "falschen Ende" zu sparen. Wenn beispielsweise die Folge der Einsparung der Gebäudekosten von 50 % (von 8 % auf 4 %) zu einer dramatischen Verschlechterung des Arbeitsklimas bis hin zur Fluktuation der höher qualifizierten Mitarbeiter führt, wird durch eine vermeintliche Kostendämpfung eine Kostenexplosion verursacht, die eine Unternehmung in extreme Bedrängnis bringen kann.

Damit soll darauf aufmerksam gemacht werden, daß bei der Planung eines nonterritorialen Büros nicht nur vordergründig die Kostenersparnis aufgrund geringerer Fläche und damit in Verbindung stehenden geringeren Betriebskosten betrachtet werden dürfen, sondern auch gegebenenfalls entstehende Zusatzkosten in anderen Bereichen.

"Werteausgleich" beachten

Bei der Planung eines nonterritorialen Lean-Office in unserem sozio-kulturellen Umfeld ist stets an einen "Werteausgleich" zu

BILD 155 Beispiel eines nonterritorialen Lean-Office: Es muß nicht für jeden Mitarbeiter ständig ein Arbeitsplatz vorgehalten werden, wenn sie als Vertriebs- oder Supportkräfte ohnehin mehr bei den Kunden als im Büro sein sollten. Auch muß nicht jede Tätigkeit (z.B. Telefonate, Besprechungen, Informationsabfrage am Bildschirm) an einem Schreibtisch stattfinden.

denken. Die Menschen in unserer Gesellschaft scheinen nur dann bereit zu sein, auf "gewohnte Werte/Ansprüche" zu verzichten, wenn ihnen neue, persönlich wichtigere als Ausgleich angeboten werden.

Die Einrichtung eines nonterritorialen Büros ist damit niemals eine Aufgabe für sich, sondern steht immer in Verbindung mit anderen Veränderungen innerhalb einer Unternehmung. Das nonterritoriale Büro ist der letzte und sichtbare Schritt einer Veränderung. Die Einrichtung eines nonterritorialen Büros ist damit im Kontext der in Kapitel 1 und Kapitel 2 beschriebenen Veränderungen zu sehen und kann damit einhergehen mit neuen Entlohnungsformen, neuen arbeitsorganisatorischen Modellen, interessanterer, selbst verantwortlicher Arbeit, neuen flexibleren Arbeitszeiten und vielem mehr.

Vom Grundsatz her wird eine nonterritoriale Lösung nur dann sinnvoll sein, wenn nachfolgende Randbedingungen gegeben sind:

- Weitgehend papierlose Bearbeitung der Arbeitsaufgaben mit Rechnerunterstützung.
- Aufgabenbearbeitung losgelöst von spontanem persönlichem Kontakt zu Kollegen.
- Volle Erreichbarkeit der Mitarbeiter (telefonisch und persönlich).
- Flexibilität von Arbeitszeit und Arbeitsort.

Die nonterritorialen Lösungen im Büro lassen sich einteilen in:

- Poolarbeitsplätze: gemeinsame Nutzungen von CAD-, Multimediastationen o.ä.,
- Desk-Sharing: schichtweise Nutzung eines Arbeitsplatzes durch zwei oder mehrere Mitarbeiter,

- Room-Sharing: mehrere Mitarbeiter nutzen im Wechsel unterschiedliche Arbeitsplätze im selben Raum (Stockwerk), die jedermann zur Verfügung stehen,
- Building-Sharing: alle Mitarbeiter nutzen im Wechsel wahlfrei irgendeinen Arbeitsplatz an irgendeinem Ort des Gebäudes.

Positiver Platzwechsel

Nach dem Prinzip, daß Teures und Wertvolles einen hohen Nutzungsgrad aufweisen soll, haben viele Unternehmungen Poolarbeitsplätze eingerichtet. Die nicht nur aus arbeitswissenschaftlicher Sicht positiv zu bewertende Mischarbeit findet hierbei nicht direkt am persönlich zugewiesenen Arbeitsplatz statt, sondern der Mitarbeiter verläßt seinen persönlichen Arbeitsplatz auf eine bestimmte Zeit, um am Poolarbeitsplatz zu arbeiten.

Derartige Lösungen finden in der Praxis dann eine relativ hohe Akzeptanz, wenn die Nutzung des Pools zu keinen unangemessenen Wartezeiten und Unterbrechungen des Arbeitsablaufes führt. Die Individualforderungen der Mitarbeiter bleiben bei dieser Lösung unangetastet. Der "eigene" Arbeitsplatz besteht weiter.

"Desk-Sharing"

Beim Desk-Sharing findet ein zeitlich genau definierter Versatz der Arbeitsplatznutzung statt. Ähnlich einem Schichtbetrieb teilen sich 2 oder 3 Mitarbeiter einen Arbeitsplatz. Diese aus den produktionsnahen Büros (z.B. Meisterbüro) bekannten Konzepte werden unterschiedlich gelöst. Eigentlich sollte beim Desk-Sharing den Mitarbeitern nur ein Arbeitstisch zur Verfügung gestellt werden. In einigen Meisterbüros ist jedoch für jeden Meister ein Arbeitstisch vorhanden. Dies ist eine flächenwirtschaftlichere Lösung, als jedem Mitarbeiter einen eigenen Raum zur Verfügung zu stellen und läßt Privatheit zumindest "tischbezogen" zu. Beim eigentlichen Desk-Sharing reduziert sich Privatheit auf den persönlichen Rollcontainer. Auf einen Arbeitsplatz kommen in der Regel 2 oder 3 Rollcontainer der Mitarbeiter, die sich die Arbeitsfläche, das Archiv und die Technik am Arbeitsplatz teilen. Die Akzeptanz derartiger Lösungen ist heute bereits bei vielen Halbtagskräften erreichbar. Von diesen Mitarbeitern wird akzeptiert, daß bei einer ca. 4-stündigen Tätigkeit kein "Anspruch" auf einen eigenen Arbeitsplatz besteht. Provokativ könnte man auch argumentieren, daß, bezogen auf die Wachzeit eines Menschen, eine Halbtagstätigkeit ca. 8 Stunden umfaßt. Bei welchem Zeitintervall liegt die Akzeptanzgrenze?

Die höhere Akzeptanz von Poolarbeitsplätzen und Desk-Sharing gegenüber den anderen nonterritorialen Lösungen im Büro ist vermutlich auch über die stark begrenzte Zahl der unterschiedlichen Nutzer begründbar. Zwei oder drei Personen können sich leichter arrangieren und auch die Verantwortlichkeit im Umgang mit dem Arbeitsplatz läßt sich noch einigermaßen Personifizieren. Letztlich läßt ein Konzept des Desk-Sharing von z.B. zwei Mitarbeitern noch einigen Spielraum für Privatheit, Individualität und Territorialverhalten. Die beiden Mitarbeiter können den Arbeitstisch und den Arbeitsplatz aufteilen in Bereiche der gemeinsamen Nutzung (z.B. Mittelteil der Arbeitsfläche, Bildschirm, Ablage, etc.) und der individuellen Nutzung (z.B. auf Teilen der Tischfläche stehen persönliche Gegenstände, persönliche Bilder können an verschiedenen Wand- oder Pinwandbereichen aufgehängt werden).

"Room-Sharing"

Beim Konzept des Room-Sharing werden derzeit zwei unterschiedliche Lösungen in der Praxis angetroffen.

In einen Fall ist der Büroraum nach standardisierten Kriterien komplett möbliert. Das heißt, der Raum ist in konventioneller Art und Weise möbliert. An den bekannten und ständig im Raum vorhandenen Arbeitsplätzen findet der Mitarbeiter einen Arbeitstisch mit Technikausstattung (PC, Workstation oder Terminal) vor, sowie eine Ablage im direkten Zugriff und weitere Papierunterlagen in der Gruppenablage im Raum. An allen Arbeitsplätzen besteht der Zugriff zu ein und derselben Software. Die telefonische Erreichbarkeit des Mitarbeiters wird durch täglich neue Umleitung seiner Durchwahlnummer oder über Mobiltelefone gewährleistet. Die örtliche Erreichbarkeit bleibt erhalten, da der Mitarbeiter immer dann, wenn er im Büro ist, im selben Raum arbeitet. Abwesenheitszeiten lassen sich für alle anderen Kollegen der Leistungseinheit, die sich die Ausstattung des Raumes teilen, leicht visualisieren z.B. durch Steckkärtchen oder handschriftliche Hinweise an Wandtafeln oder über Elektronic Mail. Die Privatheit und Individualität der Mitarbeiter begrenzt sich hierbei auf den Rollcontainer, mit dem alle persönlichen Utensilien und Ak-

ten zum Arbeitsplatz gebracht werden.

In anderen Fällen stellt der Arbeitsraum ausschließlich die zur Arbeitsausführung notwendige Technik und Archivbereich zur Verfügung. Im Raum befinden sich keine Arbeitstische, wenn keine Mitarbeiter tätig sind. In der Praxis bedeutet dies, daß die Bildschirme an festen Punkten des Raumes angebracht sind. Entweder hängen sie unter den Raumdecken und werden bei Bedarf heruntergelassen, oder sie sind an Schwenkarmen, z.B. an Säulen im Raum, befestigt.

In beiden Fällen fahren die Mitarbeiter mit ihrem "integrierten Arbeitstisch" (flexible, verwandelbare Einheit aus Container und Arbeitsfläche) zu einer Bildschirmstation. Hier bauen sie im wahrsten Sinne des Wortes ihren Arbeitsplatz auf (z.B. hochklappen der am Rollcontainer angebrachten Arbeitsfläche, oder aufklappen eines rollenden Kleinarbeitstisches mit zwei herausschwenkbaren Unterschränken und aufklappbarer Arbeitsfläche.

"Building-Sharing"

Das Building-Sharing stellt derzeit nur eine theoretische Form des nonterritorialen Büros dar. Realisierte Lösungen in denen die Mitarbeiter an unterschiedlichen Orten in von Tag zu Tag verschiedenen Stockwerken und Gebäudeabschnitten ihren Arbeitsplatz einrichten, sind den Autoren derzeit nicht bekannt. Bei solch einer Lösung wird dem Mitarbeiter keinerlei soziale Gemeinschaft geboten. Damit könnten sie ihre Arbeit an jedem beliebigen Ort, also auch zu Hause, ausführen. Hierin steckt wohl auch das Problem des nonterritorialen Büros in der Form des Room- und Building-Sharings. Der Mensch ist ein soziales Wesen und sucht die Integration in der Gruppe "Gleichgesinnter". Zugehörigkeitsgefühl, Informationsaustausch, Vertrautheit und gegenseitige Wertschätzung, aber auch "stammesrituales" Abgrenzungsverhalten gegenüber anderen Gruppen, sind auch in unserer modernen Gesellschaft von Bedeutung. Auch bei zunehmenden zeitlichen Anteilen der Arbeitserledigung zu Hause werden Büros weiter bestehen, um Aspekten wie Synergie durch Informationsaustausch, gemeinsame Zielvereinbarung und Wir-Gefühl Rechnung zu tragen.

Die Weiterentwicklung des nonterritorialen Büros führt vielleicht dazu, daß beispielsweise konzentrierte Einzelarbeit zu Hause ausgeführt wird, marktnahe Aktivitäten direkt vor Ort beim Kunden erledigt werden, und die Kommunikation im Bürohaus stattfindet, die dann eher den Charakter eines Clubhauses erhält.

Das Lean-Office als Ausdruck neuen Managements

Kein übertragbares Organisationskonzept

Das nonterritoriale Lean-Office ist kein übertragbares Organisationskonzept. Wollte ein Unternehmen mit konventioneller Führungs- und Organisationsstruktur etwa ein "Nonterritorial-Office" einführen, so wäre dies gewiß zum Scheitern verurteilt. Die Mitarbeiter würden gegen ein solches Büro revoltieren. Für ein Unternehmen, das sich der Radikalkur eines "Business Reengineering" unterzogen hat und zu neuen Führungskonzepten übergegangen ist, wäre ein Verbleiben in herkömmlichen Bürostrukturen à la Zellenbüro im wahrsten Sinne des Wortes ein Eingesperrtsein und Nichtzueinanderdürfen.

Um die nachfolgenden Fallbeispiele in diesem Buch besser zu verstehen sind einige Erläuterungen zum "neuen Management" sinnvoll. Wir möchten Mißverständnisse vermeiden. Es soll der Irritation vorgebeugt werden, das nonterritoriale Lean-Office sei ein Gag, eine Utopie, eine vorübergehende Modeerscheinung. Denn es steckt vieles dahinter, worüber nachzudenken es sich lohnt. Auch handelt es sich hierbei nicht um eine Ausdrucksform typisch skandinavischer Lebensart, weil die Fallbeispiele aus den nordischen Ländern stammen.

Mit einer ähnlichen Ablehnungshaltung hatten wir es auch beim Kombi-Büro zu tun, das in der Tat in Skaninavien "erfunden" wurde, gleichwohl überall seine Gültigkeit hat, wie inzwischen aufgrund der vielen erfolgreich realisierten Kombi-Büros in Mitteleuropa feststeht.

Wo nun das Nonterritorial-Office herstammt, ist nicht auszumachen. Es gibt Beispiele in England, Amerika, sogar in Südamerika. Daß nun ausgerechnet mal wieder die Skandinavier als erste mit dabei sind, hängt sicher mit der dortigen schwierigen Wirtschaftslage zusammen. Da ist man allenthalben experimentier- und innovationsfreudiger. Man merkt ja auch bei uns mit den ersten Kostproben der Rezession zunehmend die Bereitschaft, über neue Wege der Unternehmensführung nachzudenken. Es ist wohl wie bei jedem von uns selbst: erst wenn die Krankheit uns niederdrückt, sind wir bereit, uns auch auf unkonventionelle Wege zur Gesundheit zu wagen. Lehnen wir also das nonterritoriale Lean-Office nicht gleich als unrealistisch ab. Lassen Sie uns gemeinsam untersuchen, was dran ist und was dahinter steht.

Wir reden von "Faktor Mensch"

Die Notwendigkeit, aus Büros mehr zu machen, als sie in unproduktiver Bürokratie und bloßer Verwaltungstätigkeit weiter vor sich hin dümpeln zu lassen, ist wohl den meisten von uns klar. Wir brauchen dringend mehr Kundenorientierung - nur: wie? Wir müssen unsere Produktentwicklungszeiten verkürzen. Wir wollen den Faktor Mensch stärker berücksichtigen. Wir wollen unsere Wettbewerbsposition stärken und ausbauen durch die

Intelligenz, die Kreativität und das Engagement unserer hochqualifizierten Mitarbeiter. Nur: wie macht man das? Wie geht man vor? Indem wir die Japaner nachahmen? - Sicher nicht! Doch, wie bei allen tiefgreifenden Veränderungsprozessen zuerst das Wort im Munde geht - so reden wir immerhin schon vom "menschlichen Potential", auch wenn die Versuche in diese Richtung noch etwas zaghaft sind.

Es mögen uns so hervorragende und empfehlenswerte Bücher wie "Die fraktale Fabrik" von Hans-Jürgen Warnecke, "Business Reengineering" von Michael Hammer und James Champy sowie die Unternehmerstory "Das Semco-System" von Ricardo Semler noch mehr Mut machen, neue Managementkonzepte in unseren Unternehmen auf die Schiene zu bringen. Solch ein Prozeß dauert in der Regel fünf bis sieben Jahre, je nach Firmengröße und -struktur. Der Weg wird mitunter schmerzhaft sein, doch er lohnt sich, wie alle Beispiele gezeigt haben.

Schrittweise Veränderung

In der ganzheitlichen Betrachtungsweise "Lean-Office" stecken viele Möglichkeiten. Eigentlich kann jedes Unternehmen sein eigenes Lean-Office-Konzept entwickeln, entweder schrittweise oder im radikalen Sprung.

Für die vorsichtigen Pragmatiker wurden vielfältige Lösungen in den vorangegangenen Kapiteln dargestellt, wie das Bürohaus, die Büroräume und die Arbeitsplätze flexibel gestaltet werden können. Hochflexible Gebäude- und Raumstrukturen, die beliebige Variationen von Büros ermöglichen und sämtliche Büroraumkonzepte realisieren können, und das mit einfacher, schneller und kostengünstiger Veränderbarkeit - dieser Weg kann wohl jedem Unternehmen wärmstens empfohlen werden. Bereits hierin eröffnet sich ein ganzes System von Möglichkeiten, um bei Neubauten wie bei der Modernisierung vorhandener Büros, individuell den richtigen Weg zur Optimierung von Büros im Sinne des Lean-Office zu finden. Dieser Weg verläuft auf sicherem Boden. Denn er beinhaltet ein schrittweises Vorgehen von der organisatorischen Seite her und zugleich ein suggzessives Öffnen des Managementsystems hin zu flacheren Hierarchien und mehr Eigenverantwortung der Mitarbeiter. Gleichwohl: dieser Weg ist keine Sonntagstour. Er verlangt mutige, tatkräftige und verantwortungsbewußte Manager, die ihr Unternehmen mit Weitblick systematisch nach vorne bringen. Auch bei diesem Vorgehen wird das sichtbare Ergebnis, nämlich das weiterentwickelte Büro, das Lean-Office, stets der erlebbare Ausdruck der Veränderungen und des neuen Geistes im Unternehmen sein.

Radikalkur für Unternehmen

Der zweite Weg zum Lean-Office heißt, die Firma auf den Kopf zu stellen. Alles, was zuvor da war (und sich auch bewährt hat) an Strukturen und Routinen, wird bei dieser Radikalkur in Frage gestellt. Das meiste davon wird über Bord geworfen. Hierzu gehört auch die Bereitschaft des Managements, sich selbst in Frage zu stellen. Es zählt nur noch was Kunden dient, externen wie internen. Alles war nur im mindesten noch mit Kontrolle zu tun hat, wird gnadenlos geopfert.

Vom Kontroll- zum Vertrauensmanagement

Absolutes Vertrauen in Mitarbeiter und das Management von Vertrauen, seine Provokation und Weiterentwicklung, tritt an die Stelle früherer Kontrollmechanismen. Mitarbeiter arbeiten nicht mehr für Chefs, sondern für Kunden. Es gibt keinerlei Anerkennung mehr durch Hierarchie und Status. Die Anerkennung von anderen ist nurmehr durch menschliche und fachliche Kompetenz zu erreichen. Führung wird demokratisiert. Alles bekommt sehr viel Ähnlichkeit mit dem Leben in der Familie, wo ein autoritärer Boß auch keine Chan-

BILD 156 "Welcome to the FUN OFFICE"

ce hat. Stattdessen zählt das Team, die Sache und nochmals das Team. Zugleich ist das Team und die Firma ein Wertesystem, nach dem der einzelne gerne lebt und das er selbst aktiv mitgestaltet - genauso wie in der Familie oder wie in dem Verein, für den man sich engagiert.

Himmelsfahrtskommando "Change-Management"

Dieser Weg ins Lean-Office gleicht eher einem Himmelfahrtskommando, das entsprechende risikobereite Vorkämpfer verlangt. Eine derartige Radikalkur im Unternehmen kann nicht stückweise erfolgen. "Change-Management" muß mit stärkstem Willen und aller Durchsetzungskraft geschehen. In allen realisierten Beispielen waren es die Inhaber, die Vorstandsvorsitzenden, die Geschäftsführer, die in diesem Trail vorne geritten sind, immer unerbittlich vorwärtstreibend, flankiert von den Besten, die alles gegeben haben, damit die "Herde" sicher das neue Ufer erreicht. Für Kompromisse ist da kein Platz. Nur in dieser Gangart ist eine "Kulturrevolution" im Unternehmen zu schaffen.

Man kann es auch vergleichen mit dem Wechsel vom Führungssystem einer Armee (nach dem die meisten Unternehmen schließlich organisiert sind) zu autonomen, sich selbst organisierenden Partisaneneinheiten voller Kampfgeist, die beflügelt sind von hohen gemeinsamen Werten und Zielen. Dort, wo solch radikaler Wandel im Unternehmen stattgefunden hat, ist für hochorganisierte Strukturen und Abläufe wenig Raum. Die sind auch nicht mehr nötig, denn jeder hat Ziele und Kunden und weiß in fast jeder Situation selbst, was zu tun ist. Oder das Team, die Leistungseinheit, weiß und entscheidet es. Es liegt nahezu auf der Hand, daß solche Unternehmen auch eine andere räumliche Umgebung benötigen, als wir dies von unseren bekannten Führungssystemen, Organisationsformen und den darauf reagierenden Büroraumkonzepten kennen.

Projektleiter "aus dem Salz des Unternehmens"

Die Durchführung bzw. Projektleitung des "Change-Management" sollte, wie sich bei allen Fallbeispielen gezeigt hat, unbedingt in der Hand eines erfahrenen und durchsetzungsfähigen Managers aus dem Unternehmen liegen. Ein externer Berater kann nicht das dafür erforderliche Herzblut aufbringen und kennt die vielschichtigen Kommunikationsbeziehungen und Internas im Unternehmen nicht so genau. Es sollte eine glaubwürdige und offene Persönlichkeit sein mit direktem Draht zur obersten Geschäftsleitung sowie mit deren voller Unterstützung im Rücken. Kurzum: ein Mann oder eine Frau "aus dem Salz des Unternehmens".

Die Spitze des Eisbergs

Wir sollten bei der Untersuchung der in Anschluß dargestellten Fallbeispiele berücksichtigen, daß diese Lösungen des nonterritorialen Lean-Office stets Ausdruck neuer Managementsysteme sind und nicht etwa eigenständige Organisationskonzepte. Sie sind quasi die sichtbare Spitze des Eisbergs.

Sie können nun an dieser Stelle das Buch zur Seite legen, wenn Sie der Meinung sind, daß nonterritoriale Büros für Sie sowieso nicht in Frage kommen. Sie sparen sich Zeit damit.

Sollte es Ihnen jedoch möglich erscheinen, daß in solch außergewöhnlichen Konzepten neuer Denkstoff liegt, so bleiben Sie nur bei uns. Vielleicht ist das meiste davon für Sie zur Zeit nicht umsetzbar, da bei Ihnen keine "Revolution" zur Diskussion steht. Doch vieles wird Ihnen vielleicht Anregung sein und neue Impulse vermitteln. Manches wäre eventuell sogar in Teilbereichen anwendbar. Wir möchten Sie jedenfalls ermuntern, sich diese "verrückten" Büros etwas näher anzusehen. Bevor Sie sich nun mit uns in das nonterritoriale Lean-Office begeben, sollen noch einige grundsätzliche Merkmale kurz skizziert werden.

Freiheit vom Arbeitsplatz

Das nonterritoriale Lean-Office funktioniert nur auf der Basis intensiver Nutzung von Informations- und Kommunikationstechnologie. Erst durch die Reife des technischen Fortschritts sind derartige neue Arbeitsformen überhaupt denkbar.

Freiheit vom Arbeitsplatz heißt, überall arbeiten zu können, nicht nur im Büro, sondern auch zu Hause, beim Kunden sowie unterwegs auf Reisen. Dazu muß der jederzeitige Zugriff auf alle relevanten Informationen möglich sein. Zum anderen ist die eigene volle Erreichbarkeit für Kunden und Kollegen erforderlich. Moderne Telefontechnik ermöglicht heute solche Kommunikationsverbindungen.

BILD 157 Hier sieht es mehr nach einer Airport-Lounge oder einem Club aus, als nach einem Büro. Müssen denn wirklich alle Tätigkeiten an einem Schreibtisch ausgeführt werden? Wie dieses Beispiel bei Digital Equipment in Helsinki zeigt, sind bequemere Einrichtungen möglich. Und dadurch wird noch sehr viel teure Bürofläche eingespart.

Mit Rollcontainer und Mobiltelefon

So ist in fortgeschrittenen Konzepten des nonterritorialen Lean-Office das Mobiltelefon für jedermann üblich. Egal, wo man sich im Gebäude aufhält, man ist unter der persönlichen Durchwahlnummer erreichbar. Damit kann jeder sich frei bewegen und seinen zeitweiligen Arbeitsplatz beliebig wählen.

Freiheit vom Arbeitsplatz setzt ferner voraus, daß niemand einen festen Schreibtisch hat und auch keine eigenen festen Archivschränke. Der einzelne Mitarbeiter besitzt in der Regel nur einen Rollcontainer für die persönlichen Dinge und Unterlagen. In manchen Fällen wird zusätzlich ein kleiner Schrank oder ein Regal zugestanden, und zwar dort plaziert, wo auch der Rollcontainer geparkt wird, wenn man außer Haus ist. Hierfür gibt es zumeist einen "Bahnhof". Dort holt man seinen Rollcontainer und sein frisch aufgeladenes Mobiltelefon ab, eventuell auch die eingegangene Post und checkt sich ein bei der "Reception". Dies ist mehr als ein Sekretariat. Dort sitzen eine oder mehrere Kräfte, die das Büro "managen". Sie versorgen alle z.B. auf einer Etage tätigen Mitarbeiter mit komplettem Büroservice. Sie wissen genau, wer wann wo erreichbar ist. Zu ihnen werden die Anrufe abwesender Mitarbeiter umgeleitet. Sie organisieren Termine, Räume und alles andere für Besprechungen. Auch Reiseorganisation, Bürotechnik und alles, was sonst für einen optimalen Bürobetrieb notwendig ist, wird hier als Dienstleistung für ihre "Kundschaft", die Mitarbeiter, die Kollegen erbracht. Gelegentlich gehört auch Schreibarbeit dazu. Normalerweise erledigt jedoch jeder Mitarbeiter seine Korrespondenz selbst. Im nonterritorialen Lean-Office gibt es prinzipiell keine minderwertigen Hilfsjobs mehr. Die Mitarbeiter in der "Reception" üben hochqualifizierte Tätigkeiten aus.

Das fast papierlose Büro

Ausgerüstet mit Mobiltelefon und Rollcontainer kann sich jeder Mitarbeiter seinen temporären Arbeitsplatz im Bereich der Leistungseinheit (Abteilung, Bereich) selbst wählen. In einigen Fallbeispielen haben Mitarbeiter auch zeitweilig feste Arbeitsplätze in einem bestimmten Team, z.B. für die Dauer eines Projektes. Doch auch hier gilt die totale Mobilität mit dem sehr beschränkten persönlichen Archiv. Möglich ist die Reduzierung auf wenige Unterlagen durch umfassende Nutzung elektronischer Medien (elektronisches Archiv, Datenbanksysteme). Nach dem Motto: "Weniger ist mehr" entscheidet jeder Mitarbeiter selbst, welche eingegangenen Schriftstücke er in Papierform behält, welche er sich über Scanner elektonisch archiviert und welche er sofort wegwirft. Beim "Bahnhof" steht deshalb meist auch ein Reißwolf für "Junk Mail".

Wozu ein Schreibtisch ?

Eine Erkenntnis im nonterritorialen Lean-Office ist, daß nicht jede Tätigkeit am Schreibtisch stattfinden muß. Telefonieren und Lesen kann man auch an bequemeren Örtchen, in gemütlichen Sesseln zum Beispiel oder auf einer Hollywood-Schaukel. So gibt es in diesem Büro jede Menge interessante Plätze, doch nur wenige Schreibtische mit Bildschirm. An den Schreibtisch oder an den Bildschirm setzt man sich, wenn dies erforderlich ist. Dafür stehen genügend ensprechend ausgestatteter Plätze zur Verfügung. Und das sind in der Regel weniger als 50 Prozent der Mitarbeiterzahl.

Auch gibt es Bildschirmterminals ohne Schreibtisch, denn z.B. für eine Datenbankabfrage reicht solch eine Lösung auch. Im großen und ganzen geht es im nonterritorialen Lean-Office ein bißchen wie zu Hause oder im Clubhaus zu. Dort beansprucht auch nicht jeder einen fest reservierten Platz, hat jedoch vielfältige Möglichkeiten und Umgebungen für all das, was er erledigen möchte. Dabei wird spontane Kommunikation groß geschrieben und durch das entsprechende Angebot von Raum und Einrichtungen regelrecht provoziert.

Von zu Hause aus arbeiten

Portable Personalcomputer mit Verbindungsmöglichkeit zum zentralen Computersystem machen es möglich, auch von zu Hause aus zu arbeiten. Dies kann durch die häusliche Umgebung noch gefördert werden. In Schweden gibt es beispielsweise Wohnsiedlungen, wo Teleworking staatlich gefördert wird nach dem Prinzip: miete vier Räume, zahle nur für drei. Der kleine vierte Raum ist dort sogar mit Glasfaserkabelanschluß versehen.

Man muß nicht für jede Schreibarbeit und jedes Telefonat ins Büro, das ja oft etliche zig Kilometer entfernt ist. Die Mitarbeiter können so ihre Zeit sehr flexibel einteilen und selbst bestimmen, wann sie was wo erledigen. Der Mitarbeiter und letztlich das Unternehmen gewinnen dadurch viel Zeit. Und es wird dem wachsenden Verkehrschaos entgegengewirkt.

Freiheit von Arbeitszeit

Die Freiheit vom Arbeitsplatz wirkt zusammen mit der Freiheit von der Arbeitszeit. Im nonterritorialen Lean-Office gibt es keine Zeiterfassungssysteme. Die Mitarbeiter agieren eigenverantwortlich. Sie werden nicht mehr für Anwesenheit im Büro bezahlt, sondern für vereinbarte Leistung. Die Führung erfolgt über ausgereifte Systeme der Zielvereinbarung. Hierüber wurde im vorangegangenen Beitrag sowie besonders auch in Kapitel 1 und 2 bereits ausführlich berichtet. Die Zielverfolgung, die Reporting-Systeme der Unternehmen sind ausgefeilt. Dabei werden sämtliche Ergebnisse transparent gemacht für alle im Unternehmen. So fällt es leicht, Lob und Anerkennung auszusprechen, für das Management wie für die Kollegen. Andererseits bietet dies die unbegrenzte Möglichkeit, die eigene Kompetenz unter Beweis zu stellen und auch finanziell von den erreichten Erfolgen zu profitieren. Und es ist auf einen Blick ersichtlich, wer die gemeinsam vereinbarten Ziele nicht erreicht hat, was er den anderen plausibel begründen muß. Realisierbar sind solche Systeme nur auf der Basis eines ausgeprägten Vertrauens.

Freiheit von Hierachie und Status

Nach konventionellen Organisationsstrukturen arbeiten Mitarbeiter für Chefs. Deshalb möchte jeder Chef werden und Leiter von irgend etwas sein. Kein Wunder, daß wir in den bekannten Strukturen mehr "Häuptlinge" haben als "Indianer". Und Chefs, die "Häuptlinge", sind erkennbar an ihrem Äußeren und ihrer Umge-

bung. Daher rührt die oft vielschichtige und feingliedrige Hierarchie in den Unternehmen mit all den wohlbekannten adäquaten Statussymbolen.

In den neuen Managementsystemen wären Hierachie und Status nur Hemmnis für den Arbeitsablauf und Behinderung von Kommunikation. Man arbeitet eben für Kunden mit offensichtlichen Ergebnissen. Daran läßt sich objektiv ablesen, wie "bedeutend" jemand ist. Es ist also nicht mehr erforderlich, die Bedeutung des einzelnen durch Äußerlichkeiten abzubilden. So wird denn in neuen Managementsystemen auch von den Managern Status und Hierachie eindeutig abgelehnt. Denn das wäre der sicherste Weg, sehr rasch nicht mehr auf dem Laufenden und von der Kommunikation mit dem Team abgeschnitten zu sein. Es bleibt einem in der Tat verschlossen, was "Draußen" läuft.

Kein "Splean"-Office

Das nonterritoriale Lean-Office ist kein "Splean"-Office. Wir müssen, um uns diesen neuen Konzepten zu nähern, die dahinter stehenden neuen Managementsysteme analysieren. Darin steckt sehr wohl eine Menge neue Musik. Hier finden Innovation, Selbsterfüllung der Mitarbeiter und mehr Profit eine spannende Melodie, die wir uns anhören sollten. Dabei kann es gar nicht schaden, auch mal mit den Füßen mitzuwippen. Swingen Sie also einfach für ein paar Druckseiten mit in die neuartige Welt des nonterritorialen Lean-Office.

Digitals Office of the Future

Die Bildung einer "Learning Organization" sowie neue Managementstrukturen nennt Pekka Roine, Geschäftsführer von Digital Equipment Finnland als die wichtigsten operativen Ziele der 90er Jahre. Digital startete damit bereits 1988. "Es reicht nicht mehr aus, daß nur das Management lernt. Alle Mitarbeiter müssen mehr lernen und die Möglichkeit dazu bekommen, um stärker kundenorientiert und flexibler zu arbeiten", so Roine.

Digital's Erkenntnisse zum Büro sind ebenso einfach wie treffend: jeder möchte sein eigenes Büro. Und wenn jeder dies hat, sein Jacket über den Stuhl hängt und zu arbeiten beginnt und dann mal nach draußen kommt, stellt er fest: niemand erzählt ihm etwas! Er bekommt nichts mit. Denn er hat keine Kommunikation.

Kostensenken nur Nebeneffekt

So startete Digital Finnland, über eine neue Art des Büros nachzudenken. Auf der Basis eines neuen kundenorientierten Managementsystems hatte man sich folgende Ziele gesetzt:

- Kunden in höchstem Maße zufriedenstellen.
- Förderung von Kommunikation in jeder Form.
- Schaffung eines innovativen Arbeitsumfeldes, das die Teamarbeit unterstützt und fördert.
- Mehr Freude bei der Arbeit.

- Steigerung des Profits.
- Kostensenkung als willkommener Nebeneffekt.

Es war nicht Ziel des Unternehmens, ein nonterritoriales Büro zu schaffen. Dies ergab sich als Konsequenz aus den beschriebenen Zielen in Verbindung mit neuesten Möglichkeiten der Informations- und Kommunikationstechnologie (papierreduzierte Arbeit unabhängig von Zeit und Raum) sowie neuen Managementstrukturen und Führungsstil.

Schrittweise Realisierung

Für die Arbeitsgruppen Außendienst und Systemberatung wurden in der Erstinstallation im Jahr 1989 für ca. 60 Mitarbeiter ein

Raum mit 29 Arbeitstischen eingerichtet. Die Mitarbeiter konnten ihr neues Arbeitsumfeld weitgehend selbst bestimmen. Es sollte ihr Büro sein mit optimalen Arbeitsmöglichkeiten. Nach dieser erfolgreichen Testinstallation wurden in mehreren Schritten weitere Bürobereiche in nonterritoriale Büros umgewandelt. Von den insgesamt rund 600 Mitarbeitern der Hauptverwaltung arbeiten ca. 450 in nonterritorialen Bereichen (room sharing).

Digital ist in Finnland als sehr innovativ und risikofreudig und für ihre hohe Unternehmenskultur bekannt. Im internationalen Vergleich innerhalb der Firmengruppe gilt das Unternehmen als sehr erfolgreich. Der Vertrieb wird über das Verkaufsvolumen und den Gewinn motiviert.

BILD 158 Komfortabel und entspannt arbeiten mit optimalen Kommunikationsmöglichkeiten war eine der wichtigsten Zielsetzung bei Digital Finnland.

Topmanagement steht voll dahinter

Das Konzept wurde vom Topmanagement initiiert. Nur dann, wenn sich das Topmanagement den gleichen Regeln unterwirft, wie die Mitarbeiter der Leistungseinheiten, kann der Erfolg eines derartigen Konzeptes gewährleistet werden. Die in Kapitel 1 und 2 beschriebenen veränderten Randbedingungen sind die Voraussetzungen, um ein nonterritoriales Büro im Ergebnis erfolgreich betreiben zu können. Die Absicht des Managements bestand darin, informelle Kommunikation und verbesserte Teamarbeit zu stimmulieren.

Bessere Kommunikation und Komfort

Hierzu wurden die raumbildenden Trennwände und Stellwände entfernt. Damit konnten die Mitarbeiter direkt nebeneinander sitzen und aufgrund des nonterritorialen Konzeptes ständig mit neuen Kollegen kommunizieren.

Wie aus dem ursprünglichen Belegungsplan in der Testinstallation (siehe Bild 159) zu ersehen ist, befinden sich in den fensternahen Bereichen die Arbeitsplätze in sternförmiger oder kreisförmiger (jeweils 6 Plätze) bzw. linearer und gewinkelter (4 - 5 Plätze) Anordnung.

Daneben sind fahrbare Terminalarbeitsplätze mit besonders komfortablen Sitz-/Liegesesseln vorgesehen. Für die Kommunikation stehen spezielle Bereiche für bis zu vier Personen, eine Gartenschaukel sowie mehrere Besprechungszimmer für bis zu 20 Personen zur Verfügung. Privatheit, Individualität und Territorialität begrenzen sich bei diesem

Konzept auf den fahrbaren Container. Diese persönlich zugewiesenen Container werden in der Kernzone des Raumes "geparkt". Die Mitarbeiter holen morgens ihren persönlichen Rollcontainer, fahren damit zu einem freien Arbeitsplatz, der mit allen notwendigen technischen Einrichtungen und Papierunterlagen ausgestattet ist. Über Mobiltelefone (Reichweite bis 300 m), die von den Mitarbeitern immer mitgenommen werden, ist eine ständige Erreichbarkeit gewährleistet. Dadurch wird auch der bekannten Bewegungsarmut im Büro entgegengewirkt. Telefonate können im Stehen, im Gehen oder in einem bequemen Sessel geführt werden. Die bei traditionellen

Büros anzutreffende Fixation am Arbeitsplatz entfällt.

Schaltstelle Teamsekretariat

Eingehende Telefonate, die nicht über Mobiltelefone entgegen genommen werden, beantwortet die "Reception", das Teamsekretariat. Sofern notwendig, werden Nachrichten für Mitarbeiter an einer Wandtafel angeschrieben oder in der elektronischen Mailbox hintergelegt. Informationen über geplante An- und Abwesenheiten eines jeden Mitarbeiters werden in mit Initialien versehenen Feldern auf der Wandtafel vermerkt, einfach und für jeden sofort ersichtlich.

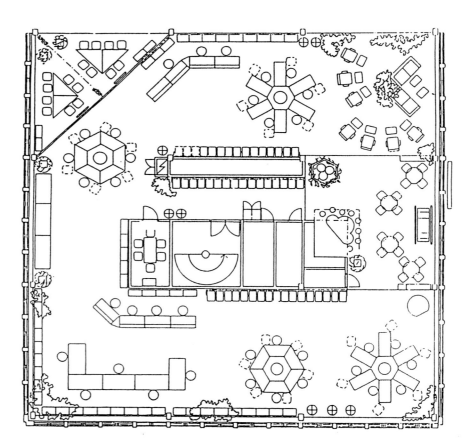

BILD 159 Belegungsplan der Testinstallation. Die Arbeitsplätze befinden sich in Fensternähe in stern-, kreisförmiger und gewinkelter Anordnung.

Intensive Computernutzung

Über 50 % der Beschäftigten haben einen weiteren Terminalarbeitsplatz (insgesamt ca. 300) zu Hause und sind direkt mit dem Netzwerk der Unternehmung verbunden. Die Mitarbeiter können völlig frei entscheiden, wann oder wie lange sie sich im Büro aufhalten, ob sie zu Hause arbeiten wollen, unterwegs oder beim Kunden. Nicht die Anwesenheitszeit sondern das Arbeitsergebnis wird entlohnt. Das Management ist davon überzeugt, daß die hohen Investitionen in die modernste Informations- und Kommunikationssysteme durch einen besseren und ertragsreicheren Verkauf und optimale Kundenbetreuung mehr als aufgewogen werden.

Trotz modernster Informations- und Kommunikationstechnologie werden Informationen, die alle betreffen (Verkaufserfolge, interne Mitteilungen, Anwesenheitszeiten und -orte) auch manuell auf Wandtafeln visualisiert. Die Mitarbeiter empfinden dies als eine nach wie vor sehr effiziente Informationsvermittlung. Die Mitarbeiter wurden bei der Planung des Büros voll mit eingebunden und sind auch berechtigt, eigenständig Änderungen der Aufstellung der Büroeinrichtung vorzunehmen.

BILD 160 Einfache zweckmäßige Bildschirmarbeitsplätze im Nonterritorial-Office. Gearbeitet wird, wo gerade ein Platz frei ist.

BILD 161 Unkonventionelle Arbeitsplätze ohne großen Platzbedarf.

BILD 162 Telefonieren kann man auch auf der Hollywood-Schaukel.

Verzicht auf Status

Einhergehend mit dem nonterritorialen Büro verzichtet die Unternehmung auf alle Statussymbole. Unterschiedlich große Arbeitsräume oder Arbeitsflächen gibt es ohnehin nicht. Auch das Topmanagement arbeitet in einem nonterritorialen Gruppenbüro, das durch keine Wand zu

den gebäudeerschließenden Verkehrswegen abgeschlossen ist.

Auch bei den Fahrzeugen wird bewußt auf Statussymbole verzichtet. Jeder Mitarbeiter kann den Pkw fahren, den er sich - gegebenenfalls durch Zuzahlung - "leisten" möchte. Den kompletten Service übernimmt eine Leasingfirma.

Umfassendes Vertrauensmanagement

Die Unternehmung setzt sehr stark auf organisatorische Konzepte der Selbstregulation und Selbstgestaltung sowie Eigenverantwortlichkeit. Nicht das in vielen deutschen Unternehmen anzutreffende "Management by Mißtrauen" (Mitarbeiter sind arbeitsscheu, unehrlich und arbeiten fehlerhaft), das diverse Kontrollmechanismen in den Unternehmungen hervorgebracht hat, sondern "Management by Vertrauen" ist fester Bestandteil der Unternehmenskultur.

Im Unternehmen gibt es keinerlei Zeiterfassungssysteme, sondern die Arbeit wird über Zielvereinbarungen ausgeführt.

Der partnerschaftliche Umgang mit den inneren (Mitarbeiter) und äußeren Kunden (Lieferanten, Systembenutzer) zeigt sich an vielen Beispielen. Das Unternehmen setzt konsequent auf die Konzentration ihrer Fähigkeiten und gestaltet die Prozesse nach den Aspekten der Wertschöpfung.

Konsequentes Outsourcing

Alles, was andere besser können als wir, das sollten wir nicht selbst tun. Nach diesem Motto hat Digital Finnland nahezu sämtliche Servicefunktionen externen Partnern übertragen. Das fängt bei der Telefonvermittlung an. Anrufe, die auf die Zentale laufen, werden vom Switchbordservice der finnischen Telefongesellschaft in Helsinki entgegengenommen und an die entsprechenden Stellen im Bürohaus Digital weitervermittelt. Der Anrufer merkt davon nichts.

Der Empfang beim Haupteingang wird ebenso von einer Servicefirma wahrgenommen wie die Verwaltung der Konferenzräume.
Natürlich wird das Betriebsrestaurant und die Gästebewirtung von einem Caterer betrieben. Dabei legt Digital bewußt Wert auf hohe Qualität. Erstens ist dies eine Wertschätzung der hart arbei-

BILD 163 Der "Bahnhof". Hier holt sich jeder seinen Rollcontainer ab und parkt ihn wieder beim Verlassen des Büros.

BILD 164 Neben dem Rollcontainer verfügt jeder Mitarbeiter noch über einen kleinen Ablageschrank. Darüber für jeden ein Postfach.

tenden Belegschaft. Zum anderen wird damit auch den Kunden und Gästen im Industriegebiet Espoo bei Helsinki eine hochwertige Verpflegung geboten.

Das Postamt im Haus

Die Verteilung der eingehenden Briefpost wird direkt von der fin-

nischen Post durchgeführt, die auf der Service-Etage von Digital ein eigenes kleines Postamt betreibt. Dies erbringt den Service mit einer Person gegenüber früher zwei Mitarbeitern für die firmeneigene Poststelle. Auch die ausgehende Post wird von der finnischen Post bearbeitet und frankiert. Zu den morgendlichen und abendlichen Öffnungszeiten

BILD 165 Einfache praktische Hilfsmittel trotz höchster Computervernetzung: die Anwesenheitstafel beim Teamsekretariat

BILD 166 Der Büroartikelshop auf der Service-Etage. Dort sind auch Postamt, Reisebüro und andere Dienstleistungseinheiten untergebracht.

können die Mitarbeiter von Digital das Postamt auch privat nutzen.

Der komplette Service für die Firmenfahrzeuge (Wartung, Winterdienst etc.) wird durch das Leasingunternehmen, das auch die Finanzierung betreut, übernommmen.

Geschäftsreisen organisiert ein externes Reisebüro, das sich auf der Service-Etage eingemietet hat. Die Mitarbeiter können dort auch Ferienreisen buchen.

Büroartikelshop

Das von den Mitarbeitern benötigte Büromaterial wird nicht in den Rollcontainern gehortet und muß nicht über langwierige Be-

stellformalitäten aus einem zentralen Büromateriallager beschafft werden. Sondern jeder Mitarbeiter holt sich sein Büromaterial bei Bedarf direkt aus dem Büroartikelshop auf der Serviceetage. Hier hat ein Büromaterialhändler Fläche angemietet und seine Verkaufsregale aufgestellt. Die Mitarbeiter entnehmen einfach ohne Bestellformular das, was sie brauchen. Der Händler füllt einfach einmal in der Woche wieder auf und stellt Digital den Verbrauch in Rechnung. Unnötige zeitaufwendige und nicht wertschöpfungsorientierte Bestellvorgänge und Kontrollunterschriften sowie Kapitalbindungskosten entfallen bei dieser Lösung.

Innovationsfreudiges Managementteam

Das Gesamtkonzept wurde von drei sehr innovativen risikobereiten Managern erarbeitet, die vom Geschäftsführer eingesetzt wurden. Dieses Managementteam mobilisierte die gesamte Belegschaft. Die einzigen Vorgaben waren:

- keine Wände zwischen den Arbeitsplätzen (da sie Kommunikation verhindern),
- keine festen Arbeitsplätze (weniger Tische als Personen), um die Komunikation der Mitarbeiter untereinander zu fördern,
- geringe Papierablage und verstärkte Nutzung elektronischer Medien,
- keine Budgetvorgabe (Kosten sind sekundär).

Das Ziel war klar: Die Verkaufsvorgaben zu erreichen und zu überschreiten. Das Projekt war von Anfang an auf Produktivitätssteigerung und nicht auf Kostenreduzierung ausgerichtet.

Ursprünglich waren verschiedene Architekten aufgefordert worden, ein Konzept zu entwerfen, doch alle waren nicht in der Lage, die Pfade konventioneller Büroplanung zu verlassen. Dadurch war die Projektgruppe selbst gezwungen, aufgrund von Arbeitsanalysen das Layout zu planen und das entsprechende Mobilar auszuwählen.

Eine umfassende Kostenrechung im Sinne eines Vorher-/Nachher-Vergleichs liegt nicht vor. Nach eigenen Angaben der Unternehmung wurde die Produktivität durch bessere Verkaufsergebnisse gesteigert (bei sich ständig verschärfender Rezession schwer meßbar) und der Flächenbedarf pro Person um 40 - 50 % reduziert (geringere Arbeitsplatz- und Betriebskosten).

BILD 167 *Auch die Geschäftsleitung sitzt im Nonterritorial-Office. Die Arbeitsplätze werden geteilt genutzt, wie bei allen Mitarbeitern. Den größten Platz hat das gemeinsame Sekretariat.*

Zufriedene und motivierte Mitarbeiter

Die Reaktion der Mitarbeiter in der Zentrale sei durchweg positiv gewesen. Das so ganz andere Büro war ein erlebnisreicher "Spaßarbeitsplatz". Die Mitarbeiter berichteten von einem großen Gefühl von Freiheit, Selbstbestimmung und Selbstkontrolle und einem hohen Gruppenzugehörigkeitsgefühl.

Aufgrund einer von der Cornell University USA durchgeführten Evaluation des Projektes lassen sich aus der Sicht der Mitarbeiter der Unternehmung folgende Aussagen treffen:

- Der offene Gruppenraum und die beliebige Wahl des Arbeitstisches fördert die informelle Kommunikation

besonders. Die Zahl der Meetings konnte reduziert werden. Es wurde ein besseres Verständnis der Aktivitäten in den Artbeitsteams erreicht.

- Die geeignete Informations- und Kommunikationstechnologie (vor allem drahtlose Telefone und modernste Computer) tragen zu einer signifikanten Steigerung der Effektivität und Mitarbeiterzufriedenheit mit dem Gesamtsystem bei.

- Aufgrund der offenen und sehr kommunikativen Struktur konnten neue Mitarbeiter schneller eingearbeitet werden. Die neuen Mitarbeiter lernen durch Zuhören, Fragen und Beobachten der temporären erfahrenen Büronachbarn.

Weitere wichtige Ergebnisse der Mitarbeiterbefragung im Rahmen der Projektevaluation durch die Conell University lassen sich wie folgt zusammenfassen:

- 70 % der befragten Mitarbeiter bewerten das nonterritoriale Büro als besser (48%) und

viel besser (22 %) als das vorherige konventionelle Büro.

- Die Aufgabenerledigung nach Menge und Qualität wird überwiegend gleich zwischen dem nonterritorialen und dem klassischen Büro bewertet.

- Die Möglichkeit, persönliche Dinge am Arbeitsplatz aufzustellen wird als gering eingestuft. Die Mitarbeiter messen dieser individuellen Ausgestaltung des Arbeitsplatzes jedoch geringe Bedeutung bei.

- Die Erreichbarkeit von Akten, Unterlagen und Handbüchern wird als sehr wichtig angesehen. Fast 50 % der Mitarbeiter gaben an, daß dieser Aspekt im nonterritorialen Büro schlechter gelöst sei, als im konventionellen Büro.

Zusammenfassend lassen sich aus der Projektevaluation recht positive Schlüsse ziehen. Als negativ und unbequem ist der Zugang zu den Papierablagen, Ordnern und Handbüchern zu bewer-

BILD 168 Das Topmanagement fühlt sich wohl. Niemand möchte mehr ein eigenes Büro.

ten. Einige Mitarbeiter empfanden es als äußerst störend und ärgerlich, daß sie die Ablage nicht im unmittelbaren Zugriff hatten. Obwohl die schnurlosen Telefone es ermöglichen, den Kontakt zum Gesprächspartner aufrecht zu erhalten, während der Mitarbeiter zu der Ablage geht, wird der Zeitverlust durch Gehen von den Mitarbeitern negativ empfunden.

Diese Bewertung entspricht den ersten Erfahrungen mit der Umsetzung eines bewegungsfördernden Bürokonzeptes, in dem die Mitarbeiter nur wenige Ordner im direkten Zugriff haben und häufiger aufstehen und zur Ablage gehen müssen. Der positive Effekt der Bewegungszunahme im Büro wird nach Aussage der Mitarbeiter über einen hohen Zeitverlust (obwohl nur wenige Sekunden) insgesamt eher negativ gesehen.

Die Veränderung der Kosten im Vergleich eines traditionellen Büros mit dem nonterritorialen

Büro werden seitens der Unternehmung wie folgt beziffert:

- Der Flächenverbrauch wurde von 20 m^2 auf nur 9,6 m^2 pro Mitarbeiter reduziert. Dies entspricht einer Flächenersparnis von über 50 % !

- Der Mietkostenreduzierung von 52 % folgt eine Verminderung der sonstigen Kosten um ca. 46 %. Daraus resultiert eine Reduzierung der Gesamtkosten für das Bürogebäude um etwa 50%.

- Unter Berücksichtigung der notwendigen Investitionen für das nonterritoriale Büro ergibt sich über einen 5-Jahresvergleich eine Kostenersparnis von ca. 45 % gegenüber traditionellen Bürokonzepten.

Das nonterritoriale Lean-Office hat sich bei Digital auch während der in den letzten Jahren anhaltenden Rezession, die gerade in Finnland besonders ausgeprägt ist, bestens bewährt. "Digital's Office of the Future" hat nicht nur positive Schlagzeilen in Presse und Aufsehen in der finnischen Öffentlichkeit erzeugt. Digital Schweden ist dem erfolgreichen Beispiel in Finnland gefolgt. Das folgende Fallbeispiel berichtet darüber.

The Natural Office

Ziel: Höhere Produktivität

Bei Digital Equipment Schweden hat die Entscheidung für das non-territoriale Lean-Office einen harten Hintergrund. Die Rezession der letzten Jahre brachte Umsatzrückgänge von Anfangs 3 bis 5 Prozent und dann bis zu 12 Prozent. Das Topmanagement entschied sich für eine komplette Neuorganisation des Unternehmens. Das dominierende Prinzip des neuen Managementsystems ist die "integrierte Arbeitsumgebung" (Integrated Environment Concept), bei der die drei Basis-elemente Gebäude, menschliche Resourcen und Technologie zusammenspielen.

Anvisiertes Ziel der Unternehmensleitung war eine 20 prozentige Steigerung der Effizienz im Vertriebsbereich. Hier sollte mit einem Pilotprojekt eine völlig neue Art des Arbeitens getestet werden. Ermutigendes Vorbild war Digital Finnland mit seinen excellenten Erfahrungen mit dem Nonterritorial-Office.

Selbstbestimmte Arbeitsumgebung

Jedoch wollte man nicht ein vorgedachtes Konzept verordnen. Denn es soll ja von den Mitarbeitern getragen werden. So wählte man im Vertrieb eine Gruppe von 20 Mitarbeitern aus, die selbst bestimmen konnte, wie ihre zukünftige Arbeitsumgebung aussieht. Dieses zu entwickelnde Modell sollte später auf den übrigen Vertriebsbereich und schließlich auf die ganze Organisation übertra-

BILD 169 *Arbeitsplatz aus Kombination von Bildschirm (von der Decke) und persönlichem Rollcontainer mit hochklappbarer Arbeitsplatte. Dazu multifunktionale Bürodrehstühle.*

BILD 170 *Ein Druck auf die "Mango", und der Bildschirm fährt von der Decke herunter.*

BILD 171 *Die ungewöhnlichen Bürostühle erlauben beliebige Sitzpositionen.*

gen werden. Ein dreiköpfiges Projektteam aus der ausgewählten Mitarbeitergruppe startete das Pilotprojekt "The Natural Office" und kreierte flexible Arbeitsplätze mit intensiver Technologienutzung. Im Frühjahr 1993 bezog die Vertriebsgruppe ihr neues Büro. Und dies ist alles andere als konventionell.

Die Wände wurden entfernt, um eine größere Raumfläche zu schaffen für bessere Kommunikation und flexible Raumnutzung. Realisiert ist das nonterritoriale Lean-Office in einem älteren Gebäude mit zweibündiger Bauweise und vormals Zellenbüros.

Bildschirmterminals kommen von der Decke herunter

In der Mitte des geschaffenen Gruppenraumes steht ein künstlicher Baum, von dem "Mangofrüchte" herunterhängen. Das sind die Schalter, um Bildschirmterminals von der Decke herunterzulassen. Der Bildschirm ist auf einer kleinen Arbeitsplatte montiert. Über die Servosteuerung läßt sich das Terminal auf die gewünschte Arbeitshöhe herunterfahren, für die Arbeit im Stehen oder im Sitzen. Komplettiert wird der Arbeitsplatz durch den persönlichen Rollcontainer, der noch eine hochklappbare kleinere Arbeitsplatte hat. Dazu nimmt man sich noch einen Bürostuhl. Und bei der "Reception", wo man sich bei der Ankunft im Büro "eincheckt", holt man sein Mobiltelefon ab. Fertig ist der sogenannte "Hot Desk", der temporäre Arbeitsplatz.

Die persönlichen Rollcontainer sind bei Abwesenheit in der "Garage" geparkt, einem kleinen Raum, der an den Gruppenraum anschließt. Gegenüber in einem anderen innenliegenden Raum hat zusätzlich jeder Mitarbeiter noch ein kleineres Regal als sehr begrenztes Archiv. So papierarm zu arbeiten wie möglich war eine Zielsetzung.

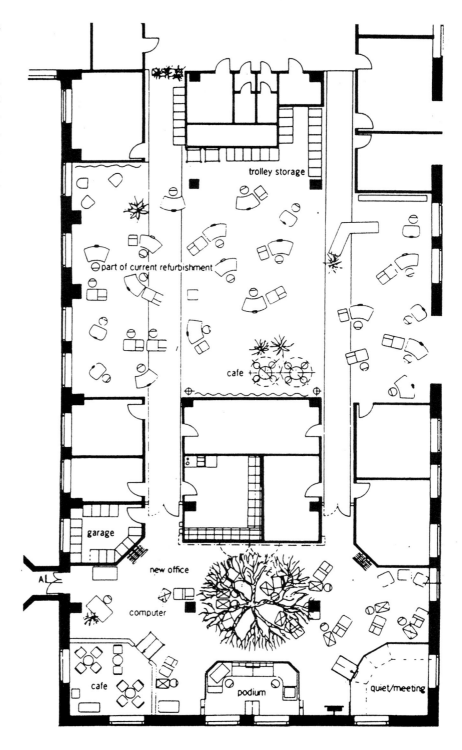

BILD 173 Grundriß des "Natural Office" von Digital Schweden, Stockholm. In der vorhanden zweibündigen Gebäudestruktur (ehemals Zellenbüros) wurden die Wände entfernt und offene Gruppenarbeitsbereiche geschaffen. Unten der Gruppenraum des Pilotprojektes mit künstlichem Baum, Café, Reception auf dem Podium und der Meetingraum. Angrenzend an den Gruppenraum im Zugangsbereich die "Garage" für die persönlichen Rollcontainer und gegenüber ein Raum mit kleinen Archiven, in denen jeder Mitarbeiter in sehr begrenztem Umfang Papier unterbringen kann.
Im oberen Teil ist bereits ein Teil der Ausweitung des Konzepts auf den gesamten Vertriebsbereich zu sehen. Inzwischen arbeiten bei Digital in Stockholm über 200 Mitarbeiter in flexiblen nonterritorialen Büros. Die Übetragung des Konzeptes auf die ganze Organisation mit ca. 600 Mitarbeitern ist vorgesehen.

BILD 174 Eine einfache Lager-Lösung: Das Podium der "Reception" hat einen Doppelboden, in dem Papier und anderes nach Plan gelagert ist.

BILD 173 Die "Reception" übernimmt den kompletten Büroservice. Hier checkt man sich ein, wenn man ins Büro kommt und holt sein Mobiltelefon ab.

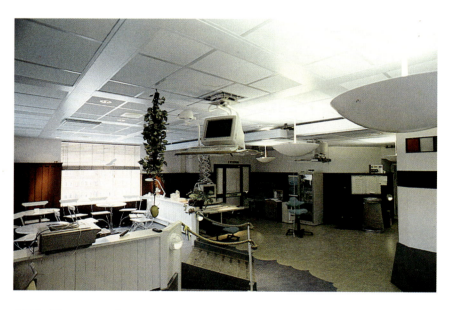

BILD 175 Das Café im Gruppenraum. Auch hier kann man kleinere Büroarbeiten erledigen.

Mobilar zum Wohlfühlen

Im Gruppenraum hat man ferner ein kleines Café und einen Meeting-Raum eingerichtet. In den transparenten Meetingraum kann man sich auch zurückziehen zum Relaxen oder um ein Telefonat zu führen, das niemand mithören soll. Das Mobilar ist ungewöhnlich. Es sind große bequeme Kippsessel, in denen man auch mit dem Kopf nach unten liegen kann - zur Entspannung zwischendurch. Die sonstige Möblierung im Gruppenraum ist ebenfalls unkonventionell. Die Arbeitsstühle erlauben vielfältige Sitzpositionen. Auch die anderen Sitzmöbel haben solche multifunktionale Bequemlichkeit. Ansonsten ist das Design des Gruppenraumes dem schwedischen Landleben entlehnt, mit Holzhaus und Schären-Ambiente. Die Mitarbeiter sagen übereinstimmend, daß sie sich wohlfühlen in ihrem "Natural Office".

Arbeiten kann man überall, ähnlich wie bei Digital Finnland. Man telefoniert im Gehen oder im Café. Auch kann man dorthin seinen Rollcontainer mitnehmen und bei einer Tasse Kaffee seine Büroarbeit erledigen.

Das Pilotprojekt zeigte sich als so erfolgreich, daß Digital Schweden 1994 den gesamten Vertriebsbereich im zweiten Obergeschoß in ähnlicher Weise als Nonterritorial-Office umbaute. Heute arbeiten dort über 200 Mitarbeiter in dieser neuen Büroform. Weitere Bereiche der 600 Mitarbeiter zählenden Hauptverwaltung sollen folgen.

Imposante Ergebnisse

Die Ergebnisse sind überaus beeindruckend. Digital Schweden beziffert die positiven Auswirkungen des nonterritorialen Lean-Office wie folgt:

- Die Bürofläche konnte um mehr als 50 % verringert werden. Betrug früher die anteilige Geschoßfläche pro Mitarbeiter 30 qm, so sind es heute nur noch 12 qm im neuen Büro.

- Die von der Unternehmensleitung anvisierte Produktivitätssteigerung im Vertrieb von 20 % wurde mit dem Ergebnis von über 50 % mehr als verdoppelt. Und dies ohne besondere Investitionen in Trainingsmaßnahmen.

- Die Abwesenheit durch Krankheit ist gegen Null zurückgegangen.

BILD 176 Die Sessel im Meetingraum erlauben außergeöhnliche Sitz- und Liegepositionen. Dieser Raum ist auch zur Entspannung da.

Keine unbenutzten Arbeitsplätze

Bei der Weiterentwicklung des Nonterritorial-Office für den gesamten Vertriebsbereich werden die stufenlos von der Decke herunterzufahrenden Bildschirmterminals aus Stabilitätsgründen einseitig an einer Säule geführt. Dadurch wurde es auch möglich, die Tischfläche zu vergrößern. Gegenüber der ständigen Möblierung eines Raumes hat dieses Konzept den Vorteil, daß der Raum optisch großzügiger wirkt, wenn nicht an allen Plätzen gearbeitet wird.

Ein freier Arbeitsplatz ist daran zu erkennen, daß sich Bildschirmterminal und Arbeitsplatte unter der Decke befinden. Damit Plätze nicht unnötig blockiert sind, und auch, um einen häufigeren Wechsel zu organisieren, sind die Mitarbeiter angehalten, bei mehr als zweistündiger Abwesenheit den Arbeitsplatz zu räumen und wieder hochzufahren.

Kontrolliert wird dies von der Reception. Wer nachlässig ist, muß damit rechnen, daß ihm z.B. der Terminkalender entwendet wird, den er dann bei der Reception gegen eine "Runde" für die Kollegen auslösen muß. Fälligkeit ist meistens Freitag nachmittag, denn da trifft sich der "ganze Laden" zum Wochenausklang bei Freibier im Café des Nonterritorial-Office.

BILD 177 Auch im Meetingraum.

Innovative Arbeitsumgebung

Die Oticon Holding A/S ist ein innovatives Unternehmen "für besseres Hören". Das 1904 gegründete dänische Unternehmen mit 1.100 Mitarbeitern ist die Nummer Drei weltweit in diesem Markt. Oticon produziert Hörgeräte und -instrumente in 3 Fertigungstätten (2 Fabriken in Dänemark und 1 in Schottland). Der Vertrieb erfolgt über 12 internationale eigene Vertriebsgesellschaften und über Distributoren in nahezu allen Ländern.

Umfassendes Business-Reengineering

1990 startete Oticon ein umfassendes Business-Reengineering. Ziel: Wandel vom reinen Produzenten zum kompetenten Service-Unternehmen. Man wollte mehr Know-how in die Produkte bringen und zugleich die Entwicklungszeiten verkürzen. Und man setzte sich zum Fernziel, Siemens, die Nummer Eins im Hörgeräte-Markt, zu schlagen. In Teilbereichen ist dies bereits heute gelungen.

Die Analyse der bis 1990 hierarchischen Firmenorganisation ergab: wir müssen Produkte parallel statt sequentiell entwickeln. Das Oticon-Management stellte eine langfristige Zielsetzung auf, genannt Vision 330:

- Gestaltung eines optimalen innovativen Arbeitsumfeldes.

- Mehr Kreativität, stärkere Markt- und Kundenorientierung sowie höhere Arbeitseffektivität.

- Reduzierung von Entwicklungszeiten (Time to market).

- 30 % Produktivitätszuwachs in den ersten drei Jahren.

Für die 140 Mitarbeiter in Hauptverwaltung und Entwicklung hieß die Umsetzung der Vision 330:

- Schaffung einer Hauptverwaltung, in der alle Barrieren, die Mitarbeiter an der Entfaltung ihres vollen Potentials hindern, beseitigt sind.

- Eine kreative Kombination von Technologie, Selbstverantwortung und Identifikation mit dem Unternehmen.

- Mehr Kommunikation und enge Zusammenarbeit der verschiedenen Fachspezialisten.

BILD 178 In einem früheren Fabrikgebäude der Tuborg-Brauerei hat die Oticon Holding A/S ihre Hauptverwaltung eingerichtet.

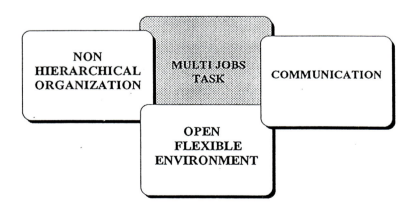

The Characteristics of the Reengineered Oticon

NON HIERARCHICAL ORGANIZATION

MULTI JOBS TASK

COMMUNICATION

OPEN FLEXIBLE ENVIRONMENT

BILD 179 Die Merkmale der neuen Oticon Holding: Vor allen Multi-Jobs, im Zusammenspiel mit hierarchiefreier Unternehmensorganisation, offener flexibler Arbeitsumgebung (nonterritoriales Lean-Office) und vielfältiger optimaler Kommunikation.

Hieraus entwickelte sich eine neue schlagkräftige Unternehmensstruktur, die gekennzeichnet ist durch

1. hierchiearme Organisation,
2. Multi-Job-Arbeit,
3. intensive Kommunikation,
4. offene, flexible Arbeitsumgebung.

Offene Gruppenräume ohne Hierarchie

Die Neugestaltung der Hauptverwaltung, untergebracht in einem alten Fabrikgebäude auf dem Areal der Tuborg-Brauerei in Hellerup nahe Kopenhagen, basiert auf dem Konzept des nonterritorialen Lean-Office. Es gibt keine Einzelbüros mehr, nur noch offene kommunikative Gruppenräume. Auch Lars Kolind, der Präsident von Oticon, sitzt mitten unter seinen Leuten.

Auf jeder Etage gibt es eine Kaffeebar, wo auch im Stehen spontane Besprechungen abgehalten werden können. Die einzigen geschlossenen Räume sind die Konferenzzimmer in der Innenzone. Das Mobilar ist einfach und schlicht. Holz und die Farbe Weiß dominieren. So ist auch der Fußboden aus Holz, was pflegefreundlich und angenehm zugleich ist. Moderne Innenarchitektur und Halogenlicht runden das freundliche Ambiente in den hohen Räumen des alten Gebäudes ab.

Aufzüge sind nur für Lasten da. Die vertikale Erschießung erfolgt über breite offene Kommunikationstreppen, die für ständige Begegnung und Bewegung der Mitarbeiter sorgen.

Der persönliche Besitz im Büro ist reduziert auf einen fahrbaren

BILD 180 So sah es früher aus: muffige kommunikationsfeindliche Zellenbüros als Brutstätte von Bürokratie.

BILD 181 Heute ist Oticon ein innovatives wissensbasiertes Unternehmen mit intensiver Nutzung neuer Technologien. Kommunikation wird groß geschrieben. Das Konzept von Multi-Jobs ermöglicht die Integration verschiedenster Aufgaben. Es gibt keine Trennung mehr zwischen Entwicklung, Vertrieb und Verwaltung. Deshalb trifft man bei Oticon "den Büroarbeitsplatz" nicht mehr an. Stattdessen findet man allenthalben eine projektbezogene Mischung der verschiedensten Funktionen in unterschiedlicher Ausprägung.

tischhohen Rollschrank. Das papierarme Büro wird bei Oticon ermöglicht durch vielseitigen und sehr progressiven Einsatz von Informations- und Kommunikationstechnologie.

Progressiver Technologie-Einsatz

Nicht von etwa kommt der Ruf von Oticon als Know-how-based Company. Die Hörgerätespezia-

BILD 182 *Die Ingenieure tüfteln nicht mehr in einer abgeschirmten Entwicklungsabteilung dahin, sondern sitzen zusammen und arbeiten Hand in Hand mit den Marketing-Experten. Die Produktentwicklung verläuft nicht mehr sequentiell, sondern parallel. Simultanes Engineering verkürzte die Entwicklungszeiten teilweise um mehr als 50 %.*

BILD 183 *Offene Bereiche, Transparenz, breite "Kommunikationstreppen" und die geschickte kommunikative Einbindung gemeinsam genutzter Einrichtungen sorgen für Begegnung und Bewegung der Mitarbeiter.*

listen waren 1993 als einzigstes europäisches Unternehmen für den Computerworld Smithsonian Award nominiert. Wenn auch nicht diesen Preis, so erhielt Oticon 1993 den Information-Technology Award in Dänemark für zukunftsorientierte IT-Anwendung. Inzwischen werden sogar schon erste Erfahrungen mit Computer-Brainstorming gesammelt, um Entwicklungsprozesse zu beschleunigen.

Kaum noch Papier

"Papier zerstört die Mobilität", lautet das Motto. Die eingehende Post wird vom Service-Team von "Junk Mail" bereinigt, eingescannt, und dem jeweiligen Mitarbeiter in seinem elektronischen Postkorb zur Verfügung gestellt. Die eingescannten Schriftstücke erhält jeder Mitarbeiter zusätzlich in sein Postfach im Service-Center. Dort muß jeder hin, um seine Ein- und Ausgangspost zu erledigen. Der Mitarbeiter kann sofort im Service-Center entscheiden, welche Schriftstücke (diese sind ja eingescannt) er nicht mitnehmen möchte. Die Vernichtung besorgt jeder sofort selbst per Schredder im Service-Center. So gelangen nurmehr Unterlagen z.B. mit juristischem Charakter in Papierform an den Arbeitsplatz. Die eingescannten Dokumente kann der Mitarbeiter am Bildschirm bearbeiten, archivieren oder auch in den elektronischen Papierkorb schicken. Im übrigen heißt die Empfehlung: "Call, don't write."

Von Mono-Jobs zu Multi-Jobs

Bei Oticon gibt es keine Hilfstätigkeiten mehr, also auch keine Sekretärinnen. Jeder hilft sich selbst in den kleinen Dingen. Self-Service ist Trumpf. Sämtliche Tätigkeiten wurden eingehend untersucht und - wo immer es möglich und sinnvoll war - angereichert durch Aufgabenintegration. Zielsetzung hierbei ist die Verringerung sequentieller Abläufe, indem der einzelne umfassender verantwortlich ist und ein breiteres Aufgabenspektrum erledigt. Dies setzt sich fort in der Projektarbeit. So sitzen zum Beispiel Marketingexperten direkt zusammen mit Ingenieuren und nicht in getrennten Abteilungen. Produkte werden quasi im Dialog entwickelt. Aus der Dauer eines Projektes ergibt sich auch die Aufenthaltszeit an einem bestimmten Arbeitsplatz. Wird ein Spezialist nicht länger in einem Projekt benötigt (dies entscheidet er entweder selbst, der Projektleiter oder beide gemeinsam), so packt er seine sieben Sachen in seinen Rollschrank und tritt seinen nächsten Job in einem anderen Projekt an. Es bestehen sozusagen permanente Kunden-/Lieferantenbeziehungen zwischen den einzelnen Teams.

Auflösung des Mittelmanagements

Das Mittelmanagement wurde bei Oticon aufgelöst. Es gibt nurmehr das befristete Projektmanagement und das Top-Management. Für die Mittelmanager hieß die natürlich nicht einfach durchzusetzende Lösung: "Back to basics". Das System von "mehr Verantwortung in professioneller Weise" ließ die Mittelmanager wieder zu guten Spezialisten werden. Dieser schmerzhafte Prozeß wurde durch die konsequente Strategie des Top-Managements ausnahmslos vollzogen. Das hieß immer wieder und ständig neu:

Werte bei Oticon

Alle Menschen möchten Verantwortung übernehmen, wenn ihnen Verantwortung gegeben wird.

Die Menschen, denen wir bereit sind zu vertrauen, werden dieses Vertrauen erwidern.

Menschen haben den angeborenen Wunsch, sich zu entwickeln und Fortschritte zu machen. Sie wollen herausgefordert werden.

Jeder Mensch wünscht sich ein klares Verständnis von Struktur und grundlegenden Zielen seiner Arbeitsumgebung sowie die Freiheit, diese Ziele mitzugestalten. Jeder möchte Einfluß haben auf seine tägliche Arbeitssituation.

Die Menschen möchten Partner in ihrer Firma sein, in guten wie in schlechten Zeiten.

Arbeitsplatzsicherheit wird am besten gewährleistet durch Entwicklung der individuellen Kompetenz.

Jedermann möchte als Individuum behandelt und in seiner Karriere-Entwicklung gefördert werden.

Die Mitarbeiter sind am Know-how ihrer Tätigkeit interessiert, und zwar in Relation zu Strategie und Zielen des Unternehmens. Sie möchten die generelle Situation und die weitere Entwicklung des Unternehmens voll verstehen.

(Lars Kolind, President, Oticon Holding A/S)

BILD 184 Vertrauen in Mitarbeiter und deren aufrichtige Wertschätzung sind Bestandteil und Voraussetzung neuer Managementsysteme.

Erklärung, Erklärung, Erklärung - doch kein zurück! Der Erfolg: es hat keiner der ehemaligen Mittelmanager das Unternehmen verlassen.

Erfolgreiche Bilanz

Zwei Jahre nach dem Umgestaltungsprozeß hat Oticon Bilanz gezogen:

- Die Entwicklungszeiten (Time to market) konnten erheblich reduziert werden, teilweise 50 Prozent.

- Progressive und aggressive Marktorientierung. War das Verhältnis von konventionellen zu High-Tech-Produkten 1990 noch 80 : 20, so beträgt dieses Verhältnis 1994 bereits 50 : 50.

- Es ist der Wechsel gelungen vom Hörgerätehersteller zum Hörhilfe-Unternehmen mit umfassendem Serviceangebot.

- Der Nettoumsatz stieg 1992 um 12 % auf 538 Mill. DKK und 1993 um 22 % auf 661 Mill. DKK. Im ersten Halbjahr 1994 konnte Oticon einen weiteren Zuwachs von 16 % und einen Halbjahresumsatz von 362 Mill. DKK verzeichnen.

- Zugleich war es möglich, die Belegschaft der Hauptverwaltung von 135 Mitarbeitern in 1991 um 15 % auf 115 in 1993 zu reduzieren.

- Die gebäudeanteilige Fläche pro Mitarbeiter betrug 1991 noch 46 qm. 1993 waren es 24 % weniger, nur noch 35 qm.

Werteorientiertes Management

Der enorme Erfolg des Business Reengineering bei Oticon beruht auf einem neuen Managementsystem, das auf umfassendes Vertrauen in die Mitarbeiter und deren individuelle Wertschätzung baut. Die Mitarbeiter bei Oticon fühlen sich von ihrer Firma fachlich und persönlich ernstgenommen, anerkannt und gefördert. Dafür sind sie bereit, wie die Zahlen zeigen, ihr Bestes zu geben. In Bild 184 sind die gelebten Werte von Oticon zitiert. Dabei muß die Unternehmensleitung ehrlich vorweg marschieren und durch ihre Persönlichkeit und Kompetenz diese Werte vorleben. Solche Werte lassen sich mit herkömmlicher Firmenorganisation, mit Hierachie und Status nicht vereinbaren. Lars Kolind, Präsident von Oticon: "Wenn Sie eine Lean-Company haben wollen, müssen Sie als Top-Management bereit sein, alle Hierarchie und Statussymbole aufzugeben. Sie müssen entscheiden, ob Sie in einem mahagonigetäfelten Büro arbeiten wollen, oder mit engagierten Menschen in einer effektiven Organisation."

Ericsson Unconventional Office

Weg vom Zellenbüro

"Hierachische Strukturen, umständliche Prozesse zur Entscheidungsfindung, Anonymität und das Risiko von Mißverständnissen" - so analysiert Ericsson Business Networks AB, ein Unternehmen des schwedischen Kommunikationsriesen Ericsson, die Auswirkungen des traditionellen Zellenbüros. Und der 70.000 Mitarbeiter zählende Ericsson-Konzern weiß, wovon er spricht. Auch bei ihm dominiert noch das Zellenbüro. Jedoch sind mehrere Pilotprojekte in verschiedenen Ericsson-Unternehmen dabei, neue Formen der Büroarbeit und neuartige Arbeitsumgebungen zu entwickeln und praktisch umzusetzen, die später als flächendeckende Konzepte konzernweit eingeführt werden sollen.

Eines der ersten, und wie sich zeigt erfolgreichen, Pilotprojekte für das Büro der Zukunft ist bei Ericsson Business Networks realisiert, wo Systeme, Produkte und Service für Netzwerklösungen (Sprache, Daten, Text, Image-Kommunikation) entwickelt und designed werden.

Engere Zusammenarbeit und schnellere Entscheidungen

Duch die Aufweichung hierarchischer Strukturen und die Gestaltung einer flexiblen Arbeitsumgebung will Ericsson Business Networks eine engere Zusammenarbeit der Mitarbeiter fördern und Entscheidungspro-

BILD 185 Offenheit und Transparenz des nonterritorialen Lean-Office, gegliedert und akustisch abgeschirmt durch Glaswände. Die indirekte Raumbeleuchtung wird ergänzt durch individuell einstellbare Arbeitsplatzleuchten

BILD 186 Ein temorärer Arbeitsplatz, gebildet aus der Bildschirmstation (Bildschirm auf Schwenkarm, einstellbarer Arbeitsplatzleuchte, Zentraleinheit im Innenteil) sowie dem persönlichen "rollenden Sekretär", der im geöffneten Zustand einen funktionalen kompakten Schreibtisch ergibt.
Im Hintergrund die "Reception", die den kompletten Büroservice für die 35 Mitarbeiter in dieser Büroeinheit erbringt. Hier checkt sich jeder ein, wenn er ins Büro kommt.

BILD 187 "Beim Eingang zum Büro ist der "Bahnhof", wo man sich seinen "Sekretär auf Rollen" sowie sein Mobiltelefon abholt.

zesse verkürzen. In einer flexiblen adaptierbaren Arbeitsumgebung können wir auf weniger Fläche effektiver arbeiten, heißt es.

Es geht zugleich darum, neue Informations- und Kommunikationstechnologien (das ist ja schließlich das Geschäftsfeld von Ericsson) optimal zu nutzen. Durch effizienten I + K - Einsatz werden neue Arbeitsformen im Büro erst möglich.

Pilotprojekt für 35 Mitarbeiter

Verwirklicht wurde das Pilotprojekt in einem alten einbündigen Zellenbürohaus. In dem neuen Bereich wurden die Wände entfernt.

Dieses neue Büro ist die Basis für 35 Mitarbeiter. Seit der Flexibilisierung von Arbeitszeit und Arbeitsort sind selten mehr als 20 Personen gleichzeitig im Büro. Auf der Fläche von 460 Quadratmetern sind 29 funktionale Arbeitsplätze untergebracht. Bei

einer Zellenbürolösung wären auf derselben Fläche nur 16 Arbeitsplätze möglich. So hat jeder der anwesenden Mitarbeiter viel Platz und hohen Komfort.

"Menschen sind mobil, Räume sind es nicht", war für die beauftragten Stockholmer Architekten Charlie Gullström und Lars Westerberg der Schlüssel für die Neugestaltung. So wurde die Fläche in nur wenige Sektionen gegliedert, um den mobilen Mitarbeitern soviel Freiraum wie möglich zu bieten.

Arbeitsplätz mit "Sekretär auf Rollen"

Gleich beim Eingang, gegenüber von Garderoben und Toiletten, ist der "Bahnhof", bei dem jeder Mitarbeiter seinen "Sekretär auf Rollen" abholt sowie sein Mobiltelefon und die Post aus seinem ebenfalls dort plazierten Postfach. Dabei passiert er die "Reception" und checkt sich ein. Dieser Sekretär ist ein von den

BILD 188 Der Grundriß zeigt die offene und doch gegliederte Raumstruktur mit Projekt-Pavillons und begrünten Bildschirmstationen.

BILD 189 Das kleine Café wird für kurze Besprechungen ebenso genutzt wie für informelle Kommunikation. Auch das Lesen von Unterlagen bei einer Tasse Kaffee ist hier angenehm.

Architekten entworfenes durchdachtes Möbelstück, das im geöffneten Zustand zwei kleinere Aktencontainer mit dazwischen liegender Tischplatte hat. Geschlossen ist der Sekretär nur wenig größer als ein normaler Container. Der Mitarbeiter sucht sich einen Platz seiner Wahl im Büro.

Soweit er ein Bildschirmterminal benötigt, so gibt es hierfür überall im Büro verteilte, ebenfalls auf Rollen befindliche Computerstationen. Das sind aus Holz gefertigte Elemente, in denen die Zentraleinheit untergebracht ist. Der Bilschirm ist an diesem Element auf einem Schwenkarm plaziert. Daran montiert ist ferner eine individuelle einstellbare Arbeitsplatzleuchte. Und oben drauf ist noch eine Grünbepflanzung. Der rollende Sekretär wird vor einer solchen Computerstation geöffnet, und schon ist der Arbeitsplatz betriebsbereit.

Variable Pavillons

Ergänzend zu den Arbeitszonen mit Computerstationen gibt es im "Ericsson Unconventional Office" verglaste Pavillons mit Schiebetüren. Diese dienen als zeitlich befristete Projekträume. Auf die Frage, wer denn darin sitzt, bekommt man zur Antwort: das Projekt! Hier befinden sich dann z.B. alle relevanten Unterlagen, Entwürfe, Zeichnungen eines Projektes. Die ins Büro kommenden Mitarbeiter gruppieren ihre mobilen Arbeitsplätze meistens um den "Projektraum" herum. Dieser wird auch für Besprechungen u.a. benutzt.

Mobil sind in diesem Büro nicht nur die Arbeitsplätze. Auch die raumbildenden Pavillons lassen sich einfach und schnell versetzen und zu einer anderen Raumaufteilung gliedern.

Mitten im Gruppenraum befindet sich auch ein kleines Cafe zur kurzen Entspannung zwischendurch, zur informellen Kommu-

nikation, zur Arbeit bei einer Tasse Kaffee oder zur spontanen Besprechung.

Beste Erfahrungen

Ericsson Business Networks hat in diesem Pilotprojekt ausgezeichnete Erfahrungen mit dem nonterritorialen Lean-Office gesammelt:

- erheblicher Flächengewinn (wie zuvor beschrieben),
- bessere Flächennutzung,
- höhere Produktivität der Mitarbeiter,
- wesentlich verbesserte Kommunikation.

Alle Mitarbeiter im "Ericsson Unconventional Office" fühlen sich nach eigenen Angaben wohl in dieser offenen kommunikativen Arbeitsatmosphäre und möchten nicht wieder zurück in eine Zellenbürostruktur.

The Changing Office

Taking the lead by working smarter

So lautet das, verlockend und wie ein Wunschtraum klingende, Zukunftscredo bei Ericsson Radio Systems AB, einer Gesellschaft des Ericsson Konzerns. Die neue Art zu arbeiten, entwickelt von der Abteilung Operational Development der Firma, soll konzernweit wirken. Einer umfassenden Analyse- und Konzeptphase folgen nun Pilotprojekte zur praktischen Umsetzung der neuen Office-Strategien. Bestätigt unter anderem durch die ersten sehr positiven Erfahrungen aus dem Pilotprojekt des nonterritorialen Lean-Office bei Ericsson Business Business Networks (siehe Seite 191 ff.), folgen nun einige Bereiche bei Ericsson Radio Systems, die auf die neue Arbeitsform der Zukunft umgestellt werden.

Pilotprojekt Technische Entwicklung

Als erstes ist dies eine technische Entwicklungsabteilung, in der die Zusammenarbeit und die Kommunikation verbessert werden soll, um Entwicklungszeiten (Time to Market) erheblich zu verkürzen.

In einem älteren Gebäude mit einbündiger Bauweise und klassischen Zellenbüros hat man auf einer Etage förmlich die "hindernden Wände" herausgebrochen, um eine großzügige offene und teamorientierte Bürofläche zu schaffen. Die selben Architek-

ten wie bei Ericsson Business Networks, Charlie Gullström und Lars Westerberg, haben die schmale lange Fläche in eine vielfältige gegliederte Raumstruktur umgesetzt. Mitte 1994 wurde der Bürobetrieb aufgenommen, von dem zur Zeit noch kein Fotomaterial vorliegt. Da hier vorwiegend Ingenieure mit platzintensiver CAD-Technologie arbeiten, sind die Arbeitsstationen (Arbeitstische und CAD-Systeme) im Raum fixiert. Die Tische sind leicht und mit einem Handgriff stufenlos höhenverstellbar, sowohl für Arbeit im Sitzen als auf für Arbeit im Stehen, je nach Wunsch des Mitarbeiters.

Fahrbares Kabinett

Als papierarmes persönliches Archiv dient hier nicht der in anderen nonterritorialen Büros anzutreffende Rollcontainer. Zusammen mit den Mitarbeitern haben die Architekten ein fahrbares Kabinett entwickelt, ein 1,60 m hohes und 0,80 m breites Schrankregal aus Buchenholz auf Rollen. Dieser größere "Container" ist notwendig, um z.B. großformatige Zeichenrollen etc. aufzunehmen. Gehandhabt wird er jedoch wie aus den vorhergehenden Fallbeispielen bekannt: der Mitarbeiter holt sein Kabinett aus der "Garage", wenn er ins Büro kommt und sucht sich eine freie Arbeitsstation in der Nähe der Mitarbeitergruppe, mit denen er in einem bestimmten Projekt derzeit zusammenarbeitet. Auch hier hat jeder sein Mobiltelefon, das bei Abwesenheit vom Büro

an der "Reception" in der Akku-Ladestation ist.

Flächeneinsparung und höhere Produktivität

Durch das Desk-Sharing und das neue Arbeitskonzept "Multiflex", das im folgenden noch näher erläutert wird, liegt die Flächeneinsparung bei diesem Pilotprojekt von Ericsson Radio Systems bei etwa 50 Prozent. Auch eine wesentlich höhere Produktivität durch verbesserte Kommunikation und schnellere Entscheidungsprozesse sind sicher zu erwarten. Gemeinsam mit der Universität Stockholm will man die Ergebnisse dieses Pilotprojektes im einzelnen verfolgen und auswerten.

Ein neues Konzept für die Büroarbeit

Ausgangssituation für die neuen Formen der Büroarbeit und das nonterritoriale Lean-Office sind bei Ericsson die Hauptziele:

- kürzere Produktentwicklungszeiten (Time to Market),
- höhere Produktivität,
- Kostensenkung.

Der 70.000 Mitarbeiter große Ericsson-Konzern ist noch hierarchisch organisiert, mit all den hemmenden Ausprägungen, die diesen Zielen nun einmal entgegenstehen. Der umfassende Wandel eines Unternehmens dieser Größenordnung kann nur in systematischen Schritten erfolgen.

Creating Competitive Advantage through Telecommunications

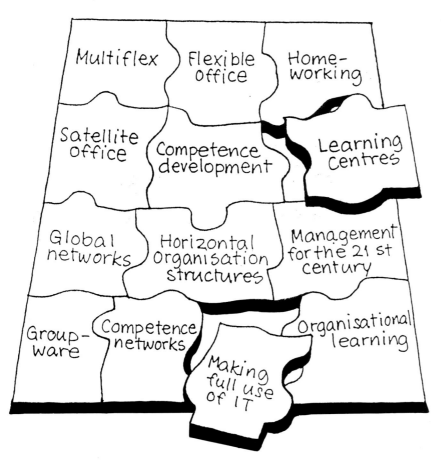

Developing People and their Workplaces

BILD 190 Business Process Innovation ist die breit angelegte Zielsetzung von Ericsson. Auf der Basis von effektiv genutzter I + K - Technologie soll eine umfassende Neuorganisation des bislang hierarchisch strukturierten Konzerns in kürzester Zeit erfolgen. Um die Mitarbeiter und ihre Arbeitsplätze zu entwikkeln, sind die hier gezeigten Elemente eines neuen flexiblen Arbeitskonzeptes erforderlich. Quelle: Ericsson Radio Systems

Gleichwohl gilt es, keine Zeit zu verlieren und das Konzept des "Changing-Office" (Customer, Competence, Culture, Change), wie es bei Ericsson heißt, voranzutreiben. Dieses neue Konzept für Büroarbeit wird nachfolgend in seinen wichtigsten Elementen dargestellt.

Business Process Innovation

Total Quality Management ist ein evolutionärer Wandel. Business Process Innovation ist dagegen ein revolutionärer Wandel. Er muß in kürzester Zeit erfolgen.

Erforderlich sind dafür:

- Unternehmensweiter Einsatz von Informations- und Kommunikationstechnologie auf Basis leistungsfähiger Netzwerksysteme.

- Sicherstellung, daß jeder Mitarbeiter diese I + K - Technologie effektiv nutzt.

- Reduzierung der Stammbelegschaft für spezielle Geschäftsbereiche und ein neues Arrangement für Teilzeit-Mitarbeiter, die via Netzwerk zur Ideenfindung und Know-how-Optimierung beitragen.

- Übergang von hierarchischen zu horizontalen Organisationsstrukturen.

- Halbierung der Prozeßzeiten binnen einer Dreijahresfrist.

Realisiert werden kann dieser gewaltige Wandel durch ein neues flexibles Arbeitskonzept mit den nachfolgend beschriebenen Elementen "Multiflex", Flexible Office, Satellitenbüros, Teleworking, Learning Centren.

"Multiflex"

Dies ist die Freiheit für Mitarbeiter, jederzeit und an jedem Ort seinen Part zur Erreichung der Teamziele beizutragen. Das heißt, der Mitarbeiter bestimmt selbst, wann er arbeitet und wo er arbeitet. Maßgebend ist die termingerechte Erfüllung der vereinbarten Aufgaben bzw. Ziele.

Vorteile:

- Mehr verfügbare Arbeitszeit für die Mitarbeiter.

- Erhöhte Qualität des Arbeitslebens im Sinne von Freiheit und Verantwortung.

- Höhere Produktivität der Mitarbeiter durch die Möglichkeit, in der jeweils besten

Umgebung, am geeignetsten Ort, arbeiten zu können.

- Entwicklung von Vertrauen zwischen den Mitarbeitern im Team.
- Die Möglichkeit, unabhängig vom Ort sofort auf Kundenanforderungen zu reagiern.
- Stimmulierung der Lernbereitschaft für effektive Nutzung von I + K - Technologie.
- Reduzierung der Bürokosten.

Zu beachten sind:
- Investitionen in I + K - Technologie.
- Verfügbare Standards für langfristige Entwicklung des I + K-Netzwerks.
- Bewältigung des Problems von Isolation und geografisch verstreuten Mitarbeitern.
- Mitarbeiterführung.
- Kommunikation und Koordination im Team.

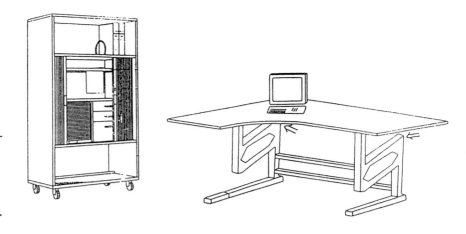

BILD 191 *Ein spezielles Mobilar wird im nonterritorialen Lean-Office bei Ericsson Radio Systems eingesetzt: Die Mitarbeiter der Entwicklungsabteilung erhalten als mobile persönliche Ablage ein rollendes Kabinett (Höhe 1,60 m, Breite 0,80 m). Der CAD-Arbeitstisch ist stufenlos höheneinstellbar für variables Arbeiten im Sitzen und im Stehen.*

Flexible Office

Gemeint ist hiermit das nonterritoriale Lean-Office als reversible Bürostruktur. Es geht darum Arbeitsplätze spontan und zugeschnitten auf die Tagesbedürfnisse bilden zu können. Die Mitarbeiter arbeiten in einer stimmulierenden Arbeitsumgebung und nutzen voll die Möglichkeiten der I + K - Technologie. Arbeitsfluß und Teamarbeit werden effektiver gestaltet.

Vorteile:

- Optimale Arbeitsumgebung für projektorientierte Tätigkeiten.
- Verbesserung der Zusammenarbeit.
- Signifikante Büroflächenreduzierung und Kosteneinsparungen.

- Erhöhe Produktivität durch Team-Atmosphäre.
- Beschleunigung der Arbeitsprozesse.

Zu beachten sind:
- Investitionen in das Büro.
- Privatheit ist stark eingeschränkt.
- Es sollte die Möglichkeit für private Kommunikation gegeben sein, eventuell ein separater Bereich dafür.
- Personalisiert ist nur der Arbeitstisch, nicht die Bürofläche.
- Probleme von Mitarbeitern, die ein eigenes persönliches Büro beanspruchen.
- Konflikte zwischen den Mitarbeitern in der Anfangsphase.

Satellitenbüros

Dies sind separate Büros außerhalb des Hauptbüros. Sie befinden sich in der Nähe des Wohnortes. Organisiert ist ein Satellitenbüro wie ein nonterritoriales Lean-Office, jedoch für eine kleinere Anzahl von Mitarbeitern.

Vorteile:

- Weniger Zeitverlust durch Fahrtzeiten.
- Geringere Mieten / Flächenkosten.
- Verbesserte Arbeits- und Lebensqualität.
- Ausgeprägte Identität des lokalen Teams.
- Höhere Produktivität in der richtigen Arbeitsumgebung.

Zu beachten sind:
- Gesplittete Organisation.
- Mögliche Rivalität zwischen verschiedenen Satellitenbüros.
- Verhältnismäßig geringere Wirtschaftlichkeit als bei grösseren nonterritorialen Büros.
- Unterstützung durch das I + K-Netzwerk.
- Höhere Telekommunikationskosten.

Teleworking

Diese Arbeitsform betrifft Mitarbeiter, die generell von zu Hause aus arbeiten. "Telearbeiter" be-

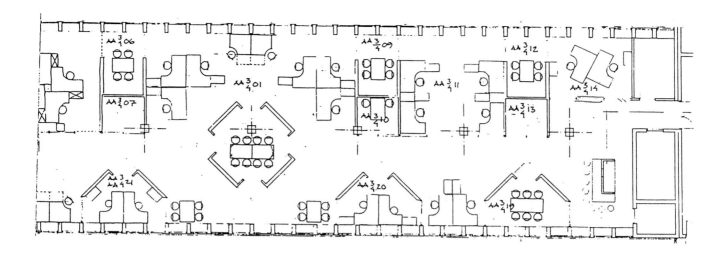

BILD 192 Das Pilotprojekt "Flexible Office" wird realisiert in einem älteren Bürohaus mit einbündiger Bauweise und bis Dato Zellenbüros. Die "störenden" Wände werden herausgebrochen, damit ein offener transparenter Gruppenraum entsteht. Durch die Gliederung mit Projektpavillons und Meetingpavillons sowie Glaswänden entsteht eine differenzierte Raumstruktur mit höchster Flexibilität. Die CAD-Arbeitsstationen sind an vorgegebenen Positionen. Die Mitarbeiter suchen sich ihren temporären Arbeitsplatz bei der Gruppe, mit denen Sie gerade im Projekt zusammenarbeiten.

nötigen einen PC mit ISDN-Anschluß oder Modem zur nahtlosen Verbindung in das firmeninterne Netzwerk sowie weitere, jedoch wenig aufwendige Bürohilfsmittel.

Vorteile:

- So gut wie keine Fahrtkosten.

- Mehr Freiheit und Eigenverantwortung für den Mitarbeiter, erhöhtes Vertrauen.

- Konzentriertes Arbeiten ohne Ablenkung.

- Signifikante Produktivitätssteigerungen bei den für Telearbeit geeigneten Mitarbeitern.

- Möglichkeit, ideale Mitarbeiter für das Unternehmen zu gewinnen, ohne Erfordernis räumlicher Nähe.

- Einfache Bildung von Projektteams auf globaler Basis.

- Beträchtliche Kosteneinsparungen für das Unternehmen.

Zu beachten sind:
- Kosten für I + K - Technolgie.

- Mitarbeiterführung und Ziel vereinbarungen.
- Häusliche Umgebung.
- Reife des Telearbeiters und seine Erfahrungen im Context des Unternehmens.
- Einarbeitung neuer Kräfte und deren mehrmonatiger Aufenthalt im Unternehmen, um Arbeitsstil und Firmenkultur zu absorbieren.
- Karriere-Entwicklung und Aufstiegschancen.
- Isolierung und Kommunikation mit dem Team.
- Angepaßte Mitarbeiterführung.
- Arbeitsvertrag, der dem Unternehmen und dem Mitarbeiter gerecht wird.

Learning Centren

Hierunter versteht man in der Büroumgebung angesiedelte team- oder abteilungsbezogene Selbstbedienungszentren bzw. -bibliotheken für die persönliche Wissensentwicklung.
Eine Schlüsselfunktion für die Erarbeitung von erfolgreichen maßgeschneiderten Problemlösungen für Kunden ist die Geschwindigkeit in der Entwicklung von Wissen und Erfahrung der Mitarbeiter. Die kollektive Intelligenz des Teams und das Wissen des Einzelnen sowie die Fähigkeit des Unternehmens, beides richtig einzusetzen, entscheiden über den Erfolg.

80 Prozent ihres Wissens schöpfen qualifizierte Mitarbeiter aus ihrer täglichen Arbeit, also mehr als durch Trainingsmaßnahmen. Formelle Mitarbeiterbeurteilungen, Führungsgespräche und Weiterbildungskurse sind Auslöser für die weitere persönliche Selbstentwicklung. Learning Centren stellen die Mittel zur Verfügung, um diesen Prozeß der persönlichen Wissensentwicklung zu beschleunigen. Learning Centren werden zum wichtigen Werkzeug, um den notwendigen Prozeß der Wissensentfaltung zu steuern und bei allen Mitarbeiter zu erreichen, und zwar begleitend zu ihrer täglichen Arbeit.

Die Arbeitsform "Multiflex" schafft die Voraussetzungen und

die Atmosphäre für "Team-Learning". Dadurch können Mitarbeiter zu jeder Zeit und an jedem Ort arbeiten. Und sie können lernen zu jeder Zeit und an jedem Ort.

Ein arbeitsplatznahes Learning Center kann beispielsweise beinhalten:
- eine komprimierte, wohlüberlegte Auswahl von Fachbüchern und Fachzeitschriften,
- Video-Cassetten mit Arbeitsmaterial für ortsunabhängiges Lernen (z.B. zu Hause),
- Multi Media für computergestütztes Training,
- Tonbandcassetten (z.B. zum Abspielen im Auto),
- Arbeitsmaterial für kurze Trainingssitzungen im Team,
- Zugriff auf Groupware-Mittel (z.B. Software),
- Zugriff auf andere Hilfsmittel, Quellen und Unterstützung von Stellen im Unternehmen und von außerhalb.

Klare Wettbewerbsvorteile

Insgesamt betrachtet führen die neuen flexiblen Arbeitskonzepte zu folgenden Wettbewerbsvorteilen:

- Bessere Zugriffsmöglichkeiten auf Information und Resourcen.
- Bessere Zusammenarbeit zwischen Mitarbeitern und Kunden.
- Schnellere Entscheidungsfindung.
- Kürzere Arbeitsabläufe.
- Beschleunigung der Produktentwicklung (Faktor Time to Market).
- Unmittelbare Reaktion auf Kundenanfragen und Kundenwünsche.
- Reduzierung von Fixkosten.

- Entwicklung der Mitarbeiterkompetenz.
- Flexibilität in Organisationsstrukturen.
- Eine Organisation, die Schritt hält mit der Entwicklung der I + K - Technologie.
- Förderung von Business Process Innovation.
- Entwicklung einer neuen Kultur, die auf Wandel ausgelegt ist.

Möglich geworden ist die Entwiclung derartiger neuer flexibler Arbeitskonzepte durch den anhaltenden Fortschritt der I + K - Technologie. Die Kombination aus PC's, lokalen Netzwerken und Telekommunikation in einer offenen Systemumgebung ermöglicht echte und leistungsstarke unternehmensweite Systeme. Organisationen können dadurch sehr viel einfacher um den Prozeß strukturiert werden (z.B. Kundenbetreuung oder Produktentwicklung), als starre hierarchische Funktionen.

Menschen und I + K - Technologie verbinden sich in neuen Organisationsstrukturen. Diese Welt der Zukunft, die Schaffung und Gestaltung von Netzwerken aus Menschen und Technologie, wird revolutionäre Auswirkungen auf unser gesamtes Leben haben, vergleichbar mit der Argrarrevolution oder der industriellen Revolution.

Studio der Kreativität

Kaum zu glauben

Das wohl radikalste und zugleich beeindruckendste nonterritoriale Lean-Office betreibt das finnische Reinigungsunternehmen SOL Siivouspalvelu Oy in Helsinki. Die Firma macht von sich reden: ein Drittel Produktivitätszuwachs, 90 % weniger Papier und ein Büro, das nur ein Drittel eines konventionellen Büros kostet. Die Mitarbeiter können arbeiten wann sie wollen, wo sie wollen und soviel sie wollen. Und das alles im rezessionsgebeutelten Finnland mit der stärksten Wirtschaftskrise seit dem zweiten Weltkrieg, und dazu noch im hart umkämpften Reinigungsmarkt mit niedrigsten Gewinnmargen sowie Löhnen, die unter dem Arbeitslosengeld liegen.

Dahinter steht die faszinierende Geschichte eines erst seit 1990 tätigen Unternehmens, in dem hochmotivierte Mitarbeiter die Seele des Geschäfts sind.

Die Revolution heißt Liisa

Die Gründerin und Mehrheitsaktionärin von SOL ist ihre innovative Präsidentin Liisa Joronen. Sie entstammt der Industriellenfamilie Lindström, deren gleichnamige Unternehmensgruppe mit 150-jähriger Geschichte die neuntälteste Firma in Finnland ist. Als Managing Director führte sie in der traditionell hierarchisch organisierten Lindström-Gruppe eine Anzahl revolutionärer Neuerungen ein mit neuen flexiblen Managementkonzepten und Arbeitstechniken, einschließlich

BILD 193 Blick von einer Ballustrade in SOL's nonterritoriale Erlebniswelt Büro. Das Gebäude war früher ein Filmstudio. Die Ideen der Mitarbeiter waren Grundlage der Gestaltung.

nonterritorialen Büros bereits Mitte der 80er Jahre. Der Familie waren die Reformen von Liisa zu radikal und so schied Sie aus dem Familienkonzern, der auf alles konzentriert ist, was mit Reinigung zu tun hat (Wäschereien, Chemische Reinigungen, Betriebsreinigung, Entsorgung etc.). Ende der 80er Jahre aus. Sie nahm sich den dicksten Brocken mit, der zugleich jedoch auch der risikovollste Unternehmenszweig war: die Betriebs-, Gebäude- und Städtereinigung mit über 2.000 Beschäftigten. Daraus gestaltete Sie ihre neue Firma SOL (die Sonne), bei der Sie ihre neuen Ideen verwirklichen konnte. Liisa Joronen nahm aus der Verwaltung ihre erfahrensten und aufgeschlossensten Leute mit, die sie selbst als "progressive

thinkers" bezeichnet. Ferner zählten zur neuen Mannschaft viele treue Mitarbeiter, die schon seit mehr als 10 und teilweise über 20 Jahre bei Lindström tätig waren. SOL hat heute 2.400 Mitarbeiter. Davon sind 140 im Büro tätig. 70 Mitarbeiter arbeiten im Hauptbüro in Helsinki, die übrigen in den Niederlassungen über ganz Finnland verteilt. Alle anderen Mitarbeiter sind "Cleaner".

Die energische und dabei sehr verbindliche Firmenchefin wartete bei dem neugegründeten Unternehmen SOL mit einem revolutionären neuen Managementsystem auf, das auf alle gewachsenen und bewährten Strukturen und Abläufe pfeift. Liisa Joronen: "Kill the routine, before the routine kills you!"

Hochgesteckte Ziele

Die von Frau Joronen gesetzten Unternehmensziele ließen es an Deutlichkeit und Erwartungen nicht fehlen: höhere Marktanteile, 20 % mehr Produktivität und entsprechend höherer Profit innerhalb von drei Jahren, trotz Stagnieren des Marktes. Dies ist nicht nur gelungen, sondern die Ziele wurden bei weitem übertroffen. Die Antwort auf die Frage, wie solch ein Erfolg unter derartig schweren Bedingungen möglich ist, liegt in Liisa Joronens schier unbegrenztes Vertrauen in Mitarbeiter sowie in einem Managementsystem, das den Mitarbeitern alle Freiräume bietet, um Höchstleistungen zu vollbringen und ungeheuer viel Spaß an der Arbeit zu haben.

Freiheit vom Arbeitsplatz

Auf der Basis innovativer Nutzung von I + K - Technologie ist es den SOL-Mitarbeitern möglich, von überall aus zu arbeiten: in der Firmenzentrale in Helsinki, in jeder der 16 Niederlassungen in ganz Finnland, unterwegs, beim Kunden oder von zu Hause aus. Ein unternehmensweites Computernetzwerk realisiert den jederzeitigem und ortsunabhängigem Zugriff auf sämtliche Informationen. Neueste Telefontechnik kommt hinzu. Jeder Mitarbeiter hat ein Mobiltelefon mit seiner persönlichen Durchwahlrufnummer im Büro. Eingehende Anrufe können bei Abwesenheit beliebig umgeleitet werden, zu Kollegen, ins Auto, nach Hause oder auf die Voice-Mailbox. Wer es braucht, hat zusätzlich ein Handy-Funktelefon für unterwegs.

Anrufe unter der Hauptnummer des Büros laufen nicht etwa bei

BILD 194 Die "Reception" mit rechts den Mobiltelefonen. Im Brunnen vorne im Bild steht der Quality Award.

BILD 195 Die lockere Büroatmosphäre bei SOL basiert auf Eigenverantwortung, abgestimmten hohen Leistungszielen und hart arbeitenden Mitarbeitern.

einer Telefonzentrale oder einer Sekretärin (solche gibt es nämlich gar nicht bei SOL - sie sind abgeschaffte Statussymbole) auf, sondern auf einem von 5 festen Telefonen an unterschiedlichen Arbeitsplätzen. Wer da gerade sitzt, nimmt den Anruf entgegen und macht dem betreffenden Kollegen eine Notiz, welche jener in seinem Postfach bei der "Reception" vorfindet.

Neben den im Büro zur Verfügung stehenden Bildschirmterminals erhält jeder Büromitarbeiter von SOL einen Personal-Computer für zu Hause, sofern er die Notwendigkeit dafür begründen kann. Das sind inzwischen 60 % der Büroangestellten. Ansonsten stehen in der Firma Portable-PC's zur Verfügung, die bei Bedarf mit nach Hause genommen werden können.

BILD 196 Auch die Präsidentin Liisa Joronen hat kein eigenes Büro. Sie arbeitet am liebsten am "Familientisch".

BILD 197 Farbe und Vielfalt. Die kreative Arbeitsumgebung läßt keinerlei Gezwungenheit aufkommen.

Freiheit von Arbeitsstunden

Die Arbeitszeit ist frei wählbar. Entscheidend sind die Arbeitsergebnisse, nicht die Arbeitsstunden. Dafür hat jeder klare, vereinbarte Ziele.

Die traditionellen Managementstruktur, in der Abteilungsleiter Budgetplanung machen und Mitarbeiter vorgegebene nachzukontrollierende Funktionen auszuführen haben, wird bei SOL durch Eigenverantwortlichkeit ersetzt. Die Leute im Büro sind überwiegend unabhängige Supervisoren. Sie sind jeweils Chef einer Reinigungstruppe von 20 bis 30 Cleanern. Jeder dieser Supervisoren setzt seine eigenen Umsatzziele, sein Budget und die Löhne seiner Cleaner selbst fest. Gute Zusammenarbeit und gegenseitiges Vertrauen wird dabei groß geschrieben. Zur Aufgabenerledigung steht optimale Technologie zur Verfügung. Selbstdisziplin und systematisches Arbeiten wird in einem umfassenden Trainingsprogramm vermittelt.

Die Ziele basieren auf unterschiedlichen Indikatoren: Umsatz, Kundenzufriedenheit, Rendite etc. Auch die übrigen Büromitarbeiter, die keine Supervisoren sind, haben Kunden, nämlich interne. Und die bewerten, ob der Service OK ist, ob die Serviceziele erreicht wurden.

Neben dem festen Gehalt bekommen die Mitarbeiter variable Bezüge von zusätzlich 10 bis 15 Prozent, abhängig von den erreichten Zielen. Bei nicht erreichten Zielen entfällt die zusätzliche Gehaltskomponente ganz oder teilweise. Bei Supervisoren ist das variable Gehalt abhängig von den erzielten Leistungen ihrer Mitarbeiter. Dieses System setzt sich fort zwischen Supervisoren und Area-Managern.

Freiheit von Statussymbolen

Traditioneller Büroservice samt den entsprechenden Hilfstätigkeiten ist bei SOL abgeschafft. Es gibt auch keine Sekretärinnen mehr. Selfservice lautet die Devise. Das Gefühl von Gleichwertigkeit bei allen Mitarbeitern ist Bestandteil der Firmenkultur. Jeder erledigt eine wichtige Arbeit! Es gibt bei SOL keine wichtigeren und weniger wichtige Mitarbeiter. Der Respekt gegenüber Managern wird nicht durch deren große Büros, Sekretärinnen, dicke Firmenautos und andere Statussymbole gestützt. Der Respekt muß von jedermann durch Kompetenz und Leistung erworben werden. Bei SOL gibt es daher keinen Boss im Büro. Auch Liisa Joronen hat kein eigenes Büro und keine Sekretärin. Sie arbeitet nach den selben Prinzipien wie alle anderen Mitarbeiter. Ihr Firmenwagen: ein kleiner Ford Fiesta, bunt mit SOL-Logo.

Alles für den Kunden

Die "Organisationsstruktur" bei SOL heißt: Alles für den Kunden! Er ist es, der das Gehalt von jedem einzelnen bezahlt, nicht die Firma. Er verdient deshalb den besten Service und volles Engagement. SOL-Definition für Service: sich selbst gut fühlen und gut zu Kunden sein.

Das drückt sich nicht nur in excellenten Zahlen aus. SOL erhielt 1991 und erneut 1993 den Finnish Quality Award der für strenge Maßstäbe bekannten Finnish Society for Quality. In der formellen Begründung heißt es: "für eine einzigartige Managementkultur und die aktive Führerschaft als Ergebnis wachsender Kundenzufriedenheit und allseits verbesserter Dienstleistungen." Diese begehrte Trophäe wird SOL jedoch nicht nochmals zuteil. Denn nach den Regeln kann ein Unternehmen den Award höchstens zweimal erhalten.

BILD 198 Offenheit, Transparenz, spontane Kommunikation und die optimale Zusammenarbeit im Team sind Merkmale des SOL-Studios.

BILD 199 Ob oben auf den Brücken oder unten im Zentrum: Individualität in jedem Winkel. Vorne im Regal die "Roten Taschen" als persönliches Archiv.

Lernen als Teil der Arbeit

In einer Zeit, da andere Firmen aus Kostengründen ihre Trainingsprogramm kürzen, weitet SOL Trainingsaktivitäten beträchtlich aus. Liisa Joronen initiierte das SOL-Degree-Program, bestehend aus einer Serie von fünf Modulen: Training und Instruktion, Rhetorik, Kommunikation, Produktivität und Arbeitseffektivität, SOL & Service (Unternehmensphilosophie). Jedes Modul dauert durchschnittlich 3 - 5 Monate, das gesamte Programm etwa 2 - 3 Jahre.

Effektives Reporting System

Ein ganz wesentlicher Bestandteil des SOL-Managementsystems ist ein ebenso ausgefeiltes wie einfaches und schnelles Reporting-System, von Liisa Joronen während ihrer Zeit bei Lindström gestartet und bis heute ständig weiterentwickelt. Es ist wohl ihr kleines Geheimnis, wie sie "realtime" alle Daten über Umsatz, Kundenzufriedenheit, Rendite u.a. für alle geografischen Bereiche Finnlands auf dem Tisch hat. Kein Geheimnis macht sie aus diesen Zahlen. Sie sind jedermann im Unternehmen offen zugänglich. Profit, Verlu-

BILD 200 Am "Target-Tree" sind Ziele und Ergebnisse öffentlich.

BILD 202 Auf dem Balkon: Meetingbereich, Arbeitsplätze, Sitzgruppen. Alles geht locker ineinander über.

BILD 201 Im Service-Pavillon hat jeder sein Postfach.

BILD 203 Auch in der Kaffeebar heißt es: Selfservice! Dahinter ein "Wohnzimmer" als Besprechungsraum

ste, Umsätze etc. werden in einem monatlichen Firmenmagazin allen Mitarbeitern mitgeteilt. Ferner gibt es in jedem Büro den gelben Target-Tree (die Firmenfarbe ist Gelb), den Ziele-Baum, an dem gelbe DIN-A4-Charts die Ziele und Ergebnisse für jede Area verkünden, in Zahlen und als Grafik visualisiert.

Auch sind jegliche anderen Un-ternehmensinformationen jedem Mitarbeiter zugänglich. Es gibt keinerlei private Informationen oder irgendwelche Geheimnisse bei SOL.

Das SOL-Studio

Als Liisa Joronen SOL gründete, stand für Sie fest: Kein Büro auf dem Lindström-Areal in Helsin-ki. Es mußte etwas völlig Neues und ganz Anderes sein. Sie über-nahm in einem Industrieviertel von Helsinki ein ehemaliges Filmstudio. Daher heißt es auch SOL-Studio. Mitlerweile hat sich die Begeisterung über das Studio in Helsinki auch auf die SOL-Niederlassungen übertragen, die nun ebenfalls aus ihren Büros kreative "Studios" gemacht ha-ben, in denen sie sich wohlfühlen.

Über 1.100 Mitarbeiter-Ideen

Das SOL-Studio in Helsinki hat kein Architekt entworfen. Es ist das Ergebnis der Mitarbeiterideen. Die Firmenchefin forderte ihre Mitarbeiter auf, sich Gedanken zu machen, wie ihr neues Büro aussehen sollte. Jeder Vorschlag, jede Idee war willkommen. "Vergeßt alles, was ihr wisst. Denn fast alles was wir beigebracht bekommen haben, ist Nonsens". Diese stets wiederholte Aufforderung zum Angriff auf jegliche Routine galt auch für die Gestaltung des SOL-Studios. Mehr als 1.100 Ideen und Vorschläge kamen von den Mitarbeitern. Es wurde ein Architekt eingeschaltet, der die Anregungen der Mitarbeiter umsetzen sollte.

Zunächst ordnete man die Vorschläge nach Themen. Dabei bildeten sich drei unterschiedliche Visionen heraus: "Weltraum", "Wald", "Zuhause".
Man entschied gemeinsam, daß "Weltraum" doch nicht zum Image eine förmlich auf dem Boden stattfindenden Gewerbes wie Reinigung passe. Als Sieger aus dem Stechen zwischen "Wald" und "Zuhause" ging letzteres hervor.

BILD 204 Zu Hause oder im Büro? Dürfen Besprechungsräume "gemütlich" sein? Wird Effektivität dadurch gefördert oder gehemmt?

BILD 205 Der "Wald" mit Vögeln, Hamstern, Fischen dient als Besprechungsecke und zum Entspannen.

Das Büro als "Zuhause"

Nun wurden erneut Ideen gesammelt, wie das neue "Zuhause" im ehemaligen Filmstudio gestaltet werden sollte. Von Oma's guter Stube bis Modern Design ist alles in einer farbenfrohen bunten Mischung repräsentiert.

In der Rekordzeit von nur 5 Wochen war das kreative Studio bezugsfertig. Das hätte niemand für möglich gehalten. Koordinator für die Neugestaltung war die ehemalige Sekretärin von Frau Joronen, heute Office-Manager bei SOL. Und mehr als 20 Mitarbeiter waren am Einkauf der Einrichtungsgegenstände beteiligt. Unterschiedliche Mitarbeitergruppen waren für verschiedene Raumbereiche verantwortlich. Die Begeisterung für das neue Studio war so groß, daß die Mitarbeiter selbst zu Pinsel und Farbe griffen, um den normalerweise völlig unrealistischen Einzugstermin zu schaffen, den sie sich selbst gesetzt hatten. Ja, sie motivierten sogar die beauftragten Handwerker, abends und am Wochenende Sonderschichten einzulegen. Die hatten selbst soviel Spaß an diesem Projekt, daß die Mitarbeiter der Handwerksfirmen in ihrer Freizeit gar umsonst mithalfen.

BILD 206 Ein lauschiges (Bildschirmarbeits-)Plätzchen auf der Ballustrade, geeignet für kurzzeitige Informationsabfragen.

BILD 207 Die unterschiedlichsten Inneneinrichtungen und Flächennutzungen gestalten im SOL-Studio ein lebhaftes Ambiente.

durchgestylte Bauwerk aus der strengliniegen "Handschrift" eines Stararchitekten. Apropos Aschenbecher: für die wenigen Raucher gibt es im SOL-Studio einen luftigen Platz im oberen Bereich, wo die Klimaanlage besonders gut funktioniert. Nach oben auf die Rampen und Ballustraden zieht man sich gerne zu Meetings zurück, für Team-/Projektarbeit, oder für ein privates Telefonat.

Unkonventionelle Arbeits-plätze

Für die gut siebzig Mitarbeiter stehen lediglich 26 Arbeitsplätze mit Bildschirmterminals zur Verfügung. Zu wenig? Keineswegs, denn Sitz- und Schreibgelegenheiten gibt es rundherum genug. Hier zahlt sich die Idee des non-territorialen Lean-Office aus. Es sind selten mehr als die Hälfte der Mitarbeiter gleichzeitig anwesend, da sie unterwegs, beim Kunden sind oder zu Hause arbeiten. Und für Telefonate, Aktenlesen, Notizen, Diktieren u.a. ist ja kein Schreibtisch erforderlich. Im Gegenteil, man übt solche Tätigkeiten sogar gerne in einer komfortableren Umgebung aus. Vergrößert man den räumlichen Blickwinkel, so geht es im SOL-Studio in der Tat zu wie im Hause einer großen Familie.

Das Fun- and Sun(SOL)-Studio gleicht denn auch allem andern, als eben einem nüchternen Büro. Es sieht mehr aus wie ein Zirkus Roncalli mit Office-Manege.

Vielgestaltige Erlebniswelt

Das "Zuhause" hat in der Mitte eine Straße und einen Marktplatz. Ein Stückchen "Wald" mit Kies-boden und Gartenmöbeln dient ebenso als Besprechungsplatz wie eine Wohnstube von Anno Dazumal. Woanders ist wieder Filmstudioatmosphäre oder man glaubt, man säße am Küchentisch der Familie. Ein Besucher muß sich schon etwas länger aufhalten, wenn er die vielen verschiedenen Raumeindrücke wahrnehmen will. Es ist ganz etwas anderes als das bis zum Aschenbecher

Immer in Betrieb

Die Mitarbeiter haben jederzeitigen Zugang zum SOL-Studio, auch abends und am Wochenende. Die Mitarbeiter machen häufig Gebrauch davon. Es gibt eben keine festgeschrieben Arbeitszeiten mehr. Jeder hat einen eigenen Büroschlüssel, was auch als entsprechendes Vertrauen empfunden wird. Da kann man auch die Familie mitbringen. Hierfür gibt es ein Spielzimmer für Kinder, einen Raum mit Fernseher, Stereoanlage und Videospielen. Ungeschriebenes Gesetz ist, daß keine Alkohol im Studio getrunken wird und Parties nur angemeldet und mit Zustimmung der Firma stattfinden.

90 % weniger Papier

Es ist ein guter Brauch bei SOL, gleich wegzuwerfen, was nicht wirklich wichtig ist. Und: "Call, don't write" heißt es auch hier.

Die Mitarbeiter können sich eingegangene Schriftstücke elektronisch einscannen und archivieren. Für manuelle Papierablage gibt es ohnehin nur spärliche Gelegenheit. Dies ist ein kleines schwarzes Schränkchen für jeden Mitarbeiter im Eingangsbereich. Dort, bei der "Reception" holt man sich auch sein schnurloses Telefon ab.

Bei SOL haben die Mitarbeiter nicht einmal einen persönlichen Rollcontainer für's Papier, wie in anderen nonterritorialen Büros. Stattdessen hat jeder persönlich nur eine rote Stofftasche, für die es ein langes offenes Regal zum Einstellen gibt. Allerdings kann man diese Tasche wie einen Aktenkoffer auch unterwegs und mit nach Hause nehmen.

Dem Papier hat die Präsidentin den Garaus gemacht, und das funktioniert. Sie selbst besitzt auch nur eine dieser roten Stofftaschen. Im Wegwerfen geht sie mit Beispiel voran. Das einzige, was sie sich aufbewahrt, sagt sie, sind die aktuellen Reports der Firma. Dafür liest sie diese sehr genau.

Das Bild des Menschen

1. Der Mensch fühlt sich verantwortlich und eine hervorragende Arbeit leisten.

2. Der Mensch hat ein Bedürfnis nach Selbstachtung und das Bedürfnis, erfolgreich zu sein.

3. Die Menschen sind unterschiedlich.

4. Der Mensch hat einen freien Willen und möchte individuell behandelt werden.

5. Der Mensch ist eine intellektuelle, emotionale und funktionale Einheit. Jeder Aspekt muß berücksichtigt werden.

6. Der Mensch ist voller Eigeninitiative und Kreativität.

(Liisa Joronen, President, SOL Siivouspalvelu Oy)

BILD 208

Erfolg ohne Grenzen ?

SOL hat die Produktivität um über 30 % steigern können, mit entsprechendem Profit. Dabei waren und sind die hochgesteckten Ziele keine Vorgabe des Unternehmens, sondern die äußerst engagierten Mitarbeiter legen sich selbst die Meßlatte ständig höher. Sie arbeiten als erfolgreiche Unternehmer im Unternehmen. Wen wundert es da, daß Abwesenheit durch Krankheit ein Fremdwort im SOL-Studio ist. Die Krankentage bewegen sich bei Null.

Das neue Büro, das Studio, hat nur ein Drittel dessen gekostet, was für ein konventionelles Büro an Investitionen nötig gewesen wäre. Dabei war es nicht die Absicht, die Kosten zu senken, sondern mehr Marktanteile zu erringen und die Produktivität zu steigern.

Die Qualität und die Kundenzufriedenheit haben bei SOL ungewöhnlich zugenommen und steigen weiter. Dadurch kann das Unternehmen auch in diesen schwierigen Zeiten drückender Rezession und in einem Markt mit niedrigsten Gewinnmargen gute Preise erzielen und seinen Marktanteil ständig vergrößern.

Schließlich braucht man fast gar nicht zu erwähnen, daß bei SOL die Mitarbeiterzufriedenheit und die persönliche Motivation mehr als hoch ist. In Finnland liegt das Arbeitslosengeld höher als die Löhne in dieser Branche. Und trotzdem hat SOL eine ungebrochene steigende Nachfrage von Menschen, die für die Firma arbeiten möchten.

Das Beispiel SOL zeigt richtungweisend, daß ein auf Vertrauen in die Mitarbeiter bauendes Managementsystem die so gern beschworene "Resource Mensch" wirklich erschließen kann. Das Vertrauen der Unternehmerin Liisa Joronen in Menschen ist grenzenlos, wie sie selbst fast beteuernd sagt. Und das spüren die Menschen und erwidern es.

Ein Wort zum Schluß

Dahin überzugehen, an die Menschen um uns herum zu glauben, Ihnen Vertrauen zu schenken und sich aufrichtig um ihre fachliche und persönliche Entwicklung zu kümmern, das ist der wirklich große Wechsel im Management. Mitarbeitern zu helfen, sich zu entfalten und erfolgreich zu werden, ihnen geistige Heimat und Orientierung zu geben, ihre Freude an der Arbeit mitzuerleben und gemeinsam mit ihnen die schönsten Erfolge zu erringen und zu teilen, und letztlich unseren Mitarbeitern und uns selbst eine höhere Lebensqualität zu vermitteln - dafür müßte es sich doch lohnen, hierarchische Abgrenzung, Mißtrauen und pessimistische Lebenseinstellung über Bord zu werfen. Das Konzept des Lean-Office kann uns, so gesehen, ein hilfreicher Meilenstein auf unserem Weg in eine bessere lebensbejahende Zukunft sein.

Martela ᒪᒦ

**Motivierende Gestaltungs-
spielräume im Büro –**

Freitag

Dienstag
Mittwoch
Samstag

Montag
Donnerstag

Sten möchte,
daß ihm
niemand in
den Rücken fällt.

Birgit freut
sich immer
über Stern-
schnuppen.

Jürgen behält
so den
vollständigen
Überblick.

...8 Tage sollte
die Woche haben.

Ferdinand hat
heute den
Azubi
zu Besuch.

Christine weiß:
Verbundenheit
ist ihr
sehr wichtig.

Werner hat
gerade Montage-
besprechung.

Was Ihr wollt.
Wie es euch
gefällt.
Hauptsache:
Sinnvolle Arbeit

– das sind Arbeitsplätze, die durch ihre wech-
selnden Anordnungen den Arbeitsstil und die
Stimmungslage der Benutzer widerspiegeln.
Das ist die Idee von

TANGENT

Freistehende, nicht fest zu verbindende
Elemente lassen sich leicht bewegen,
um den richtigen Blickwinkel und die gewollte
Konfiguration der Arbeitsebenen – getrennt oder
überlappend – zu finden und kreativ oder
stimmungsmäßig wieder zu verändern.

Geschwungene Linien erleichtern platzsparende
Kombinationen, die niemals langweilig wirken.

Martela ᒪᒦ

Martela GmbH
Hohes Gestade 16
72622 Nürtingen
Telefon 0 70 22 / 92 78 00
Telefax 0 70 22 / 3 57 20

Erfolg läßt sich einrichten.

DLW BÜROEINRICHTUNGEN

Professionell und kompetent – ob Sie die Einrichtung eines Büroraumes oder die ganzheitliche Gestaltung eines Bürokomplexes planen, mit DLW Büroeinrichtungen steht Ihnen mehr als nur ein erfahrener Ansprechpartner zur Verfügung: Durch die Konzentrierung des komplexen Know-hows von vier erstklassigen Büromöbelherstellern hat DLW Büroeinrichtungen einzigartige Synergien geschaffen. Synergien, von deren Effekte derjenige profitiert, der auf der Suche nach einer optimalen Bürolösung den effektiven, kurzen Weg bevorzugt. Und der an einem breiten, komplett aufeinander abgestimmten Produktangebot samt kompetenter Beratung und Planung aus einer Hand interessiert ist.

ART.COLLECTION

dyes

 Kemen

 RODERSITZEN

DLW Büroeinrichtungen GmbH, Röntgenstraße 10–16, D-60388 Frankfurt/M., Tel. 0 61 09/3 04-0

Funktion, Form, Farbe

**Perfekte Technik oder individuelles, kreatives Design?
Wer sagt, daß Sie sich für das eine oder andere entscheiden müssen?
Keine Frage des Geschmacks, sondern eine Frage von Funktion,
Form und Farbe. Teppichboden gestaltet Objekte –
die Carpet Concept Collection.**

Info-Broschüre? 05 11/9 65 99 - 0!

**CARPET
CONCEPT**
...ich steh' drauf

**CARPET CONCEPT Objekt-Teppichboden GmbH, Podbielskistraße 166 B, 30177 Hannover,
Telefon: 05 11/9 65 99-0, Telefax: 05 11/9 65 99-20**

Wir sind uns einig.

In kreativen Berufen beweist sich die fördernde Kraft einer excellenten Büroeinrichtung. – Zukunftsorientiert, ausbaufähig und immer variabel: VOKO Tec 10.

Weil wir unsere Ideen ständig weiterentwickeln wollen.

Neue Ideen, neue Impulse und eine neue Gestaltungsfreiheit im Büro – VOKO Tec 10. Fordern Sie Ihr persönliches Informationspaket mit dem Planungs-Set für Ihre Einrichtungsideen an. Kostenlos, direkt bei VOKO.

Rufen Sie uns an oder schreiben Sie uns.

VOKO Vertriebsstiftung Büroeinrichtungen KG Am Pfahlgraben 4 – 10 D-35415 Pohlheim Tel.: 0 64 04 / 9 29-0 Fax: 0 64 04 / 9 29-5 08

Das Büro

Lista Solution

die Lösung für «Lean Office»

enderwerbung

Lista Solution. Ein Büromöbelprogramm für alle Raumkonzepte.

Für Einzel-, Team-, Kombibüros
oder «Lean Office». Für Chef und

Sachbearbeiter. Für Empfang und
Konferenz. Der modulare Aufbau

macht Lista Solution anpassungs-
fähig für wachsende Ansprüche.

Und durch die einfache Höhenverstellbarkeit ist auch desk-sharing kein Problem. Lista

Solution - die Lösung für dynamisches Wachstum im besten Preis-Leistungsverhältnis.

Lista Degersheim AG, Büroeinrichtungen, CH-9113 Degersheim, Tel. 071/54 54 11, Fax 071/54 24 35

Die neueste Generation der Büro-Einrichtung.

Arbeitsraum wird Erlebnisraum: Arcada

Design: Prof. K.G. Bitterberg, Markus Dürr

Raum für Ideen, Konzepte, Kreativität - dafür gibt es jetzt ein Büroeinrichtungs-Programm, mit dem der Nutzer auch aus kleinen Büros, wie z.B. dem Kombibüro, durch wenige Handgriffe individuelle Erlebnisräume gestalten kann. Heute besucherfreundlich, morgen abgeschirmt für konzentriertes Arbeiten, übermorgen offen für Teamarbeit: mit Arcada von VARIO.

Seine Tischformen, die am Greifraum des Menschen orientiert sind, werden von Radien gebildet, die untereinander korrespondieren.

Natürlich erfüllt Arcada auch alle Richtlinien für Bildschirmarbeitsplätze, ist höheneinstellbar und elektrifizierbar. Die über 30 verschiedenen Arcada Schränke, Regale und Wandborde fügen sich harmonisch in das Gesamtbild ein. Sie können in unterschiedlichen Höhen aufgehängt werden und sind seitlich verschiebbar. So macht Arcada aus Arbeitsräumen Erlebnisräume.

VARIO BüroEinrichtungen,
Hauptstraße 15, 65779 Kelkheim,
Tel. 0 61 95/80 4-0, Fax 0 61 95/57 20

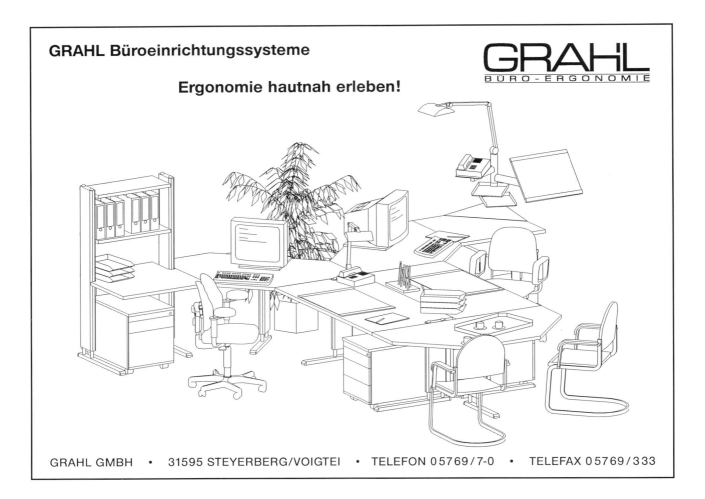

«Lean-Office» mit Combicom: Und Sie haben genügend Spielraum für Individualität, Ergonomie und Ökologie.

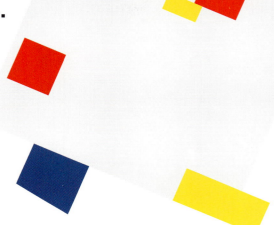

Combicom: das klassische Büromöbelsystem, das punkto Ergonomie, Gestaltungsmöglichkeiten, Qualität und Flexibilität keine Wünsche offen lässt.

Neu: **Combicom N**: das komplette Büromöbelsystem aus umweltfreundlichen Materialien. Für einen natürlichen Arbeitsraum.

COMBICOM

Verlangen Sie Unterlagen bei:

Combicom AG, Kapuzinerstrasse 11, CH-4500 Solothurn Schweiz, Telefon 41-65 20 59 20, Telefax 41-65 20 59 21

Ganzheitliche Einrichtungslösungen für alle zukunftsorientierten Bürokonzepte

isoform

transform

Einrichtungsgestaltung durch europagerechte Arbeitsplatzprogramme

Raumbildung durch flexible Schrank- und Trennwände

Vielfältige technische Austattungsvarianten mit starren, mehrfach höheneinstellbaren oder stufenlos höhenverstellbaren (von 68 bis 82 cm) und auf Wunsch neigbaren Arbeitsplatten (bis zu ca. 45 Grad), gestat

ten individuelle ergonomische Lösungen. Eine Besonderheit sind die serienmäßig höheneinstellbaren Winkelelemente. Alle diese Funktionen stehen in einem besonders guten Preis-/ Leistungsverhältnis.

◆ CEKA
Die Büro-Einrichtung

CEKA-Büromöbelwerke
C. Krause & Sohn GmbH & Co. KG
Erich-Krause-Straße, D-36304 Alsfeld
Tel. (06631) 186-0, Fax (06631) 186-150
Vorsprung durch Innovation

Umsetzbare Schrank- und Trennwände für die Gliederung von Räumen unter gleichzeitiger Bereitstellung von großzügigem Stauraum für eine perfekte Büroorganisation. Erhältlich als Vorwand- und Raumteiler-

schränke mit multifunktionellen Inneneinrichtungsvarianten. Trennwandelemente als passende Ergänzung werden im gleichen Höhenraster gefertigt und sind mit den Schrankwänden durchgängig verkabelbar.

WINI

BÜRO
MÖBEL

INNOVATIONEN
FÜR DAS
LEAN OFFICE

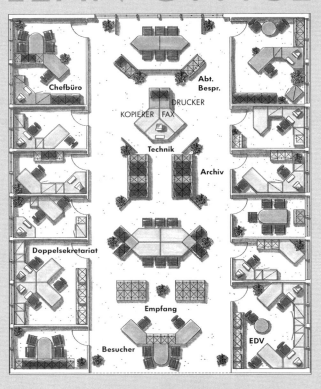

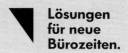

**Lösungen
für neue
Bürozeiten.**

WINI Büromöbel
Auhagenstraße 79
31863 Coppenbrügge
Telefon (0 51 56) 9 79-0
Telefax (0 51 56) 97 91 00

Ergonomie senkt die Kosten

Die Probleme unserer Zeit fordern neue Wege in der Arbeitsplatzgestaltung, denn ein gut ausgestatteter Arbeitsplatz trägt wesentlich zum Wohlbefinden der Mitarbeiter bei und wirkt erfahrungsgemäß höchst motivierend und damit leistungssteigernd.

Stehplus Desk.
Die Schreibtischversion mit der genialen power **fix**-Haftbefestigung, die ohne Schrauben, Bohren oder Klemmen leicht an jedem Arbeitsplatz nachrüstbar ist. Stehplus gewährt ein Maximum an Bewegungsfreiheit und fördert dadurch Wohlbefinden und Effizienz.

Stehplus Wall.
Die Wandversion, für überall dort, wo normalerweise wenig Platz vorhanden ist. Damit läßt sich ein individueller, maßgeschneiderter Steharbeitsplatz integrieren. Bestens geeignet für Büros, Produktions- und Lagerräume.

Stehplus Rolls.
Die Version, die steht und gleitet oder rollt. Das richtige Arbeitsmittel zur Selbstdynamisierung. Mit stufenloser Pulthöheneinstellung und vielen Variationsmöglichkeiten in Ausstattung und Nutzung. So steht es immer dort bereit, wo es gerade gebraucht wird.

officeplus
Innovative Ergonomie

officeplus GmbH & Co. KG
Postfach 1520
D-78615 Rottweil
Telefon 0741/248-04
Telefax 0741/248-230

Ausführliche Informationen erhalten Sie bei:

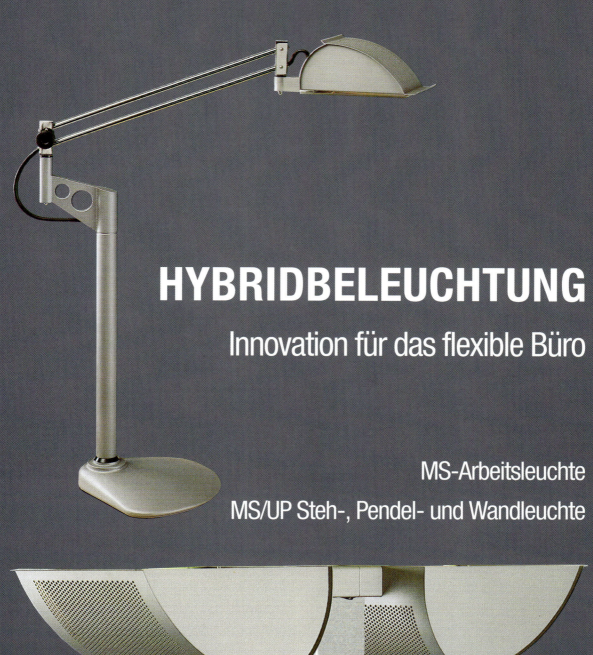

HYBRIDBELEUCHTUNG

Innovation für das flexible Büro

MS-Arbeitsleuchte

MS/UP Steh-, Pendel- und Wandleuchte

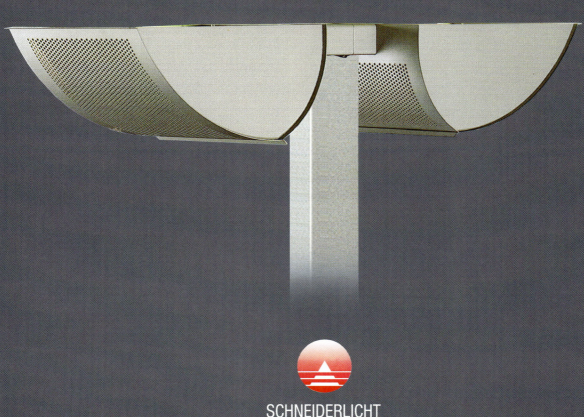

SCHNEIDERLICHT

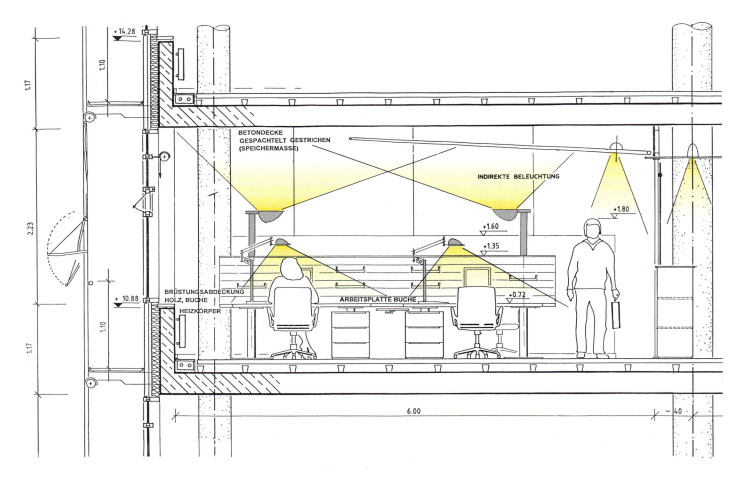

Das neue flexible Beleuchtungskonzept

Die HYBRIDBELEUCHTUNG gibt dem Raum eine reduzierte energiesparende Allgemeinbeleuchtung von 150 - 300 Lux Beleuchtungsstärke durch indirekt strahlende Leuchten (MS/UP Steh-, Pendel- und Wandleuchten), ergänzt mit hochwertigsten direkt strahlenden Arbeitsplatzleuchten (MS Arbeitsleuchte).

Durch Trennung von allgemeiner Raumbeleuchtung und individueller Arbeitsplatzbeleuchtung erzielt die HYBRIDBELEUCHTUNG die höchste Flexibilität für jegliche

Änderungen der Raumnutzung und Möblierung, unter Beibehaltung eines abgestimmten wahrnehmungsgerechten Licht- und Raummilieus. Der Büroraum (Umfeld) tritt mit geringeren Leuchtdichten und reduzierter Beleuchtungsstärke gegenüber dem voll und blendungsfrei ausgeleuchteten Arbeitsplatz (Infeld) leicht zurück.

Die HYBRIDBELEUCHTUNG unterstützt optimal die schnellebige Entwicklung und hochdynamische Veränderungsprozesse im Büro - einfach, schnell, wirtschaftlich.

SCHNEIDERLICHT

Schneider Licht GmbH   Kellerstraße 3   D-82418 Murnau   Telefon 08841/5014   Telefax 99345

Nutzwertanalyse Büromöbel

Das neue erfolgreiche Instrument zur systematischen Bewertung und Auswahl der optimalen Büroeinrichtung

Neu !

Autoren:
Prof. Dr.-Ing. Dipl.Wirtsch.-Ing. Dieter Lorenz
Dipl.-Ing. (FH) Markus C. Baumann

Checklisten für Praktiker

- Umfassende Übersicht über Büroeinrichtungstrends, gesetzliche Bestimmungen, Ergonomie, Design, Ökologie.

- Detaillierte praktische Anforderungskriterien für sämtliche Büroeinrichtungselemente.

- Kurz-Checklisten für die Ausscheidung nicht anforderungsgerechter Büromöbelprogramme.

- Ausführliche systematische Checklisten für gezielte objektive Bewertung von Ökonomie, Funktionalität, Konstruktion/Technik, Ergonomie, Ästhetik, Herstellerservice und Ökologie (für sämtliche Büroeinrichtungselemente).

- Übersichtliche Analyse und Auswertung für jedes Büroeinrichtungselement nach dem Nutzwertverfahren (mit Beispielauswertungen für Büromöbel, Bürodrehstühle, Bürotische und Container).

Unabhängige Marktbeurteilung

Weit über 100 Büromöbelprogramme werden derzeit allein von deutschen Büromöbelherstellern angeboten. Welche unüberschaubare Vielfalt für den, der das für ihn richtige Programm auszuwählen hat. Verständlich, daß immer öfter der Ruf nach einer unabhängigen Beurteilung des Programmangebots laut wird.

Die "Nutzwertanalyse Büromöbel" ist das praxisgerechte Instrumentarium zur Auswahl des individuell richtigen optimalen Büromöbelprogramms.

Das Bewertungs- und Auswahlverfahren kann angewandt werden auf:

- Bürotische
- CAD-Tische
- Bürodrehstühle
- Container
- Schränke
- Abschirmelemente
- Fußstützen

Durch die Gegenüberstellung von Kosten und Nutzen lassen sich nicht nur Fehlinvestitionen vermeiden, sondern vor allem kann das für den jeweiligen Anwendungsfall optimale Büromöbelprogramm gefunden werden.

Das beste Auswahl-System

- Die Nutzwertanalyse Büromöbel ist das Ergebnis einer umfassenden praxisorientierten arbeitswissenschaftlichen Forschung. Sämtliche neuesten Erkenntnisse der Unternehmensentwicklung, Organisation, Büroplanung und Ergonomie sind dabei voll berücksichtigt.

- Die Nutzwertanalyse Büromöbel schafft Ihnen einen klaren Überblick über die zunehmende Vielfalt des Büromöbelangebots.

- Mit der Nutzwertanalyse Büromöbel bestimmen Sie präzise Ihre firmenspezifischen funktionalen, wirtschaftlichen und gestalterischen Anforderungen an die Büroeinrichtung.

- Sie finden effizient und objektiv mit dem System der Nutzwertanalyse Büromöbel die für Sie optimale Büroeinrichtung, sicher und auf einfache Weise. Die Nutzwertanalyse ist so angelegt, daß Sie 100% richtig liegen.

"Nutzwertanalyse Büromöbel"
Arbeitsordner mit Loseblattsammlung, in fünf Register unterteilt, 216 Seiten DIN A4, mit insgesamt 14 detaillierten Bewertungs-Checklisten.

Verkaufspreis: 498,- DM inkl. MwSt., zuzüglich Versandkosten. Bestell-Nummer 9082

Studiengemeinschaft

Kellerstraße 3, D-82418 Murnau (Obb.)
Tel. 08841 / 5011   Fax 08841 / 99345

Das Kombi-Büro

Büroraumkonzept mit Zukunft

Praxis-Dokumentation zur optimalen Bürogestaltung

Autoren:
Dipl.Ing. Hans Struhk, Architekt BDA
Fritz Schneider

Integration von Zellen- und Gruppenbüro

Das Kombi-Büro bietet optimale Störfreiheit für konzentriertes Arbeiten und fördert zugleich intensive Kommunikation und Teamarbeit. Damit werden neue Formen der Büroarbeit in bester Weise unterstützt. Das Kombi-Büro zeichnet sich auch durch hohe Flexibilität und Wirtschaftlichkeit aus.

Das Kombi-Büro ist eine Kombination von einzelnen Arbeitsräumen, die an der Fassade angeordnet sind und einem innenliegenden Gemeinschaftsraum, Multiraum genannt. Dieser Multiraum ist "Marktplatz" der Abteilung und nimmt alle gemeinschaftlich genutzten Einrichtungen auf wie Kopieren, Fax, Postverteilung, Sonderarbeitsplätze, Registratur, Besprechung, Kaffeeküche etc. Die Wände zwischen Arbeitsräumen und Multiraum sind verglast, wodurch Transparenz und visuelle Kommunikation möglich wird.

In Skandinavien hat sich das Kombi-Büro in den letzten 10 Jahren zur dominanten Büroform entwickelt und in der Praxis hervorragend als "Büro der Zukunft" bewährt. Jetzt setzt das Kombi-Büro seinen Siegeszug in Mitteleuropa fort.

Standardwerk für Praktiker

Die Praxis-Dokumentation "Das Kombi-Büro" ist eine qualifizierte umfassende Planungsgrundlage für Bauherren, Architekten, Planer.

Die Themen:

Folgende Themenbereiche sind in dieser Praxis-Dokumentation anschaulich illustriert und in leicht verständlicher Weise für Sie erschlossen:

- **Büroraumkonzepte im Vergleich**
  Großraumbüro, Gruppenraumbüro, Zellenbüro und Kombi-Büro.

- **Der Wandel im Büro**
  Das Büro als Dienstleistungszentrum. Neue Arbeitsformen. Neue Führungskonzepte. Psychologische Mitarbeiterbedürfnisse als Gestaltungsfaktoren.

- **Kombi-Büros richtig planen und lebendig gestalten**
  Der persönliche Arbeitsraum: Konzeption, Grundriß, Gestaltung, Möblierung, Bilschirmeinsatz, Arbeitsplatzorganisation.
  Der Multiraum: Kommunikation, Organisation, Flächennutzung, Verkehrswege, abteilungsbezogene Funktionseinrichtungen, temporäre Arbeitsplätze, Besprechungs-/Konferenzräume, Registratur, Pantry, Postverteilung, Bibliothek etc.
  Integration von Kombi-Büros mit anderen Büroraumformen.
  Kombi-Büro-Lösungen für die Modernisierung bestehender Gebäude.

- **Wirtschaftlichkeit**
  Flexibilität, Funktionalität, Mitarbeiterfreundlichkeit. Wirtschaftlichkeitsvergleich mit anderen Büroraumkonzepten.

- **Haustechnik im Kombi-Büro**
  Klimatisierung/Lüftung, Heizung, Elektroinstallation, Beleuchtung.

- **Kombi-Büro-Architektur**
  Das Bürohaus als Identitätsträger. Kommunikationsfördernde Erschliessungshallen und -straßen, Treppenhäuser. Innere Gestaltung. Menschengerechte Materialien. Kommunikative Kantinen/Cafeterias. Außenbereiche als Regenerationsräume.

"Das Kombi-Büro"
Format DIN A4 mit über 200 Abbildungen, 123 Seiten. ISBN 3-926576-01-4

Buchverkaufspreis: 120,- DM inkl. MwSt., zuzüglich Versandkosten. Bestell-Nummer 9081

Studiengemeinschaft

Kellerstraße 3, D-82418 Murnau (Obb.)
Tel. 08841 / 5011   Fax 08841 / 99345